Meine Rechte als Mieter

Von der Wohnungssuche bis zum Auszug auf der rechtlich sicheren Seite

Dr. Otto N. Bretzinger

Akademische Arbeitsgemeinschaft | Mannheim

Postfach 10 01 61 · 68001 Mannheim
Telefon 0621/8626262
Telefax 0621/8626263
www.akademische.de

1. Auflage

Stand: Januar 2022

Zum Zwecke der besseren Lesbarkeit verwenden wir allgemein die grammatisch männliche Form. Selbstverständlich meinen wir aber bei Personenbezeichnungen immer alle Menschen unabhängig von ihrer jeweiligen geschlechtlichen Identität.

Redaktion: Dr. Torsten Hahn, Benedikt Naglik

Geschäftsführer: Christoph Schmidt, Stefan Wahle

Layout und Umschlaggestaltung: futurweiss kommunikationen, Wiesbaden

Bildquelle: ©ASDF – stock.adobe.com

Printed in Poland

ISBN 978-3-96533-156-3

Vorwort

In Deutschland bestehen über 35 Millionen Mietverhältnisse. Nahezu jeder wird in seinem Leben einmal mit mietrechtlichen Fragen konfrontiert. Das Mietrecht ist also ein ganz wichtiges Rechtsgebiet in unserem Alltag. Und der Mietvertrag ist für viele Menschen von existenzieller Bedeutung. Dabei werden die Beteiligten, Vermieter und Mieter, nicht nur mit rechtlichen Fragen und Problemen konfrontiert; beim Mietrecht geht es insbesondere auch ums liebe Geld. Im Schnitt wenden wir nämlich mehr als ein Drittel unseres Haushaltsnettoeinkommens für Miete und Nebenkosten auf. Allein die Mietnebenkosten belaufen sich mittlerweile nach Schätzungen des Deutschen Mieterbunds bei einer 80 m^2 großen Wohnung auf über 2.500,– € im Jahr.

Das Mietrecht ist von völlig unterschiedlichen Interessen der Beteiligten geprägt. Der Vermieter ist in erster Linie an einer guten Verzinsung seines Grundkapitals interessiert. Er will einen unkomplizierten Mieter, der pünktlich eine möglichst hohe Miete zahlt und darüber hinaus auch seinen sonstigen vertraglichen Verpflichtungen nachkommt. Der Mieter dagegen ist an möglichst preiswertem und gut ausgestattetem Wohnraum interessiert; er will, dass der Vermieter die Mieterrechte beachtet, seiner Instandhaltungs- und Instandsetzungspflicht nachkommt und im Übrigen will er seine Ruhe haben.

Das gesetzliche Mietrecht räumt Ihnen als Mieter viele Rechte und Ansprüche gegen den Vermieter ein. Leider ist es aber in der komplizierten Welt der Paragrafen nicht einfach zu beurteilen, welche Rechte Ihnen im konkreten Einzelfall zustehen und wie Sie diese Rechte gegenüber Ihrem Vermieter geltend machen können. Selbstverständlich können Sie sich an einen fachkundigen Anwalt oder an den örtlichen Mieterverein wenden; das kostet aber einerseits Geld und andererseits will man nicht immer das gute Einvernehmen mit dem Vermieter gefährden, wenn man rechtliche Hilfe in Anspruch nimmt. Gleichwohl wird Ihnen häufig nichts anderes übrig bleiben, als auf fachkundige Hilfe zurückzugreifen, wenn Ihr Vermieter uneinsichtig auf seiner Meinung beharrt und Sie in Ihren Rechten beeinträchtigt werden. Unabhängig davon ist es aber wichtig, dass Sie in der Lage sind, einen konkreten Sachverhalt mietrechtlich zu beurteilen, weil damit nicht zuletzt auch finanzielle Konsequenzen verbunden sind.

In diesem Ratgeber lernen Sie Ihre Rechte und Pflichten aus dem Wohnungsmietverhältnis kennen. Viele konkrete Tipps sollen Ihnen helfen, eine für Sie günstige rechtliche Situation zu schaffen. Es werden Fallstricke und Risiken aufgezeigt, die Sie vor rechtlichen und finanziellen Nachteilen schützen sollen. Anhand konkreter Beispiele wird das jeweilige Problem so verdeutlicht, dass Sie Ihre individuelle Situation erkennen und auf der Grundlage der aufgezeigten Lösungswege die richtige Entscheidung treffen können.

Vertragsmuster, Formulierungshilfen und Musterbriefe, die Ihnen dabei helfen sollen, Ihre Rechte beim Abschluss des Mietvertrags zu wahren und Ihre Ansprüche gegenüber dem Vermieter geltend zu machen, finden Sie im Ratgeber »Der Mieterassistent«. Während Sie im vorliegenden Ratgeber die jeweilige mietrechtliche Rechtslage kennenlernen, erhalten Sie im Formularbuch die notwendige Hilfestellung bei der Umsetzung Ihrer Rechte.

Dr. Otto N. Bretzinger

Inhalt

1 WIE SIE DIE RICHTIGE WOHNUNG FINDEN 15

1.1 Klären Sie vorab Ihre Anforderungen an die Wohnung 15

1.2 Wer Ihnen bei der Wohnungssuche helfen kann 17

1.2.1 Zeitungsanzeige, Internet etc. 17

1.2.2 Was Sie über Wohnungsmakler wissen müssen 18

1.3 Auf was Sie bei der Wohnungsbesichtigung achten sollten 22

1.4 Achten Sie auf die Energiekosten 24

1.4.1 Worauf Sie bei der Wohnungsbesichtigung achten sollten 24

1.4.2 Energieausweis 25

1.4.3 Vorsicht bei zu niedrigen Betriebskostenvorauszahlungen 28

1.5 Was Sie der Vermieter fragen darf und was nicht 29

1.5.1 Fragerecht des Vermieters 29

1.5.2 Bonitätsprüfung 31

2 AUF WAS SIE BEIM ABSCHLUSS DES MIETVERTRAGS UND BEI DER WOHNUNGSÜBERGABE ACHTEN MÜSSEN 37

2.1 Form des Mietvertrags 37

2.1.1 Schriftlicher, mündlicher schlüssiger Vertragsabschluss .. 38

2.1.2 Formularmietvertrag oder Individualvereinbarung 39

2.2 Vorsicht bei Vertrags- und Bearbeitungsgebühren 45

2.3 Auf welche Regelungen im Mietvertrag Sie beim Vertragsabschluss besonders achten müssen 45

2.3.1 Vermieterfreundliche Regelungen im Mietvertrag 47

2.3.2 Unwirksame Regelungen im Mietvertrag 49

2.4 Vertragspartner des Mietvertrags 54

2.4.1 Vermieter 54

2.4.2 Mieter 56

2.5 Mieträume 56

2.5.1 Beschreibung des Mietobjekts 57

2.5.2 Nebenräume und Gemeinschaftseinrichtungen 57
2.5.3 Garten 58
2.5.4 Garage, Stellplatz 59
2.6 Wohnfläche 60
2.6.1 Berechnungsmethode 61
2.6.2 Berechnung nach der Wohnflächenverordnung 61
2.6.3 Wohnflächenabweichung 63
2.7 Dauer des Mietverhältnisses 63
2.7.1 Mietvertrag auf unbestimmte Zeit 64
2.7.2 Zeitmietvertrag 64
2.7.3 Vereinbarung eines Kündigungsverzichts 68
2.8 Miete 69
2.8.1 Zusammensetzung der Miete 70
2.8.2 Höhe der Miete 72
2.8.3 Staffelmiete 80
2.8.4 Indexmiete 83
2.8.5 Fälligkeit der Miete, Zahlungsort 85
2.8.6 Verjährung der Miete 87
2.9 Mietsicherheit 89
2.9.1 Keine Mietsicherheit ohne Vereinbarung 89
2.9.2 Art der Sicherheitsleistung 90
2.9.3 Höhe der Mietsicherheit 94
2.9.4 Abgesicherte Forderungen des Vermieters 96
2.9.5 Zugriff des Vermieters auf die Kaution 96
2.9.6 Vermieterwechsel 97
2.10 Übertragung von Kleinreparaturen auf den Mieter 98
2.10.1 Voraussetzungen einer wirksamen »Kleinreparaturklausel« 99
2.10.2 Unwirksame Klauseln 102
2.11 Übertragung von Schönheitsreparaturen auf den Mieter 102
2.11.1 Was zu Schönheitsreparaturen zählt und was nicht 103
2.11.2 Wer Schönheitsreparaturen durchführen muss 105
2.12 Hausordnung als Bestandteil des Mietvertrags 113
2.12.1 Wirksame und unwirksame Regelungen 114
2.12.2 Verbindlichkeit der Hausordnung 115
2.12.3 Änderung der Hausordnung 116

3 WENN IHNEN DIE WOHNUNG ÜBERGEBEN WIRD 117
3.1 Aushändigung Wohnungsschlüssel 117
3.1.1 Anzahl der Wohnungsschlüssel 117
3.1.2 Schlüsselbesitz des Vermieters 118
3.1.3 Abgebrochener Wohnungsschlüssel 118
3.1.4 Verlust des Wohnungsschlüssels 119
3.2 Wohnungsübergabeprotokoll 120
3.2.1 Sinn und Zweck 120
3.2.2 Inhalt 121
3.3 Wohnungsgeberbestätigung 122

4 WELCHE VERSICHERUNGEN FÜR DEN MIETER WICHTIG SIND 123
4.1 Sehr nützlich: Hausratversicherung 123
4.1.1 Versicherte Risiken 123
4.1.2 Versicherungssumme 124
4.2 Ein Muss: Privathaftpflichtversicherung 125
4.2.1 Versicherte Risiken 125
4.2.2 Rechtsschutz 126
4.2.3 Deckungssumme 126
4.3 Geschmackssache: Glasversicherung 126

5 WANN UND IN WELCHER HÖHE UMZUGSKOSTEN STEUERLICH ABGESETZT WERDEN KÖNNEN 129
5.1 Beruflich veranlasster Umzug 129
5.2 Privat veranlasster Umzug 130

6 WIE SIE DIE WOHNUNG NUTZEN DÜRFEN 131
6.1 Gewerbliche Nutzung 131
6.1.1 Erlaubnisfreie gewerbliche Nutzung 131
6.1.2 Erlaubnispflichtige gewerbliche Nutzung 132
6.2 Tierhaltung in der Wohnung 134
6.2.1 Der Mietvertrag erlaubt die Tierhaltung 134
6.2.2 Der Mietvertrag regelt die Tierhaltung nicht 134
6.2.3 Der Mietvertrag verbietet die Tierhaltung 135
6.2.4 Der Mietvertrag verlangt die Erlaubnis des Vermieters . 136
6.2.5 Folgen unerlaubter Tierhaltung 138

6.3 Überlassung der Wohnung an Dritte 138
6.3.1 Aufnahme einer Person in die Wohnung 138
6.3.2 Untervermietung. 139
6.4 Rauchen in der Mietwohnung und in Gemeinschaftsräumen .. 145
6.4.1 Rauchen in der Wohnung 145
6.4.2 Rauchen auf dem Balkon. 146
6.4.3 Rauchen in Gemeinschaftsräumen. 147
6.5 Bauliche Veränderungen durch den Mieter 148
6.6 Anbringung von Rundfunk- und Fernsehaußenantennen 148
6.7 Musikausübung 149
6.8 Briefkasten 150
6.9 Blumenkästen. 151
6.10 Obhuts- und Anzeigepflicht des Mieters 151
6.10.1 Obhutspflicht des Mieters 152
6.10.2 Anzeigepflicht des Mieters. 154

7 WER FÜR ERHALTUNGSMASSNAHMEN IN DER WOHNUNG UND FÜR DIE VERKEHRSSICHERUNGSPFLICHT ZUSTÄNDIG IST 157
7.1 Instandhaltungs- und Instandsetzungspflicht des Vermieters .. 157
7.1.1 Inhalt. 158
7.1.2 Ausnahmen von der Instandhaltungs- und Instandsetzungspflicht. 161
7.1.3 Übertragung der Instandhaltungs- und Instandsetzungspflicht auf den Mieter 162
7.1.4 Umfang der Instandhaltungs- und Instandsetzungspflicht 163
7.1.5 Ankündigungspflicht des Vermieters. 164
7.1.6 Duldungspflicht des Mieters 164
7.1.7 Anspruch des Mieters auf Aufwendungsersatz 165
7.1.8 Folgen der Verletzung der Instandhaltungs- und Instandsetzungspflicht 166
7.2 Verkehrssicherungspflicht des Vermieters. 166
7.2.1 Umfang. 166
7.2.2 Übertragung der Räum- und Streupflicht auf den Mieter 168

8 **WANN DER VERMIETER DIE WOHNUNG MODERNISIEREN UND DIE MIETE ERHÖHEN DARF 169**

8.1 Welche Modernisierungsmaßnahmen des Vermieters Sie dulden müssen 169

8.1.1 Energetische Modernisierung 171

8.1.2 Sonstige Einsparung von Primärenergie und Schutz des Klimas 171

8.1.3 Wassereinsparung 172

8.1.4 Erhöhung des Gebrauchswerts der Wohnung 172

8.1.5 Verbesserung der allgemeinen Wohnverhältnisse 173

8.1.6 Vom Vermieter nicht zu vertretende Umstände 174

8.1.7 Schaffung neuen Wohnraums 174

8.2 Wann und wie Sie der Vermieter informieren muss 175

8.2.1 Ankündigungsfrist 176

8.2.2 Inhalt der Ankündigung 176

8.2.3 Form der Ankündigung 179

8.3 Wann Sie die Modernisierungsmaßnahme ablehnen können . . 179

8.3.1 Duldungspflicht des Mieters 179

8.3.2 Ausnahmen von der Duldungspflicht, Härteeinwand des Mieters 180

8.4 Welche Rechte Sie bei Modernisierungsmaßnahmen des Vermieters haben 184

8.4.1 Anspruch auf Aufwendungsersatz 184

8.4.2 Mietminderung während der Modernisierungsarbeiten 185

8.4.3 Schadensersatzansprüche wegen Pflichtverletzungen bei Ankündigung oder Durchführung einer baulichen Veränderung 185

8.4.4 Außerordentliches Kündigungsrecht des Mieters 187

8.5 Wenn zwischen Vermieter und Mieter eine Modernisierungsvereinbarung abgeschlossen werden soll 188

8.6 Wenn der Vermieter wegen der Modernisierung die Miete erhöhen will 190

8.6.1 Für welche Modernisierungsmaßnahmen die Miete erhöht werden darf 191

8.6.2 Wann die Miete nicht erhöht werden darf 192

8.6.3 In welchem Umfang der Vermieter die Miete erhöhen darf 193

8.6.4 Wie eine wirksame Modernisierungsmieterhöhung aussehen muss ... 197
8.6.5 Einwand des Mieters wegen unzumutbarer (finanzieller) Härte ... 201
8.6.6 Wann die erhöhte Miete fällig wird ... 203
8.6.7 Außerordentliches Kündigungsrecht des Mieters ... 204
8.7 Modernisierung im vereinfachten Verfahren ... 204

9 WANN SIE BAULICHE VERÄNDERUNGEN IN DER WOHNUNG VORNEHMEN DÜRFEN ... 207

9.1 Wann die Erlaubnis des Vermieters notwendig ist ... 207
9.1.1 Regelung im Mietvertrag ... 207
9.1.2 Keine Regelungen im Mietvertrag ... 208
9.2 Vermieter entscheidet nach seinem Ermessen ... 209
9.3 Barrierereduzierung, E-Mobilität und Einbruchschutz ... 210
9.3.1 Barrierereduzierung ... 210
9.3.2 E-Mobilität ... 212
9.3.3 Einbruchschutz ... 212
9.3.4 Verweigerung der Zustimmung des Vermieters ... 213
9.3.5 Zusätzliche Mietsicherheit ... 215
9.4 Auswirkungen der Mietermodernisierung auf die Miethöhe ... 215
9.5 Rückbaupflicht des Mieters ... 216
9.6 Modernisierungsvereinbarung ... 217

10 AUF WAS SIE BEI DER BETRIEBSKOSTENABRECHNUNG ACHTEN SOLLTEN ... 219

10.1 Wann der Mieter Betriebskosten zahlen muss ... 219
10.2 Wenn im Mietvertrag eine Pauschale vereinbart ist ... 221
10.2.1 Betriebskosten sind durch Pauschale abgegolten ... 221
10.2.2 Anpassung der Betriebskostenpauschale ... 222
10.3 Welche Betriebskosten auf den Mieter umgelegt werden dürfen ... 223
10.3.1 Voraussetzungen ... 223
10.3.2 »Kalte« und »warme« Betriebskosten ... 224
10.3.3 Umlagefähige »kalte« Betriebskosten ... 225
10.3.4 Umlagefähige »warme« Betriebskosten ... 237
10.3.5 Welche Kosten nicht zu den Betriebskosten gehören ... 243

10.4 Wann und in welcher Höhe der Mieter Betriebskostenvorauszahlungen leisten muss 244
10.4.1 Regelfall: Vorauszahlungen auf die Betriebskosten 244
10.4.2 Vorauszahlungen in angemessener Höhe 245
10.4.3 Änderung der Vorauszahlungen 245
10.5 Welchen Anforderungen die Betriebskostenabrechnung entsprechen muss 246
10.5.1 Mindestangaben 247
10.5.2 Besonderheiten bei der Heiz- und Warmwasserkostenabrechnung 251
10.5.3 Formelle Anforderungen an die Betriebskostenabrechnung 255
10.6 Wann der Vermieter die Betriebskostenabrechnung vorlegen muss 256
10.6.1 Abrechnung innerhalb von zwölf Monaten 256
10.6.2 Fristüberschreitung nur in Ausnahmefällen erlaubt 257
10.6.3 Verjährungsfrist beträgt drei Jahre 258
10.7 Fälligkeit der Nachzahlung oder Rückzahlung 258
10.8 Wie die Betriebskostenabrechnung vom Mieter überprüft werden sollte 259
10.8.1 Formelle Fehler 260
10.8.2 Inhaltliche Fehler 260
10.8.3 Einsichtsrecht des Mieters 261
10.8.4 Betriebskostenspiegel und Heizspiegel des Deutschen Mieterbunds 261
10.9 Was der Mieter tun muss, wenn er mit der Abrechnung nicht einverstanden ist 263
10.10 Wann Betriebskosten steuerlich geltend gemacht werden können 264

11 WENN DER VERMIETER DIE MIETE ERHÖHEN WILL 267
11.1 Mieterhöhung bis zur ortsüblichen Vergleichsmiete 267
11.1.1 Voraussetzungen für eine Mieterhöhung 267
11.1.2 Wann eine Mieterhöhung ausgeschlossen ist 268
11.1.3 Maximale Erhöhung bis zur »ortsüblichen Vergleichsmiete« 269
11.1.4 Welche Wartefrist vom Vermieter eingehalten werden muss 272

11.1.5 In welchem Umfang die Mieterhöhung durch die »Kappungsgrenze« gedeckelt ist . . . 273
11.1.6 Wie das Mieterhöhungsverlangen begründet sein muss . . . 275
11.1.7 In welcher Form und mit welchem Inhalt das Mieterhöhungsverlangen erklärt werden muss . . . 283
11.1.8 Wer das Mieterhöhungsverlangen erklären und an wen es gerichtet sein muss . . . 285
11.1.9 Welche Fristen eingehalten werden müssen . . . 286
11.1.10 Welche Rechte der Mieter hat . . . 288
11.2 Mieterhöhung bei der Staffelmiete und der Indexmiete . . . 290
11.2.1 Mieterhöhung bei vereinbarter Staffelmiete . . . 291
11.2.2 Mieterhöhung bei vereinbarter Indexmiete . . . 291
11.3 Mieterhöhung wegen Modernisierung . . . 293

12 WELCHE RECHTE SIE BEI EINEM WOHNUNGSMANGEL HABEN . . . 295

12.1 Wann ein Wohnungsmangel vorliegt . . . 295
12.1.1 Wann ein Sachmangel vorliegt . . . 295
12.1.2 Wann ein Rechtsmangel vorliegt . . . 297
12.1.3 Wann der Wohnung eine zugesicherte Eigenschaft fehlt . . . 298
12.1.4 Vermieter haftet auch ohne Verschulden . . . 299
12.1.5 Wer was beweisen muss . . . 299
12.2 Anzeige des Mangels . . . 299
12.3 Wann die Miete trotz Wohnungsmangels nicht gemindert werden darf . . . 301
12.3.1 Unerhebliche Beeinträchtigung . . . 302
12.3.2 Wenn der Mieter den Mangel kennt . . . 303
12.3.3 Wenn die Miete weiterbezahlt wird . . . 306
12.3.4 Wenn der Mieter den Mangel zu vertreten hat . . . 306
12.3.5 Vorübergehender Ausschluss der Mietminderung bei energetischer Modernisierung . . . 307
12.4 In welcher Höhe der Mieter die Miete mindern darf . . . 307
12.4.1 Umstände des Einzelfalls sind maßgebend . . . 308
12.4.2 Wenn nicht alle Räume in gleicher Weise beeinträchtigt sind . . . 309

12.4.3 Bruttomiete als Berechnungsgrundlage 310
12.4.4 Gerichtliche Einzelentscheidungen als Orientierungshilfe 311
12.4.5 Wie die Mietminderung durchgeführt wird 323
12.5 Welche Ansprüche der Mieter neben der Mietminderung hat . . 324
12.5.1 Zurückbehaltungsrecht des Mieters 324
12.5.2 Mängelbeseitigung durch den Mieter 326
12.5.3 Anspruch auf Aufwendungsersatz des Mieters bei Mängelbeseitigung durch den Vermieter 327
12.5.4 Anspruch auf Schadensersatz 328
12.5.5 Kündigung durch den Mieter 331

13 WANN DAS MIETVERHÄLTNIS ENDET 333

13.1 Kündigung des Mietvertrags durch den Mieter 333
13.1.1 Ordentliche Kündigung durch den Mieter 333
13.1.2 Außerordentliche fristlose Kündigung durch den Mieter 335
13.1.3 Außerordentliche Kündigung mit gesetzlicher Frist 339
13.2 Ordentliche Kündigung durch den Vermieter 340
13.2.1 Überblick über den Kündigungsschutz des Mieters 340
13.2.2 Kündigung wegen schuldhafter Vertragsverletzungen durch den Mieter 343
13.2.3 Kündigung wegen Eigenbedarfs 347
13.2.4 Kündigung wegen Hinderung angemessener wirtschaftlicher Verwertung 358
13.2.5 Kündigung aus sonstigen berechtigten Interessen 361
13.2.6 Kündigungsfristen 361
13.2.7 Widerspruch des Mieters gegen die Kündigung 364
13.3 Außerordentliche fristlose Kündigung durch den Vermieter . . . 371
13.3.1 Fristlose Kündigung wegen vertragswidrigen Gebrauchs 372
13.3.2 Fristlose Kündigung wegen Zahlungsverzugs 374
13.3.3 Fristlose Kündigung wegen Verzugs mit einer Sicherheitsleistung 378
13.3.4 Fristlose Kündigung wegen Störung des Hausfriedens . . 379

13.3.5 Fristlose Kündigung wegen sonstiger schwerwiegender Vertragsverletzungen . . . 380
13.3.6 Abmahnung . . . 381
13.3.7 Frist zur außerordentlichen Kündigung . . . 383
13.3.8 Begründung der außerordentlichen Kündigung . . . 383
13.4 Formelle und inhaltliche Anforderungen an die Kündigung des Vermieters und des Mieters . . . 384
13.4.1 Form der Kündigung . . . 384
13.4.2 Inhalt der Kündigungserklärung . . . 385
13.4.3 Kündigung durch Bevollmächtigten . . . 386
13.4.4 Zugang der Kündigung . . . 387
13.4.5 Widerruf und Rücknahme der Kündigung . . . 387
13.5 Mietaufhebungsvereinbarung . . . 388
13.5.1 Zustandekommen des Vertrags . . . 389
13.5.2 Inhalt des Vertrags . . . 390
13.6 Abwicklung des beendeten Mietverhältnisses . . . 391
13.6.1 Rückgabe der Mietsache . . . 391
13.6.2 Durchführung der Schlussrenovierung . . . 396
13.6.3 Abrechnung der Betriebskosten . . . 404
13.6.4 Abrechnung der Mietkaution . . . 405

INDEX . . . 409

1 Wie Sie die richtige Wohnung finden

Für die meisten Menschen ist die Wohnung ein wichtiger Bestandteil ihres Lebens. Wer mit seiner Wohnung, in der er lebt, nicht zufrieden ist, vergeudet nicht nur Lebensqualität, sondern auch Geld. Deshalb lauern bereits bei der Wohnungssuche viele Fallstricke, denen es auszuweichen gilt.

1.1 Klären Sie vorab Ihre Anforderungen an die Wohnung

Die richtige Wohnung zu finden, ist gar nicht so einfach. Man muss sich insbesondere Zeit lassen, denn ein wenig Geduld kann sich in Euro und Cent bemerkbar machen. Bevor Sie sich also auf die Suche nach einer neuen Wohnung machen, müssen Sie sich zunächst darüber klar werden, welche Ansprüche Sie an die Wohnung stellen. Und am besten ist es, wenn Sie vor der Besichtigung alles schriftlich notieren, was Ihnen wichtig ist.

Nehmen Sie sich Zeit für die Wohnungssuche und prüfen Sie, ob die angebotene Wohnung alle Eigenschaften besitzt, die für Sie von Bedeutung sind.

Miete und Nebenkosten

- Welche Miete einschließlich Mietnebenkosten ist für Sie akzeptabel?
- Als Richtwert gilt, dass Kaltmiete, Nebenkosten, Strom- und Heizkosten nicht mehr als ein Drittel des monatlichen Nettoeinkommens betragen sollten.
- Wie hoch ist die Mietkaution?
- Müssen Sie eine Maklerprovision zahlen?

Wohnungsart

- Welche Haus- und Wohnungsart wünschen Sie: Einfamilienhaus, Doppelhaushälfte, Einliegerwohnung, Mehrfamilienhaus, Eigentumswohnung)?
- Bevorzugen Sie einen Neu- oder einen Altbau?
- Welchen Baustil der Mietwohnung bevorzugen Sie (alt, modern, ökologisch etc.)?

Lage

- Bevorzugen Sie bestimmte Gemeinden?
- Welche Lage und Umgebung der Wohnung wünschen Sie (Nachbarschaft, soziales Umfeld)?
- Welche Infrastruktur (Nahverkehr, Einkaufsmöglichkeiten, Schule, Kindergarten, Spielplätze) entspricht Ihren Bedürfnissen?
- Haben Sie Probleme mit Verkehrslärm (z.B. wenn die Wohnung an einer Bahnlinie oder in der Nähe von Sportstätten liegt)?
- Sind Geruchsbelästigungen für Sie ein Problem (z.B. Gewerbe)?
- Wie weit darf die Wohnung von Ihrem Arbeitsplatz entfernt sein?
- Wie wichtig sind Ihnen Aussicht, Besonnung etc.?

Wohnfläche

- Suchen Sie eine Ein-, Zwei-, Drei- oder Vierzimmerwohnung?
- Welche Raumeinteilung wünschen Sie?
- Was ist Ihnen bei der Wohnfläche besonders wichtig (z.B. große Küche, großer Balkon, Gartensitzplatz, viele Einbauschränke, Abstellraum etc.)?
- Werden zu Hause platzraubende Hobbys betrieben?
- Brauchen Sie ein Gästezimmer?
- Welche Größe müssen die einzelnen Räume haben (Küche, Bad, Wohnzimmer, Kinderzimmer)?
- Wie viele Parkplätze benötigen Sie? Brauchen Sie eine Garage?

Wohnung

- Muss eine Einbauküche vorhanden sein?
- Sind Sie bereit, eine Abstandszahlung zu leisten?
- Akzeptieren Sie auch eine Wohnung mit Renovierungsbedarf?
- Welchen Bodenbelag bevorzugen Sie (z.B. Parkett-, Laminat- oder Teppichboden)?
- Welche Heizungsart bevorzugen Sie (Öl, Gas etc.)?
- Benötigen Sie einen Kabelanschluss für ein TV-Gerät?

Nebenräume und -flächen

- Muss die Wohnung über einen Balkon oder eine Terrasse verfügen?
- Benötigen Sie einen Garten?
- Benötigen Sie einen Dachboden und einen Keller? Welche Größe muss der Dachboden bzw. der Kellerraum mindestens haben?
- Benötigen Sie eine Garage oder einen Park- oder Abstellplatz für ein Auto?

1.2 Wer Ihnen bei der Wohnungssuche helfen kann

Möglichkeiten, die richtige Wohnung zu finden, gibt es viele. Aber aufgepasst: Nicht immer haben Sie es mit seriösen Partnern zu tun.

1.2.1 Zeitungsanzeige, Internet etc.

Erzählen Sie möglichst vielen Personen (z.B. Freunden, Bekannten, Arbeitskollegen), dass Sie eine Wohnung suchen. Scheuen Sie sich nicht, Ihre Absicht an einem »Schwarzen Brett« im Supermarkt oder an anderer geeigneter Stelle bekannt zu machen.

Viele Wohnungen werden immer noch per **Zeitungsanzeige** angeboten. Studieren Sie also insbesondere am Wochenende die einschlägigen Tageszeitungen. Verschaffen Sie sich einen zeitlichen Vorsprung gegenüber anderen Wohnungssuchenden, indem Sie schon am Vorabend des Erscheinens ein Zeitungsexemplar beim Verlag abholen und dann sofort mit dem Anbieter Kontakt aufnehmen. Sie können auch **selbst eine Anzeige schalten.** Lassen Sie sich bei der Gestaltung der Anzeige etwas Besonderes einfallen, damit Ihre Annonce wahrgenommen wird. Verzichten Sie aber auf die Angabe unter Chiffre; ein Vermieter wird sich kaum die Mühe machen, sich mit Ihnen per Brief in Verbindung zu setzen.

Nutzen Sie das **Internet.** Dort finden Sie Immobilienportale, in denen Sie nach bestimmten Kriterien wie Größe, Ausstattung, Lage und Preis suchen können. Häufig werden auch Fotos und Grundrisse angegeben. Auch bei örtlichen Tageszeitungen können Sie unter Umständen online recherchieren.

Nehmen Sie direkten Kontakt mit Wohnungsunternehmen, städtischen Wohnungsvermittlungsgesellschaften und Wohnungsgenossenschaften auf. Und erkundigen Sie sich bei Ihrem Arbeitgeber, ob er **Werks- oder Dienstwohnungen** anbietet oder Kontakte zu Wohnungsunternehmen oder Maklern hat.

1.2.2 Was Sie über Wohnungsmakler wissen müssen

Häufig werden Sie es bei Ihrer Wohnungssuche mit einem Makler zu tun haben, sei es, dass der Vermieter ihn eingeschaltet hat, oder dass Sie selbst ihn beauftragt haben. Es gibt leider viele schwarze Schafe in dieser Branche, worunter die seriösen Vertreter dieses Berufs zu leiden haben. Beachten Sie, dass Makler keine geschützte Berufsbezeichnung ist. Im Prinzip kann sich jeder, der ein entsprechendes Türschild an seinem Büro anschraubt, so nennen.

! Wenn Sie selbst einen Makler beauftragen, sollten Sie unbedingt darauf achten, dass dieser **Mitglied im Berufsverband der Makler (IVD)** ist. Leider ist das aber auch keine Garantie dafür, dass die betreffende Person die Geschäfte ordnungsgemäß abwickelt.

Voraussetzungen für den Provisionsanspruch

Wenn bei der Wohnungsvermittlung ein Makler eingeschaltet ist, findet zum Schutz des Kunden das Wohnungsvermittlungsgesetz (WoVermRG) Anwendung. Danach hat der Wohnungsvermittler nur dann Anspruch auf eine **Vermittlungsgebühr**, wenn (§ 2 Abs. 1 WoVermRG)

- der Wohnungssuchende ihn bestellt (vgl. dazu unten) und
- er eine Wohnung nachgewiesen hat, wenn er also dem Mieter eine Adresse besorgt hat, oder
- er eine Wohnung vermittelt hat, wenn er also beispielsweise dem Interessenten die Wohnräume gezeigt oder wenn er mit dem Vermieter verhandelt hat, und
- zwischen Wohnungssuchendem und Makler in Textform (z.B. schriftlich oder per E-Mail) ein Maklervertrag zustande gekommen ist und
- durch die Tätigkeit des Maklers auch tatsächlich ein Mietvertrag zustande kommt.

Achtung: Nicht alle Unternehmen, die vorgeben, Wohnungen zu vermitteln, arbeiten seriös. Wie überall sind auch bei den Wohnungsvermittlern Geschäftemacher am Werk, die keine akzeptable Gegenleistung erbringen. Häufig werden nur Adressen verkauft, die aus der Zeitung abgeschrieben wurden. Vorsicht ist insbesondere dann geboten, wenn der Vermittler vorab Geld verlangt. Auch wenn z.B. Wohnungsvermittlungsvereine zunächst eine Beitrittsgebühr oder einen Mitgliedsbeitrag verlangen, ist Vorsicht geboten. Beachten Sie, dass es gesetzlich untersagt ist, Geld zu nehmen, bevor eine Wohnung vermittelt wurde.

Wer bestellt, der zahlt

Für Maklerverträge zur Wohnungsvermittlung gilt seit dem 1.6.2015 das sogenannte **Bestellerprinzip** (§ 2 Abs. 1a WoVermRG). Wer den Makler bestellt, muss zahlen. Wendet sich also der Vermieter an einen Makler und erteilt ihm den Auftrag, einen Mieter für seine Wohnung zu suchen, muss der Vermieter den Makler auch bezahlen. Mieter müssen die Maklerprovision allenfalls dann zahlen, wenn sie den Makler selbst beauftragt haben – schriftlich bzw. in Textform – und der Makler dann ausschließlich aufgrund dieses Auftrags tätig wird und eine Wohnung beschafft, über die der Mietvertrag schließlich zustande kommt. Konkret gilt Folgendes:

- Ein Wohnungssuchender, der sich auf ein Inserat hin beim Vermieter meldet, muss keine Maklerprovision entrichten.
- Ein Wohnungsvermittler darf einem Wohnungssuchenden eine konkrete Wohnung auch nach einer Suchanfrage des Wohnungssuchenden nur anbieten, wenn er vom Berechtigten hierzu den »Auftrag«, also die Zustimmung, eingeholt hat.
- Der Vermieter ist auch dann »Besteller«, wenn der Wohnungssuchende einen Vermittlungsvertrag geschlossen hat, und sich danach ein Vermieter zwecks Mietersuche an den Wohnungsvermittler wendet. Auch in diesem Fall ist der Wohnungssuchende nicht provisionspflichtig, weil der Wohnungsvermittler nicht ausschließlich wegen des Vermittlungsvertrags mit dem künftigen Mieter tätig geworden ist, sondern auch im Interesse des Vermieters.
- Provisionspflichtig ist der Wohnungsinteressent dann, wenn der Vermittler in dessen Auftrag eine Anzeige schaltet und sich ein Vermieter daraufhin mit einer passenden Mietwohnung meldet.

Achtung: Unwirksam ist eine Vereinbarung, durch die der Wohnungssuchende verpflichtet wird, eine vom Vermieter geschuldete Provision zu zahlen. Das gilt insbesondere für eine Vereinbarung zwischen dem Vermieter und dem Mieter beim Abschluss des Mietvertrags.

Ausschluss des Anspruchs

Wie dargelegt, brauchen Sie **keine Maklerprovision** zu zahlen, wenn Sie den Makler nicht bestellt haben oder kein wirksamer Maklervertrag abgeschlossen wurde. Unabhängig davon müssen Sie in jedem Fall keine Maklergebühr zahlen, wenn (§ 2 Abs. 2 WoVermRG)

- die vermittelte oder nachgewiesene Wohnung eine **Sozialwohnung** ist,
- durch den Mietvertrag ein Mietverhältnis über dieselben Wohnräume fortgesetzt, verlängert oder erneuert wird,
- der Mietvertrag über Wohnräume abgeschlossen wird, deren **Eigentümer, Verwalter, Mieter oder Vermieter der Wohnungsvermittler** ist.

Höhe des Anspruchs

Makler dürfen vom Wohnungssuchenden grundsätzlich nur **zwei Monatsmieten** Provision (zzgl. Mehrwertsteuer) verlangen. Monatsmiete ist die **Nettokaltmiete.** Nebenkosten, über die gesondert abgerechnet wird, bleiben bei der Berechnung der Monatsmiete unberücksichtigt. Es ist dem Makler untersagt, Vorschüsse zu vereinbaren oder Vergütungen anderer Art (z.B. Auslagenerstattungen, Schreibgebühren) zu verlangen. Für den Fall, dass kein Mietvertrag zustande kommt, kann eine Erstattung der nachweisbar entstandenen Auslagen vereinbart werden. Hierzu zählen nur der konkrete Aufwand für den bestimmten Vermittlungsauftrag (z.B. Porto, Telefongebühren, Reisekosten, Kosten für Inserate), nicht dagegen Gemeinkosten wie beispielsweise Büromiete, oder Personalkosten (§ 3 Abs. 2 und 3 WoVermRG).

Rückforderung der unzulässigen oder überhöhten Provision

Wenn Sie an den Makler ein ihm nicht zustehendes Entgelt bezahlt haben (z.B. eine überhöhte Provision oder eine Provision, ohne dass ein Mietvertrag zustande gekommen ist), können Sie Ihre Zahlung zurückverlangen (§ 5 WoVermRG).

Der Anspruch auf **Rückforderung der Provision verjährt in drei Jahren:** Die Verjährungsfrist beginnt mit dem Schluss des Kalenderjahres zu laufen, in dem Sie davon Kenntnis erlangt haben, dass der Makler keinen Anspruch auf die Provision hat.

1.3 Auf was Sie bei der Wohnungsbesichtigung achten sollten

Besichtigen Sie eine Wohnung immer bei **Tageslicht.** Dann können Sie **Besonderheiten und Mängel** leichter feststellen. Eine Person Ihres Vertrauens sollte Sie bei der Besichtigung begleiten: Vier Augen sehen mehr als zwei. Besichtigen Sie eine Wohnung möglichst an einem Werktag (an Sonn- und Feiertagen sind mögliche Beeinträchtigungen durch den Berufs- und Anlieferverkehr geringer) und besichtigen Sie unbedingt auch die **Umgebung.**

Die nachfolgende **Checkliste** soll Ihnen bei der Wohnungsbesichtigung Hilfestellung leisten.

Wohnumfeld

- Gefällt Ihnen die Lage und Umgebung der Wohnung (Nachbarschaft, soziales Umfeld)?
- Entspricht die Infrastruktur (Nahverkehr, Einkaufsmöglichkeiten, Schule, Kirche, Kindergarten etc.) Ihren Bedürfnissen?
- Sind potenzielle Lärmquellen vorhanden (Verkehr, Bahnlinien, Gewerbe, Sporteinrichtungen etc.)?
- Sind Geruchsbeeinträchtigungen zu erwarten?
- Gibt es Parkplätze oder Garagen?
- Gibt es in der Nähe Einkaufsmöglichkeiten?
- Sind Grünflächen in der Nähe?

Haus

- In welchem Zustand befindet sich das Haus (Fassade, Dach, Fenster, Türen, Treppenhaus)?
- Ist ein Fahrstuhl vorhanden?
- Ist das Haus hellhörig?
- Gibt es einen Garten, einen Hof oder Spielgeräte?

Wohnung

- Warum ist der Vormieter ausgezogen?
- Wie groß ist die Wohnfläche?
- Entspricht der Zuschnitt der Räume Ihren Erwartungen?
- Haben Ihre Möbel Platz?
- Gibt es genügend Licht und Helligkeit in den Räumen?
- Sind im Bad Fenster vorhanden?
- In welchem Zustand befinden sich Türen und Böden?
- Welcher Bodenbelag ist in der Wohnung und gehört er zur Wohnung?
- Welche Qualität haben die Fenster (Verglasung, Rahmen)?
- Hat die Wohnung viele Außenwände?
- Sind ausreichend Elektroinstallationen vorhanden?
- Wie ist der Zustand der Sanitäranlagen (öffnen Sie die Wasserhähne, betätigen Sie die Klospülung, drehen Sie Absperrhähne auf und zu und überprüfen Sie Emaillebeschichtungen auf Absplitterungen und Risse).
- Sind Anschlüsse für Waschmaschine, Trockner, Herd und Kühlschrank an der richtigen Stelle?
- Wie wird die Wohnung beheizt (Etagen- oder Zentralheizung, Fernwärme, Gas, Öl, Nachtspeicheröfen etc.)?
- Ist ein Rauchmelder vorhanden?
- Hat die Wohnung einen Balkon und ist dieser in gutem Zustand?

- Gibt es auffällige Mieter im Haus?
- Funktioniert die Klingelanlage?
- Sind Haustiere erlaubt?

Sonstige Flächen und Räume

- Gibt es einen Trockenraum oder eine Waschküche?
- Ist ein Garten vorhanden und zählt dieser zur Wohnung?
- Gibt es einen Kellerraum, der zur Wohnung gehört?
- Gibt es einen Parkplatz für Ihr Auto?
- Gibt es einen Abstellplatz für Fahrräder?

1.4 Achten Sie auf die Energiekosten

Von besonderer Bedeutung bei der Suche der passenden Wohnung sind die zu erwartenden Energiekosten. Diese machen vor allem bei nicht sanierten Gebäuden einen immer größeren Teil der Wohnkosten aus.

1.4.1 Worauf Sie bei der Wohnungsbesichtigung achten sollten

Achten Sie bei der Wohnungsbesichtigung auf folgende Details, die für die Energiekosten und den Energieverbrauch von wesentlicher Bedeutung sind:

- Wichtig ist eine ausreichende **Wärmedämmung** der Außenwände, der Kellerdecke und (bei einem ausgebauten Dachgeschoss) auch der obersten Geschossdecke bzw. des Dachstuhls.
- Die Fenster sollten isolierverglast, besser noch **wärmeschutzverglast** sein.
- Wird die **Heizungsanlage** mit fossilen Brennstoffen (Gas, Öl, Fernwärme) beheizt, müssen Sie mit steigenden Brennstoffpreisen rechnen. Unabhängiger sind Sie, wenn erneuerbare Energieträger (z.B. Holzpellets oder Erdwärmenutzung) verwendet werden.

- Mehr Heizenergie wird benötigt, wenn die Wohnung großflächig an **Außenwände** oder an unbeheizte Gebäudeteile grenzt. Besser ist eine von beheizten Räumen umgebene Wohnung.
- Bei häufigem und hohem **Warmwasserverbrauch** ist die zentrale Erwärmung kostengünstiger. Bei niedrigem Warmwasserbedarf dagegen kann eine elektrische Erwärmung durch moderne, elektronisch geregelte Durchlauferhitzer die günstigere Variante sein.

1.4.2 Energieausweis

Wer eine Wohnung vermieten möchte, braucht einen Energieausweis. Gesetzliche Grundlage ist das **Gebäudeenergiegesetz** (GEG). Mit dem Dokument sollen Mietinteressenten über die energetischen Kennwerte und die daraus resultierenden Treibhausgasemissionen des Gebäudes informiert werden. Den Energieausweis müssen Vermieter aber nur bei einem Nutzerwechsel vorlegen. Solange sie ihr Wohneigentum selbst nutzen oder nicht neu vermieten, brauchen sie also keinen Energieausweis. Mieter in bestehenden Mietverhältnissen haben daher keinen Anspruch, den Energieausweis zu sehen.

Gesetzliche Vorlagepflicht

Wer eine Wohnung vermieten will, muss einem Mietinteressenten **spätestens bei der Besichtigung** einen Energieausweis oder eine Kopie hiervon vorlegen, das heißt, der Mietinteressent muss die Möglichkeit haben, den Ausweis einzusehen. Dieser Pflicht genügt der Vermieter, wenn er den Ausweis während der Besichtigung aushängt oder auslegt. Findet keine Besichtigung statt, haben der Vermieter oder der Wohnungsvermittler den Energieausweis oder eine Kopie hiervon spätestens dann unverzüglich vorzulegen, wenn der potenzielle Mieter zur Vorlage auffordert. Das Original oder eine Kopie des Ausweises muss der Vermieter spätestens beim Abschluss des Mietvertrags dem Mieter übergeben (§ 80 Abs. 4 und 5 GEG). Anderenfalls begeht der Vermieter eine **Ordnungswidrigkeit** und riskiert ein Bußgeld.

Immobilienanzeige

Wird vor der Vermietung einer Wohnung eine Immobilienanzeige in kommerziellen Medien aufgegeben und liegt zu diesem Zeitpunkt ein Energieausweis vor, so hat der Vermieter oder der Immobilienmakler, wenn eine dieser Personen die Veröffentlichung der Immobilienanzeige verantwortet, sicherzustellen, dass die Immobilienanzeige folgende **Pflichtangaben** enthält (§ 87 Abs. 1 GEG)

- die **Art des Energieausweises:** Energiebedarfsausweis oder Energieverbrauchsausweis,
- den im Energieausweis genannten **Wert des Endenergiebedarfs** oder des Endenergieverbrauchs für das Gebäude,
- die im Energieausweis genannten **wesentlichen Energieträger** für die Heizung des Gebäudes,
- das im Energieausweis genannte **Baujahr** und
- die im Energieausweis genannte **Energieeffizienzklasse.**

Energiebedarfs- oder Energieverbrauchsausweis

Der Energieausweis dokumentiert den energetischen **Ist-Zustand eines Gebäudes.** Er enthält allgemeine Angaben zum Haus, zu den verwendeten Heizstoffen (z.B. Gas, Holzpellets oder Strom) sowie die Energiekennwerte des Gebäudes. Neuere Ausweise für Wohngebäude führen darüber hinaus, ähnlich wie Elektrogeräte, eine Energieeffizienzklasse von A+ bis H auf.

Es ist zwischen dem **verbrauchs- und dem bedarfsorientierten Energieausweis** zu unterscheiden. Diesen Ausweisen liegen unterschiedliche Bewertungsverfahren zugrunde, die im Gebäudeenergiegesetz festgelegt sind. Vereinfacht ausgedrückt unterscheiden sich die beiden Ausweisarten wie folgt:

- Beim **Bedarfsausweis** werden die Kennwerte für den Energiebedarf rechnerisch auf der Grundlage von Baujahr, Bauunterlagen (Gebäudetyp, Adresse, Anzahl der Wohnungen und Gesamtwohnfläche), den technischen Gebäude- und Heizungsdaten und unter standardisierten Rahmenbedingungen (Klimadaten, Nutzerverhalten, Raumtemperatur) bestimmt. Die berechneten Kennwerte sind unabhängig vom individuellen Heiz- und Wohnverhalten der Bewohner.

- Für den **Verbrauchsausweis** müssen ebenfalls die üblichen Gebäudedaten, vor allem aber die **Verbrauchsdaten der letzten drei Jahre** vorliegen. Hierzu gehören das Anfangs- und Enddatum der drei Abrechnungszeiträume. Längere Leerstände während dieser Zeit sollten berücksichtigt werden. Wichtig ist zudem, ob der Energieverbrauch für Warmwasser in den Verbrauchsdaten enthalten ist oder ob das Wasser dezentral, beispielsweise über elektrische Boiler oder Durchlauferhitzer, erwärmt wird. Aus den Heizkostenabrechnungen oder anderen geeigneten Verbrauchsmessungen werden die Kennwerte für den Energieverbrauch des gesamten Gebäudes ermittelt. Die Kennwerte sind abhängig vom individuellen Heiz- oder auch Lüftungsverhalten der Bewohner und davon, wie oft sie anwesend sind. Leerstände im Gebäude oder die Gesamtnutzfläche werden manchmal nicht richtig erfasst. Das kann die Ergebnisse verfälschen.

Achtung: Beide Ausweise gelten immer nur für das **gesamte Gebäude.** Ein Rückschluss auf die Heizkosten für einzelne Wohnungen ist deshalb aus den Angaben nicht oder nur sehr eingeschränkt möglich.

! Grundsätzlich ist der **Bedarfsausweis wesentlich höherwertig** einzuschätzen als der Verbrauchsausweis. Hier erfolgt eine objektive Berechnung des Energiebedarfs durch Fachleute. Beim Verbrauchsausweis hingegen beruht das Ergebnis auf den letzten drei Heizkostenabrechnungen der Vormieter. Je nachdem, ob der Mieter den Winter auf Mallorca verbracht oder »aus dem Fenster geheizt hat«, unterscheidet sich das Ergebnis des Verbrauchsausweises erheblich.

Bei der Frage, welche der beiden Energieausweise im Einzelfall zulässig ist, ist zu unterscheiden:

- **Wahlfreiheit gilt für Wohngebäude,** wenn entweder der Bauantrag ab dem 1.11.1977 gestellt wurde (also die Wärmeschutzverordnung von 1977 beachtet werden musste) oder das Wohngebäude trotz Bauantragstellung vor dem 1.11.1977 das Anforderungsniveau der Wärmeschutzverordnung von 1977 erfüllt (z.B. durch spätere Modernisierungsmaßnahmen).
- Sind die Voraussetzungen des Wahlrechts nicht erfüllt, darf der Energieausweisaussteller für ein Wohngebäude mit **weniger als fünf Wohneinheiten** nur einen Energiebedarfsausweis ausstellen. Hintergrund ist, dass in kleineren, energetisch nicht sanierten, alten Wohngebäuden das individuelle Heizverhalten den Gesamtenergieverbrauch deutlich stärker beeinflusst als in Wohnanlagen mit vielen Wohneinheiten.
- Wird ein Energieausweis für einen **Neubau oder bei bestimmten Modernisierungsmaßnahmen** ausgestellt, ist nur ein Energiebedarfsausweis zulässig.

1.4.3 Vorsicht bei zu niedrigen Betriebskostenvorauszahlungen

Achten Sie darauf, dass der Vermieter Sie nicht mit niedrigen Betriebskostenvorauszahlungen »lockt« und Ihnen eine preiswerte Wohnung vorspiegelt. Sie müssen letztlich immer alle angefallenen Betriebskosten entrichten. Eine Nachzahlung ist theoretisch in unbegrenzter Höhe möglich. Als Mieter können Sie nicht darauf vertrauen, dass die vereinbarten Vorauszahlungen ausreichend sind, um die abzurechnenden Kosten zu decken. Fragen Sie deshalb vor Abschluss des Mietvertrags nach den Betriebskosten und lassen Sie sich gegebenenfalls die **Vorjahresabrechnungen** zeigen. Beim örtlichen Mieterverein können Sie auch den **Betriebskostenspiegel** des Deutschen Mieterbundes einsehen und sich ein Bild über die realistische Höhe der Betriebskosten machen (vgl. dazu 10.8.4).

Bei besonders niedrigen Vorauszahlungen sollten Sie vom Vermieter eine **schriftliche Bestätigung** verlangen, dass die vereinbarten Vorauszahlungen ausreichend sind. In diesem Fall sind die Nachforderungen des Vermieters grundsätzlich auf den Betrag der Vorauszahlungen begrenzt, wobei geringfügige Abweichungen von bis zu 15 % vom Mieter noch hingenommen werden müssen.

! Bei zu niedrig angesetzten Betriebskostenvoraussetzungen können Sie unter Umständen den Mietvertrag wegen **arglistiger Täuschung** anfechten, wenn Sie nachweisen können, dass Sie den Mietvertrag nicht abgeschlossen hätten, wenn Ihnen die tatsächlichen Betriebskosten bekannt gewesen wären. In diesem Fall können Sie vom Vermieter Schadensersatzansprüche geltend machen. Sie müssen dann allerdings auch einen finanziellen Schaden beweisen. Holen Sie in jedem Fall fachkundigen Rat ein, wenn Sie in dieser Form gegen den Vermieter vorgehen wollen.

1.5 Was Sie der Vermieter fragen darf und was nicht

Der Vermieter wird regelmäßig sorgfältig prüfen, an wen er seine Wohnung überlässt. Im Rahmen eines **persönlichen Gesprächs** oder durch eine **Selbstauskunft des Mieters** will er möglichst viele Informationen gewinnen, die für seine Entscheidung von Bedeutung sind. In erster Linie wird sich der Vermieter über die **Bonität** des Mietinteressenten Gewissheit verschaffen wollen.

1.5.1 Fragerecht des Vermieters

Dem Vermieter steht gegenüber dem Mietinteressenten kein grenzenloses Fragerecht zu. So darf der Vermieter insbesondere nicht das **allgemeine Persönlichkeitsrecht** des Wohnungssuchenden verletzen.

Zulässige Fragen

Neben Fragen, die die Bonität des Interessenten betreffen (vgl. dazu 1.5.2), darf der Vermieter nach dem Familienstand des Interessenten fragen, aus welchen Gründen er seine alte Wohnung aufgeben und die neue Wohnung beziehen will, welchen Beruf er ausübt und seit wann, wie viele Personen in die Wohnung einziehen wollen und ob er Haustiere halten will. Im Zusammenhang mit dem Bestehen eines Arbeitsverhältnisses ist auch die Frage danach zulässig, ob es sich um einen befristeten oder einen unbefristeten Arbeitsvertrag handelt oder ob sich der Mietinteressent noch in der Ausbildung oder in der Probezeit befindet.

Achtung: Auf eine zulässige Frage des Vermieters muss der Mietinteressent **wahrheitsgemäß antworten.** Anderenfalls hat es für ihn nachteilige rechtliche Konsequenzen (vgl. dazu 1.5.2).

Unzulässige Fragen

Grundsätzlich nicht zulässig sind Fragen nach der Familienplanung, zur sexuellen Orientierung, zur Religionszugehörigkeit, zur Mitgliedschaft in einem Mieterverein, zum Bestehen einer Schwangerschaft oder zur Anhängigkeit eines staatsanwaltschaftlichen Ermittlungsverfahrens.

! Eine unzulässige Frage muss der Wohnungsinteressent nicht beantworten. In diesem Fall besteht für ihn allerdings die Gefahr, dass er die Wohnung nicht bekommt. Deshalb dürfen solche Fragen wahrheitswidrig beantwortet werden. Die **Falschbeantwortung** hat für den Interessenten keine negativen rechtlichen Folgen.

1.5.2 Bonitätsprüfung

Bei der Auswahl des Mieters wird für den Vermieter insbesondere auch dessen Bonität von Bedeutung sein. In diesem Zusammenhang ist der Vermieter grundsätzlich berechtigt, **Daten zu erheben,** die ihm eine Beurteilung erlauben, ob der Mieter in Zukunft in der Lage sein wird, die monatliche Miete zu entrichten. Die Mietzahlung gehört schließlich zu den Hauptpflichten des Mieters. Das Fragerecht des Vermieters erstreckt sich allerdings nur auf solche **Fragen, die mit dem Mietverhältnis im Zusammenhang** stehen. Der Vermieter muss an den abgefragten Informationen ein berechtigtes Interesse haben und das Recht des Mietinteressenten auf informationelle Selbstbestimmung beachten. Nur dann ist die Frage an den Mietinteressenten zulässig.

Zulässige Fragen zur Bonitätsprüfung

Generell gilt, dass alle Fragen zu den **Vermögens- und Einkommensverhältnissen** berechtigte und deshalb zulässige Fragen des Vermieters zur Bonität des Mietinteressenten sind. Insbesondere folgende Fragen werden in diesem Zusammenhang als zulässig angesehen: Fragen danach,

- über welches **Nettoeinkommen** der Bewerber verfügt,
- ob über das **Vermögen** des Mietinteressenten das Insolvenzverfahren eröffnet worden ist,
- ob eine **Einkommenspfändung** vorliegt,
- ob das **Sozialamt** oder ein anderer Grundsicherungsträger die Mietkosten übernimmt,
- ob ein **Räumungstitel** wegen Mietzinsrückständen besteht bzw. einmal bestand.

Auf eine zulässige Frage des Vermieters muss der Mietinteressent **wahrheitsgemäß** antworten. Anderenfalls hat es für ihn nachteilige rechtliche Konsequenzen:

- Hat der Mieter die Wohnung noch nicht bezogen, liegt der Tatbestand einer rechtswidrigen **arglistigen Täuschung** vor. Der Vermieter kann den Mietvertrag anfechten und unter Umständen **Schadensersatz** (z.B. die Kosten für ein neues Inserat in der Tageszeitung) verlangen. Der Mietvertrag ist nach erklärter Anfechtung unwirksam.
- Entdeckt der Vermieter die Lüge des Mieters erst nach dessen Einzug, ist eine Anfechtung des Mietvertrags nicht mehr möglich. Es liegt aber eine **schuldhafte Pflichtverletzung** des Mieters vor. Der Vermieter kann den Mietvertrag fristlos kündigen, sofern ihm die Fortsetzung des Mietverhältnisses wegen der Pflichtverletzung des Mieters (z.B. wegen der Lüge bei der Selbstauskunft) unzumutbar wäre (vgl. dazu 13.3.5). Das ist insbesondere dann der Fall, wenn sich die Falschauskünfte dahin gehend auswirken, dass die berechtigten Interessen des Vermieters an regelmäßigen Zahlungseingängen beeinträchtigt werden oder in Zukunft beeinträchtigt sein könnten.

Unzulässige Fragen zur Bonitätsprüfung

Grundsätzlich **unzulässig** ist die Frage, wie lange das **Arbeitsverhältnis,** in dem der Mietinteressent steht, bereits dauert. Aus der Dauer des bestehenden Arbeitsvertrags lassen sich nämlich keine sicheren Rückschlüsse auf den Fortbestand des Arbeitsverhältnisses und damit auf die fortdauernde wirtschaftliche Leistungsfähigkeit des Bewerbers ziehen.

Unzulässig ist auch die Frage nach den **Einkommensverhältnissen von Angehörigen,** soweit diese Personen nicht in den Mietvertrag einbezogen werden sollen (z.B. im Rahmen einer Bürgschaft).

Achtung: Eine unzulässige Frage darf der Mietinteressent wahrheitswidrig beantworten, ohne dass es für ihn die oben genannten rechtlichen Konsequenzen hat.

Möglichkeiten der Bonitätsprüfung

Der Vermieter hat mehrere Möglichkeiten, die für seine Entscheidung, an welchen Bewerber er die Wohnung vermietet, maßgebenden Daten zu erheben. Im Regelfall dürfte er besonders daran interessiert sein zu erfahren, ob sein künftiger Vertragspartner in der Lage sein wird, die Miete zu zahlen.

Vorlage von Einkommensnachweisen

Die Erkundigung nach den **Einkommensverhältnissen des Mietinteressenten,** also insbesondere nach dem Betrag seines Einkommens, der ihm abzüglich laufender monatlicher Verbindlichkeiten zur Begleichung der Miete zur Verfügung steht, ist grundsätzlich zulässig, da sie für die Beurteilung der Bonität des Mieters erforderlich sind.

Zur Ermittlung der Einkommensverhältnisse des Mietinteressenten kann insbesondere auf einen **Einkommensnachweis,** das heißt auf eine Einkommensbescheinigung (wenn der Bewerber Arbeitnehmer ist) oder auf den letzten **Einkommensteuerbescheid** (wenn der Mietinteressent selbstständig ist) zurückgegriffen werden. Dabei ist es zunächst ausreichend, wenn der Bewerber angibt, sein monatliches Einkommen übersteige einen bestimmten Betrag.

Achtung: Erst wenn sich der Vermieter für einen bestimmten Mietinteressenten entschieden hat, darf er von diesem konkrete Nachweise zu seinen Einkommensverhältnissen verlangen.

Einen Einkommensnachweis kann der Mietinteressent insbesondere durch Vorlage von **Lohn- und Gehaltsabrechnungen,** Kontoauszügen oder durch eine entsprechende Bescheinigung des Arbeitgebers über die Richtigkeit der Angaben zu seinem Nettoeinkommen erbringen. Im Regelfall dürfen dabei die letzten drei Gehaltsabrechnungen des Mietinteressenten als Nachweis gefordert werden.

Selbstauskunft des Mietinteressenten

Im Rahmen der Selbstauskunft beantwortet der Mietinteressent bestimmte Fragen des Vermieters zu seinen persönlichen, familiären und wirtschaftlichen Verhältnissen. Dabei wird dem Bewerber ein vorgefertigter Katalog von Fragen vorgelegt, die dieser schriftlich beantworten soll. Abgefragt werden dürfen jedoch nur solche Informationen, die mit dem **Mietverhältnis im Zusammenhang stehen** und an deren wahrheitsgemäßer Beantwortung der Vermieter ein berechtigtes Interesse hat.

Die **schriftliche Beantwortung** der Fragen hat für den Vermieter gegenüber mündlichen Angaben des Mietinteressenten den Vorteil, dass er gegebenenfalls beweisen kann, dass Fragen wahrheitswidrig beantwortet wurden. Darauf kann dann die Anfechtung des Mietvertrags wegen arglistiger Täuschung bzw. die fristlose Kündigung des Mietverhältnisses gestützt werden.

! Mietinteressenten sind **nicht verpflichtet, eine Selbstauskunft auszufüllen.** Wenn es aber mehrere Mietbewerber gibt, wird sich der Vermieter allerdings regelmäßig für denjenigen entscheiden, dessen Bonität er aufgrund der Selbstauskunft besser abschätzen kann.

Vorlage einer Vormieterbescheinigung

Die Frage nach früheren Wohnverhältnissen des Mieters ist grundsätzlich unzulässig. Das gilt auch für deren Dauer und dem Grund der Beendigung des Mietverhältnisses. Bestehen allerdings noch berechtigte und noch **offene Mietzinsverpflichtungen** aus einem früheren Mietverhältnis, so hat der Mietinteressent diese auf entsprechende Nachfrage wahrheitsgemäß offenzulegen.

Gelegentlich verlangen Vermieter vom Mieter eine sogenannte **Mietschuldenfreiheitsbescheinigung.** Damit bestätigt der bisherige Vermieter, dass der Mieter keine Schulden bei ihm hat. Kann der Mietinteressent eine solche Bescheinigung seines derzeitigen Mieters vorlegen, spricht das für ihn.

! Weil der Vermieter laut Bundesgerichtshof (Az. VIII ZR 238/08) nicht verpflichtet ist, seinem bisherigen Mieter bei Beendigung des Mietverhältnisses über die Erteilung einer Quittung über die vom Mieter empfangenen Mietzahlungen hinaus eine Mietschuldenfreiheitsbescheinigung zu erteilen, kann der neue Vermieter vom Mietinteressenten nicht die Vorlage einer entsprechenden Vermieterbescheinigung verlangen. Der neue Vermieter darf also die Bescheinigung nicht zur Bedingung machen.

Bonitätsauskünfte bei Auskunfteien

Ein bestehendes Arbeitsverhältnis und ein regelmäßiges Gehalt sagen nichts über die Zahlungsmoral des Mietinteressenten aus. Wie es damit bestellt ist, kann zuverlässig weder der Selbstauskunft des Mietinteressenten noch einer Vormieterbescheinigung entnommen werden. Deshalb verlangen Vermieter vom Mietinteressenten häufig neben Einkommensnachweisen und einer Selbstauskunft zusätzlich eine **Bonitätsauskunft der SCHUFA,** der Schutzgemeinschaft für allgemeine Kreditsicherung. Damit kann der Mietinteressent seine Kreditwürdigkeit gegenüber dem künftigen Vermieter oder anderen Vertragspartnern untermauern.

Achtung: Eine Bonitätsauskunft darf der Vermieter grundsätzlich erst dann verlangen, wenn der **Abschluss des Mietvertrags** mit dem Bewerber nur noch vom positiven Ergebnis einer entsprechenden Auskunft abhängt, weil der Vermieter unter datenschutzrechtlichen Gesichtspunkten erst dann ein berechtigtes Interesse an der Auskunft hat. Andernfalls darf die Auskunft nur mit Einwilligung des Mietinteressenten eingeholt werden.

Checkliste: Zulässige und unzulässige Fragen

Fragen zu	Zulässig	Nicht zulässig
Familienstand	x	
Anzahl der Personen, die die Wohnung beziehen wollen	x	
Nationalität		x
Vorstrafen		x
Krankheit/Behinderung		x
Hobbys		x
Aufenthaltsgenehmigung		x
Beruf	x	
bestehendes Arbeitsverhältnis	x	
Dauer des Arbeitsverhältnisses		x
etwaigen Befristung des Arbeitsverhältnisses	x	
Rauchgewohnheiten		x
Bestehen einer Rechtsschutzversicherung		x
Familienplanung		x
sexuelle Orientierung		x
Religionszugehörigkeit		x
Mitgliedschaft in einem Mieterverein		x
Bestehen einer Schwangerschaft		x
Anhängigkeit eines staatsanwaltschaftlichen Ermittlungsverfahrens		x
Höhe des Nettoeinkommens	x	
Einkommensverhältnissen von Angehörigen		x
laufendem Insolvenzverfahren über das Vermögen des Mietinteressenten	x	
Einkommenspfändung	x	
Räumungstitel wegen Mietrückständen	x	
Übernahme der Miete durch Sozialleistungsträger	x	
Haltung von Haustieren	x	

2 Auf was Sie beim Abschluss des Mietvertrags und bei der Wohnungsübergabe achten müssen

Grundlage des Mietverhältnisses ist der **Mietvertrag.** Mit ihm wird das Mietverhältnis überhaupt erst begründet. Wie jeder Vertrag kommt auch der Mietvertrag durch Antrag und Annahme zustande. Keine Bedeutung hat, ob der Antrag vom Vermieter oder vom Mieter ausgeht.

Der Mietvertrag bedarf **keiner besonderen Form.** Er kann schriftlich, mündlich oder durch sogenanntes schlüssiges Verhalten zustande kommen. In jedem Fall muss ein Mietvertag enthalten:

- die **Vertragsparteien,**
- die genaue **Bezeichnung der Wohnung,**
- die vereinbarte oder bestimmbare **Miete,**
- den **Beginn** des Mietverhältnisses und
- die **Unterschriften der Vertragspartner** bei einem schriftlichen Mietvertrag.

Bei einem schriftlichen Mietvertrag können die einzelnen mietvertraglichen Vereinbarungen im Rahmen eines sogenannten Formularvertrags oder individuell getroffen werden.

2.1 Form des Mietvertrags

Das Mietverhältnis kann schriftlich, mündlich oder durch schlüssiges Verhalten der Vertragspartner begründet werden. Regelmäßig schließen Vermieter und Mieter einen schriftlichen Mietvertrag in Form eines sogenannten **Formularmietvertrags** ab, die einzelnen Mietvertragsbedingungen können aber auch – allerdings eher selten – in einer Individualvereinbarung festgelegt werden.

2.1.1 Schriftlicher, mündlicher schlüssiger Vertragsabschluss

Ein Mietvertrag ist zustande gekommen, wenn sich Vermieter und Mieter über den Mietgegenstand (Wohnung), die zu zahlende Miete und den Beginn des Mietverhältnisses einig sind. Der Vertrag kann mündlich, schriftlich oder durch schlüssiges Verhalten zustande kommen.

- Soll der Mietvertrag **schriftlich** abgeschlossen werden, muss er von allen Vertragsparteien (bei einer Personenmehrheit wie beispielsweise einer Erbengemeinschaft oder einer Wohngemeinschaft von jedem einzelnen Vermieter bzw. Mieter) unterzeichnet werden. Der Vertrag kommt dann zustande, wenn jede Vertragspartei die für die andere Vertragspartei bestimmte Vertragsausfertigung eigenhändig unterzeichnet hat (§ 126 Abs. 1 BGB) und sie dieser aushändigt.
- Der Mietvertrag kann auch **mündlich** abgeschlossen werden. In diesem Fall richtet sich das Mietverhältnis – wenn nicht etwas anderes vereinbart ist – nach den gesetzlichen **Regelungen des Bürgerlichen Gesetzbuchs** (BGB). Zeitmietverträge mit einer Laufzeit von länger als einem Jahr bedürfen allerdings der Schriftform. Wird diese nicht eingehalten, so ist der mündliche Mietvertrag aber nicht unwirksam, sondern gilt auf unbestimmte Zeit geschlossen. Die Kündigung ist jedoch frühestens zum Ablauf eines Jahres nach Überlassung der Wohnung zulässig (§ 550 BGB).
- Im Einzelfall kann ein Mietverhältnis auch durch einen **stillschweigenden Vertragsabschluss** begründet werden. Dazu ist es erforderlich, dass sich die Vertragsparteien durch ein sogenanntes schlüssiges Verhalten über das Bestehen eines Mietvertrags geeinigt haben. Das ist beispielsweise der Fall, wenn der Mieter nach seinem Einzug in die Wohnung mehrere Mieten zahlt und der Eigentümer die Mietzahlungen vorbehaltlos annimmt.

! An einem schriftlichen Mietvertrag hat in erster Linie der Vermieter ein Interesse. Bei einem mündlichen oder durch schlüssiges Verhalten begründeten Mietverhältnis verzichtet er nämlich auf die Möglichkeit, ihm kraft Gesetzes obliegende Pflichten auf Sie als Mieter zu übertragen und etwa Betriebskosten, fällige Schönheitsreparaturen, die Kosten für Kleinreparaturen oder die Durchführung von Schönheitsreparaturen in der Wohnung auf Sie abzuwälzen. Ein mündlicher oder durch schlüssiges Verhalten erfolgter Vertragsabschluss verbessert also wesentlich Ihre Rechtsstellung als Mieter.

2.1.2 Formularmietvertrag oder Individualvereinbarung

Ein schriftlicher Mietvertrag kann als Formularmietvertrag oder als Individualvereinbarung abgeschlossen werden.

Formularmietvertrag

Im Regelfall werden Mietverhältnisse auf der Grundlage von Formularmietverträgen abgeschlossen. Dabei wird der Inhalt des Vertrags nicht individuell ausgehandelt, sondern in Form von vorformulierten Verträgen (z.B. vorgedruckte Vertragstexte von Verlagen, Haus- und Grundbesitzervereinen) einseitig, in der Regel vom Vermieter, gestellt. Dabei handelt es sich um allgemeine Geschäftsbedingungen, weil es sich dabei um eine Vielzahl von Verträgen vorformulierten Vertragsbedingungen handelt, die eine Partei (Verwender) der anderen Vertragspartei bei Abschluss des Vertrags stellt (§ 305 Abs. 1 Satz 1 BGB). Stellt der Vermieter ein entsprechendes Vertragsformular, findet eine gesetzliche Inhaltskontrolle statt. Das heißt, die mietvertraglichen Regelungen müssen als allgemeine Geschäftsbedingungen betrachtet den **gesetzlichen Anforderungen** genügen. Das ist nicht der Fall, wenn es sich um eine überraschende oder mehrdeutige Klausel handelt oder wenn die mietvertragliche Regelung den Mieter unangemessen benachteiligt.

Überraschende Klauseln

Bestimmungen in Allgemeinen Geschäftsbedingungen, die nach den Umständen, insbesondere nach dem äußeren Erscheinungsbild des Vertrags, so **ungewöhnlich** sind, dass der Vertragspartner des Verwenders mit ihnen nicht zu rechnen braucht, werden nicht Vertragsbestandteil (§ 305c Abs. 1 BGB). Das ist etwa der Fall, wenn die mietvertragliche Regelung in einem systematischen Zusammenhang steht, in dem der Mieter sie nicht erwarten muss.

» Überraschend ist eine Klausel, wenn im Mietvertrag unter der Regelung über die Instandhaltung der Mietsache Ihnen als Mieter die Betriebskosten übertragen werden. Nicht überraschend und zulässig ist eine Klausel im Formularmietvertrag, nach der dem Vermieter eine Einzugsermächtigung erteilt wird, wenn die Regelung an der »richtigen Stelle« steht (z.B. unter »Zahlung der Miete«).

Mehrdeutige Klauseln

Zweifel bei der Auslegung Allgemeiner Geschäftsbedingungen im Formularmietvertrag gehen zulasten des Vermieters. Bleiben **zwei oder mehrere Deutungen einer Klausel** möglich, ist diejenige zugrunde zu legen, die für den Vertragspartner die günstigere ist (§ 305c Abs. 2 BGB). Es gilt also das, was für den Mieter am günstigsten ist.

» Enthält ein Mietvertrag einerseits eine bestimmte Vertragsdauer mit Ablaufdatum und andererseits Kündigungsmöglichkeiten mit gesetzlicher Kündigungsfrist, ist der Vertrag unklar. Diese Unklarheit geht zulasten des Vermieters, sodass Sie als Mieter zur fristgemäßen Kündigung berechtigt sind.

Unangemessene Benachteiligung des Mieters

Eine unangemessene Benachteiligung ist im Zweifel anzunehmen, wenn eine Bestimmung mit wesentlichen **Grundgedanken der gesetzlichen Regelung,** von der abgewichen wird, nicht zu vereinbaren ist oder wesentliche Rechte oder Pflichten, die sich aus der Natur des Vertrags ergeben, so einschränkt, dass die Erreichung des Vertragszwecks gefährdet ist (§ 307 Abs. 2 BGB).

» Unwirksam ist eine Klausel im Formularmietvertrag,

- in der der Mieter sein **generelles Einverständnis mit künftigen Modernisierungsmaßnahmen** erteilt,
- nach der die **Haustierhaltung generell verboten** ist (vgl. dazu 6.2.3),
- nach der eine Erklärung des Vermieters von besonderer Bedeutung (z.B. Kündigung, Mahnung, Fristsetzung) als zugegangen gilt,
- nach der dem Mieter nach **starren Fristen Schönheitsreparaturen** übertragen werden (vgl. dazu 2.11.2),
- nach der dem Mieter ohne gegenständliche und betragsmäßige Begrenzung sogenannte **Kleinreparaturen übertragen** werden (vgl. dazu 2.10).

Transparenzgebot

Eine unangemessene Benachteiligung des Mieters kann sich auch daraus ergeben, dass die Bestimmungen im Formularmietvertrag **nicht klar und verständlich** sind (§ 307 Abs. 1 Satz 2 BGB). Die Klauseln im Mietvertrag müssen also auch von einem Laien verstanden werden können, anderenfalls kann sich der Vermieter darauf nicht berufen.

Urteil

Eine Abgeltungsklausel in Allgemeinen Geschäftsbedingungen, die den Mieter für den Fall, dass die Schönheitsreparaturen bei seinem Auszug noch nicht fällig sind, dazu verpflichtet, »angelaufene Renovierungsintervalle zeitanteilig zu entschädigen«, ist wegen Verstoßes gegen das Transparenzgebot unwirksam.

Vgl. dazu auch 2.11.2.

BGH, Az. VIII ZR 95/07

Folgen unwirksamer Klauseln

Sind Allgemeine Geschäftsbedingungen ganz oder teilweise nicht Vertragsbestandteil geworden oder unwirksam, so bleibt der Vertrag im Übrigen wirksam. In diesem Fall richtet sich der Vertrag nach den **gesetzlichen Bestimmungen** (§ 306 Abs. 1 und 2 BGB), die in der Regel für den Mieter günstiger sind.

» Eine unwirksame Regelung im Mietvertrag über die Übertragung von Schönheitsreparaturen auf Sie als Mieter hat zur Folge, dass Sie überhaupt keine Schönheitsreparaturen durchführen müssen und die Instandhaltung und Instandsetzung der Wohnung allein dem Vermieter obliegt.

Individualvereinbarung

Im Gegensatz zum Formularmietvertrag enthält eine Individualvereinbarung zwischen Vermieter und Mieter **frei ausgehandelte Vertragsinhalte,** bei denen beide Partner eine gleichrangige Verhandlungsposition haben. Während eine Formularklausel im Mietvertrag bereits dann unwirksam ist, wenn sie den Mieter nach Treu und Glauben unangemessen benachteiligt, ist eine individuell ausgehandelte mietvertragliche Regelung erst dann nichtig, wenn sie gegen zwingende gesetzliche Regelungen verstößt oder sittenwidrig ist.

Eine Individualvereinbarung setzt voraus, dass der Vermieter zu Verhandlungen über den Inhalt des Mietvertrags bereit ist und dies auch dem Mieter unzweideutig erklärt. Der Vermieter muss den Inhalt des Mietvertrags zur Disposition stellen und dem Mieter die Möglichkeit einräumen, den Inhalt der Vertragsbedingungen zu beeinflussen. Das hat im Regelfall zur Folge, dass der vom Vermieter vorgelegte Text geändert wird. Allerdings kann auch ausnahmsweise bei einem unveränderten Text eine Individualvereinbarung vorliegen, wenn der Mieter nach gründlicher Erörterung die vorgeschlagene Regelung akzeptiert, weil er von der Gerechtigkeit der Regelung überzeugt wurde.

Grundsätzlich ist davon auszugehen, dass der Vermieter eine konkrete Vereinbarung mit dem Mieter nur dann ausgehandelt hat, wenn

- mit dem Mieter die beabsichtigte Regelung zunächst **erörtert** wurde,
- der Mieter dabei über Inhalt und Tragweite der Regelung ausführlich **belehrt** worden ist und
- der Mieter sich ausdrücklich mit der mietvertraglichen Bestimmung **einverstanden** erklärt hat.

Achtung: Insgesamt werden an eine Individualvereinbarung hohe Anforderungen gestellt. Sie kommt beispielsweise nicht bereits dadurch zustande, dass der Vermieter Ihnen als Mieter im Mietvertrag mehrere Alternativen zum Ankreuzen vorschlägt oder er sich in einem Zusatzformular bestätigen lässt, dass er Ihnen die Regelungen »erläutert« oder diese »besonders besprochen« hat.

Urteil

Benutzt ein Vermieter mehrfach den selbst entworfenen hand- oder maschinenschriftlichen Mietvertrag oder fügt er dem Formularvertrag einen solchen als Zusatzvertrag hinzu, gelten seine Vertragsbedingungen als allgemeine Geschäftsbedingungen und er selbst als Verwender, wobei es nicht auf die Wort-, sondern lediglich auf die Inhaltsgleichheit der Verwendungen ankommt.

BGH, Az. VII ZR 129/90

Zwar unterliegen mietvertragliche Vereinbarungen, die von den Vertragsparteien frei ausgehandelt werden, nicht der Inhaltskontrolle wie bei einem Formularmietvertrag, gleichwohl ist die Vertragsfreiheit in vielen Fällen **gesetzlich eingeschränkt,** weil es dem Vermieter verboten ist, zuungunsten des Mieters vom Gesetz abweichende Regelungen zu treffen. In diesen Fällen gelten immer die zwingenden gesetzlichen Regelungen des Mietrechts. Abweichende Vereinbarungen im Mietvertrag sind **unwirksam.**

» **Unwirksam** ist eine zum Nachteil des Mieters abweichende Vereinbarung über die Begrenzung und **Anlage von Mietsicherheiten** (§ 551 Abs. 4 BGB). Entsprechendes gilt für die Ankündigung und **Duldung von Modernisierungsmaßnahmen** des Vermieters und das dem Mieter zustehende **außerordentliche Kündigungsrecht** (§§ 555c Abs. 5, 555d Abs. 7, 555e Abs. 3 BGB). Unwirksam sind auch zum Nachteil des Mieters abweichende **Vereinbarungen über Betriebskosten** (§§ 556 Abs. 4, 556a Abs. 4 BGB) oder für **Mieterhöhungen** bis zur ortsüblichen Vergleichsmiete (§ 558 Abs. 6 BGB).

2.2 Vorsicht bei Vertrags- und Bearbeitungsgebühren

Der Abschluss eines Mietvertrages ist für den Vermieter mit Zeit und Aufwand verbunden. Klar, dass sich mancher Vermieter dies gerne vergüten lassen würde. In manchen Wohnungsmietverträgen finden sich daher Klauseln wie: »Vereinbarungsgemäß zahlt der Mieter bei Vertragsabschluss an den Vermieter eine einmalige Bearbeitungsgebühr in Höhe von … €«.

In einem Formularmietvertrag ist die Klausel, nach der der Vermieter dem Mieter für den Abschluss des Mietvertrags eine **Bearbeitungsgebühr** verlangen darf, **nicht zulässig** und deshalb unwirksam (LG Hamburg, Az. 307 S 144/08). Für seine gesetzlichen Verpflichtungen darf der Vermieter kein besonderes Entgelt verlangen. Die üblichen Verwaltungskosten für die Ausfertigung des Vertrages, Anlage der Mietsicherheit, Besichtigungstermin usw. sind Bestandteil der eigentlichen Miete und bedürfen keiner gesonderten Zahlung durch den Mieter. Durch eine entsprechende Klausel im Formularmietvertrag wird der Mieter unangemessen benachteiligt. Auch über die Betriebskostenabrechnung sind die **Verwaltungskosten nicht umlagefähig,** weil es sich dabei nach der Betriebskostenverordnung nicht um Betriebskosten handelt.

! Werden Ihnen im Mietvertrag Vertrags- oder Bearbeitungsgebühren auferlegt, können Sie den Vertrag ohne Weiteres unterschreiben und einfach nicht zahlen. Die entsprechende Klausel ist unwirksam, der Mietvertrag selbst dagegen wirksam.

2.3 Auf welche Regelungen im Mietvertrag Sie beim Vertragsabschluss besonders achten müssen

Regelmäßig wird der Vermieter dem Mieter vor dem Einzug ein schriftliches Mietvertragsangebot unterbreiten. Die Unterschrift unter einen Mietvertrag will gut überlegt sein. Bevor Sie also den Vertrag unterschreiben, sollten Sie diesen unbedingt genau lesen. Regelungen, die Sie nicht genau verstehen, sollten Sie sich vom örtlichen Mieterverein oder einem fachkundigen Anwalt erklären lassen. Ein gesetzliches Widerrufs- oder Rücktrittsrecht gibt es bei Mietverträgen nicht.

Bei der Prüfung des Ihnen vorliegenden Vertragsangebots des Vermieters sollten Sie Ihre Aufmerksamkeit vor allem auf folgende Regelungen richten:

- **Vertragspartner:** Wer ist Vermieter und wer ist Mieter der Wohnung? Vgl. dazu 2.4.
- **Mieträume:** Welche Räume sind Vertragsgegenstand und sind Nebenräume (z.B. Keller oder Garage), auf deren Nutzung Sie Wert legen, mitvermietet? Vgl. dazu 2.5.
- **Wohnfläche:** Ist im Mietvertrag die Wohnfläche korrekt angegeben? Vgl. dazu 2.6.
- **Vertragsdauer:** Welche Mietzeit ist vereinbart? Ist der Mietvertrag auf unbestimmte Zeit geschlossen oder handelt es sich um einen zeitlich befristeten Vertrag? Vgl. dazu 2.7.
- **Miete:** Wie setzt sich die Miete zusammen? Entspricht deren Höhe dem örtlichen Mietniveau? Vgl. dazu 2.8.
- **Mietsicherheit:** Müssen Sie eine Mietsicherheit erbringen und entspricht diese dem gesetzlich festgelegten Höchstbetrag? Vgl. dazu 2.9.
- **Instandhaltung und Instandsetzung:** Wird Ihnen die Durchführung von Schönheitsreparaturen auferlegt und/oder müssen Sie Kosten von sogenannten Bagatellreparaturen tragen? Vgl. dazu 2.11 und 2.10.
- **Hausordnung:** Ist eine Hausordnung Bestandteil des Mietvertrags und welche Pflichten werden Ihnen darin auferlegt? Vgl. dazu 2.12.

2.3.1 Vermieterfreundliche Regelungen im Mietvertrag

Bei der Vermietung von Wohnraum werden Vermieter in erster Linie ihre Interessen verfolgen und den Mietvertrag vermieterfreundlich gestalten wollen. In diesem Zusammenhang gilt es allerdings Folgendes zu beachten:

- Viele gesetzliche Vorschriften im Mietrecht stellen **zwingendes Recht** dar, von dem weder durch einen Formularmietvertrag noch durch eine Individualvereinbarung abgewichen werden darf.
- Bei mietvertraglichen Regelungen in einem Formularmietvertrag ist zudem zu berücksichtigen, dass diese den **Mieter nicht unangemessen benachteiligen** dürfen. Andernfalls ist die entsprechende Regelung unwirksam.

Unabhängig davon besteht für den Vermieter in den folgenden Fällen Raum, im Wohnungsmietvertrag eine für ihn gegenüber dem gesetzlichen Mietrecht günstigere Rechtslage zu schaffen:

Befristung des Mietvertrags

Im **Regelfall** ist der Mietvertrag auf **unbestimmte Zeit** abgeschlossen. Unter bestimmten Voraussetzungen, wenn etwa der Vermieter beabsichtigt, die Wohnung später selbst oder für seine Kinder zu nutzen, kann der Mietvertrag befristet werden. In diesem Fall endet das Mietverhältnis automatisch, ohne dass es einer Kündigung des Vermieters (z.B. wegen Eigenbedarfs) bedarf (vgl. dazu 2.7.2).

Langfristige Bindung des Mieters

Wenn der Vermieter einen Mieter längerfristig binden will, jedoch kein gesetzlich anerkannter Befristungsgrund vorliegt, kann im Mietvertrag in einem gewissen zeitlichen Rahmen ein **Kündigungsverzicht** vereinbart werden (vgl. dazu 2.7.3).

Zusammensetzung der Miete

Bei der Festlegung der Miete hat der Vermieter die Wahl, eine **Nettokaltmiete zuzüglich Betriebskosten** oder eine **Bruttomiete** zu vereinbaren. Bei der Bruttomiete wird eine pauschale Miete vereinbart, ohne dass die Möglichkeit besteht, Betriebskosten auf den Mieter umzulegen (vgl. dazu 2.8.1).

Betriebskosten

Wenn Sie nach dem Mietvertrag die abfallenden Betriebskosten zu tragen haben, muss geregelt sein, ob Sie eine **Betriebskostenpauschale oder eine Betriebskostenvorauszahlung** zu zahlen haben (vgl. dazu 10.2 und 10.4).

Mieterhöhungen

Gesetzlich ist dem Vermieter die Möglichkeit eingeräumt, unter bestimmten Voraussetzungen und in einem bestimmten Rahmen, die Miete **bis zur Höhe der ortsüblichen Vergleichsmiete** zu erhöhen (vgl. dazu 11.1). Durch eine Staffel- oder Indexmietvereinbarung hat er aber die Möglichkeit, unabhängig davon mietvertragliche Regelungen über eine Mieterhöhung zu treffen (vgl. dazu 2.8.3 und 2.8.4).

Vereinbarung einer Mietsicherheit

Künftige Zahlungsansprüche aus dem Mietverhältnis und dessen Abwicklung können durch eine Sicherheitsleistung des Mieters abgesichert werden. Kraft Gesetzes ist der Mieter dazu allerdings nicht verpflichtet. Der Mieter muss vielmehr vertraglich verpflichtet werden, eine Mietsicherheit zu leisten (vgl. dazu 2.9).

Ausschluss der Haftung für anfängliche Mängel

Mietvertraglich ist es nicht zulässig, das **gesetzliche Mietminderungsrecht des Mieters** bei Mängeln der Mietsache auszuschließen.

Wirksam vertraglich ausgeschlossen werden kann allerdings die verschuldensunabhängige Haftung des Vermieters für anfängliche Mängel der Mietsache.

Kostentragung für »Kleinreparaturen« durch den Mieter

Kraft Gesetzes obliegt dem Vermieter die Instandhaltung und Instandsetzung der Wohnung. Durch den Mietvertrag können allerdings dem Mieter unter bestimmten Voraussetzungen und in einem bestimmten finanziellen Rahmen die Kosten für sogenannte **Kleinreparaturen** auferlegt werden (vgl. dazu 2.10).

Übertragung von Schönheitsreparaturen auf den Mieter

Gesetzlich obliegt dem Vermieter im Rahmen seiner **Instandhaltungs- und Instandsetzungspflicht** auch die Durchführung notwendiger Schönheitsreparaturen. Durch entsprechende Regelung im Mietvertrag kann der Vermieter diese Pflicht in einem bestimmten Rahmen auf den Mieter übertragen (vgl. dazu 2.11).

Ausschluss der stillschweigenden Verlängerung des Mietverhältnisses

Setzt der Mieter nach Ablauf der Mietzeit den Gebrauch der Mietsache fort, so verlängert sich das Mietverhältnis auf unbestimmte Zeit, sofern nicht eine Vertragspartei ihren entgegenstehenden Willen **innerhalb von zwei Wochen** erklärt (§ 545 BGB). Diese gesetzliche Verlängerungsfiktion wirkt im Regelfall zulasten des Vermieters und kann auch in einem Formularmietvertrag abbedungen werden.

2.3.2 Unwirksame Regelungen im Mietvertrag

Durch das gesetzliche Mietrecht soll der Mieter geschützt werden, weil er regelmäßig gegenüber dem Vermieter in einer schlechteren Verhandlungsposition ist. Deshalb darf der Vermieter bei der vermieterfreundlichen Gestaltung des Mietvertrags »nicht über das Ziel hinausschießen«. Mietvertragliche Regelungen, die von zwingenden **gesetzlichen Vorschriften** zulasten des Mieters abweichen und Bestimmungen im Formularmietvertrag, die den Mieter unangemessen benachteiligen, sind unwirksam.

! Wenn eine Klausel im Mietvertrag unwirksam ist, fällt sie komplett weg. An ihre Stelle treten dann die gesetzlichen Bestimmungen. Und die sind bekanntlich mieterfreundlicher.

» Hat der Vermieter durch den Mietvertrag die Durchführung von Schönheitsreparaturen auf Sie übertragen und ist die Klausel wegen unangemessener Benachteiligung des Mieters unwirksam, sind notwendige Renovierungsarbeiten kraft Gesetzes Vermietersache.

Die nachfolgend aufgezählten und in Mietverträgen häufig verwendeten Klauseln verstoßen gegen zwingendes Recht oder benachteiligen in einem Formularvertrag den Mieter unangemessen und sind deshalb unwirksam und entfalten keine Rechtswirkungen.

Befristeter Mietvertrag

Der Abschluss eines Mietvertrags für eine bestimmte Zeit ist nur zulässig, wenn einer der drei im Gesetz abschließend aufgezählten Tatbestände vorliegt. Anderenfalls ist die Befristung unwirksam und der Mietvertrag gilt für unbestimmte Zeit (vgl. dazu 2.7.2).

Ausschluss der Kündigungsfrist

Unwirksam ist eine Klausel, nach der die **Kündigung für einen längeren Zeitraum als vier Jahre ausgeschlossen** wird (BGH, Az. VII ZR 86/10). Außerdem muss der Kündigungsausschluss für beide Seiten gelten (vgl. dazu 2.7.3).

Wohnflächenangaben

Der Wohnfläche kommt erhebliche Bedeutung zu, so insbesondere bei der Abrechnung der Betriebskosten und der Ermittlung der ortsüblichen Vergleichsmiete. Die Wohnflächenangabe im Mietvertrag ist eine **verbindliche Beschaffenheitsvereinbarung,** an die der Vermieter bei einer Flächenabweichung auch dann gebunden ist, wenn die Angabe mit einem »circa« versehen wurde (BGH, Az. VIII 133/03). Vgl. dazu 2.6.

Fälligkeit der Miete

Eine Klausel im Wohnraummietvertrag, die für die Rechtzeitigkeit einer Mietzahlung auf den Zahlungseingang abstellt, ist unwirksam, da sie dem Mieter unzulässigerweise das Risiko einer Verzögerung des Zahlungsvorgangs durch die beauftragte Bank auferlegt. Es genügt, wenn der Mieter seiner Bank den **Zahlungsauftrag bis zum dritten Werktag** erteilt hat (BGH, Az. VIII ZR 222/15).

Mietkaution

Eine Mietkaution kann nur in Höhe der **dreifachen monatlichen Nettomiete** vereinbart werden. Anderenfalls liegt eine Übersicherung vor, so etwa, wenn neben der Kaution noch eine Bankbürgschaft verlangt wird (vgl. dazu 2.9).

Betriebskosten

Vereinbarungen über Betriebskosten sind unwirksam, wenn sie von den gesetzlichen Regelungen zum Nachteil des Mieters abweichen. Unwirksam sind insbesondere Mietvertragsklauseln, durch die

- dem Mieter Kosten auferlegt werden, die **keine gesetzlich anerkannten Betriebskosten** sind,
- zu **hohe Vorauszahlungen** festgelegt werden,

- die zwölfmonatige Frist für die **Abrechnung der Betriebskosten verlängert** wird,
- eine **längere als die einjährige Abrechnungsperiode** festgelegt wird.

Vgl. dazu 10.

Ausschluss des Minderungsrechts

Unwirksam ist eine Klausel im Mietvertrag, durch die das Recht des Mieters, die **Miete bei einem Wohnungsmangel zu mindern, ausgeschlossen** oder beschränkt wird (vgl. dazu 12.4).

Kleinreparaturen

Zwar kann dem Mieter die Pflicht auferlegt werden, die Kosten für bestimmte Kleinreparaturen zu übernehmen, es bestehen jedoch **enge Grenzen** (z.B. Obergrenzen für Einzelreparatur und für die jährliche Gesamtbelastung). Werden diese nicht beachtet, ist die Klausel unwirksam (vgl. dazu 2.10).

Schönheitsreparaturen

Unwirksam sind unter anderem Mietvertragsklauseln,

- durch die der Mieter zu **Renovierungsmaßnahmen verpflichtet** wird, die nicht unter Schönheitsreparaturen fallen,
- die einen **starren Fristenplan** vorsehen,
- in denen **zu kurze Regelfristen** festgelegt sind,
- durch die dem Mieter zusätzlich zu den laufenden Schönheitsreparaturen auch noch die **Anfangs- und Endrenovierung** auferlegt wird,
- die den Mieter verpflichten, **Schönheitsreparaturen durch einen Fachhandwerker** oder einen Fachbetrieb durchführen zu lassen (Fachhandwerkerklausel),

- nach der der Mieter generell, also auch während der Mietzeit, zur Dekoration in **vorgegebenen Farbtönen** verpflichtet ist (Farbwahlklausel).

Vgl. dazu 2.11.

Tierhaltung

Unwirksam sind Klauseln, die die Tierhaltung in der Mietwohnung **generell und ausnahmslos verbieten** oder die jede Tierhaltung von der Erlaubnis des Vermieters abhängig machen (BGH, VIII ZR 340/06). Vgl. dazu 6.2.

Rauchverbot

Ein im Wohnungsmietvertrag festgelegtes **Rauchverbot ist unwirksam,** wenn es sich auf den Wohnbereich und den Balkon oder die Terrasse bezieht (BGH, VIII ZR 124/05).

Untervermietung

Kraft Gesetzes kann der Mieter von seinem Vermieter unter bestimmten Voraussetzungen die Erlaubnis zur Untervermietung verlangen. **Unwirksam** sind Regelungen im Mietvertrag, die das Recht zur **Untervermietung vollständig ausschließen** oder es dem Vermieter gestatten, die Erlaubnis aus anderen als den gesetzlich vorgesehenen Gründen zu versagen (vgl. dazu 6.3).

Verlängerung der Kündigungsfrist

Die Kündigungsfrist beträgt für den Mieter **drei Monate.** Die Vereinbarung einer längeren Frist ist unwirksam. Nur für den Vermieter gelten längere Kündigungsfristen (vgl. dazu 13.1.1).

Vollmachtsklauseln

Eine Klausel, durch die sich mehrere Mieter gegenseitig zur Entgegennahme oder zur Abgabe von Erklärungen im Rahmen des Mietverhältnisses bevollmächtigen, ist unwirksam, wenn nicht Erklärungen der Mieter ausgenommen werden, die den Bestand des Mietverhältnisses oder Hauptleistungspflichten der Mieter betreffen. Unwirksam ist demnach beispielsweise eine Regelung im Mietvertrag, die – bei mehreren Mietern – einen Mieter berechtigt, das Mietverhältnis zu kündigen.

2.4 Vertragspartner des Mietvertrags

Es ist wichtig, die Vertragspartner des Mietvertrags genau zu bezeichnen. Schließlich müssen Sie als Mieter wissen, gegenüber wem Sie beispielsweise eine Mietminderung geltend machen müssen oder an wen Ihre Kündigung adressiert werden muss.

! Um Unklarheiten zu vermeiden, müssen Sie darauf achten, dass alle im Rubrum des Vertrags bezeichneten Vermieter den Vertrag unterzeichnen bzw. umgekehrt eine Person im Rubrum nicht bezeichnet wird, die den Mietvertrag nicht unterschrieben hat.

2.4.1 Vermieter

Unproblematisch ist es, wenn nur eine Person als Vermieter im Mietvertrag bezeichnet ist. In diesem Fall obliegen nur dieser Person die mietvertraglichen Pflichten, und nur sie kann Rechte aus dem Mietvertrag geltend machen.

Wenn mehrere Personen als Vermieter bezeichnet sind (z.B. Eheleute), müssen Sie darauf achten, dass alle den Mietvertrag unterzeichnen. In diesem Fall müssen jeweils **alle Vermieter** eine mietrechtliche Erklärung (z.B. ein Mieterhöhungsverlangen) abgeben.

Auch eine Kündigung muss von allen Vermietern unterschrieben werden. Umgekehrt muss eine Kündigung des Mieters allen Vermietern gegenüber erklärt werden und daher allen zugehen; anderenfalls ist sie unwirksam.

Achtung: Nicht eindeutig ist die Rechtslage, wenn zwar im Mietvertrag beide Ehegatten als Vermieter bezeichnet sind (z.B. »Eheleute Müller«), aber nur ein Ehepartner den Vertrag unterschrieben hat. Laut OLG Düsseldorf (Az. 24 U 93/98) ist in diesem Fall von einer Bevollmächtigung auszugehen, weil der der unterzeichnende Ehegatte durch die Angabe auch des anderen Ehepartners im Mietvertrag zum Ausdruck gebracht hat, dass auch dieser Vertragspartner werden soll. Vor allem wenn bei den Vertragsverhandlungen beide Eheleute anwesend sind, kann ein Anschein dafürsprechen, dass derjenige Ehegatte, der den Mietvertrag allein unterschrieben hat, vom anderen Teil zur Vertretung auch für den Mietvertragsabschluss bevollmächtigt war (OLG Schleswig, Az. 4 REMiet 1/92).

Tritt eine **Erbengemeinschaft** als Vermieter auf, ist zu beachten, dass diese keine eigene Rechtspersönlichkeit besitzt, also nicht rechtsfähig ist. Ein Mietvertrag kommt also nicht zwischen der »Erbengemeinschaft« als solcher und dem Mieter zustande, **Vertragspartner** des Mieters sind vielmehr **alle Miterben.** Es genügt also nicht, dass im Rubrum des Mietvertrags die »Erbengemeinschaft« als Vermieter angegeben wird, sondern es müssen alle Miterben namentlich bezeichnet werden. Diese müssen auch den Mietvertrag unterzeichnen, es sei denn, dass ein Miterbe die anderen Miterben vertreten darf. Der Fall der Vertretung muss im Vertrag deutlich kenntlich gemacht werden.

2.4.2 Mieter

Ziehen mehrere volljährige Mieter (z.B. Ehepaar oder Partner einer nichtehelichen Lebensgemeinschaft) in die Wohnung ein, sind nur die Personen **als Mieter** anzusehen, die im Rubrum des Mietvertrags bezeichnet sind und die den **Mietvertrag unterschrieben haben.**

» Im Mietvertrag sind die »Eheleute Müller« als Mieter genannt, den Vertrag unterschrieben hat aber nur Herr Müller. In diesem Fall ist davon auszugehen, dass nur Herr Müller Mieter geworden ist. Nur wenn sich aus den Umständen etwas anderes ergibt (z.B., dass die Unterschrift auch im Namen von Frau Müller erfolgt ist oder Frau Müller sowohl bei der Wohnungsbesichtigung als auch bei den Vertragsverhandlungen beteiligt war), kann auch Frau Müller als Mitmieter betrachtet werden.

Wenn mehrere Personen Mieter sind, **haften alle Personen** für sämtliche Verbindlichkeiten **gesamtschuldnerisch.** Das bedeutet, dass der Vermieter die jeweilige Leistung nach seinem Belieben von jedem Schuldner einfordern, aber insgesamt nur einmal die Leistung (z.B. die Miete) verlangen kann (§ 421 Abs. 1 BGB).

» Mieter der Wohnung sind zwei Partner einer nichtehelichen Lebensgemeinschaft. Jeder Partner haftet jeweils für die volle Miete. Haben sich die Partner getrennt und ist ein Partner aus der Wohnung ausgezogen, haftet dieser weiter für die Miete und für eventuell bestehende Mietrückstände.

2.5 Mieträume

Im Mietvertrag müssen die vermieteten Räume bezeichnet werden. Regelmäßig ist vertraglich festgelegt, dass Sie als Mieter das Mietobjekt **ausschließlich zu Wohnzwecken** nutzen dürfen.

2.5.1 Beschreibung des Mietobjekts

Achten Sie darauf, dass im Mietvertrag die Mieträume als Gegenstand des Mietverhältnisses so genau wie möglich bezeichnet werden. Das vermeidet künftige Streitigkeiten mit dem Vermieter.

! Die Beschreibung der Mieträume sollte nicht nur die Anschrift des Mietobjekts, sondern auch dessen genaue **Lage im Haus und die Anzahl der Zimmer** enthalten. Wenn Sie eine Eigentumswohnung mieten, sollte die Nummer angegeben sein, die in der Teilungserklärung für die Wohnung vergeben ist.

2.5.2 Nebenräume und Gemeinschaftseinrichtungen

Auch ohne ausdrückliche mietvertragliche Regelung können Sie als Mieter solche Räume oder Flächen (mit-)benutzen, die Sie durchqueren müssen, um Ihre Wohnung zu erreichen (z.B. Treppenhaus, Flure, Eingänge, Hofflächen). In der Regel dürfen Sie auch Gemeinschaftseinrichtungen wie z.B. eine **Waschküche oder einen Trockenboden** ohne ausdrückliche Erlaubnis mitbenutzen. Sicherheitshalber sollte eine entsprechende Regelung in den Mietvertrag aufgenommen werden.

Ob und in welchem Umfang Sie Räume bzw. Flächen darüber hinaus nutzen dürfen (z.B. Keller- oder Speicherabteile), sollte im Mietvertrag **eindeutig vereinbart** und die entsprechenden Nebenräume und -flächen, sowie deren Lage und den Umfang der Nutzung sollten genau festlegt sein. Unter Umständen kann es sinnvoll sein, dem Mietertrag eine entsprechende Lageskizze beizufügen. Auch eine Hausordnung, die meistens Bestandteil des Mietvertrags ist, enthält regelmäßig Benutzungsregelungen.

Achtung: Ihre Pflicht als Mieter, die Mietsache **pfleglich zu behandeln und Schäden von ihr abzuwenden,** bezieht sich nicht nur auf Ihre Wohnung, sondern auf alle Räume des Hauses, die

Sie benutzen und oder mitbenutzen dürfen (z.B. Waschküche, Keller). Stellen Sie in Gemeinschaftsräumen einen Schaden fest, müssen Sie dies dem Vermieter unverzüglich anzeigen. Anderenfalls können Sie sich **schadensersatzpflichtig** machen und Ihr Recht auf Mietminderung verlieren.

2.5.3 Garten

Wenn Sie als Mieter in ein Einfamilienhaus einziehen, haben Sie den Garten **grundsätzlich mitgemietet** (OLG Köln, Az. 19 U 132/93). Bei einem Mehrfamilienhaus steht Ihnen das Recht zur Gartennutzung nur zu, wenn dies ausdrücklich im Mietvertrag vereinbart ist. Ein stillschweigendes Nutzungsrecht können Sie haben, wenn der Mietvertrag keine ausdrückliche Regelung enthält, Sie aber den Garten jahrelang nutzen, ohne dass der Eigentümer dem widerspricht (AG Gießen, Az. 48 C 2699/92).

Wenn im Mietvertrag nichts anderes vereinbart ist, ist der Vermieter für alle Arbeiten im Garten zuständig. Die entstehenden Kosten kann er bei entsprechender vertraglicher Vereinbarung als **Betriebskosten** auf die Mieter umlegen.

Im Mietvertrag kann der Mieter zur Gartenpflege verpflichtet werden. In diesem Fall kann der Vermieter vom Mieter grundsätzlich nur einfache Gartenpflegearbeiten wie Rasenmähen, Unkraut und Laub entfernen oder Umgraben von Beetflächen verlangen, also nur solche Arbeiten, die **weder eine besondere Fachkenntnis noch einen besonderen Zeit- oder Kostenaufwand** des Mieters erfordern (OLG Düsseldorf, Az. 10 U 70/04). Umfangreichere Arbeiten (z.B. Baumfällarbeiten) sind dann Aufgabe des Vermieters. Allerdings kann der Mieter auch zu umfangreicheren Gartenpflegearbeiten verpflichtet werden, wenn dies ausdrücklich im Mietvertrag vereinbart wurde.

Ist die Gartenpflege Mietersache, muss der Vermieter die dafür notwendigen Gerätschaften (z.B. Rasenmäher) nicht zur Verfügung stellen. Vielmehr müssen Sie sich als Mieter die notwendigen Geräte besorgen und auch instand halten.

In welchem Umfang der Mieter zur Benutzung des Gartens berechtigt ist, kann im **Mietvertrag ausdrücklich geregelt** werden. Ohne besondere Regelung ist ihm bei der Gartengestaltung und -umgestaltung ein großzügiger Spielraum eingeräumt. So darf der Mieter z.B. einen Naturgarten anlegen und die Pflanzen im wesentlichen frei wachsen lassen, einen Komposthaufen anlegen, bei erlaubter Tierhaltung eine Hundehütte aufstellen oder einen Holzstoß lagern. Enthält der Mietvertrag keine entgegenstehende Regelung, kann der Mieter auch ohne Zustimmung des Vermieters Spielgeräte wie eine Schaukel, ein Klettergerüst, eine Rutsche oder einen Sandkasten im Garten aufstellen, sofern diese nicht fest mit dem Grund und Boden verbunden sind.

Achtung: Bei einem Mehrfamilienhaus sind Sie als Mieter nur dann zur Aufstellung von Spielgeräten berechtigt, wenn der Garten groß genug ist und die Rechte anderer Mieter an der Gartennutzung nicht beeinträchtigt werden.

2.5.4 Garage, Stellplatz

Durch einen Wohnungsmietvertrag erlangt der Mieter keinen Anspruch darauf, dass ihm neben den Wohnräumen ein Garagenstellplatz zur Verfügung gestellt wird. Ein entsprechender Anspruch bedarf vielmehr einer **ausdrücklichen mietvertraglichen Regelung.** Ausnahmsweise darf der Mieter eine Garage oder einen Stellplatz auch ohne ausdrückliche Regelung im Mietvertrag nutzen, wenn es der Vermieter jahrelang geduldet hat, dass Sie dort Ihren Wagen abstellt.

In der gemieteten Garage darf der Mieter seinen Pkw abstellen, Zubehörteile und Reifen lagern, Regale befestigen oder Schränke aufstellen. Auch Motorräder, Mopeds, Fahrräder usw. dürfen hier geparkt werden. Der Mieter darf auch vor seiner Garage ein Fahrzeug abstellen. Auf einem Stellplatz dürfen aber keine Getränkekisten gelagert werden.

! Überlässt der Vermieter Ihnen im Mietvertrag über die Wohnung hinaus eine auf dem Grundstück befindliche Garage oder einen Stellplatz, entsteht hierdurch ein einheitliches Mietverhältnis über die Wohnung und die Garage bzw. den Stellplatz. Das hat zur Folge, dass die Garage bzw. der Stellplatz dem **Kündigungsschutz** für Wohnraum unterliegen. Eine separate Kündigung nur für die Garage ist nicht zulässig; Eigenbedarf des Vermieters an der Garage allein kann nicht geltend gemacht werden. Auch eine separate Mieterhöhung für die Garage ist unzulässig.

Urteil

Vermietet der Vermieter einer Wohnung seinem Mieter später auch eine auf dem Hausgrundstück gelegene Garage, so liegt darin selbst dann, wenn dies erst nach Jahren geschieht und eine ausdrückliche Einbeziehung in den bisherigen Mietvertrag nicht erfolgt, in der Regel nur eine Ergänzung des bisherigen Vertrages. Eine neue selbstständige Vereinbarung kommt nur zustande, sofern ein entsprechender Parteiwille hinreichend deutlich erkennbar geworden ist.

OLG Karlsruhe, Az. 3 RE-Miet 1/83

2.6 Wohnfläche

Achten Sie darauf, dass im Mietvertrag die richtige Wohnfläche angegeben ist. Der Wohnfläche kommt erhebliche Bedeutung zu, so insbesondere bei der **Abrechnung der Betriebskosten** und bei der **Ermittlung der ortsüblichen Vergleichsmiete.**

! Entspricht die im Mietvertrag angegebene Wohnfläche **nicht den tatsächlichen Verhältnissen,** kann sich der Vermieter nicht damit herausreden, dass er die Wohnfläche im Mietvertrag nur mit Circa-Angabe eingetragen hat (»die Wohnfläche beträgt circa … m^2«). Die Wohnflächenangabe im Mietvertrag ist nämlich eine **verbindliche Beschaffenheitsvereinbarung,** an die der Vermieter bei einer Flächenabweichung gebunden ist (vgl. dazu unten), und zwar auch dann, wenn er die Angabe mit einem »circa« versehen hat (BGH, Az. VIII 133/03).

2.6.1 Berechnungsmethode

Gesetzliche Regelungen für die Wohnflächenberechnung gibt es nur für den öffentlich geförderten Wohnungsbau (Sozialwohnungen). Nach welcher Berechnungsmethode im frei finanzierten Wohnungsbau die Wohnfläche berechnet wird, richtet sich in erster Linie danach, was im Mietvertrag vereinbart ist (dort kann z.B. vereinbart sein, dass die Flächen unter Dachschrägen ohne Abzug voll zu berücksichtigen sind). In der Regel werden allerdings mietvertragliche Bestimmungen fehlen. In diesem Fall ist zu prüfen, ob sich aus den Umständen, insbesondere aus den Vertragsverhandlungen oder den örtlichen Gepflogenheiten eine bestimmte Berechnungsmethode entnehmen lässt. Ist dies nicht der Fall, kann auf die im öffentlich geförderten Wohnungsbau geltende Wohnflächenverordnung (WoFlV) zurückgegriffen werden.

2.6.2 Berechnung nach der Wohnflächenverordnung

Nach der Wohnflächenverordnung (§ 2 Abs. 1 WoFlV) gehören zur Wohnfläche einer Wohnung die **Grundflächen der Räume,** die ausschließlich zu dieser Wohnung gehören, auch Wintergärten, Schwimmbäder, Balkone, Loggien, Dachgärten und Terrassen.

Achtung: Nicht zur Wohnfläche gehören Zubehörräume wie Kellerräume, Abstellräume und Kellerzusatzräume außerhalb der Wohnung, Waschküchen, Bodenräume, Trockenräume, Heizungsräume und Garagen, Räume, die nicht den an ihre Nutzung zu stellenden Anforderungen des Bauordnungsrechts der Länder genügen, sowie Gemeinschaftsräume (§ 2 Abs. 3 WoFlV).

Die Grundfläche ist nach den lichten Maßen zwischen den Bauteilen zu ermitteln, wobei z.B. die Grundflächen von Einbaumöbeln, Fuß-, Sockel- und Schrammleisten und nicht ortsgebundenen, versetzbaren Raumteilern einzubeziehen sind (§ 3 Abs. 1 und 2 WoFlV). Außer Betracht bleiben die Grundflächen von Schornsteinen, Vormauerungen, frei stehenden Pfeilern und Säulen, wenn sie eine Höhe von mehr als 1,50 m aufweisen und ihre Grundfläche mehr als 0,1 m^2 beträgt, von Treppen mit über drei Steigungen und deren Treppenabsätze und Türnischen, ferner Fenster- und offene Wandnischen, die nicht bis zum Fußboden herunterreichen oder bis zum Fußboden herunterreichen und 0,13 m oder weniger tief sind (§ 3 Abs. 3 WoFlV).

Für die Anrechnung von Grundflächen gilt Folgendes (§ 4 WoFlV): Die Grundflächen

- von Räumen und Raumteilen mit einer lichten Höhe von **mindestens 2 m sind vollständig,**
- von Räumen und Raumteilen mit einer lichten Höhe von **mindestens 1 m und weniger als 2 m sind zur Hälfte,**
- von **unbeheizbaren Wintergärten, Schwimmbädern** und ähnlichen nach allen Seiten geschlossenen Räumen sind **zur Hälfte,**
- von **Balkonen, Loggien, Dachgärten** und Terrassen sind in der Regel **zu einem Viertel,** höchstens jedoch zur Hälfte anzurechnen.

2.6.3 Wohnflächenabweichung

Wenn die Mietwohnung um **mehr als 10 % kleiner** als die im Mietvertrag genannte Fläche ist, liegt ein **Wohnungsmangel** vor, der Sie als Mieter zur **Minderung der Miete** berechtigt. Sie müssen dann künftig nur die geminderte Miete zahlen. Zusätzlich können Sie vom Vermieter verlangen, dass dieser die überzahlte Miete zurückzahlt (BGH, Az. VIII ZR 192/03). Wird die Erheblichkeitsgrenze von 10 % nicht überschritten, bleibt es bei der vereinbarten Wohnungsgröße (BGH, Az. XIII ZR 138/06).

Diese Grundsätze gelten auch bei der Berechnung der Betriebskosten. Weicht die im Mietvertrag vereinbarte Wohnfläche von der tatsächlichen Wohnfläche ab, so ist der **Abrechnung von Betriebskosten** die vereinbarte Wohnfläche zugrunde zu legen, wenn die Abweichung nicht mehr als 10 % beträgt (BGH, Az. VIII ZR 261/06).

! Bei Mieterhöhungen gilt für Flächenabweichungen die Toleranzgrenze von 10 % nicht mehr. Hier hat der BGH (Az. VIII ZR 266/14) mittlerweile seine Rechtsprechung geändert. Bei Mieterhöhungen gilt jetzt die tatsächliche Wohnfläche, egal, welche Wohnungsgröße im Mietvertrag vereinbart, und egal, wie hoch die prozentuale Abweichung ist.

2.7 Dauer des Mietverhältnisses

Ein Mietvertrag kann auf **unbestimmte oder auf bestimmte Zeit** abgeschlossen werden. Und eine längerfristige Bindung kann auch dadurch erreicht werden, dass Vermieter und Mieter zwar einen Mietvertrag auf unbestimmte Zeit abschließen, aber für einen vertraglich festgelegten Zeitraum das ordentliche Kündigungsrecht ausschließen.

2.7.1 Mietvertrag auf unbestimmte Zeit

Der Mietvertrag auf unbestimmte Zeit ist der **Regelfall.** Ein solcher unbefristeter Mietvertrag liegt vor, wenn von vornherein **kein Beendigungszeitpunkt festgelegt** ist oder wenn sich der Mietvertrag nach Ablauf einer Mindestzeit auf unbestimmte Zeit verlängert, sofern weder der Vermieter noch der Mieter der Verlängerung nicht bis zu einem bestimmten Zeitpunkt widerspricht.

Ein unbefristeter Mietvertrag kann vom Mieter jederzeit mit **dreimonatiger Frist ordentlich gekündigt** werden. Die ordentliche Kündigung des Vermieters ist grundsätzlich nur möglich, wenn einer der im Gesetz geregelten Kündigungsgründe vorliegt. Der Vermieter muss also ein sogenanntes berechtigtes Interesse an der Kündigung haben (z.B. Eigenbedarf). Anderenfalls ist die Kündigung unwirksam (wegen der Einzelheiten vgl. dazu 13.2).

2.7.2 Zeitmietvertrag

Vermieter und Mieter können im gesetzlichen Rahmen auch einen Zeitmietvertrag abschließen und sich an eine bestimmte Mietdauer binden. Voraussetzung ist, dass ein gesetzlich anerkannter Befristungsgrund gegeben ist.

Achtung: Ein **befristetes Mietverhältnis endet automatisch** mit dem Ablauf der Zeit, für die es eingegangen ist. Die ordentliche Kündigung sowohl durch den Vermieter als auch durch den Mieter ist unzulässig, es sei denn, diese Möglichkeit wurde ausdrücklich im Mietvertrag vereinbart.

Befristungsgründe

Ohne Weiteres, also ohne besondere Beschränkungen, darf der Vermieter einen Zeitmietvertrag abschließen für Wohnraum, der nur zum **vorübergehenden Gebrauch** vermietet ist, und für Mietverhältnisse, in denen der Vermieter die Wohnung mitbewohnt und den Wohnraum überwiegend selbst möbliert hat, es sei denn, er hat die Wohnung dauerhaft dem Mieter zur Nutzung mit seinen Familien- und anderen Haushaltsangehörigen überlassen (§ 549 Abs. 2 BGB). Im Übrigen kann ein Mietvertrag nur dann befristet abgeschlossen werden, wenn einer der **gesetzlich festgelegten Befristungsgründe** vorliegt.

! Wird ein befristeter Mietvertrag ohne gesetzlich anerkannten Befristungsgrund abgeschlossen, ist die Befristung unwirksam. Das Mietverhältnis gilt dann als auf unbestimmte Zeit vereinbart.

Urteil

Erweist sich die Vereinbarung eines Zeitmietvertrags als unwirksam, weil die nach § 575 Abs. 1 Satz 1 BGB erforderlichen Voraussetzungen nicht erfüllt sind, kann dem bei Vertragsschluss bestehenden Willen der Mietvertragsparteien, das Mietverhältnis nicht vor Ablauf der vorgesehenen Mietzeit durch ordentliche Kündigung nach § 573 BGB zu beenden, im Einzelfall dadurch Rechnung getragen werden, dass im Wege der ergänzenden Vertragsauslegung an die Stelle der unwirksamen Befristung ein beiderseitiger Kündigungsverzicht tritt, der eine ordentliche Kündigung frühestens zum Ablauf der (unwirksam) vereinbarten Mietzeit ermöglicht.

BGH, Az. VIII ZR 235/12

Folgende Befristungsgründe sind nach dem Gesetz zugelassen:

Beabsichtigte Eigennutzung

Eine Befristung des Mietvertrags ist möglich, wenn der Vermieter die Mieträume nach Fristablauf für sich, seine Familienangehörigen oder Angehörige seines Haushalts nutzen will (§ 575 Abs. 1 Nr. 1 BGB). Nicht Voraussetzung ist, dass er die Wohnung benötigt. Es ist vielmehr sein Wunsch ausreichend, die **Wohnung selbst oder durch ihm nahestehende Personen zu nutzen.** Auf den Wohnbedarf des begünstigten Personenkreises kommt es also nicht an. Die beabsichtigte Nutzung muss auf vernünftigen und nachvollziehbaren Gründen beruhen.

Beabsichtigte Modernisierung bzw. Baumaßnahme

Die Befristung des Mietvertrags ist auch zulässig, wenn der Vermieter die Mieträume in zulässiger Weise beseitigen oder so **wesentlich verändern oder instand setzen** will, dass die Maßnahmen durch die Fortsetzung des Mietverhältnisses erheblich erschwert würden (§ 575 Abs. 1 Nr. 2 BGB). Das ist beispielsweise der Fall, wenn das Gebäude abgerissen, bauliche Mängel behoben oder Räumlichkeiten umgestaltet werden sollen. Ein Zeitmietvertrag ist jedoch nur möglich, wenn die Baumaßnahme nach den öffentlich-rechtlichen Vorschriften genehmigungsfähig ist.

Betriebsbedarf bei Werkwohnung

Schließlich kann eine Befristung des Mietvertrags vereinbart werden, wenn Räume als Werkwohnung an einen zur Dienstleistung Verpflichteten vermietet werden sollen (§ 575 Abs. 1 Nr. 3 BGB).

Dauer der Befristung

Grundsätzlich darf der Vermieter den Mietvertrag solange befristen, wie er will, sofern ein **Befristungsgrund** vorliegt. Wenn allerdings der Zeitmietvertrag mit einer Staffelmiete verbunden wird, kann der Mieter das befristete Mietverhältnis nach Ablauf von vier Jahren kündigen (vgl. dazu 2.8.3).

Schriftliche Mitteilung des Befristungsgrunds

Der Vermieter muss dem Mieter bei Abschluss des Mietvertrags den Grund der Befristung schriftlich mitteilen. Anderenfalls gilt der Mietvertrag als auf unbestimmte Zeit abgeschlossen. Regelmäßig wird der Befristungsgrund in den Mietvertrag aufgenommen. Dabei muss der Vermieter konkrete Angaben machen. Eine Wiederholung des Gesetzestextes ist nicht ausreichend.

Bei einer beabsichtigten **Eigennutzung** muss der Vermieter zwar nicht eine bestimmte Person namentlich benennen, die schlagwortartige Begründung mit Eigenbedarf oder die einfache Berufung auf familiäre Gründe ist allerdings zu unbestimmt. So reicht z.B. die Formulierung »Ich will die Wohnung einem Angehörigen überlassen« nicht aus (LG München I, Az. 14 T 2045/92). Bei einer beabsichtigten **Baumaßnahme** muss der Vermieter diese so genau bezeichnen, dass das Ausmaß der vorzunehmenden Arbeiten hinsichtlich Art und Dauer der Störung vom Mieter beurteilt werden kann. Das genaue Abrissdatum oder die genau geplante Baumaßnahme muss allerdings nicht angegeben werden (BGH, Az. VIII ZR 182/06).

Auskunftsverlangen des Mieters

Der Mieter kann vom Vermieter **frühestens vier Monate vor Ablauf der Befristung** verlangen, dass dieser ihm innerhalb eines Monats mitteilt, ob der Befristungsgrund noch besteht. Erfolgt die Mitteilung später, so kann der Mieter eine Verlängerung des Mietverhältnisses um den Zeitraum der Verspätung verlangen (§ 575 Abs. 2 BGB).

! Äußert sich der Vermieter bis zum Mietende nicht, kann der Mieter wohnen bleiben. In diesem Fall besteht das Mietverhältnis auf unbestimmte Zeit weiter.

Das Auskunftsverlangen muss von **allen Mietern an alle Vermieter** gerichtet werden. Inhaltlich muss es darauf gerichtet sein, Informationen über den Bestand des Befristungsgrunds zu erhalten. Eine besondere Form muss nicht beachtet werden. Es kann auch mündlich gestellt werden. Sinnvoll ist es jedoch, schriftlich Auskunft zu verlangen.

Entfallen des Befristungsgrunds

Wenn der Befristungsgrund erst später eintritt, kann der Mieter die Verlängerung des Mietverhältnisses um einen entsprechenden Zeitraum verlangen. Entfällt der Grund, so kann der Mieter eine **Verlängerung auf unbestimmte Zeit** verlangen (§ 575 Abs. 3 BGB).

» Der Mieter kann die Verlängerung des Mietverhältnisses auf unbestimmte Zeit verlangen, wenn die Person, die die Wohnung nutzen wollte, eine andere Wohnung bezogen hat oder der Vermieter seine Modernisierungsabsicht aufgeben hat.

Das Fortsetzungsverlangen muss von allen Mietern an alle Vermieter gerichtet werden. Gesetzlich ist keine besondere Form vorgeschrieben. Aus Beweisgründen sollte das Fortsetzungsverlangen jedoch schriftlich erklärt werden.

2.7.3 Vereinbarung eines Kündigungsverzichts

Wenn der Vermieter den Mieter vertraglich länger binden will, jedoch keinen gesetzlich anerkannten Befristungsgrund hat, will er nicht selten im Mietvertrag einen Kündigungsverzicht vereinbaren. Ein solcher Ausschluss des Kündigungsrechts kann für beide Seiten, also für Vermieter und Mieter, oder einseitig nur für den Mieter vereinbart werden.

Beiderseitiger Kündigungsverzicht

Ein beiderseitiger Kündigungsverzicht kann auch in einem Formularmietvertrag, also in einem Mietvertrag, der zwischen dem Vermieter und dem Mieter nicht individuell und detailliert ausgehandelt wurde, vereinbart werden (z.B. vorgedruckter Mietvertrag).

Allerdings darf der **Mieter für maximal vier Jahre an den Mietvertrag gebunden** werden (BGH, Az. VIII ZR 243/05). Gerechnet wird dabei vom Zeitpunkt des Vertragsschlusses bis zu dem Zeitpunkt, zu dem der Mieter den Vertrag beenden kann.

» Wenn der Mietvertrag am 1.7.2020 abgeschlossen wird und ein vierjähriger Kündigungsverzicht gelten soll, muss der Vertrag so formuliert werden, dass der Mieter das Mietverhältnis bis spätestens 30.6.2024 beenden kann. Nicht zulässig ist es, den Mieter über den 30.6.2024 hinaus zu binden, indem man ihm erst nach Ablauf der vier Jahre die Kündigung ermöglicht.

Einseitiger Kündigungsverzicht des Mieters

In einer sogenannten **Individualvereinbarung** (vgl. dazu 2.1.2) ist es zulässig, dass nur der Mieter für eine bestimmte Zeit auf sein Kündigungsrecht verzichtet (BGH, Az. VIII ZR 81/03). Eine solche Vereinbarung liegt vor, wenn die Klausel mit dem Mieter erörtert wurde, er über den Inhalt und die Tragweite der Klausel belehrt wurde und er Gelegenheit hatte, inhaltlich Einfluss auf die Klausel zu nehmen.

In einem **Formularmietvertrag** ist ein einseitiger Kündigungsverzicht des Mieters nur zulässig, wenn der Kündigungsausschluss zusammen mit einer wirksamen Staffelmiete vereinbart wurde und die Dauer des Kündigungsausschlusses nicht mehr als vier Jahre seit Abschluss der Staffelmietvereinbarung beträgt (vgl. dazu 2.8.3).

2.8 Miete

Als Gegenleistung dafür, dass Ihnen der Vermieter die Wohnung überlässt, müssen Sie die **vereinbarte Miete zahlen** (§ 535 Abs. 2 BGB). Ausnahmsweise müssen Sie keine oder nur eine geringere als die vereinbarte Miete zahlen, wenn

- die Wohnung **mangelhaft** ist (vgl. dazu 12.1) oder

- der Vermieter den Gebrauch der Mieträume **Dritten überlassen** hat und Sie deshalb die Räume nicht nutzen können (z.B. wenn Sie die Wohnung vor Ende der Mietzeit an den Vermieter zurückgegeben haben und dieser die Wohnung weitervermietet hat).

Achtung: Allein der Umstand, dass Sie aus einem in Ihrer Person liegenden Grund (z.B. Krankheit, längere berufliche Abwesenheit) die Wohnung nicht nutzen, befreit Sie nicht von der Pflicht, die vereinbarte Miete zu zahlen. Der Vermieter muss sich in diesem Fall jedoch den Wert der ersparten Aufwendungen anrechnen lassen.

2.8.1 Zusammensetzung der Miete

Wie sich die Miete zusammensetzt, hängt davon ab, was im Mietvertrag über die **Betriebskosten** geregelt ist. Im Mietvertrag kann eine Nettokaltmiete, eine Bruttokaltmiete, eine Bruttowarmmiete oder eine Teilinklusivmiete vereinbart werden. Diese Begriffe klingen alle ziemlich ähnlich und doch gibt es feine Unterschiede, die sich für den Mieter finanziell auswirken.

Achtung: Die im Mietvertrag festgelegte Zusammensetzung der Miete kann nicht einseitig vom Vermieter geändert werden. Der Vermieter kann also z.B. nicht einseitig von der Brutto- auf die Nettomiete umstellen. Die Vertragsänderung ist grundsätzlich nur im Einvernehmen mit dem Mieter möglich.

Zusammensetzung der Miete

Nettokaltmiete	Miete ohne (kalte) Betriebskosten und ohne Kosten für Beheizung und Warmwasser
Bruttokaltmiete	Miete inklusive (kalte) Betriebskosten ohne Heizkosten und Warmwasserkosten
Bruttowarmmiete	Miete inklusive kalter und warmer Betriebskosten
Teilinklusivmiete	Miete zuzüglich eines Teils der umlagefähigen (kalten) Betriebskosten.

Nettokaltmiete

Ist im Mietvertrag vereinbart, dass der Mieter neben der Miete alle Betriebskosten (Heizung, Warmwasser und kalte Betriebskosten wie z.B. Wasserversorgungs- Entwässerungs- und Müllbeseitigungskosten) tragen muss, so spricht man von der Nettokaltmiete. Die Betriebskosten sind vollständig ausgegliedert. Durch die Miete ist allein die Raumnutzung abgedeckt. Die Nettokaltmiete ist heutzutage die übliche Mietart.

Bruttokaltmiete

Eine sogenannte Bruttokaltmiete ist vereinbart, wenn der schriftliche Mietvertrag keine ausdrücklichen Regelungen zu den Betriebskosten enthält. In diesem Fall muss der Mieter die Kosten für Heizung und Warmwasser tragen, während alle anderen (sog. **kalte**) Betriebskosten in der Miete enthalten sind.

Bruttowarmmiete

Wird im Mietvertrag eine Bruttowarmmiete vereinbart, sind in der Miete neben den sogenannten kalten Betriebskosten (z.B. Wasserversorgungs- Entwässerungs- und Müllbeseitigungskosten) auch die Heiz- und Warmwasserkosten enthalten. Im Mietvertrag ist also ein einheitlicher Betrag für die **gesamten Wohnkosten** (Wohnnutzung plus alle Betriebskosten) vereinbart.

Achtung: Nach der **Heizkostenverordnung** ist die Vereinbarung einer **Bruttowarmmiete grundsätzlich unzulässig,** weil danach die Kosten für die zentrale Beheizung und die Warmwasserversorgung verbrauchsabhängig abgerechnet werden müssen. Es gibt nur wenige Ausnahmen, die im Einzelnen in der Heizkostenverordnung festgelegt sind, so z.B., wenn es sich um ein Gebäude mit nicht mehr als zwei Wohnungen handelt, deren eine der Vermieter selbst bewohnt, für Zimmervermietung, sowie Räume in Alters- und Pflegeheimen, Studentenheimen, Lehrlingsheimen. Nur in diesen Fällen können sämtliche Betriebskosten einschließlich des Energieverbrauchs in die Miete einbezogen werden.

Teilinklusivmiete

Wird im Mietvertrag eine Teilinklusivmiete vereinbart, kann der Vermieter nur einen Teil der umlagefähigen Betriebskosten auf den Mieter umlegen, während der andere Teil mit der Miete abgegolten ist. Wirksam ist eine entsprechende Regelung nur dann, wenn die Betriebskosten, die auf den Mieter umgelegt werden, im Mietvertrag aufgeführt sind.

Achtung: Weil, wie oben dargestellt, die Heiz- und Warmwasserkosten nach der Heizkostenverordnung grundsätzlich verbrauchsabhängig abgerechnet werden müssen, ist – von den dargestellten Ausnahmefällen abgesehen – die Vereinbarung einer Teilinklusivmiete heute nur noch in der Form zulässig, dass in der Miete nur noch die sogenannten kalten Betriebskosten enthalten sein dürfen.

2.8.2 Höhe der Miete

Grundsätzlich kann bei einer Neuvermietung die Miete zwischen dem Vermieter und dem Mieter **frei vereinbart** werden. Es besteht also keine Bindung an die mit dem vorigen Mieter vereinbarte oder im übrigen Haus vereinbarten Mieten. Die Miete kann in einem bestimmten Rahmen auch **über der ortsüblichen Vergleichsmiete** liegen. Unter der ortsüblichen Vergleichsmiete versteht man die Miete, die in der betreffenden Gemeinde für Wohnungen vergleichbarer Art, Größe, Ausstattung, Beschaffenheit und Lage üblicherweise verlangt wird.

Achtung: Nur im preisgebundenen Wohnungsbau (bei **»Sozialwohnungen«**) bestehen gesetzliche Regelungen über die Miethöhe. Hier darf nur die sogenannte **Kostenmiete** verlangt werden; das ist die Miete, die zur Deckung der laufenden Aufwendungen für die Immobilie erforderlich ist. Die Kostenmiete für eine Wohnung ist in der Regel wesentlich niedriger als die auf dem freien Markt erzielbare Miete. Vereinbart der Vermieter mit dem Mieter einer Sozialwohnung eine höhere Miete als die Kostenmiete, so ist diese Vereinbarung unwirksam. Die zu viel bezahlte Miete muss der Vermieter dem Mieter zurückerstatten.

Gleichwohl unterliegen Vermieter auch im nicht preisgebundenen Wohnungsbau hinsichtlich der im Mietvertrag festzulegenden Miete gewissen Einschränkungen. Es gelten die Verbote der Mietpreisüberhöhung und der Wuchermiete, ferner ist die sogenannte **Mietpreisbremse** zu beachten.

Verbot der Mietpreisüberhöhung

Es ist dem Vermieter nach dem Wirtschaftsstrafgesetz (WiStG) untersagt, bei der Vermietung von Wohnraum eine unangemessen hohe Miete zu fordern, sich versprechen zu lassen oder anzunehmen. Verboten ist es, eine Miete zu vereinbaren, die **mehr als 20 % über der ortsüblichen Vergleichsmiete** liegt, wenn die Vereinbarung darauf beruht, dass das geringe Angebot an vergleichbaren Wohnungen ausgenutzt wird. Die Mietpreisüberhöhung wird mit einer Geldbuße bis zu 50.000,– € geahndet, wenn sie den Wohnungsämtern angezeigt wird.

! Eine Mietpreisüberhöhung ist nicht nur bei Abschluss des Mietvertrags unzulässig, sondern gilt grundsätzlich auch bei einer **Mieterhöhung und einer Staffelmietvereinbarung.** Letztlich kann also die Miete zu jedem Zeitpunkt des Mietverhältnisses überprüft werden, unabhängig davon, ob der Mietvertrag gerade abgeschlossen wurde, eine Mieterhöhung verlangt oder die Miete bereits seit Jahren vom Mieter in unveränderter Höhe gezahlt wird.

Mietpreisüberhöhungen kommen grundsätzlich bei jeder Art von Wohnraum ohne Rücksicht auf den Zeitpunkt der Fertigstellung oder der Bezugsfertigkeit der Wohnräume oder des Abschlusses des Mietvertrages in Betracht. Nur bei preisgebundenem Neubauwohnraum (sog. Sozialwohnungen) gilt das Wirtschaftsstrafgesetz nicht.

Unangemessen hohe Miete

Unangemessen hoch sind Mieten, die infolge der Ausnutzung eines geringen Angebots an vergleichbaren Räumen die üblichen Entgelte um **mehr als 20 vom Hundert übersteigen**, die in der Gemeinde oder in vergleichbaren Gemeinden für die Vermietung von Räumen vergleichbarer Art, Größe, Ausstattung, Beschaffenheit und Lage oder damit verbundene Nebenleistungen in den letzten vier Jahren vereinbart oder – von Erhöhungen der Betriebskosten abgesehen – geändert worden sind (§ 5 Abs. 2 Satz 1 WiStG). Beurteilungsmaßstab für die Wesentlichkeitsgrenze ist die ortsübliche Vergleichsmiete (vgl. dazu auch 11.1).

! In Städten und Gemeinden, die über einen **Mietspiegel** verfügen, kann die ortsübliche Miete aus dem Mietspiegel entnommen werden. Der entsprechende Wert des Mietspiegels zuzüglich eines Zuschlags von 20 % ergibt die Grenze, deren Überschreitung zu einer Mietpreisüberhöhung führt.

Ausnahmsweise kann es gerechtfertigt sein, eine Miete von mehr als 20 % über der Vergleichsmiete zu verlangen, wenn die Miete zur Deckung der laufenden Aufwendungen des Vermieters erforderlich ist (§ 5 Abs. 2 Satz 2 WiStG). Zu den **laufenden Aufwendungen** gehören unter anderem die Verzinsung des Eigenkapitals oder die Kosten einer Modernisierung. In diesem Ausnahmefall darf die Miete dann zwar auch um mehr als 20 % der ortsüblichen Vergleichsmiete liegen, sie darf allerdings nicht in einem auffälligen Missverhältnis zu der Leistung des Vermieters stehen. Das bedeutet, dass die Miete nicht um mehr als 50 % über der ortsüblichen Vergleichsmiete liegen darf.

Ausnutzen eines geringen Angebots

Ein geringes Angebot an Wohnraum bedeutet nicht, dass eine Unterversorgung des Wohnungsmarkts mit freien Wohnungen gegeben sein muss. Vielmehr ist eine Situation gemeint, bei der das vorhandene Angebot an Wohnraum bei Abschluss des Mietvertrags die Nachfrage nur gering, das heißt um höchstens 5 % übersteigt. Ein geringes Angebot liegt auch dann vor, wenn für eine bestimmte Gruppe (z.B. für Wohngemeinschaften) ein Engpass auf dem Wohnungsmarkt besteht. Bei der Frage, ob der Vermieter ein geringes Angebot an vergleichbaren Räumen ausgenutzt hat, kommt es aber immer auf das gesamte Stadtgebiet an, also nicht nur auf den Stadtteil, in dem sich die Mietwohnung befindet. Ein »geringes Angebot« ist deshalb nicht gegeben, wenn der Wohnungsmarkt für vergleichbare Wohnungen nur in dem betreffenden Stadtteil angespannt, im übrigen Stadtgebiet aber entspannt ist (BGH, Az. VIII ZR 44/04).

Achtung: An einem Ausnutzen durch den Vermieter fehlt es, wenn der Mieter die Wohnung nimmt, ohne sich zuvor über ähnliche Objekte und die Höhe der üblichen Miete informiert zu haben oder wenn ihm die Miethöhe egal ist, weil er Arbeitslosengeld II bezieht.

Rückforderungsrecht des Mieters

Liegt die Miete über der 20-Prozent-Grenze bzw. im Ausnahmefall über 50 % der ortsüblichen Vergleichsmiete und wurde vom Vermieter ein geringes Angebot an Wohnraum ausgenutzt, ist die Mietzinsvereinbarung insoweit nichtig, als die Miete die **Wesentlichkeitsgrenze** übersteigt. Es besteht in diesem Fall ein Anspruch auf Senkung der Miete auf die Höhe der Wesentlichkeitsgrenze, nicht aber auf Reduzierung der Miete auf das ortsübliche Niveau.

Der Mieter kann den Betrag zurückfordern, der um mehr als 20 % bzw. 50 % über der ortsüblichen Vergleichsmiete liegt. Der geschlossene Mietvertrag bleibt trotz Mietpreisüberhöhung bestehen. Der **Rückforderungsanspruch** verjährt nach drei Jahren.

! Ein Rückforderungsanspruch steht dem Mieter auch gegen den Käufer zu, der in einen Mietvertrag mit überhöhter Miete eingetreten ist und deshalb zu viel Miete erhalten hat.

Verbot des Mietwuchers

Mietwucher liegt vor, wenn der Vermieter die Zwangslage, die Unerfahrenheit, den Mangel an Urteilsvermögen oder die erhebliche Willensschwäche des Mieters dadurch ausbeutet, dass er sich von ihm für die Vermietung von Wohnräumen oder damit verbundenen Nebenräumen Vermögensvorteile versprechen oder gewähren lässt, die in einem auffälligen Missverhältnis zu der Leistung stehen (§ 138 Abs. 2 BGB). Ein solches **auffälliges Missverhältnis** liegt beim Überschreiten der ortsüblichen Vergleichsmiete um mehr als 50 % vor. Mietwucher, der in der Praxis eher den Ausnahmefall darstellt, kann mit einer Freiheitsstrafe oder mit Geldstrafe bestraft werden.

! Für Sie als Mieter führt **Wuchermiete** zur Anpassung der vereinbarten Miete auf die ortsübliche Vergleichsmiete. In der Vergangenheit überbezahlte Beträge können Sie zurückfordern.

Mietpreisbremse bei Wiedervermietung von Bestandswohnungen

Seit 1.6.2015 gilt eine Mietpreisbremse bei der Neu- oder Wiedervermietung von Wohnungen. Danach darf bei der Wiedervermietung von Bestandswohnungen die zulässige Miete in Gebieten mit angespanntem Wohnungsmarkt höchstens auf das Niveau der **ortsüb-**

lichen Vergleichsmiete zuzüglich 10 % angehoben werden (§ 556d Abs. 1 BGB). Für welche Gebiete eine solche Mietpreisbremse gelten soll, können die Bundesländer per Rechtsverordnung festlegen. Viele Länder haben von dieser Möglichkeit inzwischen Gebrauch gemacht und Gebiete definiert, in denen die Mietpreisbremse gilt oder eingeführt wird.

» Laut Mietspiegel beträgt die ortsübliche Vergleichsmiete für die Wohnung 6,– €/m² netto kalt. Nach einem Mieterwechsel kann der Vermieter die Miete auf höchstens 6,60 €/m² anheben.

! In Städten und Gemeinden, die über einen Mietspiegel verfügen, können Sie die ortsübliche Miete aus dem Mietspiegel entnehmen. Viele Großstädte haben sogenannte **qualifizierte Mietspiegel,** die nach wissenschaftlichen Grundsätzen erstellt worden sind. In den meisten Gemeinden, in denen die Mietpreisbremse gelten wird, wird es zumindest einfache Mietspiegel geben. Auch diese sind eine gute Grundlage zur Ermittlung der ortsüblichen Vergleichsmiete für die betreffende Wohnung. Wo es keinen Mietspiegel gibt, können gegebenenfalls Vergleichsmietendatenbanken von Vermieter- und Mieterverbänden sowie vergleichbare statistische Erhebungen zur ortsüb lichen Miete herangezogen werden.

Ausnahmen von der Mietpreisbremse

Neubauwohnungen sind von der Mietpreisbremse ausgenommen. Als Neubau gilt eine Wohnung, die erstmals nach dem 1.10.2014 genutzt und vermietet wurde (§ 556f BGB).

Die Mietpreisbremse gilt auch nicht für Wohnungen, die in den letzten drei Jahren **vor Beginn des Mietverhältnisses modernisiert** wurden (§ 556e Abs. 1 BGB). In Betracht kommen bauliche Veränderungen, durch die in Bezug auf die Mietsache Endenergie nachhaltig eingespart wird (energetische Modernisierung), durch die der Wasserverbrauch nachhaltig reduziert wird, durch die der Gebrauchswert der Mietsache nachhaltig erhöht wird, durch die die allgemeinen Wohnverhältnisse auf Dauer verbessert werden, oder die aufgrund von Umständen durchgeführt werden, die der Vermieter nicht zu vertreten hat, und die keine Erhaltungsmaßnahmen sind. Ähnlich wie in einem Bestandsmietverhältnis kann der Vermieter in diesem Fall auch bei der Neuvermietung eine Miete vereinbaren, die einen Modernisierungszuschlag in Höhe von 8 % der für die Wohnung aufgewendeten Kosten enthält.

Eine Ausnahme gilt auch dann, wenn der Vermieter vor der Neuvermietung eine Miete erzielte, die über der Grenze »ortsübliche Vergleichsmiete plus 10 %« lag. In diesem Fall genießt der Vermieter grundsätzlich Bestandsschutz und kann weiterhin die Vormiete verlangen. Allerdings schreibt das Gesetz vor, dass Mieterhöhungen, die mit dem vorherigen Mieter innerhalb des letzten Jahres vor Beendigung des Mietverhältnisses vereinbart wurden, nicht mitzählen (§ 556e Abs. 1 BGB). Auch Mietminderungen bleiben bei der Ermittlung der Vormiete unberücksichtigt.

! Der Vermieter ist bei Wiedervermietung verpflichtet, **vor Vertragsabschluss** über die Ausnahmen (z.B. Vormiete, Modernisierung, erstmalige Nutzung nach dem 1.10.2014) dem Mieter von sich aus eine einfache Auskunft zu geben (§ 556g Abs. 1a BGB). Nur wenn diese Auskunft in Textform erteilt wird, kann sich der Vermieter bei einer späteren Rüge des Mieters auf die Ausnahme berufen. Gibt er eine solche Auskunft nicht, weiß der Mieter, dass die zulässige Miete maximal 10 % über der ortsüblichen Miete liegen darf. Allerdings kann der Vermieter eine unterlassene Auskunft nachholen. Dann wird die höhere »Ausnahme-Miete« zwei Jahre nach dem Monat der nachgeholten Auskunft fällig. Der Mieter hat in einem solchen Falle also mindestens für 24 Monate Miete erspart. Hat der Vermieter die Auskunft seinerzeit mündlich erbracht und kann er das beweisen, hat die in Textform nachgeholte Auskunft allerdings zur Folge, dass die höhere Miete schon ab dem Monat der nachgeholten Auskunft zu zahlen ist.

Auskunftspflicht des Vermieters

Der Vermieter ist auf Verlangen des Mieters verpflichtet, Auskunft über diejenigen Tatsachen zu erteilen, die für die **Zulässigkeit der vereinbarten Miete** maßgeblich sind, soweit diese Tatsachen nicht allgemein zugänglich sind und der Vermieter hierüber unschwer Auskunft geben kann (§ 556g Abs. 3 BGB). Inhaltlich ist die Auskunftspflicht beschränkt auf Umstände, die dem Mieter nicht zugänglich sind. Ihm wiederum ist es nämlich zumutbar, zur Feststellung der zulässigen Miete zunächst allgemein zugängliche Quellen zu nutzen, insbesondere den örtlichen Mietspiegel. Die Auskunftspflicht erfasst also solche Umstände, die in der Sphäre des Vermieters liegen und die der Vermieter bereits kennt oder ohne Weiteres ermitteln kann (z.B. die Baualtersklasse oder dem Mieter nicht zugängliche Ausstattungsmerkmale wie etwa die Beschaffenheit der zentralen Heizkessel, soweit diese für die Bildung der ortsüblichen Vergleichsmiete eine Rolle spielen).

Achtung: Für das Auskunftsverlangen des Mieters ist ebenso **Textform** (z.B. schriftlich oder per E-Mail) vorgeschrieben wie für die Erteilung der Auskunft durch den Vermieter (§ 556g Abs. 4 BGB).

Rüge des Mieters

Der Mieter kann vom Vermieter eine wegen der Mietpreisbremse nicht geschuldete Miete nur zurückverlangen, wenn er einen Verstoß gegen die entsprechenden gesetzlichen Vorschriften in **Textform** gerügt hat. Rügt der Mieter den Verstoß mehr als 30 Monate nach Beginn des Mietverhältnisses oder war das Mietverhältnis bei Zugang der Rüge bereits beendet, kann er nur die nach Zugang der Rüge fällig gewordene Miete zurückverlangen (§ 556g Abs. 2 BGB).

! Seit 1.1.2019 genügt eine sogenannte einfache Rüge, um die zu viel gezahlte Miete zurückzuverlangen (z.B. der Satz: »Ich rüge die Höhe der Miete«). Als Mieter müssen Sie also nicht mehr darlegen, warum die verlangte Miete Ihres Erachtens nach zu hoch ist. Hat der Vermieter allerdings bei Vertragsschluss unaufgefordert eine Auskunft darüber erteilt, dass er sich auf eine Ausnahme von der Mietpreisbremse beruft (z.B. weil er die Wohnung modernisiert hat; vgl. dazu oben), muss die Rüge sich auf diese Auskunft beziehen. Als Mieter müssen Sie also erklären, dass Sie an dem Eingreifen der Ausnahme zweifeln.

2.8.3 Staffelmiete

Bereits bei Abschluss des Mietvertrags können Vermieter und Mieter vereinbaren, in welchem Umfang die Miete künftig steigen darf. Ein solcher Staffelmietvertrag ist ein ganz normaler Mietvertrag mit der Besonderheit, dass die Miete innerhalb der im Vertrag **festgelegten Zeiträume** steigt. Und das ist sowohl bei befristeten Mietverträgen als auch bei solchen auf unbestimmte Zeit möglich.

Mietsteigerungen

Im Falle eines Staffelmietvertrags stehen die Mietsteigerungen, die nicht gleich hoch sein müssen, während der Laufzeit des Mietverhältnisses bereits bei Mietbeginn fest. Dies bietet sowohl für den Vermieter als auch für den Mieter Kalkulationssicherheit.

Achtung: Nach Unterzeichnung des Mietvertrags kann eine Staffelmiete nur dann vereinbart werden, wenn der Mieter damit einverstanden ist.

Die für Mieterhöhungen bis zur ortsüblichen Vergleichsmiete geltende **Kappungsgrenze** (vgl. dazu 11.1.5) muss der Vermieter bei der Staffelmiete zwar nicht beachten, es darf allerdings **keine Mietpreisüberhöhung** vorliegen (vgl. dazu 2.8.2). Und der Vermieter muss die Vorschriften über die Mietpreisbremse beachten, und zwar sowohl für die Miethöhe bei Mietbeginn als auch für die einzelnen Mietstaffeln (§ 557a Abs. 4 BGB). Daher darf die Ausgangsmiete in Gebieten mit **Mietpreisbremse** maximal 10 % über der bei Vertragsschluss gültigen ortsüblichen Vergleichsmiete liegen. Für die Mietpreisbremse bei den einzelnen Mietstaffeln ist jeweils die ortsübliche Vergleichsmiete zu dem Zeitpunkt maßgeblich, ab dem die jeweilige Mietstaffel gelten soll.

Gerät eine Mietstaffel in den Bereich der Mietpreisüberhöhung oder verstößt sie gegen die Mietpreisbremse, wird dadurch allerdings nicht die gesamte Staffelmietvereinbarung **unwirksam.** In diesem Fall bezieht sich die Unwirksamkeit nur auf den jeweils überhöhten Betrag.

! Hat sich der Vermieter bei der Festlegung der Mietstaffeln verkalkuliert, kann er während der Laufzeit der Staffelmietvereinbarung nicht bis zur ortsüblichen Vergleichsmiete erhöhen. Ebenso ist auch eine Mieterhöhung wegen Modernisierung (vgl. dazu 8.6) während dieser Zeit ausgeschlossen, selbst wenn der Vermieter (z.B. wegen behördlicher Auflagen) modernisieren muss. Modernisiert der Vermieter dennoch, kann er die Mieterhöhung nach Ablauf der Staffelmiete nicht nachholen (LG Berlin, Az. 65 S 225/17).

Bei einer wirksamen Staffelmietvereinbarung erhöht sich die Miete zum vereinbarten Zeitpunkt automatisch. Als Mieter müssen Sie also vom Vermieter nicht gesondert aufgefordert werden, die höhere Miete zu entrichten. Der Vermieter kann also ohne Weiteres die höhere Miete gerichtlich durchsetzen.

Voraussetzungen

Ein Staffelmietvertrag ist nur wirksam, wenn die folgenden Voraussetzungen erfüllt sind (§ 557a Abs. 1 und 2 BGB):

- Die Staffelmiete muss **schriftlich vereinbart** und von allen Vertragspartnern **unterschrieben** sein. Eine mündliche Vereinbarung oder eine Vereinbarung in Textform genügt nicht.

- Es muss entweder die jeweils **zu zahlende monatliche Miete** genannt oder der jeweilige Erhöhungsbetrag in Euro angegeben werden. Unwirksam ist die Vereinbarung, dass die Miete jedes Jahr um einen bestimmten Prozentsatz steigt. Zahlt der Mieter in diesem Fall gleichwohl die erhöhte Miete, weil er von der Wirksamkeit der Vereinbarung ausgeht, kann er die Erhöhungsbeträge zurückfordern.
- Die Miete muss jeweils für einen Zeitraum von **mindestens einem Jahr unverändert** bleiben. Ein Staffelmietvertrag, der eine Mieterhöhung in kürzeren Zeitabschnitten vorsieht, ist unwirksam. Längere Zeitabschnitte sind dagegen möglich.

! Eine Staffelmietvereinbarung, die diesen Voraussetzungen nicht entspricht, ist insgesamt unwirksam. Zahlen Sie als Mieter trotz nichtiger Vereinbarung die vorgesehenen Erhöhungen, können Sie diese zurückfordern. Ihr Rückzahlungsanspruch verjährt in drei Jahren.

Langfristige vertragliche Bindung des Mieters

Vermieter haben bei einer Staffelmietvereinbarung häufig ein Interesse daran, den Mieter langfristig zu binden. Deshalb wird versucht, das Kündigungsrecht des Mieters vertraglich auszuschließen. Ein solcher **Kündigungsausschluss** ist allerdings für **höchstens vier Jahre** zulässig (§ 557a Abs. 3 BGB). Danach muss der Mieter unter Einhaltung der Kündigungsfrist von drei Monaten kündigen können. Die Vier-Jahres-Frist beginnt mit dem Abschluss des Mietvertrags, nicht mit dem Einzug des Mieters. Die zeitliche Grenze von vier Jahren kann auch nicht durch eine Klausel umgangen werden, nach der sich das Mietverhältnis nach Ablauf von vier Jahren jeweils um ein Jahr verlängert; eine entsprechende Regelung im Mietvertrag ist unwirksam.

2.8.4 Indexmiete

Anstelle der Staffelmiete können Vermieter und Mieter im Mietvertrag auch vereinbaren, dass die Miete sich an der Entwicklung der Lebenshaltungskosten orientiert. In diesem Fall muss schriftlich vereinbart werden, dass die Miete durch den vom Statistischen Bundesamt ermittelten **Preisindex für die Lebenshaltung** aller privaten Haushalte in Deutschland bestimmt wird.

! Solange die Indexmiete gilt, sind nur zwei weitere Arten von **Mieterhöhungen** zulässig: solche wegen **gestiegener Betriebskosten und Erhöhungen wegen Modernisierung,** soweit der Vermieter bauliche Maßnahmen aufgrund von Umständen durchgeführt hat, die er nicht zu vertreten hat (z.B. bauliche Maßnahmen aufgrund behördlicher Auflagen). Nicht zulässig ist insbesondere eine Mieterhöhung zur Anpassung bis zur ortsüblichen Vergleichsmiete.

Voraussetzungen

Ein Indexmietvertrag ist nur wirksam, wenn die folgenden Voraussetzungen erfüllt sind (§ 557b Abs. 1 BGB):

- Die Indexmiete muss **schriftlich vereinbart** und von **allen Vertragspartnern unterschrieben** sein. Eine mündliche Vereinbarung oder eine Vereinbarung in Textform genügt nicht.
- Bei Wohnraummietverträgen kann nur der **Preisindex für die Lebenshaltung** aller privaten Haushalte in Deutschland vereinbart werden.

! Eine Indexmietvereinbarung, die diesen Voraussetzungen nicht entspricht, ist insgesamt unwirksam. Zahlen Sie trotz nichtiger Vereinbarung die vorgesehenen Erhöhungen, können Sie diese zurückfordern. Ihr Rückzahlungsanspruch verjährt in drei Jahren.

Die **Mietpreisbremse** (vgl. dazu 2.8.2) gilt auch für die Indexmiete. (§ 557b Abs. 4 BGB). Daher darf die Ausgangsmiete in Gebieten mit Mietpreisbremse maximal 10 % über der bei Vertragsschluss gültigen ortsüblichen Vergleichsmiete liegen. Für die Mietpreisbremse ist nur die Ausgangsmiete maßgebend.

Mieterhöhung

Will der Vermieter die Miete wegen des im Mietvertrag vereinbarten Indexes erhöhen, ist Folgendes zu beachten (§ 557b Abs. 2 und 3 BGB):

- Die bisherige Miete muss **mindestens ein Jahr unverändert** bleiben, bevor eine neue Anpassung erfolgen darf.
- Der Vermieter muss die Änderung gegenüber dem Mieter **in Textform erklären** (z.B. schriftlich per E-Mail oder Fax) und in seinem Erhöhungsverlangen den alten und den aktuellen Index angeben, die Differenz in Prozent umrechnen und die neue Miete und die Erhöhung in einem Geldbetrag nennen. Erfüllt die Mieterhöhungserklärung des Vermieters diese Voraussetzungen nicht und ist sie deshalb nicht nachvollziehbar, wird sie nicht wirksam. In diesem Fall können Sie entweder den Vermieter auf den Mangel hinweisen oder einfach weiterhin die alte Miete bezahlen.
- Die geänderte Miete ist vom Beginn des auf die auf die Erklärung folgenden **übernächsten Monats** an zu zahlen. Gibt z.B. der Vermieter die wirksame Erklärung zur Mieterhöhung am 15. April ab, kann er die höhere Miete ab Juni verlangen. Nicht zulässig ist also eine rückwirkende Erhöhung.

Urteil

Die Mietänderungserklärung des Vermieters muss die Angabe der eingetretenen Änderung des Preisindexes beinhalten und die jeweilige Miete oder die Erhöhung in einem Geldbetrag angeben. Diese Angaben sind notwendig, aber auch ausreichend. Es ist nicht erforderlich, dass der Vermieter zusätzlich angibt, welche prozentuale Veränderung sich aus den im Erhöhungsschreiben mitgeteilten Indexdaten ergibt

BGH, Az. VIII ZR 291/16

! Als Mieter können Sie bei einer **Senkung des Preisindexes** vom Vermieter auch eine entsprechende Absenkung der Miete verlangen. Sie müssen dann genauso wie ein Vermieter vorgehen (vgl. oben). Ihr Recht auf Mietsenkung kann vertraglich nicht ausgeschlossen werden, eine entsprechende Klausel wäre unwirksam. Ebenso wenig kann wirksam vereinbart werden, dass die Miete nicht unter einen bestimmten Betrag absinken darf (§ 557b Abs. 4 BGB).

2.8.5 Fälligkeit der Miete, Zahlungsort

Die wichtigste Pflicht des Mieters besteht darin, pünktlich die vereinbarte Miete zu zahlen. Die Miete ist zu Beginn, **spätestens bis zum dritten Werktag eines Monats** zu entrichten (§ 556b Abs. 1 BGB). Zahlungsort ist in der Regel das im Mietvertrag angegebene Konto des Vermieters.

! Es reicht aus, dass Sie die Miete bis zum dritten Werktag bei Ihrer Bank anweisen. Die übliche Klausel im Mietvertrag, wonach die Miete bis zum dritten Werktag des Monats beim Vermieter eingegangen sein muss, ist unwirksam (BGH, Az. VIII ZR 222/15).

Zahlung per Lastschrift

Die Mietzahlung kann auch durch Erteilung eines **SEPA-Lastschriftmandats** erfolgen. Ein solches Mandat kann der Vermieter aber nur verlangen, wenn dies im Mietvertrag ausdrücklich geregelt ist. Innerhalb einer Frist von acht Wochen ab dem Zeitpunkt der

Belastungsbuchung können Sie von Ihrer Bank oder Sparkasse die Rückerstattung des belasteten Lastschriftbetrags verlangen. Bei unberechtigten (nicht autorisierten) Lastschriften gilt eine Rückerstattungsfrist von 13 Monaten ab dem Tag der Belastung. Unwirksam ist eine Klausel im Mietvertrag, nach der Ihnen Ihr Recht auf Rückbelastung genommen wird.

Zahlung per Überweisung

Die Miete können Sie auch per **Dauerauftrag** überweisen. Sie können aber nicht durch einen Formularmietvertrag dazu gezwungen werden. Der Nachteil der Überweisung durch Dauerauftrag besteht darin, dass Sie die Zahlungen nicht mehr rückgängig machen können und die Überweisung bereits einige Tage vor dem Abgangstermin nicht mehr verhindert oder verändert werden kann.

Zahlungsverzug

Wenn der Mieter die Miete nicht rechtzeitig zahlt, kommt er in Zahlungsverzug, ohne dass der Vermieter ihn zuvor gemahnt haben muss. In diesem Fall werden **Verzugszinsen** mindestens in Höhe des gesetzlichen Zinssatzes (5 % über dem Basiszinssatz) fällig, wenn der Vermieter nicht einen höheren Zinssatz nachweisen kann (§ 288 Abs. 1 BGB). Der Vermieter hat auch die Möglichkeit, auf Kosten des Mieters einen Rechtsanwalt mit der Wahrnehmung seiner Interessen zu beauftragen.

! Wenn Sie als Mieter sich nicht sicher sind, ob Sie eine bestimmte Zahlung schulden, sollten Sie vor der Zahlung dem Vermieter schriftlich mitteilen, dass diese unter Vorbehalt erfolgt (»die Zahlung erfolgt unter dem Vorbehalt der Rückforderung«). Damit wahren Sie Ihre rechtlichen Interessen auf eine etwaige Rückzahlung und geraten nicht in Zahlungsverzug.

2.8.6 Verjährung der Miete

Sind über Jahre hinweg Mietrückstände aufgelaufen, stellt sich die Frage nach der Verjährung dieser rückständigen Mietforderungen des Vermieters. Verjährung bedeutet, dass Sie als Mieter berechtigt sind, die **Zahlung der verjährten Miete zu verweigern.** Der Vermieter kann die rückständige Miete nicht mehr gerichtlich durchsetzen, wenn die Verjährungsfrist abgelaufen ist.

Dreijährige Verjährungsfrist

Die vom Mieter geschuldeten Mietzahlungen verjähren **nach drei Jahren** (§ 195 BGB). Die Verjährungsfrist beginnt am Ende des Jahres zu laufen, in dem die jeweilige Zahlung fällig und dem Vermieter bekannt wurde oder bekannt hätte sein müssen, dass sein Anspruch bestand (§ 199 Abs. 1 BGB).

» Für Mietrückstände aus März oder April 2021 beginnt die Verjährung am 31.12.2021; verjährt sind die Ansprüche dann nach drei Jahren, also am 31.12.2024. Ende 2021 verjähren die 2018 entstandenen Mietrückstände.

Einrede der Verjährung

Gerichte müssen die Verjährung nur beachten, wenn sich der Schuldner darauf beruft. Wenn also der Vermieter eine verjährte Miete gegen Sie geltend macht, müssen Sie **ausdrücklich erklären,** dass Sie die Zahlung der Miete verweigern und die sogenannte Einrede der Verjährung erheben (§ 214 Abs. 1 BGB).

Achtung: Auch eine verjährte Mietforderung besteht weiter. Wenn Sie also eine verjährte Miete zahlen, können Sie diese nicht mehr zurückverlangen (§ 214 Abs. 2 BGB).

Hinausschieben der Verjährung

Mit bestimmten Maßnahmen kann der Vermieter die Verjährung der Mietforderung verhindern. In diesen Fällen wird die Verjährungsfrist entweder »gehemmt« oder sie beginnt neu zu laufen.

Hemmung der Verjährung

Führt der Vermieter mit dem Mieter **ernsthafte Verhandlungen** über seine Mietforderung, so hemmt dies die Verjährung (§ 203 BGB). Dabei genügt jeder Meinungsaustausch über den Anspruch und seine tatsächlichen Grundlagen. Die Verhandlungen sind beendet, wenn sie von einer Partei abgebrochen werden. Die Verjährung der Mietforderung tritt dann frühestens drei Monate danach ein.

Die Verjährung der Mietforderung wird auch gehemmt, wenn der Vermieter seine Forderung durch Klage **vor Gericht geltend macht** oder ein gerichtlicher Mahnbescheid zugestellt wird (§ 204 Abs. 1 Nrn. 1 und 3 BGB). In diesen Fällen endet die Hemmung sechs Monate nach der rechtskräftigen Entscheidung oder anderweitigen Beendigung des eingeleiteten Verfahrens (§ 204 Abs. 2 BGB).

Achtung: Die Verjährung wird nicht durch eine einfache oder mehrfache Mahnung des Vermieters an den Mieter gehemmt.

Bei der Hemmung der Verjährung wird der Zeitraum, während dessen die Verjährung gehemmt ist, nicht in die Verjährungsfrist eingerechnet (§ 209 BGB). Die Verjährungsfrist verlängert sich also um diesen Zeitraum.

Neubeginn der Verjährung

Durch bestimmte Maßnahmen kann der Vermieter erreichen, dass die Verjährungsfrist für seine Mietforderung neu zu laufen beginnt. Die bisher abgelaufene Frist wird also nicht angerechnet.

Die Verjährung beginnt unter anderem erneut, wenn der Mieter die Mietforderung des Vermieters durch **Abschlagszahlung,** Sicherheitsleistung, Zinszahlung oder in anderer Weise (z.B. durch schriftliches Anerkenntnis) anerkannt hat (§ 212 Abs. 1 BGB).

2.9 Mietsicherheit

In der Regel will sich der Vermieter für den Fall absichern wollen, dass der Mieter seine vertraglichen Verpflichtungen nicht erfüllt. Deshalb wird er im Regelfall von Ihnen eine Sicherheitsleistung für seine künftigen Ansprüche aus dem Mietverhältnis und dessen Abwicklung verlangen.

2.9.1 Keine Mietsicherheit ohne Vereinbarung

Als Mieter sind Sie nicht kraft Gesetzes verpflichtet, eine Mietsicherheit zu leisten. Wenn Ihr Vermieter also eine solche erhalten will, muss er dies **ausdrücklich mit Ihnen vereinbaren.** Die Vereinbarung wird regelmäßig bei Beginn des Mietverhältnisses im Mietvertrag getroffen. Zwar kann eine Kautionsvereinbarung auch noch nach Abschluss des Mietvertrags erfolgen, in diesem Fall kann Sie aber der Vermieter nicht zwingen, nachträglich eine Mietsicherheit zu leisten. Sie können also eine entsprechende Forderung des Vermieters ablehnen.

Achtung: Sind Sie nach dem Mietvertrag verpflichtet, eine Mietsicherheit zu leisten, so verjährt der Anspruch des Vermieters nach drei Jahren. Die Verjährungsfrist beginnt immer am Ende des Jahres zu laufen, in dem der Anspruch entstanden ist.

2.9.2 Art der Sicherheitsleistung

Wenn über die Art und Weise, wie die Mietsicherheit vom Mieter zu erbringen ist, im Mietvertrag nichts geregelt ist, kann der Mieter wählen. Als Formen der Mietsicherheit kommen insbesondere in Betracht:

- die **Barkaution,**
- das **verpfändete Sparkonto,**
- das **Sparbuch mit Sperrvermerk,**
- das **gemeinsame Sparbuch** und
- die **Bürgschaft.**

Barkaution

Die gebräuchlichste Art der Mietsicherheit ist die Barkaution. Sie sichert dem Vermieter die schnellstmögliche Verfügbarkeit, weil er jederzeit auf das Geld zugreifen kann, sobald der Mieter seinen Zahlungsverpflichtungen nicht nachkommt.

Wurde im Mietvertrag eine Barkaution als Sicherheitsleistung vereinbart, muss der Mieter dem Vermieter den **Kautionsbetrag übergeben oder überweisen.** Der Vermieter muss dann das Geld von seinem Vermögen getrennt bei einem Kreditinstitut zu dem für Spareinlagen mit dreimonatiger Kündigungsfrist üblichen Zinssatz anlegen (§ 551 Abs. 3 Satz 1 BGB). Er muss den Kautionsbetrag also auf einem treuhänderischen Ander- oder Sonderkonto anlegen. Vermieter und Mieter können aber eine andere Anlageform vereinbaren (§ 551 Abs. 3 Satz 2 BGB).

! Bei einer Überweisung sollten Sie die Kaution getrennt von anderen Zahlungen leisten und den **Verwendungszweck ausdrücklich als Kaution** bezeichnen, um die Kautionszahlung im Zweifel nachweisen zu können. Achten Sie darauf, dass Ihr Geld im Fall einer Insolvenz Ihres Vermieters sicher vor dem Zugriff Dritter ist. Hierfür muss der Vermieter ein **Treuhandkonto** anlegen, auf das seine Gläubiger auch bei einer Zwangsvollstreckung nicht zugreifen können. Das Konto sollte korrekt mit »Mietkaution« bezeichnet sein. Die Bezeichnung »Mieter XY« oder »Mietkonto« genügt nicht, um das Konto als Kautionskonto kenntlich zu machen. Sie haben Anspruch auf den Nachweis, wo Ihr Geld sich befindet. Fordern Sie den Vermieter auf, den Nachweis zu führen, bei welcher Bank und unter welcher Kontonummer und -bezeichnung die Kaution angelegt ist. Es muss sich um ein entsprechendes gekennzeichnetes Sonderkonto (Mietkautionskonto) handeln. Verweigert der Vermieter die Auskunft, dürfen Sie die Miete bis zur Höhe der gezahlten Kaution zurückbehalten.

Urteil

Eine Klausel im Mietvertrag, nach der der Mieter für das Anlegen oder Auflösen des Sparbuchs oder für die Verwahrung der Kaution eine Kostenpauschale zu entrichten hat, ist unwirksam.

LG München I, Az. 7 O 18843–96

Der Mieter darf die Kaution in **drei gleichen Monatsraten** zahlen. Die erste Rate ist erst zu Beginn des Mietverhältnisses fällig. Die weiteren Teilzahlungen werden zusammen mit den unmittelbar folgenden Mietzahlungen fällig (§ 551 Abs. 2 BGB). Unwirksam ist eine Vereinbarung im Mietvertrag, nach der die Kaution nicht in Raten gezahlt werden darf. Steht im Mietvertrag, dass der Mieter die Kaution »bei Abschluss des Mietvertrags in voller Höhe zu zahlen hat«, ist die Kautionsvereinbarung nur hinsichtlich des Ausschlusses des Ratenzahlungsrechts unwirksam. Im Übrigen bleibt die Kautionsvereinbarung wirksam, sodass der Mieter die Barkaution in drei Raten zahlen darf (BGH, Az. VIII ZR 344/02).

Achtung: Der Vermieter kann den Mietvertrag fristlos kündigen, wenn Sie mit der Kautionszahlung in Höhe von mindestens zwei Monatsnettomieten in Verzug sind. Allerdings können Sie nach Zustellung der Räumungsklage wegen der rückständigen Kaution Ihre Kautionsschulden noch bis zum Ablauf von zwei Monaten begleichen und damit die Kündigung ungeschehen machen.

Verpfändetes Sparbuch

Die Mietsicherheit bis zur Höhe von drei Monatsmieten kann auch in der Form vereinbart werden, dass der Mieter Geld auf einem auf seinen Namen lautendes Sparkonto einzahlt und das Guthaben an den Vermieter verpfändet. Das verpfändete Sparkonto hat für Sie als Mieter den Vorteil, dass Sie bei der Bank einen Freistellungsauftrag erteilen können und für die anfallenden Zinsen keine (oder weniger) Kapitalertragsteuer zahlen müssen.

! Zusätzlich zur Verpfändungserklärung sollten Sie eine **Informationspflicht der Bank** für den Fall vereinbaren, dass der Vermieter über die Mietsicherheit verfügen will. Eine Reihe von Kreditinstituten verfügt über entsprechende Vordrucke. In Betracht kommt beispielsweise folgende Klausel: »Verlangt der Vermieter die Auszahlung des Guthabens, wird die Bank/Sparkasse den Verpfänder hiervon unterrichten. Die Auszahlung erfolgt gegen Vorlage des Sparbuchs unter Beachtung der Kündigungsfrist, aber nicht vor Ablauf von vier Wochen nach Versand der Mitteilung an den Verpfänder.« Wenn der Vermieter die Auszahlung des Kautionsgelds verlangt, werden Sie von der Bank oder Sparkasse entsprechend unterrichtet und haben dann die Möglichkeit, notwenige rechtliche Schritte einzuleiten.

Sparbuch mit Sperrvermerk

Händigt der Mieter dem Vermieter ein Sparbuch aus, das er ohne Weiteres eingerichtet und auf das er den Kautionsbetrag eingezahlt hat, kann der Vermieter jederzeit Geld abheben, ohne dass der Mieter davon erfährt. Beim Mietersparbuch mit Sperrvermerk darf keine der Parteien ohne Mitwirkung des anderen über das Guthaben verfügen. Gegebenenfalls muss der Vermieter die Zustimmung des Mieters einklagen.

Gemeinsames Sparbuch

Als Mietsicherheit empfehlenswert ist auch ein Sparbuch, über das Vermieter und Mieter gemeinsam verfügen können. Auf diese Weise ist sichergestellt, dass der Vermieter nicht ohne Mitwirkung des Mieters über das Geld verfügen kann.

Bürgschaft

Als Mietsicherheit kann auch eine Bürgschaft vereinbart werden. Als Bürgen kommen üblicherweise Banken, Verwandte oder Arbeitgeber in Betracht. Durch die **Übernahme der Bürgschaft** verpflichtet sich der Bürge, für Forderungen des Vermieters einzustehen. Die **Haftung** des Bürgen ist **begrenzt auf drei Monatsmieten.** Die Bürgschaftserklärung muss schriftlich abgegeben werden.

Wenn als Mietsicherheit eine Bürgschaft bestellt wird, wird der Vermieter regelmäßig eine sogenannte **selbstschuldnerische Bürgschaft** verlangen. In diesem Fall verzichtet der Bürge auf die Einrede der Vorausklage. Das hat für den Vermieter den Vorteil, dass er sofort den Bürgen in Anspruch nehmen kann und nicht erst gegen den Mieter als Hauptschuldner vorgehen muss.

! Der Vorteil der Bürgschaft als Mietsicherheit besteht darin, dass der Mieter nicht wie bei der Mietkaution einen Geldbetrag in Höhe von drei Monatsmieten aufbringen muss. Allerdings muss er für eine Bankbürgschaft regelmäßig eine Vergütung zwischen 1 % bis 3 % der Bürgschaftssumme jährlich an das Kreditinstitut zahlen.

2.9.3 Höhe der Mietsicherheit

Ist mietvertraglich vereinbart, dass der Mieter eine Sicherleistung erbringen muss, darf der Vermieter eine Mietsicherheit in Höhe von **höchstens drei Monatsmieten** verlangen (§ 551 Abs. 1 BGB). Unter der Monatsmiete ist die **Nettokaltmiete** zu verstehen. Die als Pauschale oder als Vorauszahlung ausgewiesenen Betriebskosten zählen also nicht mit.

» Beträgt die Nettomiete 600,– € und die Miete mit Betriebskosten 800,– €, darf die Mietkaution nicht höher sein als 1.800,– €.

Der Betrag von drei Monatsmieten darf nicht überschritten werden. Anderenfalls bleibt die Vereinbarung nur in Höhe von drei Monatsmieten wirksam; den überbezahlten Betrag kann der Mieter zurückfordern.

Urteil

Zwar ist gesetzlich die Höhe einer Mietsicherheit auf drei Monatsmieten begrenzt, die gesetzliche Regelung ist aber nicht auf eine Sicherheit anwendbar, die dem Vermieter von einem Dritten gewährt wird, um die dem Mieter drohende Kündigung wegen Zahlungsverzuges abzuwenden. Wäre es in einem solchen Fall verboten, eine drei Monatsmieten übersteigende Sicherheit zu vereinbaren, könnte der Vermieter keine zusätzliche Sicherheit erhalten und sehe sich dann immer zu einer fristlosen Kündigung des Mietverhältnisses wegen Zahlungsverzuges veranlasst. Dies hätte im Ergebnis auch erhebliche Nachteile für den Mieter, da dieser dann keine zusätzliche Absicherung für sein Mietverhältnis beschaffen und anbieten könnte.

BGH, Az. VIII ZR 379/12

Zinserträge

Die Zinserträge aus dem Kautionskonto stehen dem Mieter zu (§ 551 Abs. 3 Sätze 3 und 4 BGB). Sie erhöhen die Mietsicherheit des Vermieters. Der Mieter kann keine jährliche Auszahlung der Zinsen verlangen. Erst nach der Beendigung des Mietverhältnisses kann der Mieter über die Zinserträge verfügen.

Zusätzliche Mietsicherheit bei baulichen Veränderungen durch den Mieter

Eine zusätzliche Mietsicherheit kann der Vermieter bei baulichen Veränderungen im Rahmen der sogenannten Barrierefreiheit verlangen. Kraft Gesetzes kann der Mieter die Zustimmung des Vermieters zu baulichen Veränderungen oder sonstigen Einrichtungen verlangen, die für eine **behindertengerechte Nutzung** der Wohnung oder den Zugang zu ihr erforderlich sind, wenn er ein berechtigtes Interesse daran hat. In diesem Fall kann der Vermieter seine Zustimmung davon abhängig machen, dass der Mieter eine angemessene zusätzliche Sicherheit für die Wiederherstellung des ursprünglichen Zustands erbringt (§ 554 Abs. 1 Satz 3 BGB). Dieser Anspruch besteht unabhängig von der normalen Mietsicherheit. Die Höhe der Kaution richtet sich nach den zu erwartenden Rückbaukosten, also nach den Kosten, um die Wohnung wieder in den alten Zustand zurückzuversetzen. Wegen der Einzelheiten vgl. 9.3.5.

2.9.4 Abgesicherte Forderungen des Vermieters

Soweit im Mietvertrag nichts anderes geregelt ist, sichert die Mietkaution alle Forderungen des Vermieters gegen den Mieter aus dem Mietverhältnis und seiner Beendigung, insbesondere

- **Mietrückstände,**
- **Betriebskostenvorschüsse und -nachzahlungen,**
- **Schadensersatzansprüche** wegen Beschädigung der Mietsache oder wegen sonstiger Vertragsverletzungen,
- Ansprüche auf Durchführung von **Schönheitsreparaturen** und Schadensersatzansprüche wegen Unterlassung solcher Arbeiten,
- **Nutzungsentschädigung** wegen verspäteter Räumung.

! Bei einer preisgebundenen Wohnung (Sozialwohnung) sind durch die Mietkaution nur Ansprüche des Vermieters aus Schäden an der Wohnung oder wegen unterlassener Schönheitsreparaturen gesichert. Wird im Mietvertrag etwas anderes vereinbart, ist die gesamte Kautionsvereinbarung unwirksam.

2.9.5 Zugriff des Vermieters auf die Kaution

Ob der Vermieter die Kaution während des Mietverhältnisses in Anspruch nehmen kann, beurteilt sich nach der bestehenden Vereinbarung.

- Wurde im Mietvertrag eine **Beschränkung vereinbart,** nach der der Vermieter während des bestehenden Mietverhältnisses nicht auf die Kaution zurückgreifen darf, kann er sich vor Beendigung des Mietverhältnisses nicht aus der Kaution bedienen. Der Vermieter muss seine Ansprüche dann auf anderem Weg geltend machen und gegebenenfalls klagen.
- Ist im Mietvertrag **keine Beschränkung vereinbart,** kann sich der Vermieter bei rechtskräftig festgestellten oder unstreitigen Forderungen aus der Kaution bedienen. In diesem Fall müssen

Sie als Mieter auf Verlangen des Vermieters die Kaution wieder auffüllen, und zwar bis zu der Höhe, die vor der Entnahme durch den Vermieter bestand. Bis dahin aufgelaufene Zinsen müssen ebenfalls wieder ausgeglichen werden.

! Haben Sie als Mieter die vom Vermieter geltend gemachte Forderung ausdrücklich bestritten (z.B. eine nach Ihrer Meinung nach ungerechtfertigte Betriebskostennachforderung), ist die Verwertung der Kaution vor Beendigung des Mietverhältnisses grundsätzlich nicht zulässig. Wegen streitiger Forderungen darf also der Vermieter die Mietkaution während des laufenden Mietverhältnisses nicht in Anspruch nehmen. Eine hiervon zum Nachteil des Mieters abweichende Zusatzvereinbarung zum Mietvertrag ist unwirksam (BGH, Az. VIII ZR 234/13).

2.9.6 Vermieterwechsel

Beim Verkauf eines Hauses oder einer Wohnung tritt der neue Eigentümer als Vermieter auch in die **Rechte und Pflichten eines schon bestehenden Mietverhältnisses** ein (Kauf bricht nicht Miete). Das gilt auch für die Rechte und Pflichten im Zusammenhang mit einer vom Mieter geleisteten Sicherheit (§ 566a Satz 1 BGB), und zwar unabhängig von der Form der Sicherheit. Der neue Eigentümer kann also vom Mieter die im Mietvertrag vereinbarte Kaution nicht verlangen, wenn der Mieter sie bereits an den alten Vermieter geleistet hat. Andererseits kann der Mieter anlässlich des Haus- oder Wohnungsverkaufs die Kaution nicht zurückverlangen (sondern erst nach Beendigung des Mietverhältnisses).

Nach Beendigung des Mietverhältnisses kann der Mieter die Sicherheit auf jeden Fall **vom Erwerber zurückverlangen**. Das gilt auch dann, wenn der Erwerber die Kaution vom alten Vermieter gar nicht erhalten hat. Und auf den Erwerber der vermieteten Wohnung geht die Verpflichtung zur Rückzahlung der Mietsicherheit an den Mieter kraft Gesetzes auch dann über, wenn der insolvent gewordene Voreigentümer die vom Mieter erhaltene Mietsicherheit nicht getrennt von seinem sonstigen Vermögen angelegt hatte (BGH, Az. XII ZR 13/10).

! Für die Rückzahlung der Kaution haftet der alte Eigentümer, wenn es dem Mieter nicht gelingt, die Kaution nach Beendigung des Mietverhältnisses vom neuen Eigentümer zurückzuerlangen (z.B. wegen Insolvenz des Erwerbers). Allerdings muss der Mieter zuerst versuchen, die Kaution vom neuen Eigentümer zu erhalten (§ 566a Satz 2 BGB). Ist das nicht möglich, muss der alte Eigentümer dem Mieter den Kautionsbetrag einschließlich angefallener Zinsen auszahlen.

2.10 Übertragung von Kleinreparaturen auf den Mieter

Der Vermieter ist verpflichtet, die Mietsache instand zu halten und bei Schäden oder Mängeln instand zu setzen (§ 535 Abs. 1 Satz 2 BGB). Die Instandhaltung betrifft vorbeugende Maßnahmen, durch die Schäden an der Mietsache vermieden und deren ordnungsgemäßer Zustand gewährleistet werden (Wartung). Bei der Instandsetzung geht es dagegen um die Behebung von Schäden oder Mängeln, die durch Abnutzung, Alter oder Witterungseinflüsse aufgetreten sind (Reparatur).

Die im Rahmen der Erhaltung der Mietsache anfallenden Arbeiten hat der Vermieter auf seine Kosten durchzuführen. Das gilt im Zusammenhang mit der Instandsetzungspflicht auch für kleinere Mängel; wenn also der Wasserhahn tropft, ist es Sache des Vermieters, auf seine Kosten einen Handwerker zu bestellen und eine neue Dichtung einlegen zu lassen. Allerdings kann im Mietvertrag für Kleinreparaturen vereinbart werden, dass der Mieter die Kosten trägt. Unter Kleinreparaturen versteht man die Beseitigung von Bagatellschäden. Das sind solche Schäden an der Mietsache, die sich mit einem verhältnismäßig geringen Aufwand an finanziellen Mitteln beseitigen lassen. Wenn im Mietvertrag nichts geregelt ist, muss der Vermieter auch solche Kleinreparaturen auf seine Kosten durchführen. Die Frage ist also, unter welchen Voraussetzungen er Kleinreparaturen auf den Mieter abwälzen darf.

! Beachten Sie, dass der Vermieter nur die Kosten, nicht aber die Vornahme der Kleinreparaturen selbst auf Sie abwälzen darf. Auch im Falle der Kostenübernahme durch den Mieter bleibt der Vermieter also verpflichtet, den Schaden selbst oder durch Handwerker beheben zu lassen. Unwirksam ist deshalb z.B. eine Klausel im Mietvertrag, die den Mieter verpflichtet, Elektro- oder Gasthermen oder andere Geräte durch eine Fachfirma warten zu lassen. Einsprechendes gilt für folgende Klausel: »Der Mieter ist verpflichtet, Installationsgegenstände für Elektrizität, Wasser und Gas, Heiz- und Kocheinrichtungen, Fenster- und Türverschlüsse sowie die Verschlussvorrichtungen von Fensterläden in gebrauchsfähigem Zustand zu erhalten.« Denn in diesen Fällen werden nicht nur die Kosten, sondern auch die Zuständigkeit für die Reparatur unzulässigerweise auf den Mieter übertragen.

2.10.1 Voraussetzungen einer wirksamen »Kleinreparaturklausel«

Eine Kleinreparaturklausel in einem Formularmietvertrag, nach der dem Mieter in einem bestimmten Umfang die Kosten für Bagatellschäden auferlegt werden, ist unwirksam, wenn sie den Mieter unangemessen benachteiligt. Deshalb ist eine solche Klausel im Mietvertrag nur zulässig, wenn sie gegenständlich beschränkt ist und eine doppelte Kostenbegrenzung enthält: einmal hinsichtlich der Höhe der einzelnen Reparaturen und daneben eine Obergrenze hinsichtlich der Gesamtreparaturkosten im Jahr.

Gegenständliche Begrenzung

Vom Mieter zu zahlende Kleinreparaturen dürfen sich nur auf solche Teile der Mietwohnung beziehen, die seinem **direkten und häufigen Zugriff** ausgesetzt sind. Das sind z.B. Installationsgegenstände wie Wasserhähne, Steckdosen und Lichtschalter (nicht aber die Installationen selbst), Heiz- und Kocheinrichtungen wie z.B. Öfen,

Badeöfen, Thermen und Herde, Fenster- und Türverschlüsse wie z.B. Türgriffe und Türschlösser, elektrische Türöffner (nicht Fenster und Türangeln, zerbrochene Fenster- oder Türscheiben) sowie Verschlussvorrichtungen von Fensterläden wie z.B. Riegel für Klappläden, Rollladensicherungen (nicht jedoch Reparaturen an Rollläden oder an Rollladenkästen).

Urteil

Unwirksam *sind Klauseln, die sich auf folgende nicht der unmittelbaren Einwirkung des Mieters unterliegende Einrichtungen beziehen:*

Heizthermen	AG Köln, Az. 2010 C 324/10
verkleidete Spülkästen	AG Wedding, Az. 6a C 5/10
Duschstange und Duschabtrennung	AG Hamburg-Barmbek, Az. 822 C 55/10
Erneuerung eines verkalkten Wasserhahns im Wege des Austauschs des Auslaufventils nebst Knebel und Dichtungen	AG Gießen, Az. 40M C 125/08
Türdichtung, Türschloss und Wasserventil	AG Köln, Az. 201 C 254/05
Füllventil des WC-Spülkastens	AG Köln, Az. 224 C 460/10
Beleuchtungskörper, Spiegel und Glasscheiben	AG Zossen, Az. 4 C 50/15
Entlüftung einer Fußbodenheizung	AG Köln, Az. 201 C 47/14
Silikonfugen	AG Berlin-Mitte, Az. 5 C 93/16 AG Berlin-Wedding, Az. 20 C 191/11

Höchstbetrag für einzelne Reparaturen

Im Mietvertrag muss ein Höchstbetrag für einzelne Reparaturen festgelegt sein. Umstritten ist, wie hoch diese mietvertraglich festzulegende Kostengrenze sein darf. Welcher Höchstbetrag angemessen ist, wird von den Gerichten unterschiedlich beurteilt. Als zulässig erachtet wird allgemein eine Klausel, wonach der Mieter **100,– € pro Kleinreparatur** selbst tragen muss (AG Braunschweig, Az. 1116 C 196/05). Das Amtsgericht Würzburg (Az. 13 C 670/10) hielt einen **Höchstbetrag bis zu 110,– €** und das AG Berlin-Schöneberg (Az. 106 C 46/17) einen Betrag bis zu **120,– €** noch für angemessen.

! Der Mieter darf nur dann für Bagatellschäden finanziell herangezogen werden, wenn die einzelne Rechnung nicht höher als die im Mietvertrag vereinbarte Obergrenze ist. Liegt der Rechnungsbetrag nur einen Cent darüber, handelt es sich nicht mehr um eine Kleinreparatur. Übersteigt die Rechnung den festgelegten Betrag, muss der Vermieter die Kosten in vollem Umfang tragen. Eine Kostenbeteiligung des Mieters in Höhe der mietvertraglich vereinbarten Obergrenze ist nicht zulässig.

Jahresobergrenze für mehrere Reparaturen

In der Mietvertragsklausel muss außerdem eine Obergrenze enthalten sein für alle Kleinreparaturen innerhalb eines Jahres. Der Mieter muss danach in einem Jahr **maximal 6 % bis 8 % der Jahresmiete** zahlen. Alles, was darüber liegt, ist nicht zulässig und macht die Klausel unwirksam. Gelegentlich wird in Formularmietverträgen als Jahresobergrenze auch ein fester Betrag (z.B. 200,– €) festgelegt. Dabei gilt ein Höchstbetrag von einer Monatsmiete als nicht mehr angemessen (AG Hannover, Az. 564 C 16208/07).

» Wer beispielsweise 500,– € Miete pro Monat zahlt, muss pro Jahr mit einer maximalen Belastung von 480,– € für Kleinreparaturen rechnen. Hat also der Mieter bereits vier Einzelreparaturen von jeweils 100,– € gezahlt, muss er die fünfte Reparatur über 100,– € nicht bezahlen, weil die Jahreshöchstgrenze überschritten wäre.

2.10.2 Unwirksame Klauseln

Klauseln im Mietvertrag, die diese Einschränkungen nicht berücksichtigen, sind unwirksam mit der Folge, dass der Vermieter die betreffenden Kosten allein tragen muss.

- Nicht wirksam ist eine Bestimmung im Mietvertrag, in der **pauschal geregelt** ist, dass Sie als Mieter Kleinreparaturen übernehmen müssen. Ohne betragsmäßige Begrenzung je Einzelreparatur mit gleichzeitiger Festlegung einer Jahresobergrenze für mehrere Reparaturen ist die Klausel im Mietvertrag unwirksam.
- Ebenfalls unwirksam ist eine sogenannte **Beteiligungsklausel,** nach der Sie als Mieter anteilig auch an größeren Reparaturen oder gar an der Neuanschaffung von Geräten beteiligen müssen.
- Durch den Mietvertrag können Sie auch nicht wirksam verpflichtet werden, **selbst zu reparieren** oder einen Handwerker zu beauftragen. Die Kleinreparaturklausel im Mietvertrag darf nur die Zahlungspflicht betreffen. »Vornahmeklauseln«, nach denen der Mieter nicht nur die Kosten der Kleinreparaturen zu tragen hat, sondern diese auch selbst durchzuführen bzw. selbst einen Handwerker zu beauftragen hat, sind nicht nur formularmäßig, sondern auch individualvertraglich unwirksam (BGH, Az. VIII ZR 129/91).

2.11 Übertragung von Schönheitsreparaturen auf den Mieter

Über nichts wird zwischen Vermietern und Mietern so häufig gestritten wie über die Frage, wer Schönheitsreparaturen durchzuführen hat. Nach dem Gesetz ist eigentlich der Vermieter in der Pflicht; ihm obliegt es, für die Instandhaltung der Wohnung Sorge zu tragen (§ 535 Abs. 1 Satz 2 BGB). Diese Pflicht wird von den Vermietern jedoch regelmäßig auf die Mieter übertragen.

In der Praxis enthalten die Mietverträge häufig unwirksame Klauseln, weil die Gerichte an die Wirksamkeit solcher Klauseln in

Formularmietverträgen strenge Anforderungen stellen, um einer unangemessenen Benachteiligung des Mieters entgegenzuwirken. Insgesamt geht es hier um viel Geld. Und es geht für Mieter nicht nur darum, eine vom Vermieter geforderte Renovierung zu verweigern, sondern auch darum, Geld, das trotz nichtiger Klauseln in die Renovierung der Wohnung gesteckt wurde, vom Vermieter wieder zurückzuholen.

2.11.1 Was zu Schönheitsreparaturen zählt und was nicht

Unter Schönheitsreparaturen versteht man die **üblichen, turnusgemäß wiederkehrenden Renovierungsarbeiten,** soweit die Veränderung durch einen normalen vertragsgemäßen Gebrauch der Mietsache eingetreten ist. Es geht also darum, solche Abnutzungserscheinungen zu beseitigen, die den optischen Eindruck der Mieträume beeinträchtigen und in der Regel durch normales Abwohnen herbeigeführt werden. Es geht also immer um die **Beseitigung von Gebrauchsspuren,** die bei der Nutzung der Wohnung zwangsläufig entstehen.

Zu den Schönheitsreparaturen zählen

- Tapezieren und Streichen von Wänden und Decken,
- Streichen der Fußböden und Sockelleisten,
- Streichen der Heizkörper und der Heizungsrohre,
- Streichen der Innentüren und der Außentür von innen,
- Streichen der Fenster und Außentüren von innen.

Wie Sie sehen, zählt also zu den Schönheitsreparaturen alles, was beim normalen Wohnen abgenutzt wird und mit Farbe, Tapete und etwas Gips erneuert werden kann.

Nicht zu den Schönheitsreparaturen gehören folglich insbesondere

- das Abschleifen und Versiegeln von Parkettböden,

- der Austausch eines wegen des vertragsgemäßen Verbrauchs verschlissenen Teppichbodens,
- Maurer-, Installateur- und Glaserarbeiten,
- die Reparatur von Türschlössern, Heizkörpern, Gas- oder Stromleitungen,
- der Anstrich der Fenster und der Wohnungstür von außen,
- Erstanstriche wie z.B. bei neuen Heizkörpern oder Fenstern,
- Anstriche im Treppenhaus (Schönheitsreparaturen schulden Sie nur im Inneren Ihrer Wohnung),
- das Abschleifen und Versiegeln von Holzfußböden bzw. Parkettböden,
- notwendige Anstriche der Außenfenster und des Balkons,
- die Beseitigung typischer Abnutzungserscheinungen einer Badewanne,
- die Reinigung der Teppichböden (es sei denn, der Mietvertrag enthält darüber eine ausdrückliche Regelung).

! Wenn der Mieter **Dübel** anbringt, liegt das generell im Rahmen des vertragsmäßigen Gebrauchs und verpflichtet nicht zur Schönheitsreparatur bzw. Endrenovierung, sofern diese Verpflichtung im Mietvertrag nicht ausdrücklich festgeschrieben ist. Der Bundesgerichtshof hat deutlich gemacht, dass der Mieter an den Wänden seiner Räume Bohrlöcher anbringen darf, soweit sich ihre Anzahl »im üblichen Rahmen« hält. Dübellöcher »in gewissem Umfang« gehören also zum vertragsmäßigen Gebrauch.

Urteil

- *Die Beseitigung von Rissen an der Wohnzimmerdecke wird nicht von der Schönheitsreparaturklausel umfasst und muss daher nicht vom Mieter durchgeführt werden.*

  LG Berlin, Az. 67 S 20/17

- *Regelt eine Schönheitsreparaturklausel, dass der Wohnungsmieter für das »Streichen der Innentüren, der Fenster und Außentüren von innen« verpflichtet ist, so ist unklar, ob das Streichen der Fenster auch von außen geschuldet ist, was unzulässig wäre. Diese Unklarheit geht gemäß § 305c Abs. 2 BGB zulasten des Vermieters, sodass die Abwälzung der Schönheitsreparaturen insgesamt unwirksam ist.*

  AG Hamburg, Az. 49 C 493/19

- *Der Mieter einer Wohnung ist im Rahmen seiner Schönheitsreparaturpflicht nicht verpflichtet, die schwarz verfärbten Fliesenfugen im Badezimmer zu erneuern. Denn die schwärzliche Verfärbung der Fugen entspricht der normalen Abnutzung.*

  AG Köln, Az. 221 C 156/94

2.11.2 Wer Schönheitsreparaturen durchführen muss

Nach dem Gesetz ist der **Vermieter für Schönheitsreparaturen zuständig.** § 535 Abs. 1 Satz 2 BGB sagt: »Der Vermieter hat die Mietsache in einem zum vertragsgemäßen Gebrauch geeigneten Zustand zu überlassen und sie während der Mietzeit in diesem Zustand zu erhalten.« Wenn also der Mietvertrag keine Regelung zu den Schönheitsreparaturen enthält, muss der Vermieter sie auf seine Kosten ausführen. Das dürfte allerdings die Ausnahme sein. Der Vermieter kann nämlich die Verpflichtung zur Durchführung von Schönheitsreparaturen im Mietvertrag auf den Mieter abwälzen.

Achtung: Dem Mieter kann die Durchführung von Schönheitsreparaturen nur in den zum Wohnbereich gehörenden Räumen, also **innerhalb der Wohnung übertragen** werden. Renovierungen im Keller, Speicher, Treppenhaus oder Hausflur muss immer der Vermieter durchführen.

Übertragung auf den Mieter

Schönheitsreparaturen können auch in einem Formularmietvertrag auf den Mieter übertragen werden. Erforderlich ist allerdings eine **ausdrückliche und eindeutige Vereinbarung**.

Die Formulierung »Schönheitsreparaturen werden vom Mieter getragen« ist ausreichend, um dem Mieter die Renovierungspflicht aufzuerlegen (OLG Karlsruhe, Az. 9 RE-Miet 2/91). **Nicht ausreichend** für die Übertragung von Schönheitsreparaturen ist die Verpflichtung des Mieters im Mietvertrag, die Wohnung **»besenrein«** zurückzugeben; in diesem Fall ist der Mieter lediglich verpflichtet, grobe Verschmutzungen zu beseitigen (BGH, Az. VIII ZR 124/05). Das gilt auch für die Klausel »Der Mieter hat die Räumlichkeiten ordnungsgemäß und schonend zu behandeln«; hier wird lediglich auf die **allgemeine Obhutspflicht** des Mieters hingewiesen.

Im Rahmen eines Individualvertrags ist die Übertragung von Schönheitsreparaturen auf den Mieter regelmäßig wirksam. In diesem Fall liegen keine Allgemeine Geschäftsbedingungen vor, weil die Vertragsbedingungen zwischen dem Vermieter und dem Mieter **im Einzelnen ausgehandelt** sind (§ 305 Abs. 1 Satz 3 BGB). Maßgeblich für die Einordnung als Formular- oder Individualvereinbarung ist in erster Linie das Kriterium des »Aushandelns«. Nur wenn ein solches stattgefunden hat, handelt es sich eine Individualvereinbarung. **Aushandeln bedeutet,** dass der Vermieter die Vertragsbestimmungen **inhaltlich ernsthaft zur Disposition** stellt und bereit ist, über eine vorgesehene Regelung ernsthaft zu verhandeln Der Vermieter muss dem Mieter eine Gestaltungsfreiheit einräumen, um eigene Interessen wahrzunehmen und ihm tatsächlich die Möglichkeit geben, die Ausgestaltung der Bedingungen zu beeinflussen (vgl. BGH, Az. III ZR 437/04). Wegen der Einzelheiten vgl. 2.1.2.

Wann Schönheitsreparaturen durchzuführen sind

Unabhängig davon, dass sich die Frage, ob und in welchem Rahmen der Mieter Schönheitsreparaturen durchführen muss, regelmäßig erst beim Auszug aus der Wohnung stellt (vgl. dazu 13.6.2), schuldet der Mieter Schönheitsreparaturen auch **im laufenden Mietverhältnis.** Ist dem Mieter also im Mietvertrag die Durchführung von Schönheitsreparaturen wirksam überragen, kann der Vermieter verlangen, dass der Mieter sie während der Mietzeit durchführt.

Wann Schönheitsreparaturen fällig sind, richtet sich grundsätzlich nach dem Grad der Abnutzung der Wohnung. Sobald nach objektiver Betrachtung ein Renovierungsbedarf besteht, kann der Vermieter vom Mieter verlangen, die Arbeiten durchzuführen. Als Orientierung, ob eine Renovierung notwendig ist, dienen nach Räumen gestaffelte Fristen:

- **Küchen, Bäder und Duschen: alle drei Jahre** (bei neueren Mietverträgen alle fünf Jahre),
- **Wohn- und Schlafräume, Fluren, Dielen und Toiletten: alle fünf Jahre** (bei neueren Mietverträgen alle acht Jahre),
- **Nebenräume: alle sieben Jahre** (bei neueren Mietverträgen alle zehn Jahre).

Sind diese Fristen abgelaufen, ist zu vermuten, dass Schönheitsreparaturen durchzuführen sind. Diese Fristen gelten als Erfahrungssatz auch dann, wenn sie nicht im Mietvertrag wiedergebeben sind. Längere Fristen als die genannten können vertraglich vereinbart werden, **kürzere Fristen** benachteiligen den Mieter unangemessen mit der Folge, dass die **Renovierungspflicht** des Mieters insgesamt **entfällt.**

Achtung: Gerät der Mieter während eines bestehenden Mietverhältnisses mit der Durchführung der Schönheitsreparaturen in Verzug, ist das grundsätzlich **kein Grund für eine fristlose Kündigung.** Allerdings kann der Vermieter vom Mieter einen Vorschuss in Höhe der voraussichtlichen Renovierungskosten verlangen (BGH, Az. VIII ZR 192/04).

Wirksame und unwirksame Klauseln

Klauseln in Formularmietverträgen sind üblicherweise allgemeine Geschäftsbedingungen. Diese sind nur wirksam, wenn sie den Mieter nicht unangemessen benachteiligen. Auf eine unwirksame Regelung im Mietvertrag kann sich der Vermieter nicht berufen, und zwar auch dann nicht, wenn sie vom Mieter akzeptiert wurde.

! Die Gerichte haben für den Mieter unangemessen nachteilige Regelungen serienweise für unwirksam erklärt. Hauptgrund: **Der Vermieter darf keine Renovierung verlangen, wenn sie nicht notwendig ist.** Unwirksam sind deshalb alle Klauseln, nach denen eine Renovierung unabhängig vom Zustand der Wohnung verlangt werden kann. Auch die starren Fristenregelungen, nach denen Mieter stets nach Ablauf einer bestimmten Zeit renovieren müssen, wurden für unwirksam erklärt. Die Folge einer unwirksamen Klausel: Statt selbst renovieren zu müssen, können Sie Ihren Renovierungsbedarf einfach beim Vermieter anmelden.

Anfangs- und Endrenovierung

Unzulässig sind sogenannte Anfangs- und Endrenovierungsklauseln, nach denen der Mieter zusätzlich zu den laufenden Schönheitsreparaturen auch noch die Anfangs- und Endrenovierung durchführen soll. **Unwirksam** ist auch eine formularvertragliche Vereinbarung, wonach der Mieter neben den laufenden Schönheitsreparaturen beim Auszug verpflichtet ist, alle von ihm angebrachten oder vom Vormieter übernommenen **Tapeten zu beseitigen** (BGH, Az. VIII ZR 109/05).

Unrenoviert übergebene Wohnung

Eine Klausel im Formularmietvertrag, die dem Mieter einer unrenoviert übergebenen Wohnung die Schönheitsreparaturen ohne angemessenen Ausgleich auferlegt, ist unwirksam (BGH, Az. VIII ZR

185/14 und VIII ZR 242/13), weil eine solche Klausel den Mieter dazu verpflichtet, sämtliche **Gebrauchsspuren des Vormieters** zu beseitigen. Dies führt dazu, dass der Mieter die Wohnung vorzeitig renovieren oder gegebenenfalls in einem besseren Zustand zurückgeben müsste, als er sie selbst vom Vermieter erhalten hat. Für die Abgrenzung, ob eine Wohnung bei der Überlassung an den Mieter renoviert oder unrenoviert ist, kommt es darauf an, ob etwa vorhandene Gebrauchsspuren so unerheblich sind, dass die Mieträume im Zeitpunkt der Überlassung den Gesamteindruck einer renovierten Wohnung vermitteln. Dies ist jeweils im Einzelfall zu beurteilen.

Fristenplan

Es ist zulässig, dem Mieter im Rahmen eines Formularmietvertrags die Durchführung von Schönheitsreparaturen im Rahmen eines Fristenplans zu übertragen. Darin wird festgelegt, innerhalb welcher Fristen der Mieter bestimmte Schönheitsreparaturen ausführen muss. Die festgelegten Fristen müssen sich im **üblichen und angemessenen Rahmen** bewegen, sodass unter Berücksichtigung der unterschiedlichen Abnutzung der Räume auch unterschiedliche Mindestfristen festzulegen sind.

Als Orientierung, ob eine Renovierung notwendig ist, dienen nach Räumen gestaffelte Fristen:

- **Küchen, Bäder und Duschen: alle drei Jahre** (bei neueren Mietverträgen alle fünf Jahre),
- **Wohn- und Schlafräume, Fluren, Dielen und Toiletten: alle fünf Jahre** (bei neueren Mietverträgen alle acht Jahre),
- **Nebenräume: alle sieben Jahre** (bei neueren Mietverträgen alle zehn Jahre).

! **Zu kurze Fristen** haben zur Folge, dass die gesamten Regelungen zu den Schönheitsreparaturen **nicht wirksam** sein. In diesem Fall muss der Mieter überhaupt nicht renovieren.

Unwirksam ist eine Klausel im Mietvertrag, nach der der Mieter Schönheitsreparaturen nach einem **starren Fristenplan** durchführen muss (BGH, Az. VIII 178/05). Starre Fristen sind Fristen, die den Mieter **ohne Rücksicht auf den tatsächlichen Zustand** der Wohnung dazu verpflichten, Renovierungen vorzunehmen. Dagegen darf der Mieter zu Schönheitsreparaturen nur insoweit verpflichtet werden, als nach dem Abnutzungszustand unter Berücksichtigung des Fristenplans hierfür ein Bedürfnis besteht (BGH, Az. VIII ZR 230/03). In der mietvertraglichen Regelung muss also deutlich zum Ausdruck kommen, dass die genannten **Fristen flexibel** sind und eine Anpassung der Renovierungsintervalle an den **tatsächlichen Renovierungsbedarf** möglich ist. Zulässig sind also Klauseln, mit denen die Gültigkeit des Fristenplans eingeschränkt wird (z.B. mit Redewendungen wie »üblicherweise«, »grundsätzlich« oder »in der Regel«).

» **Beispiel:**

- Unwirksam ist z.B. folgende Fristenregelung: »Der Mieter ist verpflichtet, die Ausführung von Schönheitsreparaturen in Küchen, Baderäumen und Duschen in einem Zeitraum von drei Jahren, in Wohn- und Schlafräumen, Fluren, Dielen und Toiletten in einem solchen von fünf Jahren und in anderen Nebenräumen von sieben Jahren durchzuführen, soweit nicht nach dem Grad der Abnutzung eine frühere Ausführung erforderlich ist.«
- Unwirksam ist auch die Regelung, dass Sie als Mieter eine Wohnküche bereits nach zwei Jahren renovieren müssen.

Bedarfsregelung

In älteren Mietverträgen finden sich sogenannte Bedarfsregelungen. Hierbei handelt es sich um Klauseln, die keine starren Fristen oder Termine für die Durchführung von Schönheitsreparaturen durch den Mieter vorsehen. Die Verpflichtung ergibt sich vielmehr erst bei »**Bedarf**« oder »**Notwendigkeit**«.

Bedarfsklauseln wie z.B. »notwendig werdende Schönheitsreparaturen hat der Mieter durchzuführen« sind **zulässig** und stellen **keine unangemessene Benachteiligung des Mieters** dar. Die Vereinbarung ist dahin zu verstehen, dass der Mieter die Schönheitsreparaturen in den Zeitabständen vorzunehmen hat, innerhalb derer nach allgemeiner Erfahrung die vermieteten Räume **durch vertragsmäßigen Gebrauch renovierungsbedürftig** werden (BayObLG, Az. RE-Miet 1/96). Wenn allerdings die Mieträume bei Beginn des Mietverhältnisses unrenoviert an den Mieter übergeben wurden und dieser dadurch zu einer Anfangsrenovierung verpflichtet wird, führt die Bedarfsregelung zu einer unangemessenen Benachteiligung des Mieters. Dies ist dann der Fall, wenn bereits bei Vertragsbeginn objektiv ein Renovierungsbedarf vorliegt und der Mieter somit bei Einzug bereits die Durchführung der Schönheitsreparaturen schuldet (OLG Stuttgart, Az. 8 RE-Miet 2/88).

Quoten- oder Abgeltungsklausel

Viele Mietverträge enthalten eine sogenannte Quoten- oder Abgeltungsklausel. Danach hat der Mieter die Kosten für Schönheitsreparaturen zu erstatten, wenn bei Beendigung des Mietverhältnisses die Schönheitsreparaturen nach den vereinbarten Fristen noch nicht fällig sind.

» Liegen die Schönheitsreparaturen länger als ein Jahr zurück, so zahlt der Mieter 20 % der Renovierungskosten.

Quotenklauseln im Mietvertrag stellen eine unangemessene Benachteiligung des Mieters dar und sind **unwirksam,** weil der auf sie entfallende Kostenanteil nicht verlässlich ermittelt werden kann und beim Abschluss des Mietvertrages für sie nicht klar und verständlich ist, welche Belastung gegebenenfalls auf den Mieter zukommt (BGH, Az. VIII ZR 242/13). Das gilt unabhängig von der Frage, ob die Wohnung bei Beginn des Mietverhältnisses renoviert oder unrenoviert war.

Fachhandwerkerklausel

Ist der Mieter durch eine wirksame Klausel im Mietvertrag verpflichtet, Schönheitsreparaturen durchzuführen, dann muss er diese **fachgerecht durchführen.** Er schuldet eine Renovierung »mittlerer Art und Güte« (BGH, Az. VIII ARZ 1/88). Kleinere Mängel muss der Vermieter also hinnehmen. Die Renovierung muss aber insgesamt ordentlich sein. So dürfen z.B. Lackanstriche keine »Tropfnasen« aufweisen, Tapeten müssen fest sitzen und auf Stoß geklebt und Anstriche müssen deckend sein. Hat der Mieter nicht ordnungsgemäß renoviert, kann der Vermieter von ihm **Schadensersatz** verlangen.

Der Mieter darf selbst renovieren. Eine Klausel in einem Formularmietvertrag, nach der Schönheitsreparaturen von einem »Fachbetrieb« oder »Fachmann« durchzuführen sind, ist **unwirksam,** weil sie den Mieter unangemessen benachteiligt (OLG Stuttgart, Az. 8 ReMiet 2/92).

Achtung: Die Unwirksamkeit der Klausel betrifft aber nur die Einschaltung von Fachleuten, die Pflicht des Mieters zur Vornahme von Schönheitsreparaturen bleibt dagegen bestehen.

Farbwahlklausel

Eine Klausel in einem Formularmietvertrag, nach der der Mieter generell, also auch während der Mietzeit zur Dekoration in **vorgegebenen Farbtönen** verpflichtet ist, ist **unwirksam.** So hat der Bundesgerichtshof (Az. VIII ZR 224/07) entschieden, dass die Klausel »Schönheitsreparaturen sind in neutralen, deckenden, hellen Farben und Tapeten auszuführen« den Mieter unangemessen benachteiligt und deshalb unwirksam ist. Auch Klauseln, die den Mieter verpflichten, die Wohnung »weiß gestrichen« zurückzugeben, sind unwirksam (BGH, Az. VIII ZR 198/10).

Während der Mieter während des Mietverhältnisses die Wohnung weitestgehend **nach seinen Farbvorstellungen gestalten** darf, muss er sie bei Mietende so zurückgeben, dass sie »von möglichst vielen Mietinteressenten akzeptiert wird«. Das beinhaltet auch, dass die Farben »neutral« sind und zu vielen Einrichtungsarten passen (BGH, Az. VIII ZR 224/07).

! Nicht als »neutrale« Farben sind ein »zartes Lindgrün« und ein »Hellblau« anzusehen (BGH, Az. VIII ZR 224/07).

Vorgaben zur Ausführungsart

Auch Vorgaben zur Art der Ausführung von Schönheitsreparaturen sind **unwirksam.** Steht im Formularmietvertrag, dass der Mieter nur mit Zustimmung des Vermieters von der bisherigen Ausführungsart abweichen darf, ist das unwirksam, weil der Mieter unangemessen benachteiligt wird (BGH, Az. VIII ZR 199/06).

2.12 Hausordnung als Bestandteil des Mietvertrags

Wann das Treppenhaus geputzt werden muss, welche Ruhezeiten einzuhalten und wo die Fahrräder abzustellen sind, ist in Mietshäusern häufig in der Hausordnung festgelegt, die von den Vertragsparteien zum Bestandteil des Mietvertrags erklärt worden ist. Die Hausordnung ist eine Art »Rechtsordnung« über das Verhalten der Mieter untereinander und die damit verbundene Nutzung des gemeinsam bewohnten Mietshauses. Sie konkretisiert bestehende **Rechte und Pflichten des Mieters.**

Achtung: Wurde die Hausordnung nicht zum Bestandteil des Mietvertrags erklärt oder ist eine Hausordnung nicht vorhanden, können darin nur Anordnungen getroffenen werden, die für die Erhaltung der Ordnung und für das gedeihliche Zusammenleben der Mieter im Haus erforderlich sind (z.B. Einteilung der Treppenhausreinigung, Festlegung von Ruhezeiten, Benutzungszeiten für Waschküche). Anordnungen, die den Mieter in der Benutzung seiner Wohnung beschränken oder ihm sonstige Pflichten auferlegen (z.B. Besuchsverbot nach 22:00 Uhr) sind nicht zulässig.

2.12.1 Wirksame und unwirksame Regelungen

Bei formularmäßigen Regelungen in einer Hausordnung handelt es sich um allgemeine Geschäftsbedingungen, die den Mieter **nicht unangemessen benachteiligen** dürfen. Ferner darf nichts Überraschendes, das heißt Unerwartetes, geregelt sein. Anderenfalls ist die entsprechende Regelung in der Hausordnung unwirksam und muss vom Mieter nicht beachtet werden (vgl. dazu 2.1.2).

Die Hausordnung muss sich inhaltlich im Rahmen der gesetzlichen und mietvertraglichen Regelungen halten. Unter anderem enthält sie Regelungen

- über die **Erhaltung der Ordnung im Haus** (z.B. Benutzungsregelungen für gemeinschaftliche Räume wie Wasch- und Trockenräume),
- zur **Vermeidung von Ruhestörungen** (z.B. Festlegung von Ruhezeiten, Pflicht zur Einhaltung von Zimmerlautstärke),
- zur **pfleglichen Behandlung der Mietsache** (z.B. Hinweise zur sachgemäßen Pflege von Fußböden oder zur Beschränkung des Betriebs von Wasch- und Trockengeräten auf funktionssichere, fach- und standortgerecht angeschlossene Geräte),
- zur Aufrechterhaltung der **öffentlichen und häuslichen Sicherheit und Ordnung** (z.B. Absperren der Hauseingangstür, Lagerung von Brennstoffen).

Achtung: Durch Hausordnung können dem Mieter nicht über den Mietvertrag oder das Gesetz hinausgehende wesentliche Pflichten auferlegt oder mietvertraglich oder gesetzlich eingeräumte Rechte wesentlich eingeschränkt oder gar aufgehoben werden. Insbesondere dürfen **keine Verpflichtungen mit Entgeltcharakter** begründet werden, weil der Mieter derartige Vereinbarungen in einer Hausordnung nicht erwartet (§ 305c Abs. 2 BGB). Regelungen in der Hausordnung, die den Mieter unangemessen benachteiligen, sind unwirksam, überraschende Klauseln werden erst gar nicht Bestandteil des Mietvertrags (vgl. dazu 2.1.2).

» Unwirksam ist z.B. ein Verbot durch die Hausordnung, einen **Kinderwagen im Hausflur** zu parken, wenn der Kinderwagen sonst über mehrere Stockwerke oder in den Keller geschleppt werden muss. Auch wenn dem Mieter Musizieren generell verboten wird oder Besuche nach 22:00 Uhr zu empfangen, muss er sich daran nicht halten.

2.12.2 Verbindlichkeit der Hausordnung

Wenn die Hausordnung **Bestandteil des Mietvertrags** geworden ist, ist sie **für den Mieter verbindlich.** In diesem Fall muss sie wirksam in den Mietvertrag einbezogen sein, das heißt, der Mieter muss bei Vertragsabschluss von den Regelungen der Hausordnung Kenntnis nehmen können. Das geschieht in der Praxis regelmäßig dadurch, dass die Regelungen der Hausordnung Bestandteil des Mietvertrags sind oder als Anhang dem Mietvertrag beigefügt werden.

! Ist die Hausordnung **kein Bestandteil des Mietvertrags,** sondern nur irgendwo im Treppenhaus aufgehängt, begründet dies für den Mieter keine eigenständige Pflichten aus dem Mietverhältnis. In diesem Fall kann durch die Hausordnung nur konkretisiert werden, was bereits gesetzliche oder vertragliche Mieterpflichten sind.

Die Nichtbeachtung der verbindlichen Hausordnung kann den Vermieter zur **Kündigung des Mietvertrags** berechtigen, allerdings muss es sich um erhebliche und beharrliche Verstöße handeln. In jedem Fall darf der Vermieter erst kündigen, wenn er den Mieter zuvor erfolglos abgemahnt hat. Eventuell können auch Schadensersatzansprüche des Vermieters in Betracht kommen, etwa wegen Mieteinbußen, weil ein Mieter wegen ständiger Lärmbelästigung die Miete kürzt.

2.12.3 Änderung der Hausordnung

Regelungen in der Hausordnung, die Bestandteil des Mietvertrags geworden sind, kann der Vermieter grundsätzlich **nicht einseitig abändern.** Eine Änderung ist nur mit Zustimmung des Mieters zulässig.

Nur ausnahmsweise kann eine einseitige Änderung der Hausordnung in Betracht kommen, wenn ansonsten die ordnungsgemäße Verwaltung und Bewirtschaftung des Hauses nicht möglich ist. Hat z.B. der Vermieter nachträglich einen Fahrradkeller eingerichtet, kann er die Hausordnung entsprechend anpassen, dass die einzelnen Mieter nun den Fahrradkeller zum Abstellen ihrer Fahrräder benutzen müssen.

3 Wenn Ihnen die Wohnung übergeben wird

Nach Abschluss des Mietvertrags muss der Vermieter dem Mieter die Wohnung übergeben. Sinnvoll ist es, beim Einzug ein **Übergabeprotokoll** zu fertigen. Ferner müssen dem Mieter die Wohnungsschlüssel ausgehändigt werden.

3.1 Aushändigung Wohnungsschlüssel

Im Zusammenhang mit der Übergabe der Wohnung muss der Vermieter dem Mieter die Wohnungsschlüssel aushändigen. Erst dann hat er seiner **gesetzlichen Verpflichtung** entsprochen, dem Mieter den Gebrauch der Wohnung zu gewähren. Die Kosten für die Schlüssel hat der Vermieter zu tragen. Dem Mieter müssen die Schlüssel für die Haus- und Wohnungstür, für Nebenräume (z.B. Keller, Garage) und für den Briefkasten übergeben werden.

3.1.1 Anzahl der Wohnungsschlüssel

Wie viele Schlüssel dem Mieter beim Einzug auszuhändigen sind, hängt grundsätzlich von der **Anzahl der Bewohner** ab. Ein alleinstehender Mieter kann zwei Schlüssel verlangen. Anspruch auf einen eigenen Schlüssel haben auch die Personen, die mit dem Mieter zusammenwohnen, selbst wenn sie nicht Mieter sind (z.B. Lebenspartner, größere Kinder). Auch für eine Reinigungskraft, eine Tagesmutter, den Pflegedienst und für einen Untermieter kann der Mieter weitere Schlüssel verlangen.

Achtung: Wenn Sie weitere Schlüssel benötigen, können Sie diese auch selbst anfertigen lassen. Sie müssen dann den Vermieter entsprechend informieren. Den Schlüssel für eine Zentralschließanlage können Sie nur mit Einwilligung des Vermieters nachmachen lassen. Die Herausgabe der notwendigen Berechtigungskarte können Sie vom Vermieter verlangen und gegebenenfalls gerichtlich durchsetzen.

3.1.2 Schlüsselbesitz des Vermieters

Der Vermieter darf **keinen Wohnungsschlüssel** behalten (auch nicht für Notfälle), es sei denn, dass der **Mieter dies ausdrücklich erlaubt.** Hat der Mieter dem Vermieter für Notfälle einen Schlüssel überlassen, kann er diesen jederzeit wieder herausverlangen. Selbst dann, wenn der Vermieter mit Einverständnis des Mieters einen Schlüssel für die Wohnung behält, darf er die Wohnung in Abwesenheit des Mieters nicht ohne dessen Zustimmung betreten. Anderenfalls begeht der Vermieter Hausfriedensbruch.

Urteil

*Das **unberechtigte Betreten** der Wohnung des Vermieters stellt eine erhebliche Vertragsverletzung dar, die den Mieter zur fristlosen Kündigung des Mietvertrags berechtigt.*

LG Berlin, Az. 64 S 305/98

3.1.3 Abgebrochener Wohnungsschlüssel

Mit dem Wohnungsschlüssel muss der Mieter **schonend und pfleglich** umgehen. Verletzt er diese Pflicht und bricht ein Schlüssel ab, muss der Mieter die Kosten für einen Ersatzschlüssel tragen. Ist der Mieter allerdings für den Schaden nicht verantwortlich, insbesondere weil der Schlüssel wegen Materialermüdung abgebrochen ist, muss er die Kosten für einen neuen Schlüssel nicht tragen. Der Vermieter muss das **Verschulden des Mieters nachweisen.** Allein die Tatsache, dass der Schlüssel abgebrochen ist, reicht nicht aus anzunehmen, dass der Mieter gegen seine Sorgfalts- und Obhutspflicht verstoßen hat (AG Halle-Saalkreis, Az. 93 C 4044/08).

3.1.4 Verlust des Wohnungsschlüssels

Der Mieter ist verpflichtet, Haus- und Wohnungsschlüssel sorgfältig aufzubewahren. Anderenfalls ist er bei Verlust des Schlüssels zum **Schadensersatz** verpflichtet. Den Verlust des Wohnungsschlüssels muss er dem Vermieter unverzüglich anzeigen. Dieser kann dann die Schlösser austauschen und dem Mieter die Kosten in Rechnung stellen. Der Mieter muss aber nur dann zahlen, wenn er den Verlust verschuldet hat. Dazu reicht es aus, wenn der Mieter fahrlässig gehandelt hat, wenn er also beispielsweise den Schlüssel für Notfälle unter der Fußmatte »versteckt« hat. Kein Verschulden liegt vor, wenn dem Mieter seine Tasche mit dem Schlüssel in einem Geschäft trotz ausreichender Bewachung gestohlen wird oder wenn dem Mieter seine Wertsachen einschließlich des Schlüssels im Krankenhaus aus einem verschlossenen Wertfach entwendet werden.

» Lässt eine Mieterin ihre Handtasche mit Wohnungsschlüsseln und Ausweispapieren in einem unbeaufsichtigt abgestellten Fahrzeug auf dem Fahrersitz zurück, handelt sie fahrlässig und muss die Kosten eines Ersatzschlüssels tragen, wenn das Auto aufgebrochen und die Handtasche gestohlen wird.

Eine Klausel im Formularmietvertrag, die den Vermieter berechtigt, **unabhängig vom Verschulden** des Mieters auf dessen Kosten ein neues Schloss anzubringen, ist **unwirksam.** Als Mieter können Sie bei Verlust Ihres Schlüssels den Austausch des Schlosses auch dann verweigern, wenn ein Missbrauch des Schlüssels ausgeschlossen ist (z.B. wenn der Finder den Schlüssel nicht zuordnen kann).

Achtung: Eine Klausel im Formularmietvertrag, die den Vermieter berechtigt, bei einem Schlüsselverlust ohne Weiteres die **Schließanlage auf Kosten des Mieters auswechseln** zu dürfen, ist **unwirksam.** Der Mieter muss die Kosten für eine ausgewechselte Schließanlage nur dann ersetzen, wenn wegen des abhandengekommenen Schlüssels eine Missbrauchsgefahr fortbesteht (LG Berlin, Az. 64 S 551/99). Der Mieter kann bei Verlust des

Schlüssels den Austausch des Schlosses auch dann verweigern, wenn ein Missbrauch des Schlüssels ausgeschlossen ist (z.B. wenn der Finder den Schlüssel nicht zuordnen kann).

3.2 Wohnungsübergabeprotokoll

Das hört sich zwar einigermaßen unverständlich an, aber denken Sie beim Einzug in Ihre neue Wohnung am besten gleich an den Auszug. Warum? Weil Sie beim Auszug die Wohnung in einem ordnungsgemäßen Zustand an den Vermieter zurückgeben müssen. In diesem Zusammenhang wird häufig über Art und Umfang von notwendigen Reparaturen und Renovierungen gestritten.

3.2.1 Sinn und Zweck

Letztlich geht es darum, wer einen **eventuellen Schaden verursacht** hat und deshalb für dessen Beseitigung verantwortlich ist. Schließlich geht es um Beweisfragen: War der Schaden beim Einzug des Mieters bereits vorhanden oder nicht?

Solche Streitigkeiten und vor allem unnötige Kosten für den Mieter lassen sich vermeiden, wenn zum Beginn des Mietverhältnisses ein **Wohnungsübergabeprotokoll** erstellt wird, das gegebenenfalls als **Beweis,** in wessen Verantwortungsbereich der Schaden fällt, herangezogen werden kann.

! Ein weiterer Grund, beim Einzug ein Übergabeprotokoll anzufertigen, ist der, dass Sie als Mieter Gewährleistungsrechte wegen eines Wohnungsmangels nicht geltend machen können, wenn Sie den Mangel bei Übergabe der Mieträume kannten. Das Übergabeprotokoll hilft also bei der Feststellung, ob ein Mangel erst **während der Mietzeit entstanden** ist oder bereits bei der **Übergabe der Wohnung vorhanden** war.

Insgesamt sprechen also viele Gründe dafür, dass Sie als Mieter beim Einzug in die neue Wohnung auf die Anfertigung eines Übergabeprotokolls unbedingt bestehen sollten.

3.2.2 Inhalt

Achten Sie darauf, dass im Übergabeprotokoll der **Zustand der Wohnung** und der **Wohnungseinrichtung** (z.B. Herd, Badewanne) genau festgehalten werden. Nehmen Sie sich für die Wohnungsübergabe ausreichend Zeit; es lohnt sich, vor allem in finanzieller Hinsicht. Schauen Sie sich jeden Winkel der Wohnung genau an. Besichtigen Sie die Wohnung bei **Tageslicht.** Suchen Sie nach etwaigen Mängeln, prüfen Sie ob sich Türen und Fenster schließen und öffnen lassen und betätigen Sie die WC-Spülung, die Wasserhähne und andere Installationseinrichtungen. Prüfen Sie alle mitvermieteten elektrischen Geräte auf Ihre **Funktionsfähigkeit.** Erscheinen Sie zum Übergabetermin am besten in Begleitung eines **Zeugen,** der bei etwaigen Streitigkeiten gegebenenfalls die getroffenen Vereinbarungen bezeugen kann.

Wenn Sie eine Wohnung anmieten, deren Mängel Sie kennen oder leicht hätten erkennen können, laufen Sie Gefahr, dass Sie Ihre Gewährleistungsrechte verlieren (vgl. auch 12.3.2). Wenn Sie bei der Übergabe einen **Mangel feststellen,** müssen Sie deshalb mit dem Vermieter vereinbaren, dass dieser den Mangel **bis zu einem bestimmten Zeitpunkt zu beseitigen** hat. In jedem Fall sollten Sie sich Ihre **Gewährleistungsrechte** erhalten, indem Sie sich diese ausdrücklich vorbehalten (»Wegen der im Übergabeprotokoll aufgeführten Schäden behält sich der Mieter vor, alle im gesetzlich zustehenden Gewährleistungsrechte geltend zu machen«).

! Das vom Vermieter und Mieter erstellte Übergabeprotokoll sollte unbedingt **von beiden Seiten unterschrieben** werden. Zur Unterzeichnung eines Übergabeprotokolls ist allerdings weder der Vermieter noch der Mieter verpflichtet. Wenn der Vermieter die Unterzeichnung des Protokolls verweigert, sollten Sie den Zustand der Wohnung anderweitig dokumentieren (z.B. durch Fotos und Zeugen).

3.3 Wohnungsgeberbestätigung

Eine neue Wohnung bedeutet eine neue Adresse und über die muss das **Einwohnermeldeamt unverzüglich informiert** werden. Wer eine neue Wohnung bezieht, muss sich **innerhalb von zwei Wochen nach dem Einzug** bei der Meldebehörde anmelden. Nach dem **Bundesmeldegesetz** ist der Wohnungsgeber verpflichtet, bei der Anmeldung mitzuwirken. Hierzu hat der Wohnungsgeber oder eine von ihm beauftragte Person der meldepflichtigen Person den Einzug schriftlich oder gegenüber der Meldebehörde auch elektronisch zu bestätigen. Er kann sich durch Rückfrage bei der Meldebehörde davon überzeugen, dass sich die meldepflichtige Person angemeldet hat.

Die sogenannte **Wohnungsgeberbestätigung** darf nur vom Wohnungsgeber oder einer von ihm beauftragten Person ausgestellt werden. Sie muss folgende Angaben enthalten:

- **Name und Anschrift des Vermieters**/Wohnungsgebers/Eigentümers,
- Art des meldepflichtigen Vorgangs, das heißt **Einzug oder Auszug** mit Datum,
- **Anschrift der Wohnung** bzw. des Hauses,
- **Namen aller meldepflichtigen Personen,** die einziehen oder ausziehen.

4 Welche Versicherungen für den Mieter wichtig sind

Selbst für Versicherungsmuffel: Eine **Privathaftpflichtversicherung** sollten Sie als Mieter unbedingt haben. Schließlich haften Sie für alle durch Sie verursachten Schadensfälle in voller Höhe, sofern diese Schäden über eine »normale« Abnutzung hinausgehen. Daneben ist in den meisten Fällen eine Hausratversicherung sinnvoll. Denn damit schützen Sie Ihr Hab und Gut. »Geschmackssache« ist, ob Sie eine Glasversicherung abschließen.

4.1 Sehr nützlich: Hausratversicherung

Die Hausratversicherung ist eine wichtige Police für den **Schutz von Hab und Gut.** Überschlagen Sie einfach einmal den gesamten Neuwert Ihrer Wohnungseinrichtung. Da kommt sicher einiges zusammen. Größere Schäden können Sie in arge finanzielle Schwierigkeiten bringen oder sogar unter Umständen Ihre Existenz bedrohen. Wenn Ihr Hausrat über 25.000,– € wert ist, sollten Sie über eine Hausratpolice nachdenken.

4.1.1 Versicherte Risiken

Mit einer **Hausratversicherung** sind Sie vor Gefahren geschützt, die **Schäden an Ihrem Hausrat** verursachen. Versichert sind insbesondere Einrichtungsgegenstände (z.B. Möbel), Gebrauchsgegenstände (z.B. Fernseher, Geschirr, Wäsche) und Verbrauchsgegenstände (z.B. Lebensmittel). Die Hausratversicherung leistet Entschädigung für die versicherten Sachen, die durch Brand, Blitzschlag, Explosion, Absturz von Flugzeugen, Einbruchdiebstahl, Vandalismus nach einem Einbruch sowie Raub oder den Versuch einer solchen Tat, Leitungswasser, Sturm oder Hagel zerstört oder beschädigt werden oder deshalb abhandenkommen.

Achtung: Von der Hausratversicherung wird jedoch nicht für alle Schäden Entschädigung geleistet. Durch die Versicherungsbedingungen ausgeschlossen ist u.a. Schäden an elektrischen Geräten durch Kurzschluss oder Überspannung, die nicht durch Brand oder Explosion verursacht wurden, Schäden am Mobiliar durch Haushaltsangehörige, Schäden durch einfachen Diebstahl, Schäden durch Niederschläge oder Rückstau in der Kanalisation. Durch **Deckungserweiterungen** können Sie allerdings den Versicherungsschutz erweitern und sich z.B. gegen die Folgen von Elementarschäden wie Überschwemmungen absichern.

Neben den durch die versicherten Gefahren entstandenen Schäden am Hausrat selbst, werden auch die Kosten für die **Instandsetzung** übernommen. Damit sind z.B. Aufräum-, Reparatur-, Transport-, Lager- und Bewachungskosten gemeint. Auch wenn Sie vorübergehend einem Hotel wohnen müssen, werden die Kosten für mehrere Wochen von der Versicherung ersetzt.

4.1.2 Versicherungssumme

Achten Sie bei der Hausratversicherung auf eine **ausreichende** Versicherungssumme für den Hausrat. Sie ist die Grundlage für die Entschädigung im Schadensfall und sollte immer dem tatsächlichen Versicherungswert entsprechen. Dies ist der **aktuelle Neuwert,** das heißt der **Wiederbeschaffungswert** von Sachen gleicher Art und Güte in neuwertigem Zustand. Es reicht aber nicht, diesen Betrag einmal festzulegen, da es durch inflationsbedingte Preissteigerungen zur stetigen Erhöhung des Versicherungswertes kommt, während die Versicherungssumme gleich bleibt. In diesem Fall entsteht dann eine **Unterversicherung,** die die Versicherung berechtigt, im Schadensfall die Leistungen zu kürzen.

! Um diese Situation zu vermeiden, wird üblicherweise vereinbart, dass die Versicherung auf den Einwand der Unterversicherung verzichtet, wenn eine **Mindestversicherungssumme** zugrunde gelegt wird. Die Versicherungssumme wird dann pauschal berechnet, indem die Anzahl der Quadratmeter Wohnfläche mit einem pauschalen Betrag (je nach Versicherung zwischen 650,– € und 750,– €) multipliziert wird. Eine Wohnung mit 60 m^2 Wohnfläche würde danach ohne individuelle Wertermittlung mit einer Versicherungssumme von 39.000,– € versichert werden. Zwar kann im Einzelfall der Hausrat weniger Wert sein, als das, was letztendlich über die pauschale Versicherungssumme abgesichert ist; jedoch empfiehlt sich diese Vorgehensweise mit Blick darauf, dass in diesem Fall die Gefahr der Unterversicherung nicht besteht.

4.2 Ein Muss: Privathaftpflichtversicherung

Die Privathaftpflichtversicherung ist ein unbedingtes »Muss«, weil sie als Basisversicherung die **allgemeinen Risiken des Alltags** abdeckt. Gesetzlich sind Sie nämlich verpflichtet, den Schaden zu ersetzen, den Sie schuldhaft einem anderen zufügen. Und diese Verpflichtung gilt in ihrer Höhe unbegrenzt. Sie haften mit Ihrem gesamten Vermögen und Einkommen bis zur Pfändungsfreigrenze. Und ganz schlimm kommt es, wenn Sie für Schäden einstehen müssen, die Sie nicht einmal verschuldet haben.

4.2.1 Versicherte Risiken

Die Privathaftpflichtversicherung schützt Sie, wenn Sie einem **Dritten einen Schaden zufügen** und dieser Sie haftbar macht und Schadensersatz fordert. Neben den allgemeinen Risiken des täglichen Lebens erstreckt sich der Versicherungsschutz auch auf Schäden, die sich aus der Verletzung von Pflichten aus dem Mietvertrag ergeben (z.B. Unterlassen der Streupflicht bei Glätte) oder Schäden an unbeweglichen Sachen in der Mietwohnung (z.B. feuchte Wände nach einer Überschwemmung). Wie Sie sehen, ist die Privathaftpflichtversicherung für Mieter unabdingbar.

4.2.2 Rechtsschutz

Der Versicherungsschutz bei der Privathaftpflichtversicherung beinhaltet auch einen Rechtsschutz dahin gehend, dass **unberechtigte Ansprüche Dritter abgewehrt** werden. Wenn Sie für einen Schadensfall also nicht einstehen müssen, übernimmt es die Versicherung, den geltend gemachten Schadensersatz abzuwehren, gegebenenfalls auch vor Gericht.

4.2.3 Deckungssumme

Die Privathaftpflichtversicherung leistet nur **bis zur vereinbarten Deckungssumme** Entschädigung. Für den darüber hinaus entstehenden Personen- oder Sachschaden müssen dann Sie einstehen. Achten Sie deshalb auf eine ausreichende Deckungssumme. Diese sollte **mindestens drei Millionen Euro** betragen. Sinnvoll ist eine Police mit **unbegrenzter Deckung,** weil der Beitragsunterschied nicht groß ist. Zwar sind in den angebotenen Haftpflichtversicherungen Mietschäden eingebunden, achten Sie aber unbedingt darauf, dass die vereinbarte Deckungssumme im Ernstfall ausreichend hoch ist. So gelten z.B. vereinbarte Deckungssummen für Personen- und Sachschäden nicht immer automatisch für Mietschäden, sondern enthalten dafür häufig eine niedrigere Obergrenze. **Mietschäden sollten mindestens mit 300.000,– € abgedeckt** sein.

4.3 Geschmackssache: Glasversicherung

Von den Versicherungen gern verkauft wird die Glasversicherung. Sie ist grundsätzlich aber nur dann sinnvoll, wenn Sie hochwertige und teure Verglasungen, wertvolle Glasvitrinen, Kristallspiegel oder große Fensterflächen haben. Anderenfalls ist es meist günstiger, Glasschäden selbst zu regulieren, denn die zu zahlenden Versicherungsbeiträge entsprechen nur selten den tatsächlichen finanziellen Risiken. Außerdem treten Schäden an Glasgegenständen nicht allzu häufig auf und sind meist auch ohne entsprechenden Versicherungsschutz finanziell verkraftbar.

Wer trotzdem Interesse an der angebotenen Glasversicherung hat, sollte vorab den **Versicherungsumfang genau prüfen,** denn nicht alles ist auch versichert. Neben Einschränkungen hinsichtlich der versichernden Gegenstände gibt es solche auch bei den versicherten Gefahren bzw. **Höchstentschädigungsgrenzen.** Verursacht zum Beispiel ein Dritter einen Schaden an Glasgegenständen, haftet nicht die Glasversicherung, sondern der Schädiger selbst bzw. dessen Privathaftpflichtversicherung. Auch im Rahmen bestehender Hausrat- und Wohngebäudeversicherungen gibt es für darin aufgezählte Gefahren Versicherungsschutz. Darunter fallen dann ebenfalls beschädigte Glasgegenstände.

5 Wann und in welcher Höhe Umzugskosten steuerlich abgesetzt werden können

Von Bedeutung ist, ob der Umzug beruflich oder privat veranlasst ist.

5.1 Beruflich veranlasster Umzug

Ist Ihr Umzug beruflich veranlasst, können Sie die entsprechenden Aufwendungen in Ihrer Steuererklärung als **Werbungskosten** absetzen. Beruflich veranlasst ist ein Umzug dann, wenn das Arbeitsverhältnis für den Umzug maßgebend ist. Das ist insbesondere dann der Fall, wenn der Arbeitnehmer eine andere Arbeitsstelle erstmalig antritt, der Arbeitgeber seinen Sitz wechselt oder der Arbeitnehmer vom Arbeitgeber versetzt wird. Ein Umzug kann aber auch ohne Arbeitsplatzwechsel beruflich veranlasst sein, wenn aufgrund des Umzugs die Entfernung zwischen Wohnung und Arbeitsstätte erheblich verkürzt wird. Das ist der Fall, wenn der Weg zur Arbeit um insgesamt eine Stunde kürzer wird. Maßgebend ist also nicht die Länge des Weges, sondern die Zeitersparnis.

! Unter Umständen erkennt das Finanzamt auch verbesserte Arbeitsbedingungen als berufsbedingten Grund für einen Umzug an.

Bei einem beruflich veranlassten Umzug können Sie insbesondere folgende Werbungskosten abziehen:

- **Fahrtkosten** für die Wohnungssuche,
- **Maklergebühren,**
- Kosten für den **Spediteur** bzw. den gemieteten Lkw,
- die **doppelte Miete** für die alte Wohnung, solange diese neben der Miete für die neue Wohnung gezahlt werden muss, ab dem Auszugstag bis zum Ablauf der Kündigungsfrist,

- **Ummeldegebühren** (z.B. auch für Ihr Kraftfahrzeug),
- **Schönheitsreparaturen** in der alten Wohnung,
- Kosten für den **Auf- und Abbau der Möbel,**
- Kosten für **Nachhilfeunterricht** für Kinder bis zu einem Höchstbetrag von 2.045,– € (ab 1.3.2020 2.066,– €).

! Ihre Umzugskosten können Sie entweder als **Pauschale** oder Ihre Aufwendungen **im Einzelnen** ermitteln und gegen Nachweis als Werbungskosten geltend machen. Die Pauschale beträgt bei Ledigen 820,– € und bei Verheirateten oder Alleinerziehenden 1.639,– €.

5.2 Privat veranlasster Umzug

Ist Ihr Umzug nicht beruflich veranlasst, sind die Umzugskosten nicht als Werbungskosten abziehbar. Für einen privat veranlassten Umzug können Sie aber eine **Steuerermäßigung für haushaltsnahe Dienstleistungen** erhalten. Pro Jahr erkennt das Finanzamt **20 % der Aufwendungen**, maximal jedoch 4.000,– € als haushaltsnahe Dienstleistung an.

! Ausnahmsweise können Sie bei einem privaten Umzug die Umzugskosten auch als **außergewöhnliche Belastung** absetzen, wenn der Umzug allein wegen gesundheitlicher Gründe oder allein wegen einer Behinderung erforderlich wurde.

6 Wie Sie die Wohnung nutzen dürfen

Der Vermieter hat die Mietsache dem Mieter in einem zum **vertragsgemäßen Gebrauch** geeigneten Zustand zu überlassen und sie während der Mietzeit in diesem Zustand zu erhalten (§ 535 Abs. 1 Satz 2 BGB). Mit dem »vertragsgemäßen Gebrauch« wird umschrieben, wie der Mieter die Wohnung nutzen darf und was der Vermieter dulden muss und was nicht. In diesem Zusammenhang bestehen für den Mieter aber auch eine Reihe von Pflichten, deren Verletzung mit rechtlichen Konsequenzen verbunden sind.

6.1 Gewerbliche Nutzung

Im Regelfall wird im Mietvertrag zwischen Vermieter und Mieter vereinbart, dass der Mieter die Wohnung **nur zu Wohnzwecken** nutzen darf.

Beabsichtigt der Mieter daneben auch eine gewerbliche Nutzung, bedarf er hierfür grundsätzlich der **Erlaubnis des Vermieters.** Eine Erlaubnis ist nicht erforderlich, wenn der Mieter lediglich einen untergeordneten Teil der Wohnung gewerblich oder beruflich nutzt und dabei keine wesentlich anderen Einwirkungen auf die Mietsache oder die Mitmieter ausgehen als bei einer ausschließlichen Wohnnutzung. Nach Auffassung des BGH (Az. VIII ZR 165/08) kommt es darauf an, ob der Mieter mit einer **geschäftlichen Tätigkeit nach außen in Erscheinung tritt** oder nicht.

6.1.1 Erlaubnisfreie gewerbliche Nutzung

Berufliche Tätigkeiten, die der Mieter – etwa im häuslichen Arbeitszimmer – ausübt, ohne dass sie nach außen in Erscheinung treten, fallen von vornherein unter den Begriff des »Wohnens« und bedürfen deshalb keiner besonderen Erlaubnis des Vermieters.

» Zu den erlaubnisfreien Tätigkeiten gehören z.B. die Unterrichtsvorbereitung eines Lehrers, die Telearbeit eines Angestellten, die schriftstellerische Tätigkeit eines Autors, die gelegentliche büromäßige Nutzung der Wohnung, in der auch geschäftliche Besprechungen durchgeführt werden (LG Hamburg, Az. 311 S 203/91), die gewerbliche Erstellung von PC-Programmen in einem Zimmer der Wohnung (AG Münster, Az. 48 C 355/87) oder die gelegentliche Bewirtung von Geschäftsfreunden des Mieters.

Urteil

Nutzt der Mieter einer Wohnung zu geschäftlichen Zwecken das Telefon in der Wohnung und gibt er bei der Gewerbeanmeldung die Wohnanschrift als Betriebsstätte an, so liegt darin noch keine vertragswidrige gewerbliche Nutzung. Dasselbe gilt für gelegentliche Büroarbeiten oder geschäftliche Besprechungen in der Wohnung. Dem Vermieter steht daher kein Unterlassungsanspruch zu.

LG Hamburg, Az. 311 S 203/91

6.1.2 Erlaubnispflichtige gewerbliche Nutzung

Bei geschäftlichen Aktivitäten **freiberuflicher oder gewerblicher Art,** die nach außen in Erscheinung treten, liegt eine Nutzung vor, die der Vermieter einer Wohnung ohne entsprechende Vereinbarung grundsätzlich nicht dulden muss (BGH, Az. VIII ZR 165/08). Dabei genügt es bereits, wenn die Wohnung beim Gewerbeamt als **Betriebsstätte** angegeben bzw. als Geschäftsadresse genutzt wird.

» Der Erlaubnis bedarf eine gewerbliche Nutzung der Wohnung, wenn für die geschäftliche Tätigkeit **Mitarbeiter des Mieters in der Wohnung beschäftigt** werden, die Wohnung oder ein Teil davon ausschließlich zu **anderen als Wohnzwecken** genutzt wird, die Tätigkeit zu einer **überhöhten Abnutzung** der Wohnung oder einer **erhöhten Gefahr der Beschädigung** der Räume oder der Zugänge führt, die Tätigkeit des Mieters mit **Lieferanten- oder Publikumsverkehr** verbunden ist (laut LG Hamburg, Az. 316 S 179/92 ist allerdings bei einer Besucherzahl von maximal zwei Personen noch nicht von einer Außenwirkung auszugehen) oder eine **Störung** der übrigen Hausbewohner zu befürchten ist.

Ob eine Wohnnutzung nicht vertragsgemäß ist, muss der **Vermieter beweisen.** In diesem Zusammenhang reicht die Vorlage einer gewerberechtlichen Auskunft oder einer Kopie des Eintrags aus dem Telefaxverzeichnis nicht aus, weil hieraus nicht zwingend gefolgert werden kann, dass der Mieter das Gewerbe in der Wohnung immer noch ausübt (LG Hamburg, Az. 311 S 203/91).

Grundsätzlich steht es im **freien Ermessen des Vermieters,** ob er überhaupt oder unter welchen Bedingungen er seine Zustimmung zur gewerblichen Nutzung von Wohnräumen erteilt. Im Einzelfall kann allerdings der Vermieter **nach Treu und Glauben verpflichtet** sein, eine Erlaubnis zur teilgewerblichen Nutzung zu erteilen. Sie wird insbesondere dann in Betracht kommen, wenn es sich nur um eine Tätigkeit ohne Mitarbeiter und ohne ins Gewicht fallenden Kundenverkehr handelt (BGH, Az. VIII ZR 165/08). Der Vermieter kann seine Zustimmung auch von der Zahlung eines **Teilgewerbezuschlags** abhängig machen. Der Berechnung des Zuschlags für die zur gewerblichen Nutzung bestimmten Fläche kann beispielsweise die ortsübliche Gewerbemiete zugrunde gelegt werden.

Achtung: Nutzen Sie Wohnräume **ohne Erlaubnis des Vermieters** zu gewerblichen Zwecken, handelt es sich gleichwohl um ein Wohnungsmietverhältnis mit den entsprechenden **Rechtsfolgen** (z.B. Kündigungsschutz). Der Vermieter kann Sie auffordern, diese Nutzung zu unterlassen und dies auch gerichtlich einklagen. Nach vorheriger erfolgloser Abmahnung kommt auch eine fristlose Kündigung des Mietvertrags in Betracht.

6.2 Tierhaltung in der Wohnung

Es muss nicht gleich immer eine giftige Kobra sein, wenn es zwischen Vermieter und Mieter zum Streit darüber kommt, ob Tierhaltung in der Wohnung zulässig ist oder nicht. Bereits wenn der Mieter eine Katze oder einen Hund halten will, stellt sich die Frage, ob sich der vertragsgemäße Gebrauch der Wohnung auch darauf erstreckt, Haustiere zu halten.

Folgende Fallgruppen sind zu unterscheiden:

- Der Mietvertrag erlaubt die Tierhaltung;
- der Mietvertrag regelt die Tierhaltung nicht;
- der Mietvertrag verbietet die Tierhaltung;
- der Mietvertrag verlangt die Erlaubnis des Vermieters.

6.2.1 Der Mietvertrag erlaubt die Tierhaltung

Ist im Mietvertrag die Tierhaltung erlaubt, dürfen Sie als Mieter neben Hamstern, Kaninchen, Meerschweinchen, Wellensittichen und Zierfischen und ähnlichen **Kleintieren** auch Hunde und Katzen halten. Diese Tiere dürfen aber nur in üblicher Zahl entsprechend der Wohnungsgröße gehalten werden. Insbesondere darf die Tierhaltung nicht zu einer Verwahrlosung der Wohnung und zu einer unzumutbaren Belästigung der anderen Mieter führen.

Achtung: Auch wenn der Mietvertrag die Tierhaltung erlaubt, bedarf der Mieter für die Haltung ungewöhnlicher Tiere wie Gift- und Würgeschlangen der Zustimmung des Vermieters (AG Charlottenburg, Az. 10 C 166/88).

6.2.2 Der Mietvertrag regelt die Tierhaltung nicht

Wenn der Mietvertrag keine Regelung über die Tierhaltung in der Wohnung enthält, dürfen Sie in jedem Fall Kleintiere halten; das gehört zum **vertragsgemäßen Gebrauch** der Wohnung. Dazu gehören Hamster, Kaninchen, Schildkröten, Meerschweinchen, Wellensittiche, Zierfische und ähnliche Tiere. Auch ein Minischwein (AG München, Az. 413 C 12648/04) und Chinchillas (AG Hanau, Az. 90 C 1294/99-90) gehören dazu. Für die Haltung solcher Kleintiere müssen Sie den Vermieter **nicht einmal um Erlaubnis fragen.**

Ob andere Haustiere als Kleintiere (insbesondere Katzen und Hunde) gehalten werden dürfen, kann nicht generell beurteilt werden. Vielmehr ist eine umfassende Abwägung der **Interessen des Vermieters und des Mieters** sowie der weiteren Beteiligten erforderlich. Diese Abwägung lässt sich nicht allgemein, sondern nur im Einzelfall vornehmen, weil die dabei zu berücksichtigenden Umstände so individuell und vielgestaltig sind, dass sich jede schematische Lösung verbietet.

Zu den zu berücksichtigenden Umständen gehören insbesondere **Art, Größe, Verhalten und Anzahl der Tiere,** Art, Größe, Zustand und Lage der Wohnung sowie des Hauses, in dem sich die Wohnung befindet, Anzahl, persönliche Verhältnisse, namentlich Alter, berechtigte Interessen der Mitbewohner und Nachbarn, Anzahl und Art anderer Tiere im Haus, bisherige Handhabung des Vermieters sowie besondere Bedürfnisse des Mieters (BGH, Az. VIII ZR 340/06).

6.2.3 Der Mietvertrag verbietet die Tierhaltung

Wenn der Mietvertrag die Tierhaltung in der Wohnung verbietet, ist zu unterscheiden, ob das Verbot individuell ausgehandelt oder in einem Formularmietvertrag vereinbart wurde.

Individualvereinbarung

Eine in einer individuellen Vereinbarung festgelegte Regelung, die dem Mieter die Haltung von Hunden und Katzen verbietet, ist **wirksam** (LG Lüneburg, Az. 1 S 163/93). Auf Verlangen des Vermieters muss der Mieter das Tier wieder aus der Wohnung entfernen. Nur in besonderen Ausnahmefällen (z.B. wenn ein blinder Mieter einen Blindenhund benötigt) kann ein solches individuell ausgehandelte Verbot unwirksam sein (BGH, Az. V ZB 5/95).

Formularmietvertrag

Das in einem Formularmietvertrag geregelte uneingeschränkte Verbot jeglicher Tierhaltung ist **unwirksam,** weil in diesem Fall auch Kleintiere wie Hamster, Schildkröten oder Zierfische verboten wären (BGH, Az. VIII ZR 10/92). Ebenfalls unwirksam ist die Klausel im Mietvertrag, die dem Mieter das Halten von Hunden und Katzen generell untersagt, weil diesem dann die Hunde- und Katzenhaltung ausnahmslos und ohne Rücksicht auf besondere Interessenlagen untersagt ist (BGH, Az. VIII ZR 168/12).

Achtung: Die Unwirksamkeit der mietvertraglichen Klausel hat allerdings nicht zur Folge, dass dem Mieter nunmehr jegliche Tierhaltung erlaubt ist. Maßgebend ist vielmehr, ob die Tierhaltung jeweils zum vertragsgemäßen Gebrauch gehört. Das muss jeweils unter Berücksichtigung aller Umstände des Einzelfalls geprüft und die Interessen des Vermieters, des Mieters, der Mitbewohner und Nachbarn gegeneinander abgewogen werden (vgl. dazu 6.2.2).

6.2.4 Der Mietvertrag verlangt die Erlaubnis des Vermieters

Eine Klausel, die die Tierhaltung in der Wohnung generell von der Erlaubnis des Vermieters abhängig macht, ist **unwirksam,** weil diese dann die Zustimmungspflicht auch für Kleintiere einschließt. Die **Haltung von Kleintieren** gehört jedoch zum **vertragsgemäßen Gebrauch** der Wohnung und ist auch **ohne Erlaubnis des Vermieters zulässig.** Unwirksam ist auch die Klausel in einem formularmäßigen Wohnungsmietvertrag »Jede Tierhaltung, insbesondere von Hunden und Katzen, mit Ausnahme von Ziervögeln und Zierfischen, bedarf der Zustimmung des Vermieters«, weil hier zwar einige, aber nicht alle Kleintiere von der Erlaubnispflicht des Vermieters ausgenommen sind (BGH, Az. VIII ZR 340/06).

Liegt eine **unwirksame Klausel** vor, muss wie bei einer fehlenden mietvertraglichen Regelung über die Tierhaltung in der Wohnung unter Berücksichtigung der Umstände des Einzelfalls geprüft werden, ob die Tierhaltung zulässig und zum vertragsgemäßen Gebrauch der Mietsache gehört (vgl. dazu 6.2.2).

Wirksam ist dagegen folgende Klausel: »Der Mieter darf Haustiere mit Ausnahme von Kleintieren (Ziervögel etc.) nur mit Zustimmung des Vermieters halten. Die Zustimmung ist zu versagen bzw. kann widerrufen werden, wenn durch die Tiere andere Hausbewohner oder Nachbarn belästigt werden oder eine Beeinträchtigung der Mieter oder des Grundstücks zu befürchten ist« (vgl. BGH, Az. VIII ZR 329/11).

Ob der Vermieter die Tierhaltung in der Wohnung erlaubt, liegt in seinem Ermessen. So kann der Vermieter beispielsweise die **Erlaubnis zur Tierhaltung verweigern,** wenn konkrete Belästigungen durch das Tier zu befürchten sind oder konkrete Gefahren wegen der Gefährlichkeit der Tierrasse bestehen. Die Erlaubnis kann auch verweigert werden, wenn eine artgerechte Tierhaltung wegen der beengten Raumverhältnisse nicht möglich ist (AG Kassel, Az. 806 C 4228/86). Grenzen ergeben sich allerdings aus dem Verbot des Rechtsmissbrauchs und aus dem Gleichbehandlungsgrundsatz. So darf der Vermieter, wenn er einem Mieter die Hundehaltung gestattet hat, einem anderen die Haltung eines Hundes nur mit triftigem Grund verwehren (LG Hamburg, Az. 16 S 92/81).

Achtung: Seine Zustimmung zur Tierhaltung darf der Vermieter nur zurücknehmen, wenn er dafür einen sachlichen Grund hat, insbesondere wenn es zu erheblichen Beeinträchtigungen des Vermieters oder der Nachbarschaft gekommen ist (z.B. ständige Lärmstörungen durch Hundegebell, Geruchsbelästigungen, Gefahr durch Hunde für Nachbarn).

6.2.5 Folgen unerlaubter Tierhaltung

Hält der Mieter in seiner Wohnung unerlaubt ein Tier und kommt er der Aufforderung des Vermieters, das Tier zu entfernen, nicht nach, kann der Vermieter nach vorheriger Abmahnung auf Unterlassung, also auf Entfernung des Tieres klagen. Bei einer erheblichen Störung bzw. einer erheblichen Gefährdung der Mitbewohner kann unter Umständen nach vorheriger erfolgloser Abmahnung auch eine **Kündigung des Mietverhältnisses** durch den Vermieter gerechtfertigt sein.

6.3 Überlassung der Wohnung an Dritte

Besondere Umstände (z.B. finanzielle Probleme wegen Arbeitslosigkeit oder Auszug des Partners) können dazu führen, dass Sie sich Ihre Wohnung nicht mehr leisten können. Wenn Sie nicht ausziehen möchten, können Sie die Miete mit einem Untermieter teilen. Aber Vorsicht, der Vermieter hat dabei ein Wörtchen mitzureden.

Achtung: Kommt es zu einem **Untermietverhältnis,** bestehen zwischen Vermieter und Untermieter keine vertraglichen Beziehungen. Dem Vermieter ist weiterhin der (Haupt-)Mieter für die Wohnung verantwortlich. Der **(Haupt-)Mieter haftet für Schäden,** die der Untermieter beim Gebrauch der Wohnung verschuldet hat, gegenüber dem Vermieter auch dann, wenn der Vermieter die Erlaubnis zur Untervermietung erteilt hat. Endet das Mietverhältnis, muss auch der Untermieter ausziehen. Der Vermieter hat einen gesetzlichen Anspruch gegen den Untermieter auf Herausgabe und Räumung der Wohnung.

6.3.1 Aufnahme einer Person in die Wohnung

Ohne Erlaubnis des Vermieters ist der Mieter nicht berechtigt, den Gebrauch der Wohnung einem Dritten zu überlassen, insbesondere sie weiterzuvermieten (§ 540 Abs. 1 Satz 1 BGB). Die **nächsten Fa-**

milienangehörigen sind jedoch **keine Dritten** in diesem Sinne. Die Aufnahme solcher Personen gehört zum Mietgebrauch.

Grundsätzlich sind Sie als Mieter berechtigt, ohne Zustimmung des Vermieters Ihre **nächsten Angehörigen** in die Wohnung aufzunehmen. Zu diesem privilegierten Personenkreis gehören insbesondere Ihr Ehepartner, die gemeinsamen Kinder, Bedienstete Ihres Haushalts oder Personen, die Sie zu Ihrer Pflege benötigen. Unter Umständen dürfen Sie auch Ihre Enkelkinder oder Ihre Eltern in die Wohnung aufnehmen. Die Aufnahme des privilegierten Personenkreises gehört zum **Mietgebrauch,** muss aber dem **Vermieter angezeigt** werden. Nur wenn eine **Überbelegung** der Wohnung vorliegt, kann der Vermieter die Aufnahme solcher Personen untersagen.

! **Lebensgefährte oder -partner** sind nicht mit Ehepartnern oder Familienangehörigen gleichgestellt. Ihre Aufnahme in die Mietwohnung bedarf deshalb der **Erlaubnis des Vermieters.** Der Wunsch des Mieters, eine nichteheliche Lebensgemeinschaft zu begründen oder fortzusetzen, reicht allerdings in aller Regel aus, um das berechtigte Interesse an der Aufnahme in die Mietwohnung darzulegen. Wollen Sie also als Lebenspartner eine auf Dauer angelegte Wohngemeinschaft begründen, haben Sie grundsätzlich ein berechtigtes Interesse im Sinne von § 553 Abs. 1 BGB und damit einen Anspruch auf Genehmigung der Teilüberlassung der Wohnung oder der Einräumung des Mitgebrauchs an der Wohnung. Dies gilt sowohl für gleich- als auch andersgeschlechtliche Personen.

6.3.2 Untervermietung

Entsteht für den Mieter nach Abschluss des Mietvertrags ein **berechtigtes Interesse,** einen Teil des Wohnraums einem Dritten zum Gebrauch zu überlassen, so kann er von dem Vermieter die **Erlaubnis hierzu verlangen.** Dies gilt nicht, wenn in der Person des Dritten ein wichtiger Grund vorliegt, der Wohnraum übermäßig belegt würde oder dem Vermieter die Überlassung aus sonstigen Gründen nicht zugemutet werden kann (§ 553 Abs. 1 BGB). Für die Erteilung der Erlaubnis ist gesetzlich keine Form vorgeschrieben. Sie kann schriftlich, mündlich oder stillschweigend erteilt werden. Die Erlaubnis zur Gebrauchsüberlassung kann sowohl (im Voraus) generell oder für den Einzelfall erteilt werden.

Berechtigtes Interesse des Mieters

Der Anspruch des Mieters auf Erlaubnis zur Untervermietung oder sonstigen Gebrauchsüberlassung an Dritte setzt voraus, dass der **Mieter ein berechtigtes Interesse** daran hat. Das ist der Fall, wenn er vernünftige und nachvollziehbare wirtschaftliche und/oder persönliche Gründe anführen kann. Das berechtigte Interesse des Mieters darf aber erst nach Abschluss des Mietvertrags entstanden sein. Es kann sich insbesondere aus einer Veränderung der persönlichen Verhältnisse des Mieters nach Abschluss des Mietvertrags, der nachträglichen Verringerung seiner Einkünfte oder einer beruflich oder krankheitsbedingten Abwesenheit ergeben.

» Ein berechtigtes Interesse an der Untervermietung liegt vor, wenn sich das Einkommen des Mieters spürbar verschlechtert hat (z.B. wegen **Arbeitslosigkeit**) oder er sich vorübergehend studien- oder arbeitsbedingt im Ausland aufhält, nur noch einen Teil seiner Wohnung nutzen und den anderen Teil einem Untermieter überlassen will, ein älterer Mieter Angst vor **Vereinsamung** hat, eine andere Person zur **Betreuung des Kindes** in die Wohnung aufgenommen wird oder wenn der bisherige – vom Vermieter genehmigte Untermieter – das Untermietverhältnis beendet hat und ausgezogen ist und der Mieter das Untermietverhältnis mit einem anderen Untermieter fortsetzen will.

Achtung: Ein Anspruch des Mieters auf Erlaubnis zur Untervermietung bei berechtigtem Interesse besteht nur, wenn die Untervermietung einen Teil des Wohnraums betreffen soll. Soll dagegen der gesamte Wohnraum untervermietet werden, hat der

Mieter keinen Anspruch auf Erteilung der Erlaubnis. Er kann allerdings, wenn die Erlaubnis nicht erteilt wird, von seinem Sonderkündigungsrecht Gebrauch machen (vgl. dazu unten).

! Ihr berechtigtes Interesse an der Untervermietung müssen Sie beweisen. Sie müssen also Ihrem Vermieter die **Gründe hierfür darlegen,** aus denen Sie ein nach Abschluss des Mietvertrags entstandenes berechtigtes Interesse an der Gebrauchsüberlassung herleiten. Sie müssen dem Vermieter die aufzunehmende **Person benennen** (z.B. Name, Anschrift, ggf. Telefonnummer). Vom Vermieter können Sie keine generelle, nicht personenbezogene Untervermietungserlaubnis verlangen (KG Berlin, Az. 8 RE-Miet 1946/92).

Unzumutbarkeit des Dritten für den Vermieter

Die Erlaubnis zur Untervermietung eines Teils des Wohnraums kann der Mieter nicht verlangen, wenn die beabsichtigte Gebrauchsüberlassung für den Vermieter unzumutbar wäre. In folgenden Fällen entfällt der Anspruch des Mieters auf Erteilung der Erlaubnis zur Untervermietung bzw. zur sonstigen Gebrauchsüberlassung (§ 553 Abs. 1 Satz 2 BGB):

- wenn in der Person des Dritten ein **wichtiger Grund** vorliegt: Das ist beispielsweise der Fall, wenn eine **Störung oder Belästigung** des Vermieters oder anderer Mieter oder eine Beschädigung der Mietsache zu befürchten ist. Ob der Untermieter in der Lage ist, die Miete zu zahlen, spielt keine Rolle, weil nicht er, sondern der Mieter dem Vermieter die Miete schuldet;
- wenn der **Wohnraum übermäßig belegt** wäre. Maßgebend für die Beurteilung ist das Verhältnis der Personenzahl von Mietern und Untermietern zur Gesamtfläche der Wohnung sowie zur Anzahl der vorhandenen Räume. Im Regelfall ist davon auszugehen, dass für jede Person mindestens ein Raum und eine Nutzfläche von 6 bis 9 m^2 zur Verfügung stehen müssen;

- wenn dem Vermieter die Überlassung der Räume an den Dritten aus **sonstigen Gründen** nicht zugemutet werden kann (z.B. wenn das Hauptmietverhältnis bald endet und die Gefahr besteht, dass der Untermieter bei Mietende nicht rechtzeitig auszieht).

Urteil

Die Erlaubnis zur Untervermietung kann der Vermieter nicht allein deshalb verweigern, weil er durch die Aufnahme weiterer Personen eine stärkere Geräuschentwicklung befürchtet.

LG Freiburg, Az. 13 T 46/01

! Dass Gründe vorliegen, die den Vermieter berechtigen, die Erlaubnis zur Untervermietung wegen **Unzumutbarkeit** zu verweigern, muss der Vermieter beweisen.

Sonderkündigungsrecht des Mieters

Wenn Ihnen der Vermieter die Erlaubnis zur Untervermietung nicht erteilt, können Sie das Mietverhältnis **außerordentlich mit gesetzlicher Frist kündigen,** sofern nicht in der Person des Dritten ein wichtiger Grund vorliegt (§ 540 Abs. 1 Satz 2 BGB). Haben Sie also einen Anspruch auf Erlaubnis der Untervermietung, können Sie entweder versuchen, Ihren Anspruch auf Erlaubnis der Untervermietung gerichtlich durchzusetzen oder von Ihrem Sonderkündigungsrecht Gebrauch machen.

Voraussetzung für das Sonderkündigungsrecht des Mieters ist, dass dieser einen **konkreten Untermieter benannt** hat und der Vermieter die **Erlaubnis versagt** oder überhaupt keine Erklärung abgegeben hat. Das Schweigen des Vermieters ist als Verweigerung der Zustimmung zu werten (OLG Köln, Az. 19 U 53/00). Das Sonderkündigungsrecht des Mieters besteht nicht, wenn der Vermieter die Erlaubnis zur Untervermietung versagt hat, in der der Mieter lediglich ohne Benennung einer konkreten Person erklärt hat, einen Untermieter suchen zu wollen (OLG Celle, Az. 2 W 16/03).

! Verweigert der Vermieter grundlos die Untermietererlaubnis, obwohl er das berechtigte Interesse des Mieters hätte erkennen können, muss er **Schadensersatz** in Höhe der entgangenen Untermiete leisten (LG Berlin, Az. 67 S 210/04).

Untermietzuschlag

Der Vermieter darf seine Erlaubnis zur Untervermietung davon abhängig machen, dass sich der Mieter mit einer **Mieterhöhung einverstanden** erklärt, wenn ihm die Erlaubnis sonst nicht zumutbar ist (§ 553 Abs. 2 BGB)

Voraussetzung dafür, dass der Vermieter einen Untermietzuschlag verlangen darf, ist, dass er durch die Untervermietung stärker belastet wird. Das ist insbesondere der Fall, wenn wegen der Zahl der Wohnungsbewohner eine **stärkere Wohnungsabnutzung** verbunden ist oder der Vermieter mit **höheren Betriebskosten** belastet wird. Eine höhere Betriebskostenbelastung des Vermieters kommt allerdings nur in den seltenen Fällen in Betracht, dass der Vermieter die Betriebskosten nicht auf die Mieter umlegt (Inklusivmiete) und er durch den Mehrverbrauch z.B. für Wasser finanziell stärker belastet wird.

Urteil

Dem Vermieter steht im Falle der Untervermietung nicht per se ein Anspruch auf eine Erhöhung der Miete zu. Das Gesetz geht grundsätzlich davon aus, dass bei einem berechtigten Interesse des Mieters dieser die Erteilung der Erlaubnis verlangen kann, ohne dass dies generell mit einem Untermietzuschlag belastet ist. Eine Ausnahme ist nur bei Unzumutbarkeit für den Vermieter anzunehmen. Anhand der Umstände des konkreten Einzelfalls ist die Unzumutbarkeit zu prüfen. Die stärkere Belegung der Wohnung als solche reicht hierfür nicht aus.

LG Berlin, Az. 67 S 212/17

Untermietzuschlag bei frei finanzierten Wohnungen

Die Mieterhöhung wegen Untervermietung muss sich in einem angemessenen Rahmen halten. Maßstab ist in erster Linie die **ortsübliche Vergleichsmiete** für Wohnungen mit Untermietererlaubnis. Häufig wird allerdings einfach ein Untermietzuschlag von 20 % bis 25 % der vom Mieter erzielten Untermiete verlangt.

Untermietzuschlag im preisgebundenen sozialen Wohnungsbau

Im preisgebundenen sozialen Wohnungsbau (Sozialwohnungen) ist der Untermietzuschlag **gesetzlich festgelegt.** Danach darf der Vermieter einen Untermietzuschlag erheben

- in Höhe von 2,50 € im Monat, wenn der untervermietete Wohnungsteil von einer Person benutzt wird,
- in Höhe von 5,– € monatlich, wenn der untervermietete Wohnungsteil von zwei oder mehr Personen benutzt wird.

Folgen der Untervermietung ohne Erlaubnis des Vermieters

Die Untervermietung ohne Erlaubnis des Vermieters stellt eine **Pflichtverletzung** des Mieters dar, die den Vermieter zur **Kündigung des Mietverhältnisses** berechtigen kann. Voraussetzung ist allerdings, dass der Vermieter den Mieter zunächst **schriftlich abmahnt** und ihm Gelegenheit gibt, die unerlaubte Untervermietung zu beenden.

Nimmt der Mieter eine Untervermietung vor, ohne die erforderliche Erlaubnis seines Vermieters einzuholen, verletzt er seine vertraglichen Pflichten auch dann, wenn er einen Anspruch auf Erteilung der Erlaubnis hat. Ob ein derartiger Vertragsverstoß des Mieters ein die ordentliche Kündigung des Mietverhältnisses rechtfertigendes Gewicht hat, ist unter Würdigung der Umstände des Einzelfalls zu beurteilen.

Urteil

Hat der Mieter eine Erlaubnis zur Untervermietung vom Vermieter rechtzeitig erbeten, so ist eine auf die fehlende Erlaubnis gestützte Kündigung rechtsmissbräuchlich, wenn der Vermieter seinerseits zur Erteilung der Erlaubnis verpflichtet war und ihm somit selbst eine Vertragsverletzung zur Last fällt.

BGH, Az. VIII 74/10

6.4 Rauchen in der Mietwohnung und in Gemeinschaftsräumen

Rauchen in der Mietwohnung, auf dem Balkon bzw. der Terrasse oder in gemeinschaftlich genutzten Räumen führt häufig auch zu einer Belästigung der Nachbarn und somit unweigerlich zum Streit. Damit stellt sich die Frage, ob Rauchen in der Wohnung zum vertragsgemäßen Gebrauch gehört und zulässig ist.

6.4.1 Rauchen in der Wohnung

Rauchen in der Mietwohnung gehört **grundsätzlich zum vertragsgemäßen Gebrauch** und ist deshalb erlaubt, wenn es nicht durch den Mietvertrag wirksam eingeschränkt ist. Der Vermieter hat weder einen Unterlassungsanspruch noch kann er das Mietverhältnis aus diesen Gründen ordentlich oder außerordentlich kündigen. Die betroffenen Nachbarn können vom Vermieter auch nicht verlangen, den rauchenden Mieter zu einer Einschränkung seines Tabakkonsums zu veranlassen oder zu bestimmten Zeiten zu lüften. Sie können auch nicht die Miete mindern. Rauchen in einer Mietwohnung geht allerdings über den vertragsgemäßen Gebrauch hinaus und begründet eine **Schadensersatzpflicht** des Mieters, wenn dadurch Verschlechterungen der Wohnung verursacht werden, die sich nicht mehr durch Schönheitsreparaturen beseitigen lassen, sondern darüber hinausgehende Instandsetzungsarbeiten erfordern. Das ist insbesondere der Fall, wenn Decken, Wände und Türen durch den Zigarettenrauch **stark vergilbt** sind und sich der Rauch in die Wände »gefressen« hat (BGH, Az. VIII ZR 37/07).

Achtung: Die Vereinbarung eines **Rauchverbots** in der Wohnung in einem formularmäßigen Mietvertrag ist **unwirksam,** weil dadurch unzulässig in die persönliche Lebensgestaltung des Mieters eingegriffen und seine Möglichkeit, sein Leben innerhalb seiner Wohnung nach seinen Vorstellungen zu gestalten, schwerwiegend beeinträchtigt wird. Dagegen kann in einer **Individualvereinbarung ein Rauchverbot wirksam** vereinbart werden.

6.4.2 Rauchen auf dem Balkon

Für das Rauchen auf dem Balkon kommt es auf die Umstände des Einzelfalls an (BGH, Az. V ZR 110/14):

- Ist die **Störung durch Tabakrauch nur unwesentlich,** hat der beeinträchtigte Nachbar keinen Unterlassungsanspruch. Von einer unwesentlichen Beeinträchtigung ist auszugehen, wenn die Störungen auf dem Balkon der Wohnung des sich gestört fühlenden Mieters nach dem Empfinden eines verständigen durchschnittlichen Menschen nicht als wesentliche Beeinträchtigung empfunden werden.
- Bei nur **unwesentlichen Geruchsbelästigungen,** z.B. aufgrund der baulichen Gegebenheiten, kommen Abwehransprüche des Mieters gegenüber seinem Nachbarn nur dann in Betracht, wenn der Mieter nachweisen kann, dass im konkreten Fall der fundierte Verdacht einer Gesundheitsbeeinträchtigung besteht. Bei der Einschätzung der Gefährlichkeit der Einwirkungen durch aufsteigenden Tabakrauch ist allerdings zu berücksichtigen, dass im Freien geraucht wird. Da die **Nichtraucherschutzgesetze** des Bundes und der Länder das Rauchen im Freien grundsätzlich nicht verbieten, liegt ein Indiz dafür vor, dass mit dem Rauchen

auf dem Balkon keine konkreten Gefahren für die Gesundheit anderer verbunden sind. Nur wenn es dem Mieter gelingt, diese Annahme zu erschüttern, indem er nachweist, dass im konkreten Fall der fundierte Verdacht einer Gesundheitsbeeinträchtigung besteht, wird eine wesentliche Beeinträchtigung vorliegen und deshalb eine Gebrauchsregelung getroffen werden müssen.

- Vermieter oder Nachbarn können **Unterlassungsansprüche** dann geltend machen, wenn **in erheblichem Maße** Nikotingeruch in benachbarte Mietwohnungen dringen kann. Allerdings bestehen diese Ansprüche nicht uneingeschränkt. Das Maß des zulässigen Gebrauchs und der hinzunehmenden Beeinträchtigungen ist nach dem Gebot der gegenseitigen Rücksichtnahme zu bestimmen. Im Allgemeinen wird dies auf eine Regelung nach Zeitabschnitten hinauslaufen. Dem Mieter sind Zeiträume freizuhalten, in denen er seinen Balkon unbeeinträchtigt von Rauchbelästigungen nutzen kann, während dem anderen Mieter Zeiten einzuräumen sind, in denen er auf dem Balkon rauchen darf. Die Bestimmung der konkreten Zeiträume hängt von den Umständen des Einzelfalls ab. Dem Raucher kann also das Rauchen auf seinem Balkon nicht generell verboten werden; jedoch muss er »mindestens stundenweise« auf das Rauchen verzichten. Möglicherweise sind hierbei jahreszeitlich unterschiedliche Regelungen zu treffen, da der gestörte Mieter seinen Balkon während der kalten Jahreszeit nicht oder kaum nutzen wird.

6.4.3 Rauchen in Gemeinschaftsräumen

Für Gemeinschaftsräume (z.B. Hausflur, Treppenhaus, Keller, Dachboden) kann im Mietvertrag auch **formularmäßig ein Rauchverbot festgelegt** werden. Ein entsprechendes Verbot kann auch in die **Hausordnung** aufgenommen werden.

Urteil

Dem Mieter eines Wohnungseigentümers steht ein Unterlassungsanspruch gegen einen anderen Eigentümer zu, wenn sich der Mieter dadurch beeinträchtigt fühlt, dass der andere Eigentümer im gemeinschaftlichen Hausflur planmäßig bis zu fünf Zigaretten pro Tag raucht.

AG Hannover, Az. 70 II 414/99

6.5 Bauliche Veränderungen durch den Mieter

Zwar sind Mieter grundsätzlich berechtigt, ihre Mietwohnung nach ihrem Geschmack und ihren Bedürfnissen einzurichten, wollen sie in diesem Zusammenhang aber größere bauliche Veränderungen oder Modernisierungsmaßnahmen vornehmen, die in die Bausubstanz eingreifen, brauchen sie dazu die Erlaubnis des Vermieters. Maßnahmen, die allgemein üblich sind und sich im Rahmen des vertragsgemäßen Gebrauchs halten (z.B. Montage von Einbauschränken, Montage einer Einbauküche), kann der Vermieter nicht verbieten. Ferner kann der Mieter verlangen, dass ihm der Vermieter bauliche Veränderungen der Mietsache erlaubt, die dem Gebrauch durch Menschen mit Behinderungen, dem Laden elektrisch betriebener Fahrzeuge oder dem Einbruchsschutz dienen. Nur wenn die bauliche Veränderung dem Vermieter auch unter Würdigung der Interessen des Mieters nicht zugemutet werden kann, darf der Vermieter die Erlaubnis verweigern (§ 554 Abs. 1 BGB). Wegen der Einzelheiten zur Modernisierung der Wohnung durch den Mieter vgl. 9.

6.6 Anbringung von Rundfunk- und Fernsehaußenantennen

Der Vermieter ist verpflichtet, den Mietern die **Grundversorgung für Rundfunk- und Fernsehempfang** zu ermöglichen, allerdings nicht notwendig durch eigene Einrichtungen, aber indem er notfalls die Installation der notwendigen Einrichtungen zulässt. Ermöglicht die Wohnung weder durch eine Gemeinschaftsparabolantenne noch einen Breitbandkabelanschluss einen Fernsehempfang, dürfen auch deutsche Mieter auf **eigene Kosten** eine Parabolantenne installieren. Voraussetzung ist, dass der Vermieter von allen im Zusammenhang mit der Installation der Antenne entstehenden Kosten und Gebühren freigestellt und die Antenne von einem Fachmann unter Beachtung bestehender Vorschriften angebracht wird. Einen geeigneten Standort für die Antenne kann der Vermieter bestimmen.

Ausländische Mieter können die Genehmigung verlangen, eine Parabolantenne zu montieren, wenn ihnen der Empfang von Programmen in ihrer Muttersprache anders nicht möglich ist. Existiert eine Satelliten- oder Kabelanlage, die den Empfang von Programmen in der Muttersprache des Mieters ermöglicht, so muss der Vermieter keine Parabolantenne genehmigen, sondern kann den Mieter darauf verweisen, selbst wenn dieser dafür einen Decoder montieren und monatliche Zusatzgebühren entrichten muss (BGH, Az. VIII ZR 118/04).

Achtung: Als Mieter dürfen Sie auf keinen Fall für den Rundfunk- und Fernsehempfang ohne Zustimmung des Vermieters Installationen vornehmen. Notfalls müssen Sie eine **entsprechende Genehmigung** vorher einklagen. Der Vermieter darf den Standort der Installationen bestimmen und kann von Ihnen die Montage durch einen Fachmann, den Abschluss einer Haftpflichtversicherung sowie eine getrennt vom Vermögen des Vermieters anzulegende Kaution für die Rückbaukosten beim Auszug verlangen.

6.7 Musikausübung

Singen und Musizieren in der Mietwohnung gehört zum **vertragsgemäßen Gebrauch** und ist damit grundsätzlich zulässig. Eine besondere Erlaubnis des Vermieters ist nicht erforderlich. Allerdings muss der Mieter auf die übrigen Hausbewohner Rücksicht nehmen. Während der **üblichen Ruhezeiten** (mittags von 13:00 Uhr bis 15:00 Uhr und abends von 22:00 Uhr bis morgens 8:00 Uhr) muss das Musizieren eingestellt oder auf jeden Fall Zimmerlautstärke eingehalten werden.

Die Musikausübung kann im Mietvertrag oder in der Hausordnung geregelt werden. **Unzulässig** ist allerdings, das Musizieren in der Wohnung in einem Formularmietvertrag **vollständig zu verbieten,** eine zeitliche Einschränkung auf bis zu zwei Stunden wird allerdings als zulässig angesehen.

! Gegen unzulässige Störungen können die Nachbarn gegen den Mieter vorgehen und Unterlassung verlangen (§ 1004 BGB).

6.8 Briefkasten

Zum vertragsgemäßen Gebrauch der Wohnung zählt auch, dass der Vermieter einen Briefkasten zur Verfügung stellt, weil eine **ordnungsgemäße Zustellung der Post** möglich sein muss. Die Wohnung ist aber nicht deshalb mangelhaft, weil der Briefkasten im Hausflur angebracht ist (LG Frankfurt/Main, Az. 6a S 126/09). Der Mieter ist berechtigt, gegen unerwünschte Werbung auf dem Briefkasten einen Aufkleber »Keine Werbung einwerfen« anzubringen (AG München, Az. 223 C 40534/88).

Urteil

Ein Mieter hat grundsätzlich Anspruch auf ***zusätzliche Hausschlüssel für Briefzusteller*** *und Zeitungsboten, wenn sich der Briefkasten hinter der abgeschlossenen Haustür befindet. Der Vermieter darf in diesem Fall den Mieter verpflichten, ihm die Personen, denen ein Schlüssel ausgehändigt wurde, namentlich zu benennen.*

AG Mainz, Az. 80 C 96/07

Die **Größe des Briefkastens** muss zum vertragsgemäßen Gebrauch geeignet sein. Grundsätzlich hat der Mieter keinen Anspruch auf eine bestimmte Ausführung. Allerdings sollte der Briefkasten eine Breite von 325 mm und eine Tiefe von 100 mm haben, damit auch DIN-A4-Briefumschläge sowie Zeitschriften ohne Knick eingeworfen werden können (AG Charlottenburg, Az. 27 C 262/00). Unabhängig davon ist der bei Abschluss des Mietvertrags vorhandene und für jeden Mietinteressenten sichtbare Briefkasten vertragsgemäßer Bestandteil der Mietsache.

6.9 Blumenkästen

Es gehört zum üblichen Mietgebrauch einer Wohnung, den Balkon zur Aufzucht und zum Aufstellen von Pflanzen zu nutzen. Solange also das Eigentum des Vermieters nicht beeinträchtigt wird, darf der Mieter Blumen beliebiger Art und Anzahl auf dem Balkon halten. Der Erlaubnis des Vermieters bedarf er dafür nicht. Das ist auch der Fall, wenn die Blumenkästen auf der Innenseite des Balkons angebracht werden.

Nicht vom allgemeinen Mietgebrauch gedeckt ist das **Anbringen von Blumenkästen an der Außenseite** des Balkons, weil dieser Raum nicht mitvermietet ist. Deshalb kann der Vermieter das Anbringen untersagen, wenn dafür ein sachlicher Grund vorliegt (z.B. wegen darunter abgestellter Fahrzeuge). Entsprechendes gilt für das Anbringen von Blumenkästen an der Außenwand des Hauses und das Aufstellen solcher Kästen auf dem Fensterbrett vor den Fenstern. Ohne Zustimmung des Vermieters darf der Mieter in diesen Bereichen keine Tröge für seine Pflanzen anbringen.

6.10 Obhuts- und Anzeigepflicht des Mieters

Sobald dem Mieter die Mietsache übergeben wurde, ist er verpflichtet, damit **sorgfältig und pfleglich** umzugehen. Aus dieser Obhutspflicht ergibt sich eine **Anzeigepflicht, wenn Mängel oder Schäden** an der Mietsache auftreten.

6.10.1 Obhutspflicht des Mieters

Als Mieter sind Sie verpflichtet, die Mietwohnung sorgfältig und pfleglich zu behandeln und nach Möglichkeit vor Schäden zu bewahren. Diese Obhutspflicht **beginnt mit der Überlassung** der Mietsache. Diese umfasst nicht nur den eigenen Wohnraum, sondern auch die dem Mieter zum Mietgebrauch überlassenen Räume wie Waschküche, Treppenhaus, Aufzug, usw. es sei denn, der Vermieter wohnt im gleichen Haus.

Aus der Obhutspflicht ergeben sich für Sie als Mieter eine Reihe konkreter Pflichten:

- Sie müssen gegen voraussehbare Schäden Vorkehrungen treffen, also z.B. die Wohnung **regelmäßig lüften,** um Feuchtigkeit zu vermeiden, und die **Wohnung heizen,** um Frostschäden zu verhindern. Ferner besteht die Pflicht, die Räume **regelmäßig zu säubern.**
- Sie sind zwar nicht verpflichtet, die Wohnung zu nutzen, also darin zu wohnen, bei längerer Abwesenheit haben Sie aber dafür zu sorgen, dass auch in dieser Zeit die **Wohnung beaufsichtigt** wird.
- Sie sind verpflichtet, Haus- und Wohnungsschlüssel sorgfältig zu verwahren. Insbesondere müssen Sie darauf achten, dass sie nicht **verloren gehen oder gestohlen** werden. Kommt ein Schlüssel abhanden, muss er den Vermieter hierüber **unverzüglich informieren.**
- Besondere Sorgfaltspflichten bestehen bei der **Aufstellung und Nutzung technischer Geräte.** Waschmaschine und Geschirrspüler sind während ihres Betriebs zu überwachen (OLG Hamm, Az. 27 U 433/83). Vor Antritt einer längeren Urlaubsreise muss sich der Mieter vergewissern, dass das Absperrventil der Kaltwasserleitung des Geschirrspülers verschlossen ist; anderenfalls handelt er **grob fahrlässig** (OLG Düsseldorf, Az. 4 U 232/87). Bei der Implosion der Bildröhre eines Fernsehgeräts und den dabei

in der Wohnung **verursachten Schäden haftet der Mieter** nur, wenn der Defekt auf eine unsachgemäße Bedienung zurückzuführen ist (LG Stendal, Az. 22 S 4/93).

- In eiligen Fällen können Sie verpflichtet sein, von sich aus **sofortige Maßnahmen zu ergreifen,** so z.B. bei einem Wasserrohrbruch einen Installateur zu beauftragen oder bei einem Brand die Feuerwehr zu rufen, wenn der Vermieter nicht erreichbar ist oder nur verspätet reagieren kann. Dabei gegebenenfalls entstehende Kosten können Sie als Aufwendungsersatz gegen den Vermieter geltend machen.

Achtung: Verletzen Sie als Mieter Ihre Obhutspflicht, haften Sie dem Vermieter auf **Schadensersatz,** nicht jedoch bei unverschuldeten Schäden (z.B. wenn der Wohnungsschlüssel aus dem verschlossenen Auto gestohlen wurde). Bei einer erheblichen Verletzung der Obhutspflicht, die zu einer Gefährdung der Mietsache führt, kann der Vermieter nach vorheriger Abmahnung unter Umständen zur fristlosen Kündigung des Mietverhältnisses berechtigt sein.

Urteil

Schäden an der Sachsubstanz der Mietsache, die durch eine Verletzung von Obhutspflichten des Mieters entstanden sind, hat dieser als Schadensersatz neben der Leistung nach Wahl des Vermieters durch Wiederherstellung oder durch Geldzahlung zu ersetzen. Einer vorherigen Fristsetzung des Vermieters bedarf es dazu nicht. Das gilt unabhängig von der Frage, ob es um einen Schadensausgleich während eines laufenden Mietverhältnisses oder nach dessen Beendigung geht.

BGH, Az. VIII ZR 151/17

6.10.2 Anzeigepflicht des Mieters

Als Teil Ihrer Obhutspflicht sind Sie als Mieter verpflichtet, dem Vermieter **unverzüglich anzuzeigen,** wenn sich im Lauf der Mietzeit ein **Mangel der Mietsache** zeigt, wenn eine Maßnahme zum Schutz der Mietsache gegen eine nicht vorhergesehene Gefahr erforderlich ist oder sich ein Dritter ein Recht an der Mietsache anmaßt (§ 536c Abs. 1 BGB).

Vor allem bei auftretenden Mängeln besteht für den Mieter eine Anzeigepflicht. Dabei ist jeder schlechte Zustand der Mietsache anzuzeigen (z.B. erstmaliges Auftreten von **Feuchtigkeitsflecken** an den Wänden, die auf die Gefahr von **Schimmelbildung** hindeuten können). Auch **Mängel an mitvermieteten Flächen** oder Gemeinschaftseinrichtungen wie z.B. Aufzügen, Treppenhäusern oder Garagen muss der Mieter anzeigen, nicht dagegen an den nicht mitvermieteten Teilen des Hauses (z.B. am Dach). Zu einer erneuten Anzeige ist der Mieter nicht verpflichtet, wenn die Arbeiten zur Mängelbeseitigung nicht zum Erfolg geführt haben.

Voraussetzung für die Anzeigepflicht ist, dass der **Mieter den Mangel kennt.** In diesem Zusammenhang obliegen ihm aber keine besonderen Überprüfungs- und Nachforschungspflichten. Der Mieter muss also insbesondere nicht in regelmäßigen Abständen Anlagen und Einrichtungen daraufhin überprüfen, ob sie funktionstüchtig und betriebsbereit sind.

Die Anzeige eines Mangels muss **unverzüglich,** also **ohne schuldhaftes Zögern** erfolgen. Eine bestimmte Form für die Anzeige muss nicht beachtet werden, die Anzeige kann auch mündlich erfolgen. Auf jeden Fall jedoch muss der Mieter den **Mangel so genau bezeichnen,** dass der Vermieter in der Lage ist, sofort die für die Mängelbeseitigung notwendigen Entscheidungen zu treffen. Adressat der Mängelanzeige ist der Vermieter oder dessen Vertreter (z.B. Verwalter, Hausmeister).

Achtung: Verletzen Sie Ihre Anzeigepflicht und konnte deshalb der Vermieter den Mangel nicht beseitigen, sind Sie wegen des Mangels nicht berechtigt, die Miete zu mindern, **Schadensersatz** zu verlangen oder ohne Bestimmung einer angemessenen Frist zur Abhilfe den Mietvertrag fristlos zu kündigen. Unterlassen Sie schuldhaft die Anzeige, sind Sie dem Vermieter zum Ersatz des daraus entstehenden Schadens verpflichtet. Für das Verschulden reicht **grob fahrlässige Unkenntnis** des Mangels aus (BGH, Az. VIII ZR 143/75).

» Unterlässt der Mieter es, dem Vermieter unverzüglich einen Defekt an der WC-Spülung anzuzeigen, der zu Wasserverlust führt, kann der Vermieter Schadensersatz in Höhe der Kosten der verlorenen Wassermenge verlangen (LG Frankfurt/Main, Az. 2/11 S 42/90).

7 Wer für Erhaltungsmaßnahmen in der Wohnung und für die Verkehrssicherungspflicht zuständig ist

Der Vermieter ist verpflichtet, dem Mieter während des Mietverhältnisses den **Gebrauch der Wohnung** zu gewähren. Außerdem muss er die Wohnung während der ganzen Vertragsdauer in diesem Zustand erhalten. In diesem Zusammenhang ist er zur **Instandhaltung und Instandsetzung** der Wohnung verpflichtet. Auch die Verkehrssicherungspflicht obliegt dem Vermieter.

! Aus der Erhaltungspflicht folgt der **Anspruch des Mieters,** die Durchführung erhaltungsnotwendiger Maßnahmen und die Beseitigung von Mängeln zu verlangen. Anderenfalls stehen ihm die gesetzlichen Gewährleistungsrechte zu (vgl. dazu 12).

7.1 Instandhaltungs- und Instandsetzungspflicht des Vermieters

Der Vermieter muss die Wohnung während der Mietzeit in einem zum vertragsgemäßen Gebrauch geeigneten Zustand erhalten (§ 535 Abs. 1 Satz 2 BGB). Damit er dieser Pflicht nachkommen kann, ist der Mieter verpflichtet, vom Vermieter durchzuführende Erhaltungsmaßnahmen zu dulden.

Unter Erhaltungsmaßnahmen, die der Mieter dulden muss, sind alle **Maßnahmen zur Verhinderung oder Beseitigung drohender oder bereits entstandener Schäden** oder Mängel an der Mietsache zu verstehen. Insgesamt geht es also um die Herstellung eines vertragsgemäßen Zustands der Mietsache, wie er bei Beginn des Mietverhältnisses bestanden hat.

Der Vermieter ist grundsätzlich dazu verpflichtet, die Mietsache auf eigene Kosten instand zu halten und bei Schäden oder Mängeln instand zu setzen. Die Instandhaltung betrifft vorbeugende Maßnahmen, durch die **Schäden an der Mietsache vermieden** und deren ordnungsgemäßer Zustand gewährleistet werden (Wartung). Bei der Instandsetzung geht es dagegen um die **Behebung von Schäden** oder Mängeln, die durch Abnutzung, Alter oder Witterungseinflüsse aufgetreten sind (Reparatur).

! Die Instandhaltungs- und Instandsetzungspflicht des Vermieters **unterliegt nicht der Verjährung,** weil sie während der Laufzeit des Mietverhältnisses ständig neu entsteht (BGH, Az. VIII ZR 104/09). Auf eine Mängelanzeige des Mieters (z.B. undichte Fenster) kann der Vermieter also nicht einwenden, dieser Zustand bestehe schon längere Zeit und der **Anspruch des Mieters auf Mängelbeseitigung** sei deshalb verjährt.

7.1.1 Inhalt

Die gesetzliche Erhaltungspflicht des Vermieters betrifft die Verpflichtung, die Mietsache instand zu halten und während der Vertragsdauer **auftretende Mängel zu beseitigen.**

! Die Instandhaltungs- und Instandsetzungspflicht beschränkt sich nicht auf die unmittelbar vermieteten Wohnräume, sie erstreckt sich auch auf den Zugang zu den Mieträumen und das Zubehör. Dem Vermieter obliegt es also auch, die Zu- und Abgänge zur Wohnung, Treppen und Flure, Fahrstühle, Waschküche und Speicher instand zu halten.

Instandhaltungspflicht

Der Vermieter hat die Kosten der Instandhaltung der Wohnung zu tragen. **Instandhaltungskosten** sind die Kosten, die während der Nutzungsdauer zur **Erhaltung des bestimmungsmäßigen Gebrauchs** aufgewendet werden müssen, um die durch Abnutzung, Alterung und Witterungseinwirkung entstehenden baulichen oder sonstigen Mängel ordnungsgemäß zu beseitigen. Die Instandhaltung umfasst auch Maßnahmen, die vorbeugend, also zur Verhütung von Schäden, notwendig sind.

» Zur Instandhaltung gehören die Wartung der Heizungsanlage, die Erneuerung von Thermostatventilen und brüchiger Wasserleitungen, die Aufrechterhaltung der Stromversorgung, der Austausch alter und undichter, morscher Fenster, die Beseitigung von Rohrverstopfungen oder der Ersatz gesundheitsgefährdender Trinkwasserleitungen.

Instandhaltungsmaßnahmen müssen von **Modernisierungsmaßnahmen** des Vermieters abgegrenzt werden, weil diese der Mieter ohne Weiteres dulden muss, während er eine Modernisierungsmaßnahme, wenn bestimmte Härtegründe vorliegen, nicht hinnehmen muss. Und für Instandhaltungsmaßnahmen, zu denen der Vermieter verpflichtet ist, kann dieser die Miete nicht erhöhen, wohl aber für Modernisierungsmaßnahmen.

Während es bei **Instandhaltungsmaßnahmen** um die **Aufrechterhaltung eines ordnungs- und vertragsgemäßen Zustands** der Wohnung geht, diese also vorbeugende Maßnahmen betreffen, durch die Schäden vermieden werden sollen, fallen unter **Modernisierungsmaßnahmen** solche Maßnahmen, die der **Verbesserung der Mietsache** oder der Schaffung neuen Wohnraums dienen (vgl. dazu im Einzelnen 8.1).

» Ersetzt der Vermieter alte, morsche, wasser- und winddurchlässige Fenster, ist der Austausch eine Reparatur. Der Vermieter ist zur Instandhaltung verpflichtet, er darf die Miete nicht erhöhen. Werden dagegen intakte Fenster gegen Schallschutzfenster oder doppelt bzw. dreifach verglaste Fenster ausgetauscht, liegt eine Wohnwertverbesserung oder eine Energiesparmaßnahme und damit eine Modernisierung vor. Hier entscheidet der Vermieter, ob und wann die Fenster erneuert werden. Er ist berechtigt, 8 % der Kosten der Modernisierung, also des Fensteraustauschs, auf die bisherige Jahresmiete aufzuschlagen.

Urteil

Muss ein Vermieter im Rahmen seiner Instandhaltungspflicht einen abgenutzten Teppichboden ersetzen, darf er statt eines Teppichs nicht gegen den Willen des Mieters Laminat verlegen. Dies stellt vielmehr eine vorher anzukündigende Modernisierungsmaßnahme dar.

LG Stuttgart, Az. 13 S 154/14

Instandsetzungspflicht

Neben der Instandhaltung ist der Vermieter auch zur Instandsetzung der Mietsache verpflichtet. In diesem Zusammenhang obliegt es ihm, die während des Mietverhältnisses **auftretenden Mängel zu beseitigen** und defekte Teile und Einrichtungen zu erneuern.

» Zur Instandsetzung gehören die Reparatur eines schadhaften Dachs, die Fassadenerneuerung, wenn der Zustand die Wohnungen durch eindringendes Wasser beeinträchtigt, die Beseitigung von Rissen in der Glasscheibe, die Beseitigung eines Heizungsausfalls oder die Sanierung des Bades.

Achtung: Entdecken Sie als Mieter einen **Mangel,** müssen Sie diesen dem Vermieter **unverzüglich mitteilen** (§ 536c Abs. 1 BGB). Verletzen Sie Ihre **Anzeigepflicht** und konnte deshalb der Vermieter den Mangel nicht beseitigen, sind Sie wegen des Mangels nicht berechtigt, die Miete zu mindern, **Schadensersatz** zu verlangen oder ohne Bestimmung einer angemessenen Frist zur Abhilfe den Mietvertrag fristlos zu kündigen. Unterlassen Sie schuldhaft die Anzeige, sind Sie dem Vermieter zum Ersatz des daraus entstehenden Schadens verpflichtet.

7.1.2 Ausnahmen von der Instandhaltungs- und Instandsetzungspflicht

Für Gegenstände und Ausstattungen, die **der Mieter selbst** in die Mieträume **eingebracht** hat (z.B. vom Mieter eingebaute Kücheneinrichtungen oder Gasöfen) ist der Vermieter nicht instandhaltungspflichtig. Als Mieter tragen Sie die Beweislast dafür, dass die Mieträume vom Vermieter mit einer bestimmten Ausstattung versehen wurden, für die der Vermieter deshalb instandhaltungspflichtig ist. Das bedeutet, dass im Zweifel Sie als Mieter die Instandhaltungspflicht des Vermieters für bestimmte Gegenstände in den Mieträumen beweisen müssen (BGH, Az. VIII ZR 96/11).

Einbauten des Vormieters

Keine Instandhaltungs- und Instandsetzungspflicht obliegt dem Vermieter für **Gegenstände und Einbauten,** die der Mieter **vom Vormieter** erworben hat bzw. die ihm von diesem unentgeltlich überlassen worden sind (z.B. Einbauküche, Böden).

Achtung: Hat der Vormieter die Gegenstände bzw. Einbauten nach seinem Auszug in den Mieträumen lediglich zurückgelassen, ist das Eigentum nicht auf den Nachmieter, sondern auf den Vermieter übergegangen. Damit gelten diese Gegenstände und Einbauten als vom Vermieter gestellt und mitvermietet. Für vom Vormieter zurückgelassene Gegenstände und Einbauten obliegt also in diesem Fall dem Vermieter die Instandhaltungs- und Instandsetzungspflicht (LG Berlin, Az. 63 S 170/11).

Feuchtigkeitsschäden

Keinen Anspruch auf Beseitigung hat der Mieter auch bei Mängeln, deren Entstehung in seinem Verantwortungsbereich liegt (z.B. **Feuchtigkeitsschäden durch unzureichende Heizung** oder Belüftung der Wohnung durch den Mieter). Allerdings muss der Vermieter darlegen und beweisen, dass die Feuchtigkeitserscheinungen nicht aufgrund von außen eindringender oder im Mauerwerk aufsteigender Feuchtigkeit verursacht wurden (LG Berlin, Az. 64 S 320/99). Außerdem muss er darlegen, dass das Haus **frei von wärmetechnischen Baumängeln** ist.

7.1.3 Übertragung der Instandhaltungs- und Instandsetzungspflicht auf den Mieter

Die Instandhaltungs- und Instandsetzungspflicht des Vermieters ist zwingend. Im Mietvertrag kann nichts anderes vereinbart werden. In einem Formularmietvertrag kann der Vermieter also nicht einfach die gesamte Instandhaltungs- und Instandsetzungslast für die Mieträume auf den Mieter übertragen. Eine entsprechende **Vereinbarung ist unwirksam.** Dies gilt grundsätzlich auch für die einzelvertraglich vereinbarte generelle Durchführung jeglicher Instandhaltung (§§ 138, 242 BGB). In begrenztem Umfang können dem Mieter durch den Mietvertrag allerdings die Kosten für sogenannte **Kleinreparaturen** auferlegt werden. Ferner können dem Mieter unter bestimmten Voraussetzungen die Durchführung von **Schönheitsreparaturen** übertragen werden.

- Die im Rahmen der Erhaltung der Mietsache anfallenden Arbeiten hat der Vermieter auf seine Kosten durchzuführen. Das gilt im Zusammenhang mit der Instandsetzungspflicht auch für kleinere Mängel. Allerdings kann im Mietvertrag für Kleinreparaturen vereinbart werden, dass der Mieter die Kosten trägt. Unter Kleinreparaturen versteht man die **Beseitigung von Bagatellschäden.** Das sind solche Schäden an der Mietsache, die sich mit einem verhältnismäßig geringen Aufwand an finanziellen Mitteln beseitigen lassen. Allerdings kann der Vermieter wirksam in einem bestimmten finanziellen Umfang nur die Kosten, nicht aber die Vornahme der Kleinreparaturen selbst auf den Mieter abwälzen. Auch im Falle der Kostenübernahme durch den Mieter bleibt der Vermieter also verpflichtet, den Schaden selbst oder durch Handwerker beheben zu lassen. Wegen der Einzelheiten vgl. 2.10.

- **Schönheitsreparaturen** können auch in einem Formularmietvertrag auf den Mieter übertragen werden. Erforderlich ist allerdings eine ausdrückliche und eindeutige Vereinbarung. Unter Schönheitsreparaturen versteht man die üblichen, turnusgemäß wiederkehrenden Renovierungsarbeiten, soweit die Veränderung durch einen normalen vertragsgemäßen Gebrauch der Mietsache eingetreten ist. Es geht also darum, solche Abnutzungserscheinungen zu beseitigen, die den optischen Eindruck der Mieträume beeinträchtigen und in der Regel durch normales Abwohnen herbeigeführt werden. Klauseln in Formularmietverträgen sind üblicherweise allgemeine Geschäftsbedingungen. Diese sind nur wirksam, wenn sie den Mieter nicht unangemessen benachteiligen. Deshalb darf der Vermieter keine **Renovierung verlangen, wenn sie nicht notwendig** ist. Unwirksam sind also alle Klauseln, nach denen eine Renovierung unabhängig vom Zustand der Wohnung verlangt werden kann. Und auch die starren Fristenregelungen, nach denen Mieter stets nach Ablauf einer bestimmten Zeit renovieren müssen, sind unwirksam. Wegen der Einzelheiten vgl. 2.11.

7.1.4 Umfang der Instandhaltungs- und Instandsetzungspflicht

Die Instandhaltungs- und Instandsetzungspflicht des Vermieters besteht unabhängig von der Höhe der damit verbundenen Kosten. Es spielt also grundsätzlich keine Rolle, welche Kosten dem Vermieter durch eine Reparatur entstehen. Nur wenn ein krasses Missverhältnis zwischen Reparaturaufwand und dem Nutzen der Reparatur für den Mieter besteht und der Vermieter die Mangelhaftigkeit nicht verschuldet hat, kann die Beseitigung des Mangels **unzumutbar** sein (sog. Opfergrenze). Das ist z.B. der Fall, wenn der Reparaturaufwand mehr als das **Dreifache des Verkehrswerts des Mietobjekts** betragen würde (BGH, Az. VIII ZR 131/09).

7.1.5 Ankündigungspflicht des Vermieters

Wenn der Vermieter Erhaltungsmaßnahmen durchführen will, muss er diese **rechtzeitig ankündigen** (§ 555a Abs. 2 BGB). Anderenfalls sind Sie als Mieter nicht zur Duldung der Maßnahme verpflichtet.

Die Ankündigung muss rechtzeitig vor Beginn der Maßnahme erfolgen. Maßgebend sind dabei die Umstände des Einzelfalls, insbesondere **Art, Umfang und Dauer der Arbeiten.** Im Regelfall sind zwei bis drei Wochen ausreichend, bei schwerwiegenden Eingriffen muss von vier bis fünf Wochen ausgegangen werden. Eine besondere Form für die Ankündigung ist nicht vorgeschrieben.

Die Pflicht zur vorherigen Ankündigung der Arbeiten entfällt, wenn die Maßnahme lediglich mit einer unerheblichen Einwirkung auf die Mietsache verbunden ist, also der normale Lebensablauf in den Räumen des Mieters nicht nennenswert gestört wird (z.B. Auswechslung eines Heizkörperventils) oder die sofortige Durchführung der Maßnahme zwingend erforderlich ist (z.B. Heizungsausfall im Winter oder Sturmschäden am Dach).

7.1.6 Duldungspflicht des Mieters

Als Mieter haben Sie Maßnahmen zu dulden, die zur Instandhaltung oder Instandsetzung der Mietsache erforderlich sind (§ 555a Abs. 1 BGB). Voraussetzung ist allerdings, dass Ihnen die **Maßnahmen rechtzeitig angekündigt** werden.

Bei der Durchführung von erforderlichen Erhaltungsmaßnahmen muss der Mieter Störungen und Belästigungen durch Lärm, Erschütterungen und Schmutz hinnehmen. Zur Mithilfe ist er nicht verpflichtet. Sie sind also beispielsweise nicht verpflichtet, einzelne Zimmer auszuräumen. Sie müssen allerdings jede **Behinderung der Arbeiten unterlassen.** Notwendige Besichtigungen des Vermieters oder der beauftragten Handwerker müssen Sie zulassen. Sie dürfen allerdings erwarten, dass die Arbeiten zügig und nicht zur Unzeit (z.B. während der Weihnachtsfeiertage) durchgeführt werden.

Voraussetzung für die Pflicht des Mieters, Erhaltungsmaßnahmen zu dulden, ist, dass diese zur Herstellung des **vertragsgemäßen Zustands auch tatsächlich erforderlich** sind. Dabei ist davon auszugehen, dass die Entscheidung, auf welchem Wege Mängel zu beseitigen sind, allein Sache des Vermieters ist. Nur offenkundig nutzlose oder übermäßige Einwirkungen muss der Mieter nicht hinnehmen.

Achtung: Kommt der Mieter seiner Pflicht, notwendige Erhaltungsmaßnahmen zu dulden, nicht nach, kann der Vermieter auf Erfüllung klagen. Verletzt der Mieter schuldhaft seine Duldungspflicht, kann der Vermieter **Schadensersatzansprüche** geltend machen.

Nach Beendigung der Instandhaltungsmaßnahmen muss der Vermieter den vertragsgemäßen Zustand der Wohnung wieder herstellen. Wenn während der Arbeiten der Wohngebrauch des Mieters beeinträchtigt wurde oder die Wohnung nicht bewohnt werden konnte, kann der Mieter die **Miete mindern** und **Ersatz seiner Aufwendungen** verlangen.

7.1.7 Anspruch des Mieters auf Aufwendungsersatz

Aufwendungen, die Sie als Mieter wegen einer Erhaltungsmaßnahme machen mussten, hat Ihnen der Vermieter zu ersetzen. Sie können vom Vermieter auch einen **Vorschuss** verlangen. Der Anspruch auf einen Vorschuss besteht in **Höhe der mutmaßlich anstehenden Aufwendungen** (§ 555a Abs. 3 BGB). Nach Abschluss der Maßnahme müssen Sie über den Vorschuss abrechnen.

» Zu den Aufwendungen, die der Vermieter ersetzen muss, gehören unter anderem Renovierungskosten, es sei denn, dass eine Renovierung ohnehin fällig gewesen wäre, Reinigungskosten, Kosten einer Hotelunterkunft, Kosten der Einlagerung von Möbeln und Hausrat, der Ersatz des eigenen Zeitaufwands (z.B. Wohnungsbesichtigung).

7.1.8 Folgen der Verletzung der Instandhaltungs- und Instandsetzungspflicht

Verletzt der Vermieter seine Instandhaltungspflicht, steht Ihnen als Mieter eine Reihe von Ansprüchen zu:

- Sie können die Miete mindern,
- Sie können Schadensersatz verlangen, wenn der Vermieter den Mangel verschuldet hat oder mit der Beseitigung des Mangels in Verzug kommt,
- Sie können den Mangel selbst beseitigen und Ersatz der erforderlichen Aufwendungen verlangen, wenn der Vermieter mit der Beseitigung des Mangels in Verzug ist oder die umgehende Beseitigung des Mangels zur Erhaltung oder Wiederherstellung des Bestands der Mietsache notwendig ist,
- Sie können unter Umständen den Mietvertrag fristlos kündigen.

7.2 Verkehrssicherungspflicht des Vermieters

Dem Vermieter obliegt kraft Gesetzes die sogenannte Verkehrssicherungspflicht. Danach ist er verpflichtet, die notwendigen und zumutbaren Vorkehrungen zu treffen, um eine Schädigung anderer möglichst zu verhindern.

7.2.1 Umfang

Die Verkehrssicherungspflicht des Vermieters bezieht sich nicht nur auf die **Wohnung und die mitvermieteten Räume** wie Keller und Garage, sondern auch auf die **Zugänge,** Treppen, Hausflure, Hofraum, Garten, Fahrstuhl und die sonstigen, der gemeinschaftlichen Nutzung dienenden Einrichtungen.

» Zur Verkehrssicherungspflicht gehört die **winterliche Räum- und Streupflicht.** Danach ist der Eigentümer eines Grundstücks verpflichtet, Zugangs- und Zufahrtswege sowie angrenzende öffentliche Verkehrsflächen bei Schnee und Glatteis bei Bedarf zu räumen und zu streuen. Zugänge zum Grundstück müssen ordnungsgemäß beleuchtet sein. Lose Dachziegel müssen beseitigt werden, wenn eine Gefährdung droht. Der Baumbestand auf dem Grundstück muss regelmäßig auf Standfestigkeit geprüft werden, abbrechende Äste müssen beseitigt werden. Wenn die Gemeindesatzung oder örtliche Bauvorschriften es festlegen, müssen auf dem Dach Schneefanggitter angebracht werden.

Verletzt der Vermieter seine Verkehrssicherungspflicht, ist er dem Geschädigten zum **Schadensersatz** verpflichtet.

Die Verkehrssicherungspflicht besteht in erster Linie gegenüber dem Mieter. Der Vermieter muss deshalb die Mietsache in regelmäßigen Abständen daraufhin überprüfen, ob sie sich in einem **ordnungsgemäßen Zustand** befindet oder ob von ihr Gefahren für den Mieter ausgehen. Als Gebäudeeigentümer ist der Vermieter darüber hinaus auch gegenüber Dritten, die durch die Immobilie Schaden nehmen könnten, verkehrssicherungspflichtig. Verletzt z.B. ein herunterfallender Dachziegel des Hauses einen Passanten, so kann dieser Schadensersatz vom Eigentümer verlangen. Der Eigentümer ist verpflichtet, regelmäßig den Zustand seines Anwesens zu kontrollieren und **Gefahrenquellen zu beseitigen.**

! Von der Verkehrssicherungspflicht kann sich der Eigentümer nicht einfach durch die Anbringung eines Warnschildes »Betreten des Grundstücks auf eigene Gefahr« befreien.

Urteil

Wege und Treppen im Haus und um das Haus herum sind ausreichend hell und lange zu beleuchten, um ein sicheres Gehen zu gewährleisten. Leuchtet die Treppenhausbeleuchtung nach Betätigen des Schalters jeweils nur für 20 Sekunden, verletzt der Hauseigentümer (Vermieter) seine Verkehrssicherungspflicht.

OLG Koblenz, Az. 5 U 324/95

7.2.2 Übertragung der Räum- und Streupflicht auf den Mieter

Grundsätzlich kann der Vermieter eine ihm obliegende Verkehrssicherungspflicht, insbesondere die Räum- und Streupflicht, **auf den Mieter übertragen.** Die Übertragung ist auch in Form eines Formularmietvertrags wirksam, wenn der Vertrag selbst die Übertragung regelt oder die Übertragung in der Hausordnung erfolgt und diese Bestandteil des Mietvertrags ist. Wird dagegen im Mietvertrag nur auf die Hausordnung verwiesen, wird sie dem Vertrag nur als loser Bestandteil beigefügt oder ist sie auf der Rückseite des Vertrags abgedruckt, ist die Übertragung nicht wirksam erfolgt (OLG Frankfurt/Main, Az. 16 U 123/87).

Achtung: Hat der Vermieter die Verkehrssicherungspflicht wirksam auf den Mieter übertragen, bleibt diese gleichwohl als eigene Verpflichtung bestehen. In diesem Fall obliegt dem Vermieter eine **Kontroll- und Überwachungspflicht.** Er muss sich z.B. in regelmäßigen Abständen davon überzeugen, dass der Mieter der ihm übertragenen Räum- und Streupflicht auch tatsächlich nachkommt.

---

8 Wann der Vermieter die Wohnung modernisieren und die Miete erhöhen darf

Wenn der Vermieter die Wohnung modernisieren will, können Sie zwar einerseits von einem höheren Wohnwert und einem niedrigeren Energieverbrauch profitieren, andererseits müssen Sie damit rechnen, dass der Vermieter im Anschluss an die Modernisierung die Miete erhöhen will und Sie während der Modernisierungsarbeiten in der Nutzung Ihrer Wohnung beeinträchtigt werden. Die Voraussetzungen für Modernisierungsmaßnahmen des Vermieters, die **Einhaltung einer Ankündigungsfrist,** die Angaben, die die Modernisierungsankündigung enthalten muss, die **Duldungspflicht des Mieters** und die Geltendmachung eines **Härteeinwands** durch den Mieter ergeben sich unmittelbar aus dem Gesetz. Zum Nachteil des Mieters kann von den gesetzlichen Regelungen nicht abgewichen werden. Modernisierungsmaßnahmen bis zu einem Betrag von 10.000,– € kann der Vermieter im vereinfachten Verfahren geltend machen und berechnen.

Im Regelfall wird der Vermieter nach einer Modernisierung die mit dem Mieter vereinbarte Miete erhöhen wollen. In diesem Zusammenhang hat er im freien Wohnungsbau mehrere Möglichkeiten. So kann er insbesondere auf der Grundlage der ihm entstandenen Kosten **8 % seiner Modernisierungsaufwendungen auf die Jahresmiete aufschlagen.**

8.1 Welche Modernisierungsmaßnahmen des Vermieters Sie dulden müssen

Modernisierungsmaßnahmen des Vermieters müssen Sie als Mieter dulden, es sei denn, dass die Maßnahme für Sie, Ihre Familie oder einen Angehörigen Ihres Haushalts eine **Härte bedeuten** würde, die »auch unter Würdigung der berechtigten Interessen sowohl des Vermieters als auch anderer Mieter in dem Gebäude sowie von Belangen der Energieeinsparung und des Klimaschutzes nicht zu rechtfertigen ist. Die zu erwartende **Mieterhöhung** sowie die voraussichtlichen künftigen Betriebskosten bleiben bei der Abwägung im Rahmen der Duldungspflicht außer Betracht; sie sind nur bei einer Mieterhöhung zu berücksichtigen (§ 555d Abs. 1 und 2 BGB).

Maßnahmen in diesem Sinne sind **bauliche Veränderungen** (§ 555b BGB)

- durch die in Bezug auf die Mietsache Endenergie nachhaltig eingespart wird (energetische Modernisierung),
- durch die nicht erneuerbare Primärenergie nachhaltig eingespart oder das Klima nachhaltig geschützt wird, sofern nicht bereits eine energetische Modernisierung vorliegt,
- durch die der Wasserverbrauch nachhaltig reduziert wird,
- durch die der Gebrauchswert der Wohnung nachhaltig erhöht wird,
- durch die die allgemeinen Wohnverhältnisse auf Dauer verbessert werden,
- die aufgrund von Umständen durchgeführt werden, die der Vermieter nicht zu vertreten hat und die keine Erhaltungsmaßnahmen sind, oder
- durch die neuer Wohnraum geschaffen wird.

Achtung: Modernisierungsmaßnahmen des Vermieters müssen Sie nicht dulden, wenn dadurch der Charakter der **Mietsache grundlegend geändert** wird. Auch sogenannte Luxusmaßnahmen (z.B. Einbau eines Hallenbades) müssen Sie als Mieter nicht hinnehmen.

Wichtig ist es, Modernisierungsmaßnahmen von der **Instandhaltung und Instandsetzung** der Mietsache abzugrenzen. Solche Erhaltungsmaßnahmen müssen Sie nämlich als Mieter ohne Weiteres dulden, während Sie eine Modernisierungsmaßnahme nicht hinnehmen müssen, wenn bestimmte Härtegründe vorliegen. Für Instandhaltungs- und Instandsetzungsmaßnahmen, zu denen der Vermieter verpflichtet ist, kann dieser die Miete nicht erhöhen, wohl aber für Modernisierungsmaßnahmen. Wegen der Einzelheiten zur Abgrenzung von Modernisierungsmaßnahmen zu Erhaltungsmaßnahmen vgl. 7.1.1.

8.1.1 Energetische Modernisierung

Eine energetische Modernisierung umfasst alle Maßnahmen, die zur **Einsparung von Endenergie** in Bezug auf die Mietsache beitragen. Endenergie ist die Energiemenge, die in einem Gebäude zur Deckung des Energiebedarfs des Mieters tatsächlich benötigt wird.

Bauliche Maßnahmen, die nachhaltig **Einsparungen von Heizenergie** bewirken, sind insbesondere Maßnahmen zur wesentlichen Verbesserung der Wärmedämmung von Fenstern, Außentüren, Außenwänden, Dächern, Kellerdecken und obersten Geschossdecken, zur wesentlichen Veränderung des Energieverlustes und des Energieverbrauchs der zentralen Heizungs- und Warmwasseranlagen, zur Rückgewinnung von Wärme oder die Nutzung von Energie durch Wärmepumpen- und Solaranlagen. Nachhaltig ist die Einsparung, wenn sie von Dauer und messbar ist; ein bestimmter Prozentsatz an Einsparung ist aber nicht erforderlich.

! Energetische Maßnahmen müssen Sie als Mieter zwar dulden, sie berechtigen den Vermieter aber nicht zur Mieterhöhung.

8.1.2 Sonstige Einsparung von Primärenergie und Schutz des Klimas

Vom Mieter zu dulden sind auch bauliche Veränderungen der Mietsache, durch die nicht erneuerbare Primärenergie nachhaltig eingespart oder durch die das Klima nachhaltig geschützt wird, sofern nicht bereits eine energetische Modernisierung vorliegt.

» Zu den baulichen Maßnahmen gehören die **Installation einer Photovoltaikanlage** auf dem Dach, bei der der erzeugte Strom gegen Vergütung in das allgemeine Stromnetz eingespeist wird, oder die **Umstellung der Heizung** von Heizöl auf Beheizung mit Holzpellets.

! Maßnahmen im Zusammenhang mit der Einsparung nicht erneuerbarer Primärenergie und des Klimaschutzes müssen Sie als Mieter zwar dulden, sie berechtigen den Vermieter aber **nicht zur Mieterhöhung.**

8.1.3 Wassereinsparung

Modernisierungsmaßnahmen zur Wassereinsparung sind solche, die der nachhaltigen **Reduzierung des Verbrauchs** und dessen Kontrolle dienen. Keine Bedeutung hat in diesem Zusammenhang, ob der Gebrauchswert erhöht wird oder weitergehende Vorteile mit der Maßnahme verbunden sind. Letztlich muss lediglich eine Wassereinsparung festzustellen sein.

» Zu den Wasser sparenden Maßnahmen gehören der Einbau von Durchlaufbegrenzern, die Installation von Wasser reduzierenden Toilettenspülkästen anstelle der bisherigen Druckspüler, der Einbau von Wohnungswasserzählern (Zwischenzählern), die Errichtung von Regenwassersammelanlagen, die Anschaffung Wasser sparender Armaturen mit Wassermengenbegrenzung oder der Einbau von Spartasten.

8.1.4 Erhöhung des Gebrauchswerts der Wohnung

Auch bauliche Veränderungen, die den Gebrauchswert der Mietsache nachhaltig erhöhen, hat der Mieter zu dulden. Das sind Maßnahmen, die die Attraktivität der Mietsache für künftige Mietinteressenten erhöhen, weil das Wohnen angenehmer, sicherer, bequemer oder gesünder wird. Ob eine Gebrauchswertverbesserung vorliegt, ist nicht nach dem subjektiven Empfinden des Mieters zu beurteilen. Maßgebend ist vielmehr, ob der Gebrauchswert objektiv erhöht wird. Davon ist bei jeder baulichen Veränderung auszugehen, die eine bessere Benutzung der Wohnung ermöglicht. Eine Verbesserung des Wohnwerts ist auch dann anzunehmen, wenn die Wohnung nach Durchführung der Maßnahme leichter zu vermieten ist als eine vergleichbare Wohnung ohne die Maßnahme.

Achtung: Bei der Bewertung einer Verbesserung muss der **aktuelle Zustand der Wohnung** einschließlich der vom Mieter durchgeführten Maßnahmen zugrunde gelegt werden (BGH, Az. VIII ZR 110/11).

» Der Gebrauchswert der Wohnung wird unter anderem **nachhaltig erhöht,** wenn eine Zentralheizung installiert wird, neue Toiletten, Duschen oder Bäder eingebaut werden, von Einzelöfen auf Nachtspeicher gewechselt wird, Schallschutzfenster eingebaut werden, Sicherheitsschlösser, Kellervergitterungen oder Rollläden angebracht werden oder ein Fahrstuhl eingebaut wird.

Keine Verbesserung des Wohnwerts liegt vor, wenn eine Badewanne anstelle einer Dusche eingebaut wird, ein Gasherd gegen einen Elektroherd ausgetauscht werden soll, unsaubere und ungepflegte Kellerwände neu verputzt werden oder eine funktionsfähige Haustür aus Holz gegen eine Metalltür ausgetauscht wird.

8.1.5 Verbesserung der allgemeinen Wohnverhältnisse

Bauliche Veränderungen, durch die die allgemeinen Wohnverhältnisse auf Dauer verbessert werden, sind Maßnahmen, die sich auf das **gesamte Haus beziehen** und das Umfeld der konkreten Wohnung verbessern. Maßgebend bei der Beurteilung der Verbesserung der allgemeinen Wohnverhältnisse ist nicht das subjektive Empfinden des Mieters, sondern die objektive Betrachtung.

» Die allgemeinen Wohnverhältnisse werden verbessert, wenn Gemeinschaftseinrichtungen auf dem Grundstück (z.B. Grünanlagen, Stellplätze, Kinderspielplätze) geschaffen oder ausgebaut werden, eine Satelittenempfangsanlage installiert wird, der Anschluss an das Kabelnetz erfolgt, Kfz-Stellplätze geschaffen oder in das Haus ein Aufzug eingebaut wird.

8.1.6 Vom Vermieter nicht zu vertretende Umstände

Auch Maßnahmen, die der Vermieter aufgrund von Umständen durchzuführen hat, die er nicht zu vertreten hat, fallen unter die Wohnungsmodernisierung, wenn sie keine Erhaltungsmaßnahmen sind. In Betracht kommen Maßnahmen, die der Vermieter aufgrund einer **behördlichen Anordnung oder gesetzlichen Verpflichtung** durchzuführen hat.

» Austausch einer veralteten Heizung aufgrund der Energiesparverordnung, Wärmedämmmaßnahmen an der Kellerdecke, Einbau von Rauchmeldern, Einbau von Wasserzählern, soweit gesetzlich vorgeschrieben.

Achtung: Bei der Wohnungsmodernisierung aufgrund von Umständen, die der Vermieter nicht zu vertreten hat, muss **keine Erhöhung des Gebrauchswerts** der Mietsache oder der allgemeinen Wohnverhältnisse verbunden sein, selbst wenn regelmäßig eine Verbesserung vorliegen wird.

8.1.7 Schaffung neuen Wohnraums

Zu den vom Mieter zu duldenden Maßnahmen gehört auch die Schaffung neuen Wohnraums. Ob Sie als Mieter dabei einen Vorteil haben, spielt keine Rolle. Sie müssen also auch solche Ausbaumaßnahmen dulden, die der Vermieter zur Deckung seines eigenen Wohnbedarfs vornimmt.

» Zu den Maßnahmen zur Schaffung neuen Wohnraums zählen der Ausbau des Dachgeschosses, der Ausbau von bisherigen Nebenräumen zu einer Wohnung oder die Aufstockung eines Gebäudes.

! Maßnahmen im Zusammenhang mit der Schaffung von neuem Wohnraum müssen Sie als Mieter zwar dulden, sie berechtigen den Vermieter aber **nicht zur Mieterhöhung.**

8.2 Wann und wie Sie der Vermieter informieren muss

Als Mieter müssen Sie die Modernisierungsmaßnahme nur dulden, wenn der Vermieter die Maßnahme **frist- und formgerecht angekündigt** hat (§ 555c BGB). Kommt der Vermieter seiner Mitteilungspflicht nicht oder nicht form- und fristgerecht nach, können Sie die Durchführung der Modernisierungsmaßnahme ablehnen. Sind nach dem Mietvertrag mehrere Personen Mieter (z.B. bei einer Wohngemeinschaft), muss die Ankündigung der Modernisierungsmaßnahme an alle gehen.

Der Vermieter muss die Modernisierungsmaßnahme auch dann ankündigen, wenn er die Miete nicht erhöhen will. Und auch wenn die Räume des Mieters nicht von der Maßnahme betroffen sind, besteht eine Mitteilungspflicht, weil auch eine Außenmodernisierung (z.B. Anbau eines Balkons) eine **Besitzstörung** des Mieters darstellt. Ausreichend für eine Besitzstörung sind bereits lediglich unerhebliche Lärm-, Geruchs- und Staubimmissionen (LG Berlin, Az. 63 T 29/13).

Achtung: Die Ankündigung von Modernisierungsmaßnahmen ist nur dann entbehrlich, wenn die Maßnahme mit keiner oder nur mit einer unerheblichen Einwirkung auf die vermieteten Räume verbunden ist und zu keiner oder nur zu einer unerheblichen Erhöhung der Miete führt (§ 555c Abs. 4 BGB). Von einer unerheblichen Einwirkung auf die vermieteten Räume ist nur bei ganz unbedeutenden Maßnahmen auszugehen, durch die der normale Lebensablauf in den Wohnräumen des Mieters nicht nennenswert gestört wird (z.B. Auswechslung der Heizkörperventile, Einbau einer Klingelanlage, von Rauchmeldern oder einer Gegensprechanlage. Hinzukommen muss, dass die Modernisierungsmaßnahme mit einer unerheblichen Mieterhöhung verbunden ist. Was »unerheblich« ist, wird unterschiedlich ausgelegt: Als unerheblich wird eine Mieterhöhung von bis zu 5 % angesehen (LG Berlin, Az. 64 S 387/85).

8.2.1 Ankündigungsfrist

Spätestens drei Monate vor Beginn der Arbeiten muss der Vermieter dem Mieter mitteilen, was er alles vorhat (§ 555c Abs. 1 Satz 1 BGB). Die Dreimonatsfrist ist eine **Mindestfrist;** sie darf überschritten, aber nicht unterschritten werden. Die vom Gesetz festgelegte Frist ist eine Überlegungsfrist; bevor sie abgelaufen ist, braucht der Mieter keine Maßnahmen zu dulden. Die Frist beginnt mit dem Zugang der Ankündigung beim Mieter zu laufen. Für die Berechnung der drei Monate kommt es auf den angekündigten Beginn der baulichen Maßnahmen an. Wird dem Mieter die Modernisierungsmaßnahme vom Vermieter nicht rechtzeitig angekündigt, muss der Mieter die Maßnahme nicht dulden.

» Wenn der Vermieter am 10.6. mit den Modernisierungsarbeiten beginnen will, muss der Mieter die Maßnahme zu diesem Zeitpunkt nur dulden, wenn der Vermieter ihm spätestens bis zum 10.3. die notwendige Mitteilung gemacht hat.

8.2.2 Inhalt der Ankündigung

Welchen Inhalt die Ankündigung enthalten muss, ist **gesetzlich vorgeschrieben.** Entspricht die Ankündigung nicht den vorgegebenen inhaltlichen Anforderungen, muss der Mieter die Modernisierungsmaßnahme nicht dulden.

Art und voraussichtlicher Umfang der Modernisierungsmaßnahme

In der Modernisierungsankündigung muss der Vermieter die Art und den voraussichtlichen Umfang der Modernisierungsmaßnahme in wesentlichen Zügen beschreiben (§ 555c Abs. 1 Satz 2 Nr. 1 BGB). Wenn es sich um mehrere Maßnahmen handelt, muss **jede Maßnahme gesondert aufgeführt** werden.

Die Modernisierungsankündigung muss nicht jede Einzelheit der beabsichtigten Modernisierungsmaßnahme beschreiben und nicht jede mögliche Auswirkung mitteilen. Sie muss lediglich so konkret gefasst sein, dass sie den Informationsbedürfnissen des Mieters Rechnung trägt, das Ziel der beabsichtigten Modernisierung und die zu dessen Erreichung geplanten Maßnahmen zu erfahren, um ihm darüber eine zureichende Kenntnis zu vermitteln, in welcher Weise die Wohnung durch die geplanten Maßnahmen verändert wird und wie sich diese Maßnahmen künftig auf den Mietgebrauch einschließlich etwaiger Verwendungen des Mieters sowie die zu zahlende Miete auswirken (BGH, Az. VIII ZR 242/10).

» Beim Einbau einer Zentralheizung sind Anzahl, Größe und Platzierung der Heizkörper, Verlauf der Leitungen, Anzahl und Lokalisierung der Wanddurchbrüche mitzuteilen.

Bei einer **energetischen Modernisierung** oder bei einer Maßnahme, durch die nicht erneuerbare Primärenergie nachhaltig eingespart oder das Klima nachhaltig geschützt wird, kann in der Modernisierungsankündigung insbesondere hinsichtlich der energetischen Qualität von Bauteilen auf allgemein anerkannte Pauschalwerte Bezug genommen werden (§ 555c Abs. 3 BGB). Hierzu gehört beispielsweise die »**Bekanntmachung der Regeln zur Datenaufnahme und Datenverwendung im Wohngebäudebestand**« des Bundesministeriums für Verkehr, Bau und Stadtentwicklung vom 30.7.2009. Diesem Regelwerk können Wärmedurchgangskoeffizienten für bestimmte Bauteile entnommen werden, geordnet nach Baualtersklassen. Der Vermieter kann bei der Modernisierungsankündigung auf diese pauschalierten Werte Bezug nehmen.

Voraussichtlicher Beginn

Der Vermieter muss dem Mieter den voraussichtlichen Beginn der Modernisierungsmaßnahme mitteilen (§ 555c Abs. 1 Satz 2 Nr. 2 BGB). Die Angaben müssen **konkret** erfolgen (Kalenderwoche, Datum). Angaben wie »die Arbeiten können relativ kurzfristig durchgeführt werden«, »werden voraussichtlich Mitte des Jahres beginnen« oder Beginn »spätestens im April« reichen nicht aus. Verzögert sich der Beginn der Arbeiten nicht nur ganz unerheblich, muss der Vermieter die Maßnahme erneut vollständig anzeigen.

Voraussichtliche Dauer

Der Vermieter muss dem Mieter die voraussichtliche Dauer der Modernisierungsmaßnahmen mitteilen (§ 555c Abs. 1 Satz 2 Nr. 2 BGB). Der Vermieter muss eine möglichst **genaue Zeitspanne** nennen. Die Angaben »zwei bis drei Monate« oder »von Mai bis etwa August« sind nicht ausreichend. Bei mehreren Gewerken muss auch die Dauer der Einzelmaßnahme mitgeteilt werden.

Voraussichtliche Mieterhöhung

Der Vermieter muss dem Mieter die **erhöhte Miete mitteilen,** wenn er nach Durchführung der Modernisierungsmaßnahme eine Mieterhöhung verlangen will (§ 555c Abs. 1 Satz 2 Nr. 3 BGB). Dabei ist es ausreichend, wenn der Vermieter den Betrag der Mieterhöhung nennt, eine nähere Berechnung ist nicht erforderlich.

Künftige Betriebskosten

Unabhängig davon, ob eine Mieterhöhung vorgesehen ist, hat der Vermieter dem Mieter die **voraussichtlichen künftigen Betriebskosten** mitzuteilen, soweit sich die Betriebskosten durch die Modernisierungsmaßnahme ändern (§ 555c Abs. 1 Satz 2 Nr. 3 BGB), beispielsweise durch Einbau eines Fahrstuhls in das Gebäude.

Hinweis auf Geltendmachung von Härtegründen

Der Vermieter soll in seiner Modernisierungsankündigung auch auf die Möglichkeit hinweisen, der Modernisierung wegen einer unzumutbaren Härte zu widersprechen. Ferner soll er den Mieter über die **Form und Frist des Widerspruchs belehren** (§ 555c Abs. 2 BGB). Verzichtet der Vermieter auf eine entsprechende Mitteilung, hat das (nur) zur Folge, dass die für die Geltendmachung des Härteeinwands des Mieters vorgeschriebene Form und Frist nicht gelten (vgl. dazu 8.3.2).

8.2.3 Form der Ankündigung

Der Vermieter muss die Modernisierungsmaßnahme in **Textform** ankündigen (§ 555c Abs. 1 Satz 1 BGB). Die mündliche Ankündigung genügt also nicht den gesetzlichen Anforderungen. Der Vermieter kann aber seine Erklärung nicht nur schriftlich, sondern auch als Kopie, Fax oder Computer-Fax abgeben.

8.3 Wann Sie die Modernisierungsmaßnahme ablehnen können

Will der Vermieter eine der unter 8.1 genannten Modernisierungsmaßnahmen durchführen, müssen Sie als Mieter diese **grundsätzlich dulden,** es sei denn, dass diese für Sie eine besondere Härte bedeuten würde. **Härtegründe** müssen Sie innerhalb der gesetzlich bestimmten Frist dem Vermieter mitteilen.

8.3.1 Duldungspflicht des Mieters

Als Mieter sind Sie verpflichtet, eine vom Vermieter vorgesehene Wohnungsmodernisierung grundsätzlich zu dulden (§ 555d Abs. 1 BGB). Der Umfang dieser Pflicht entspricht der Duldungspflicht bei Erhaltungsmaßnahmen. Das heißt, Sie haben die **mit der Modernisierung verbundenen Arbeiten** hinzunehmen. Sie müssen den mit der Ausführung der Maßnahme beauftragten Personen Zutritt zur Wohnung gewähren und Sie dürfen die Arbeiten nicht stören oder behindern. Zur Mithilfe sind Sie allerdings nicht verpflichtet.

8.3.2 Ausnahmen von der Duldungspflicht, Härteeinwand des Mieters

Zur Duldung der Modernisierungsmaßnahme sind Sie als Mieter dann nicht verpflichtet, wenn die Maßnahme für Sie, Ihre Familie oder einen anderen Angehörigen Ihres Haushalts eine **Härte bedeutet,** die auch unter Würdigung der berechtigten Interessen des Vermieters und anderer Mieter im Haus sowie von Belangen der Energieeinsparung und des Klimaschutzes nicht zu rechtfertigen ist (§ 555c Abs. 2 Satz 1 BGB). Es ist also eine **Interessenabwägung** vorzunehmen: Die Duldungspflicht entfällt, wenn Ihr Interesse oder das eines Angehörigen oder eines anderen Angehörigen Ihres Haushalts am Fortbestand des bisherigen Mietverhältnisses schwerer wiegt als das Interesse des Vermieters und der übrigen Mieter an der Modernisierung.

Achtung: Wenn Sie als Mieter einer geplanten Modernisierungsmaßnahme **wegen einer besonderen Härte form- und fristgerecht widersprechen,** muss Sie der Vermieter auf Duldung verklagen. Er darf also nicht einfach mit den Maßnahmen beginnen oder das Mietverhältnis fristlos kündigen. Über die Klage des Vermieters entscheidet das zuständige Gericht, indem es prüft, ob Sie die vom Vermieter beabsichtigte Modernisierungsmaßnahme dulden müssen oder nicht.

Vorzunehmende Arbeiten

Für Härtegründe im Zusammenhang mit den konkret durchzuführenden Modernisierungsmaßnahmen sind insbesondere **das Alter und die gesundheitliche Verfassung des Mieters** von Bedeutung.

Wichtige Kriterien sind in diesem Zusammenhang Art und Umfang der geplanten Maßnahmen, also vor allem Staub-, Schmutz- und Lärmentwicklung.

» Eine vom Vermieter vorgesehene Modernisierungsmaßnahme kann für den Mieter unzumutbar sein, weil er oder ein Familienmitglied krank, alt oder schwanger ist. Die Unzumutbarkeit kann sich auch aus der baulichen Maßnahme selbst ergeben. In diesem Zusammenhang kann zum Beispiel eine Modernisierungsmaßnahme für einen älteren oder körperlich behinderten Mieter wegen der Schmutz- und Lärmbelastung unzumutbar sein. Entsprechendes gilt für den Einbau von neuen Fenstern und Türen während der kalten Jahreszeit, weil hier der Zeitpunkt, an dem die Bauarbeiten durchgeführt werden, für ihn nicht zumutbar ist.

Bauliche Folgen

Auch die baulichen Folgen können für den Mieter unzumutbar sein. Eine Härte stellen deshalb Modernisierungsmaßnahmen dar, bei denen **wesentlichen Nachteilen nur geringe Vorteile** gegenüberstehen. Totalveränderungen der Wohnung muss der Mieter nicht dulden.

» Eine vom Vermieter vorgesehene Modernisierungsmaßnahme kann für den Mieter unzumutbar sein, wenn der Charakter der Wohnung durch weitreichende Ein- oder Umbauten grundlegend verändert wird, die Änderungen nicht zu einer Verbesserung des Wohnungszuschnitts führen, die Lichtverhältnisse durch kleinere Fensteröffnungen verschlechtert werden, der Einbau von Isolierfenstern mit der Gefahr des Eintritts von Feuchtigkeitsschäden verbunden ist oder er die Wohnung für Monate verlassen muss.

Vorausgegangene Verwendungen des Mieters

Eine Härte kann auch dann vorliegen, wenn durch die Baumaßnahme »vorangegangene Verwendungen des Mieters« unbrauchbar würden und der **Mieter erhebliche wirtschaftliche Nachteile** erleiden würde. Wenn durch die geplanten Modernisierungsmaßnahmen Investitionen des Mieters zerstört oder nutzlos werden, kann das zur Folge haben, dass der Mieter die Maßnahme nicht dulden muss. Dabei ist auch von Bedeutung, ob der Vermieter den Aufwendungen des Mieters zugestimmt hat.

» Der Mieter hat vor nicht allzu langer Zeit mit Zustimmung des Vermieters eine Etagenheizung eingebaut, die er wegen der geplanten Installation einer Zentralheizung nicht mehr weiter verwenden könnte, und er durfte darauf vertrauen, dass er den wirtschaftlichen Wert der Anlage durch eine längere Nutzung ausnützen kann. Und auch, wenn der Mieter mit Zustimmung des Vermieters selbst ein Bad eingebaut hat, muss er den Einbau eines neuen Bades nicht hinnehmen.

Nichtberücksichtigung wirtschaftlicher Härten

Auch die zu erwartende **Mieterhöhung** sowie die voraussichtlichen **künftigen Betriebskosten** können für den Mieter eine unzumutbare Härte darstellen. Mit einem entsprechenden Einwand kann er allerdings nicht die Modernisierung selbst, sondern nur die anschließende Modernisierungsmieterhöhung verhindern (§ 555d Abs. 2 Satz 2 BGB). Vgl. dazu 8.6.5.

Form des Härteeinwands des Mieters

Umstände, die eine Härte im Hinblick auf die Duldung oder die Mieterhöhung begründen, muss der Mieter in **Textform** (z. B. schriftlich, per Fax oder E-Mail) mitteilen. Auf diese Form soll der Vermieter den Mieter bei der Modernisierungsankündigung hinweisen. Hat der Vermieter diesen Hinweis nicht gemacht, bedarf die Mitteilung des Härteeinwands des Mieters nicht der gesetzlich vorgeschriebenen Form (§ 555d Abs. 5 Satz 1 BGB).

Frist für den Härteeinwand des Mieters

Als Mieter müssen Sie dem Vermieter Umstände, die eine Härte im Hinblick auf die Duldung oder die Mieterhöhung begründen, **bis zum Ablauf des Monats, der auf den Zugang der Modernisierungsankündigung** folgt, mitteilen (§ 555d Abs. 3 Satz 1 BGB). Die Frist beginnt mit dem Zugang der Modernisierungsankündigung des Vermieters beim Mieter. Die Frist beginnt nur zu laufen, wenn die Modernisierungsankündigung des Vermieters den gesetzlichen Anforderungen entspricht.

» Wenn dem Mieter die Modernisierungsankündigung am 12.2. zugeht, muss dem Vermieter der Widerspruch gegen die Modernisierung spätestens am 31.3. vorliegen.

Versäumt der Mieter die Frist, sind die Umstände, die eine Härte im Hinblick auf die Duldung oder die Mieterhöhung begründen, nur zu berücksichtigen, wenn der Mieter ohne Verschulden an der Einhaltung der Frist gehindert war und er dem Vermieter die Umstände sowie die Gründe der Verzögerung unverzüglich in Textform mitteilt (§ 555d Abs. 4 Satz 1 BGB).

- Für Härtegründe **im persönlichen Bereich des Mieters** gibt es **keine feste zeitliche Grenze** (z.B. schwere Erkrankung des Mieters nach Beginn der Modernisierungsmaßnahme). Die Härtegründe können dem Vermieter also auch noch unmittelbar vor oder nach dem Beginn der Baumaßnahme mitgeteilt werden. Allerdings muss in diesen Fällen das Interesse des Vermieters an der Fortsetzung der Baumaßnahme als besonders hoch bewertet werden, sodass nur in besonderen Ausnahmefällen (z.B. ernsthafte Gefährdung des Lebens oder der Gesundheit des Mieters) die Interessen des Mieters die des Vermieters überwiegen können.

- **Wirtschaftliche Gründe,** also Umstände, die eine besondere Härte im Hinblick auf die Mieterhöhung begründen, können dagegen nur berücksichtigt werden, wenn sie **spätestens bis zum Beginn der Modernisierungsmaßnahme** mitgeteilt werden (§ 555d Abs. 4 Satz 2 BGB).

! Auf die Frist für den Härteeinwand und auf die Form muss Sie der Vermieter bei der Modernisierungsankündigung hinweisen. Andernfalls müssen Sie die gesetzlich vorgeschriebene Form und Frist für die Mitteilung des Härtegrunds nicht beachten (§ 555d Abs. 5 Satz 1 BGB).

8.4 Welche Rechte Sie bei Modernisierungsmaßnahmen des Vermieters haben

Bei Modernisierungsmaßnahmen des Vermieters haben Sie Anspruch auf **Ersatz notwendiger Aufwendungen** gegen den Vermieter. Wenn während der Durchführung der Modernisierung der Gebrauch der Wohnung wegen der Arbeiten beeinträchtigt ist, können Sie unter Umständen die Miete mindern. Pflichtverletzungen bei Ankündigung oder Durchführung einer baulichen Veränderung können **Schadensersatzansprüche** begründen. Schließlich steht Ihnen ein gesetzliches Sonderkündigungsrecht zu, wenn der Vermieter die Wohnung modernisieren will.

8.4.1 Anspruch auf Aufwendungsersatz

Aufwendungen, die Sie als Mieter wegen einer Modernisierungsmaßnahme machen mussten, hat Ihnen der Vermieter zu ersetzen (§§ 555d Abs. 6, 555a Abs. 3 Satz 1 BGB).

» Zu den Aufwendungen, die Ihnen der Vermieter ersetzen muss, gehören unter anderem Renovierungskosten, es sei denn, dass eine Renovierung ohnehin fällig gewesen wäre, Reinigungskosten, Kosten einer Hotelunterkunft, Kosten der Einlagerung von Möbeln und Hausrat oder der Ersatz des eigenen Zeitaufwands (z.B. Wohnungsbesichtigung).

Sie können vom Vermieter auch einen **Vorschuss** verlangen; der Anspruch besteht dann in Höhe der mutmaßlich anstehenden Aufwendungen (§§ 555d Abs. 6, 555a Abs. 3 Satz 2 BGB). Nach Abschluss der Modernisierung müssen Sie dann über den Vorschuss abrechnen. Verweigert der Vermieter die Zahlung des Vorschusses, steht Ihnen ein Zurückbehaltungsrecht an der Miete zu (§ 273 BGB).

8.4.2 Mietminderung während der Modernisierungsarbeiten

Wenn während der Durchführung der Modernisierung der Gebrauch Ihrer Wohnung wegen der Arbeiten beeinträchtigt ist, können Sie die Miete mindern. Bei energetischen Modernisierungen ist für die Dauer der ersten drei Monate eine Mietminderung ausgeschlossen (§ 536 Abs. 1a BGB). Kommt es bei diesen Maßnahmen zu Beeinträchtigungen (z.B. durch Lärm oder Schmutz), müssen Sie in den **ersten drei Monaten die volle Miete** zahlen.

8.4.3 Schadensersatzansprüche wegen Pflichtverletzungen bei Ankündigung oder Durchführung einer baulichen Veränderung

Immer häufiger können sich Mieter die Miete für ihre Wohnung nach einer umfangreichen Modernisierung nicht mehr leisten und müssen ihr gewohntes Umfeld verlassen, weil sie auch in ihrer angestammten Nachbarschaft keine bezahlbare Wohnung finden. Für Mieter besonders belastend sind zudem Situationen, in denen der Vermieter eine bauliche Veränderung in missbräuchlicher Weise bzw. in der Absicht ankündigt oder durchführt, den Mieter zur Beendigung des Mietverhältnisses zu veranlassen (sog. Herausmodernisieren). **Pflichtverletzungen des Vermieters** im Zusammenhang mit der Ankündigung oder Durchführung einer Modernisierung begründen für den Mieter **Schadensersatzansprüche.** Das Gesetz enthält in diesem Zusammenhang gesetzliche Vermutungen, einen nach allgemeinen Vorschriften bestehenden Schadensersatzanspruch wegen Verletzung einer Pflicht aus dem Mietverhältnis bei einer Modernisierung für den Mieter leichter durchsetzbar zu machen. Die Vermutungsgrundlagen betreffen Verhaltensweisen, die ein sogenanntes »bewusstes Herausmodernisieren« nahelegen. Der Mieter wird vor gezieltem Herausmodernisieren dadurch geschützt, dass die hierzu typischerweise verwendeten Vorgehensweisen benannt werden und vermutet wird, dass hierdurch Pflichten aus dem Schuldverhältnis (insbesondere zur Rücksichtnahme gemäß § 241 Abs. 2 BGB) verletzt werden, was aufgrund der allgemeinen Vorschriften einen Schadensersatzanspruch begründet (§§ 280 ff. BGB). Der Vermieter hat die Möglichkeit, die Vermutung zu widerlegen, indem er darlegt und gegebenenfalls beweist, dass es für sein Verhalten einen nachvollziehbaren objektiven Grund gibt.

Es wird vermutet, dass der Vermieter seine **Pflichten aus dem Schuldverhältnis verletzt** hat, wenn (§ 559d Satz 1 BGB)

- mit der baulichen Veränderung **nicht innerhalb von zwölf Monaten** nach deren angekündigtem Beginn oder, wenn Angaben hierzu nicht erfolgt sind, nach Zugang der Ankündigung der baulichen Veränderung begonnen wird (die Ankündigung einer baulichen Veränderung, die eigentlich nicht gewollt ist und mit der dementsprechend auch nicht begonnen wird, dient regelmäßig dem Zweck, den Mieter zur Kündigung zu veranlassen), § 559d Satz 1 Nr. 1 BGB;
- in der Modernisierungsankündigung ein Betrag für die zu erwartende Mieterhöhung angegeben wird, durch den die **monatliche Miete mindestens verdoppelt** würde (da die Ankündigung einer solchen Mieterhöhung zudem bei vielen Mietern Angst auslöst, sich die Miete zukünftig nicht mehr leisten zu können, dürfte regelmäßig ein vorhersehbarer kausaler Zusammenhang zwischen einer solchen Ankündigung und der Beendigung des Mietverhältnisses durch den Mieter bestehen), § 559d Satz 1 Nr. 2 BGB;

- die bauliche Veränderung in einer Weise durchgeführt wird, die geeignet ist, zu erheblichen, **objektiv nicht notwendigen Belastungen des Mieters** zu führen (dies ist beispielsweise der Fall bei mehrmonatigem Verhängen der Fenster mit einer blickdichten Plane, ohne dass im zeitlichen Anschluss überhaupt Maßnahmen durchgeführt werden, für die eine solche Plane notwendig ist), § 559d Satz 1 Nr. 3 BGB oder
- die Arbeiten nach Beginn der baulichen Veränderung **mehr als zwölf Monate ruhen** (auch die langanhaltende Unterbrechung eine Baumaßnahme an einer vermieteten Wohnung hat oftmals zum Hintergrund, dass der Mieter zur Kündigung veranlasst werden soll), § 559d Satz 1 Nr. 4 BGB.

Diese Vermutung gilt nicht, wenn der Vermieter darlegt und gegebenenfalls beweist, dass für das Verhalten im Einzelfall ein nachvollziehbarer objektiver Grund vorliegt (§ 559d Satz 2 BGB).

» Der Vermieter kann etwa die Vermutung des § 559d Satz 1 Nr. 1 BGB schon dadurch widerlegen, dass er darlegt, dass die deutliche Verzögerung des Baubeginns nicht auf ihn zurückzuführen ist bzw. von ihm nicht zu verantworten ist. Dies ist z.B. der Fall, wenn der Vermieter aus nachvollziehbaren Gründen von einer ernsthaft geplanten Maßnahme Abstand genommen hat, beispielsweise aufgrund der Veränderung seiner eigenen finanziellen Situation, wegen der Vorrangigkeit anderer Maßnahmen, oder wenn die Maßnahme sich z.B. wegen Verzögerungen in Genehmigungsverfahren oder wegen der schlechten Verfügbarkeit von Handwerkern zeitlich verschoben hat.

8.4.4 Außerordentliches Kündigungsrecht des Mieters

Wenn der Vermieter die Wohnung modernisieren will, steht Ihnen ein gesetzliches **Sonderkündigungsrecht** zu. Nach Zugang der Modernisierungsankündigung können Sie als Mieter das Mietverhältnis außerordentlich zum Ablauf des übernächsten Monats kündigen.

Die Kündigung muss bis zum Ablauf des Monats erfolgen, der auf den Zugang der Modernisierungsankündigung erfolgt (§ 555e Abs. 1 BGB). Im Falle der Kündigung darf der Vermieter die Modernisierung erst durchführen, wenn Sie die Wohnung geräumt haben.

» Hat der Vermieter am 15.4. die Modernisierung angekündigt, kann der Mieter bis zum 31.5. die Kündigung aussprechen. Er muss dann spätestens am 30.6. aus der Wohnung ausziehen.

Achtung: Kein Sonderkündigungsrecht steht Ihnen ausnahmsweise bei Maßnahmen zu, die mit keiner oder nur mit einer unerheblichen Einwirkung auf die vermieteten Räume verbunden sind und zu keiner oder nur zu einer unerheblichen Erhöhung der Miete führen (§§ 555e Abs. 2, 555c Abs. 4 BGB). Von einer unerheblichen Einwirkung auf die vermieteten Räume ist nur bei ganz unbedeutenden Maßnahmen auszugehen, durch die der normale Lebensablauf in den Wohnräumen des Mieters nicht nennenswert gestört wird (z.B. Auswechslung der Heizkörperventile oder Einbau einer Klingelanlage). Hinzukommen muss, dass die Modernisierungsmaßnahme mit einer unerheblichen Mieterhöhung verbunden ist. Als unerheblich wird eine Mieterhöhung von bis zu 5 % angesehen (LG Berlin, Az. 64 S 387/85).

8.5 Wenn zwischen Vermieter und Mieter eine Modernisierungsvereinbarung abgeschlossen werden soll

Der Vermieter kann nach Abschluss des Mietvertrags für Modernisierungsmaßnahmen mit dem Mieter eine Modernisierungsvereinbarung schließen. Damit hat er neben dem oben aufgezeigten Verfahren, für konkrete Maßnahmen der Modernisierung die Duldung des Mieters zu verlangen, auch die Möglichkeit, im Einzelfall eine einvernehmliche Regelung mit dem Mieter zu treffen.

Insbesondere können Regelungen getroffen werden über (§ 555f BGB)

- die zeitliche und technische Durchführung der Maßnahmen,
- Gewährleistungsrechte und Aufwendungsersatzansprüche des Mieters und
- die künftige Miethöhe.

Konkret kann eine **Modernisierungsvereinbarung** insbesondere enthalten:

- die Beschreibung der geplanten Modernisierungsmaßnahmen,
- Beginn und Dauer der Baumaßnahmen,
- die Verpflichtung des Mieters, die Modernisierungsmaßnahmen zu dulden,
- die Bestätigung des Mieters, dass keine Härtegründe vorliegen,
- das Gebot gegenseitiger Rücksichtnahme,
- eine Regelung für den Fall, dass ein vorübergehender Auszug des Mieters aus der Wohnung notwendig ist,
- die Festlegung, ob bzw. in welchem Umfang eine Mietminderung wegen Beeinträchtigung des Mietgebrauchs zulässig ist,
- die Regelung einer etwaigen Mieterhöhung wegen der Woh nungsmodernisierung,
- die Regelung des Anspruchs des Mieters auf Aufwendungsersatz,
- die Regelung über notwendige Reinigungsarbeiten nach Beendigung der Baumaßnahme,
- den Hinweis auf das dem Mieter gesetzlich zustehende außerordentliche Kündigungsrecht,
- die Festlegung, dass die Modernisierungsvereinbarung Bestandteil des Mietvertrags ist.

Eine bestimmte Form für die Vereinbarung schreibt das Gesetz nicht vor. Aus Beweisgründen ist jedoch die **Schriftform** zu empfehlen. Durch eine Modernisierungsvereinbarung wird der Mietvertrag nachträglich ergänzt, abgeändert oder modifiziert.

Der Vermieter kann Sie als Mieter nicht zwingen, eine Modernisierungsvereinbarung abzuschließen. Auf jeden Fall kann eine entsprechende Vereinbarung erst **nach Abschluss des Mietvertrags** getroffen werden. Das gilt auch für bereits geplante Maßnahmen und auch dann, wenn mit der Modernisierung zum Zeitpunkt des Vertragsschlusses bereits begonnen wurde. Die Modernisierungsvereinbarung muss **immer eine konkrete Maßnahme** betreffen. Es genügt also nicht, dass der Vermieter »irgendwann« modernisieren will. Zwar muss der Beginn der Bauarbeiten nicht unmittelbar bevorstehen, es muss allerdings eine Planung vorliegen, aus der sich die konkreten Einzelheiten über den Zeitpunkt der Durchführung und die Art der Modernisierung ergeben.

Achtung: Beim Abschluss einer Modernisierungsvereinbarung ist immer Vorsicht geboten, da sie mietrechtliche **Schutzklauseln außer Kraft** setzen kann. So ist es beispielsweise zulässig, dass der Mieter vertraglich auf das ihm zustehende Sonderkündigungsrecht oder auf sein Zurückbehaltungsrecht verzichtet. Bevor Sie eine solche Vereinbarung unterschreiben, sollten Sie sich unbedingt von Ihrem örtlichen Mieterverein oder einem **fachkundigen Anwalt** beraten lassen!

8.6 Wenn der Vermieter wegen der Modernisierung die Miete erhöhen will

Nach einer Modernisierung wird der Vermieter regelmäßig die mit dem Mieter vereinbarte Miete erhöhen wollen. Dazu kann er auf der Grundlage der ihm entstandenen Kosten **8 %** seiner Modernisierungsaufwendungen **auf die Jahresmiete** aufschlagen. Allerdings ist nicht für jede Modernisierungsmaßnahme eine Mieterhöhung zulässig.

Achtung: Anstatt den pauschalen Modernisierungszuschlag zu verlangen, kann der Vermieter die Miete unter Berufung auf die ortsübliche Vergleichsmiete erhöhen, weil die Miete im Regelfall aufgrund der **verbesserten Ausstattung** im Vergleich zum Altzustand höher sein wird. In diesem Fall muss er die allgemeinen Voraussetzungen einer solchen Mieterhöhung einhalten (vgl. dazu 11.1). Nicht zulässig ist es aber, dass der Vermieter zuerst die Miete auf die ortsübliche Vergleichsmiete für die modernisierte Wohnung erhöht und danach noch zusätzlich den Modernisierungszuschlag von 8 % der Modernisierungsaufwendungen erhebt.

8.6.1 Für welche Modernisierungsmaßnahmen die Miete erhöht werden darf

Der Vermieter kann bei bestimmten Modernisierungsmaßnahmen die Miete durch eine einseitige Erklärung, die nicht der Zustimmung des Mieters bedarf, den aufgewendeten Kosten entsprechend, erhöhen. Eine solche Mieterhöhung ist möglich bei Maßnahmen

- durch die in Bezug auf die Mietsache Endenergie nachhaltig eingespart wird (energetische Modernisierung),
- durch die der Wasserverbrauch nachhaltig reduziert wird,
- durch die der Gebrauchswert der Wohnung nachhaltig erhöht wird,
- durch die die allgemeinen Wohnverhältnisse auf Dauer verbessert werden,
- die aufgrund von Umständen durchgeführt werden, die der Vermieter nicht zu vertreten hat, und die keine Erhaltungsmaßnahmen sind (§ 559 Abs. 1 BGB).

Wegen der Einzelheiten zu diesen baulichen Maßnahmen vgl. 8.1.

Achtung: Keine Mieterhöhung ist möglich, wenn durch die baulichen Maßnahmen nicht erneuerbare Primärenergie eingespart oder das Klima nachhaltig geschützt wird oder wenn neuer Wohnraum geschaffen wird.

8.6.2 Wann die Miete nicht erhöht werden darf

Der Vermieter darf die Miete nicht erhöhen, wenn er sich bereits bei Abschluss des Mietvertrags verpflichtet hat, die Wohnung zu modernisieren, und der Mieter nur unter dieser Bedingung den Mietvertrag unterschrieben hat. Eine Mieterhöhung wegen Modernisierung ist auch dann ausgeschlossen, wenn dies im Mietvertrag ausdrücklich so vereinbart ist.

Der Vermieter darf die Miete auch dann nicht erhöhen, wenn eine **Staffel- oder Indexmiete vereinbart** wurde. Bei der Indexmiete darf der Vermieter die Miete allerdings dann erhöhen, wenn bauliche Maßnahmen aufgrund von Umständen erforderlich werden, die der Vermieter nicht zu vertreten hat (z. B. aufgrund öffentlich-rechtlicher Vorschriften oder behördlicher Anordnung).

! Die **Mieterhöhung wegen Modernisierung ist ausgeschlossen,** soweit sie auch unter Berücksichtigung der voraussichtlichen künftigen Betriebskosten für den Mieter eine Härte bedeuten würde, die auch unter Würdigung der berechtigten Interessen des Vermieters nicht zu rechtfertigen ist. Umstände, die eine Härte begründen, werden aber nur berücksichtigt, wenn sie dem Vermieter rechtzeitig mitgeteilt worden sind. Wegen der Einzelheiten vgl. 8.6.5.

8.6.3 In welchem Umfang der Vermieter die Miete erhöhen darf

Der Vermieter darf die Miete wegen einer Modernisierungsmaßnahme nur innerhalb der gesetzlichen Grenzen erhöhen.

Höhe der neuen Miete

Durch eine Modernisierungsmieterhöhung kann die **jährliche Miete um 8 %** der für die Wohnung aufgewendeten Kosten erhöht werden (§ 559 Abs. 1 BGB). Ein Zwölftel davon bildet dann die monatliche Mieterhöhung zur zuletzt gezahlten monatlichen Miete. Sind die baulichen Maßnahmen für mehrere Wohnungen durchgeführt worden, so sind die Kosten angemessen auf die einzelnen Wohnungen aufzuteilen (§ 559 Abs. 3 BGB).

! Bei einer Modernisierungsmieterhöhung besteht eine **Kappungsgrenze:** Danach darf die Miete innerhalb von sechs Jahren um nicht mehr als 3,– € pro Quadratmeter Wohnfläche steigen. Beträgt die monatliche Miete vor der Mieterhöhung weniger als 7,– € pro Quadratmeter, darf der Vermieter sie sogar nur um maximal 2,– € je Quadratmeter erhöhen (§ 559 Abs. 3a BGB). Somit dürfen Vermieter zwar innerhalb von sechs Jahren mehrfach modernisieren, eine Erhöhung der Miete auf insgesamt mehr als 3,– € bzw. 2,– € je Quadratmeter ist aber nicht zulässig.

Umlagefähige Kosten

Die Mieterhöhung ist grundsätzlich nach den Kosten zu berechnen, die vom Vermieter für die Wohnung aufgewendet worden sind. Umlagefähig sind nur die Kosten für solche baulichen Änderungen, durch die in Bezug auf die Mietsache **Endenergie nachhaltig eingespart** wird (energetische Modernisierung), der **Wasserverbrauch nachhaltig reduziert** wird, durch die der **Gebrauchswert der Wohnung nachhaltig erhöht** wird oder durch die die allgemeinen **Wohn-**

verhältnisse auf Dauer verbessert werden. Außerdem darf der Vermieter auch die Kosten für solche Maßnahmen zur Modernisierung ansetzen, die er aufgrund von Umständen durchführen muss, die er nicht zu vertreten hat (§ 559 Abs. 1 BGB). Das sind in erster Linie Änderungen, die dem Vermieter **gesetzlich vorgeschrieben** werden (z.B. die Kosten für den Einbau von Thermostatventilen).

Zu den berücksichtigungsfähigen Kosten gehören in erster Linie die **Baukosten,** also Material- und Handwerkerkosten. Als Kosten darf der Vermieter in diesem Zusammenhang auch die seiner Eigenleistungen ansetzen, also die Kosten, die er sonst einem Handwerker hätte zahlen müssen. Voraussetzung ist allerdings, dass seine Handwerkerleistungen zumindest durchschnittlicher Qualität entsprechen. Neben den Baukosten darf der Vermieter auch die sogenannten Nebenkosten umlegen; das sind die Kosten, die in einem ursächlichen Zusammenhang mit der Modernisierungsmaßnahme entstehen (z.B. Architektenleistungen, Kosten der Rechtsberatung, Reinigungskosten). Nicht als Baunebenkosten umlegbar sind allerdings reine Verwaltungsleistungen wie die Koordinierung und die Überwachung der Arbeiten, Mietminderungen aufgrund der mit der baulichen Maßnahme verbundenen Lärm- und Schmutzbeeinträchtigungen von anderen Mietern und die Kosten für die Finanzierung der Modernisierungsmaßnahme (z.B. Zinsen für aufgenommene Kredite).

! Nur diejenigen Modernisierungskosten sind im Rahmen der Mieterhöhung ansatzfähig, die **tatsächlich notwendig** sind. Unnötige, unzweckmäßige oder überhöhte Aufwendungen dürfen nicht angesetzt werden (BGH, Az. VIII ZR 41/08). Gleichwohl werden Umfang, Art und Weise der baulichen Maßnahme allein vom Vermieter bestimmt. Unabhängig davon ist aber der Vermieter in Hinblick auf die letztlich vom Mieter zu tragenden Kosten verpflichtet, angemessen zu wirtschaften. Anderenfalls steht dem Mieter ein Schadensersatzanspruch zu, der auf Freistellung von unnötigen Kosten gerichtet ist.

Kosten für Instandhaltungsmaßnahmen dürfen nicht berücksichtigt werden

Kosten für reine Instandhaltungs- und Instandsetzungsmaßnahmen darf der Vermieter nicht auf die Miete umlegen. Schließlich dienen diese Kosten nur dazu, den Gebrauchswert der Wohnung zu erhalten. Die entsprechenden Kosten hat deshalb allein der Vermieter zu tragen. Von der reinen Instandsetzung ist eine Modernisierungsmaßnahme zu unterscheiden, durch welche eine notwendige Instandsetzung erspart wird (sog. modernisierende Instandsetzung). In diesem Fall sind die hypothetischen Instandsetzungskosten von den tatsächlichen Modernisierungskosten abzuziehen. Soweit erforderlich sind diese Kosten durch Schätzung zu ermitteln (§ 559 Abs. 2 BGB).

In der Praxis ist es allerdings häufig schwer, **Reparaturarbeiten von Modernisierungsmaßnahmen zu unterscheiden.** Wenn der Vermieter z.B. morsche, einfach verglaste Holzfenster durch einfach verglaste Kunststofffenster ersetzt, liegt lediglich eine Instandsetzung vor, die den Vermieter nicht zur Mieterhöhung wegen Modernisierung berechtigt. Eine Modernisierungsmaßnahme liegt aber dann vor, wenn der Vermieter einfach verglaste Holzfenster gegen doppelt verglaste Kunststofffenster ersetzt. Und wenn morsche, einfach verglaste Holzfenster gegen doppelt verglaste Kunststofffenster ausgewechselt werden, handelt es sich sowohl um eine Reparatur als auch um eine Modernisierung. Deshalb muss der Vermieter die Kosten, die er durch die Reparatur der morschen Holzfenster gespart hat, von den ihm entstandenen Kosten abziehen. Umlagefähig sind in diesem Fall also lediglich die Mehrkosten der doppelt verglasten Kunststofffenster gegenüber jenen für einfach verglaste Fenster. Waren dagegen die alten Fenster nicht reparaturbedürftig, kann der Vermieter die gesamten Modernisierungskosten ansetzen. Soweit erforderlich, sind die Kosten, die für Erhaltungsmaßnahmen erforderlich gewesen wären, durch Schätzung zu ermitteln.

» A zahlt 300,– € monatlich Miete. Der Vermieter ersetzt die morschen Holzfenster durch Isolierglasfenster. Seine Kosten belaufen sich auf 5.000,– €. Darin enthalten sind fiktive Reparaturkosten von 600,– €. Mithin belaufen sich die Modernisierungskosten auf 4.400,– €. Davon kann der Vermieter 8 %, also 352,– € auf die Miete aufschlagen. Die monatliche Mieterhöhung beträgt 29,33 €, die neue Miete 329,33 € monatlich.

Weitere nicht umlagefähige Kosten

Nicht umlegen darf der Vermieter auch

- die Finanzierungskosten (OLG Hamburg, Az. 4 U 203/80),
- die Kreditbeschaffungskosten (z.B. Disagio, Notar- und Grundbuchgebühren),
- den Mietausfall, wenn z.B. der Mieter wegen der Baumaßnahmen vorübergehend keine Miete zahlt.

Drittmittel müssen angerechnet werden

Kosten, die vom Vermieter oder für diesen von einem Dritten übernommen oder die mit Zuschüssen aus öffentlichen Haushalten gedeckt werden, gehören nicht zu den für die Modernisierung aufgewendeten und damit umlagefähigen Kosten (§ 559a Abs. 1 BGB). Anrechnungspflichtig sind in erster Linie **Zuschüsse aus öffentlichen Haushalten,** die dem Vermieter gerade zu dem Zweck gewährt werden, die Kosten der Modernisierungsmaßnahmen ganz oder teilweise zu decken.

Achtung: Der Vermieter ist allerdings nicht verpflichtet, eine mögliche finanzielle Förderung in Anspruch zu nehmen. Wenn er es aber tut, muss er die finanziellen Vorteile an den Mieter weitergeben. Vom Bauaufwand abzuziehen sind also Kosten, die mit Zuschüssen aus öffentlichen Mitteln gedeckt worden sind.

Werden die Kosten für die Modernisierungsmaßnahmen ganz oder teilweise durch **zinsverbilligte oder zinslose Darlehen** aus öffentlichen Haushalten gedeckt, so verringert sich der Erhöhungsbetrag um den Jahresbetrag der Zinsermäßigung. Dieser wird errechnet aus dem Unterschied zwischen dem ermäßigten Zinssatz und dem marktüblichen Zinssatz für den Ursprungsbetrag des Darlehens (§ 559a Abs. 2 BGB).

! Wenn sich der Mieter an den Modernisierungsaufwendungen des Vermieters beteiligt (z.B. in Form eines Mietdarlehens oder einer Mietvorauszahlung), müssen diese Leistungen selbstverständlich auch bei der Mieterhöhung zugunsten des Mieters berücksichtigt werden.

Einsichtsrecht des Mieters

Der Mieter hat grundsätzlich das Recht, die Originalunterlagen, die der Mieterhöhung zugrunde liegen, einzusehen. Er kann also z.B. vom Vermieter verlangen, dass er ihm die **Handwerkerrechnungen** oder die Materialrechnungen vorlegt. In diesem Zusammenhang hat der Mieter dann auch Gelegenheit zu prüfen, ob es sich bei den durchgeführten baulichen Maßnahmen um Modernisierungsmaßnahmen handelt, die den Vermieter zur Erhöhung der Miete berechtigen, oder eine Reparatur, also eine Instandsetzungsmaßnahme vorliegt, für die allein der Vermieter aufkommen muss.

8.6.4 Wie eine wirksame Modernisierungsmieterhöhung aussehen muss

Will der Vermieter wegen einer Modernisierungsmaßnahme die Miete erhöhen, muss sein Erhöhungsverlangen bestimmten formalen und inhaltlichen Anforderungen genügen.

Form des Mieterhöhungsverlangens

Der Vermieter muss dem Mieter die Mieterhöhung in **Textform** erklären (§ 559b Abs. 1 Satz 1 BGB). Die Erklärung kann also insbesondere in Schriftform oder per Fax oder E-Mail erfolgen. Eine mündliche Mieterhöhungserklärung ist unwirksam (§ 125 BGB).

Achtung: Die gesetzlich vorgeschriebene Form gilt für die **gesamte Mieterhöhungserklärung,** also sowohl für die Berechnung als auch für Erläuterungen. Der Vermieter kann also nicht wirksam auf andere Schriftstücke, insbesondere auf die Ankündigung der Modernisierungsmaßnahme Bezug nehmen.

Absender und Adressat

Absender und Adressat des Mieterhöhungsverlangens müssen die im **Mietvertrag bezeichneten Vertragsparteien** sein. Bei einer Mehrheit von Beteiligten muss die Erklärung von allen Vermietern abgegeben werden und sämtlichen Mietern in der vorgeschriebenen Form zugehen. Zulässig ist es, dass einem Mieter (z.B. durch den Mietvertrag) Empfangsvollmacht erteilt wird. In diesem Fall genügt es, wenn gegenüber diesem Mieter die Mieterhöhung erklärt wird.

Inhaltliche Anforderungen

In der Mieterhöhungserklärung muss der Vermieter den **Erhöhungsbetrag** und dessen Berechnung **nachvollziehbar** darlegen und erläutern (§ 559b Abs. 1 Satz 2 BGB). Damit soll der Mieter in die Lage versetzt werden, nachzuvollziehen, wofür und in welchem Umfang er die Mieterhöhung zahlen soll. Vom Vermieter sind anzugeben

- der Gesamtbetrag der Baukosten,
- gegebenenfalls die Kürzung durch Drittmittel,
- die Kosten der einzelnen Maßnahmen, unter Umständen auch die Aufteilung nach Gewerken innerhalb der einzelnen Maßnahmen,

- bei mehreren Wohnungen der Verteilerschlüssel und der auf die Wohnung des Mieters entfallende Betrag und
- die konkrete Mieterhöhung pro Monat.

Die Mieterhöhungserklärung ist **nur wirksam,** wenn die verlangte **Erhöhung** der Miete **aufgrund der tatsächlich entstandenen Bau- und Baunebenkosten berechnet** wird. Wurden zusammen mit der Modernisierungsmaßnahme gleichzeitig Instandsetzungsmaßnahmen durchgeführt, muss der Anteil der nicht umlagefähigen Instandsetzungskosten angegeben und erläutert werden. Es reicht also nicht aus, einen pauschalen Betrag abzuziehen. Der Abzug muss sich auf die einzelnen Maßnahmen und Gewerke beziehen. Die Einzelmaßnahmen müssen im Mieterhöhungsverlangen ausführlich und verständlich auch dahin gehend erläutert werden, was die Instandsetzungsarbeiten gekostet hätten.

Bestehen die Modernisierungsmaßnahmen aus unterschiedlichen Gewerken (z.B. Maurer- und Installationsarbeiten), müssen die **Kosten auf die einzelnen Gewerke aufgeteilt** werden. Ausreichend ist es, wenn die Gesamtkosten der einzelnen Gewerke angegeben werden.

Die Mieterhöhung ist nur wirksam, wenn sie **eingehend erläutert** ist. Aus der Erläuterung muss der Mieter erkennen können, ob die einzelnen Maßnahmen überhaupt Modernisierungsmaßnahmen im Sinne des Gesetzes sind, die eine Mieterhöhung rechtfertigen. Ausreichend ist eine Beschreibung, aufgrund derer der Mieter beurteilen kann, ob eine auf die Miete umlegungsfähige Modernisierungsmaßnahme vorliegt. Eine gesonderte Erläuterung ist nicht erforderlich, wenn sich bereits aus der Berechnung die Rechtsnatur der betreffenden Baumaßnahme ergibt.

» Ersetzt der Vermieter vorhandene Isolierglasfenster durch neue Fenster, kann er die Miete aufgrund dieser Maßnahme nur dann erhöhen, wenn er in der Erläuterung der Mieterhöhung nicht nur die Beschaffenheit der neuen Fenster (etwa durch Angabe des Wärmedurchgangskoeffizienten) beschreibt, sondern auch den Zustand der alten Fenster so genau angibt, dass der Mieter einen entsprechenden Vergleich anstellen und den vom Vermieter in der Mieterhöhungserklärung aufgezeigten Energiespareffekt beurteilen kann. Dies gilt jedenfalls dann, wenn der Mieter keine weiteren Erkenntnisse über die Qualität der alten Fenster hat (BGH, Az. VIII ZR 47/05). In der Mieterhöhungserklärung nach der Modernisierung müssen die fiktiven Instandsetzungskosten nachvollziehbar aus den Gesamtkosten ausgegliedert und die durch die eingebaute Toilettenspülung erzielbare Wassereinsparung dargelegt werden. Werden die Elektrosteigleitungen verstärkt, müssen die Leistungsmerkmale der alten und der neuen Anlage gegenübergestellt werden. Dagegen stellt der Einbau einer einbruchshemmenden Wohnungseingangstür ebenso wie derjenige eines Vordachs über der Hauseingangstür eine auf der Hand liegende Modernisierungsmaßnahme dar (LG Berlin, Az. 64 S 170/02).

Achtung: Wenn der Vermieter gegen die genannten gesetzlichen Vorgaben verstößt, ist die Mieterhöhung unwirksam. Allerdings kann er die Modernisierungsmieterhöhung jederzeit in verbesserter Form wiederholen. Es ist allerdings erforderlich, dass der Vermieter die Mieterhöhung vollständig neu vornimmt. Eine nachträgliche Heilung der Unwirksamkeit (z.B. indem der Vermieter Informationen nachreicht) ist nicht möglich.

Entbehrlich ist die Angabe des Zeitpunkts, zu dem die Mieterhöhung wirksam wird, weil sich dieser bereits aus dem Gesetz ergibt.

Der Mieter hat keinen Anspruch darauf, dass der Mieterhöhungserklärung die Rechnungen und Belege beifügt oder vom Vermieter vorgelegt werden. Allerdings kann der Mieter **Einsicht in die Unterlagen verlangen** (vgl. 8.6.3).

Zeitpunkt des Mieterhöhungsverlangens

Die Mieterhöhungserklärung des Vermieters darf dem Mieter erst **nach vollständiger Durchführung der Modernisierungsmaßnahmen** zugehen. Eine vorher abgegebene Erhöhungserklärung ist unwirksam, sie kann aber jederzeit nach Abschluss der Maßnahmen wiederholt werden. In jedem Fall müssen die Gesamtkosten für die Modernisierungsmaßnahmen feststehen, bevor gegenüber dem Mieter die Mieterhöhung erklärt wird. Unzulässig ist eine auf vorläufige Kosten gestützte Mieterhöhung. Nicht erforderlich ist allerdings, dass schon sämtliche Gewerke bezahlt sind; es reicht aus, wenn dem Vermieter die Rechnungen über die durchgeführten Arbeiten vorliegen (BGH, Az. VIII ZR 294/11).

8.6.5 Einwand des Mieters wegen unzumutbarer (finanzieller) Härte

Als Mieter müssen Sie die Erhöhung der Miete nicht hinnehmen, wenn Sie die Modernisierung abgelehnt haben, weil Sie nicht verpflichtet waren, diese zu dulden (vgl. 8.3).

Ferner ist die Mieterhöhung ausgeschlossen, wenn die modernisierungsbedingte Erhöhung der Miete auch unter Berücksichtigung der voraussichtlichen künftigen Betriebskosten für Sie zu einer **finanziellen Härte** führt, die auch unter Würdigung der berechtigten Interessen des Vermieters nicht zu rechtfertigen ist (§ 559 Abs. 4 Satz 1 BGB). Abzuwägen sind also die Interessen des Vermieters und des Mieters. Das berechtigte Interesse des Vermieters besteht darin, seine Aufwendungen für die Modernisierungsmaßnahmen durch die Mieterhöhung zu refinanzieren.

Bei der Frage, ob die Mieterhöhung für den Mieter zumutbar ist, kommt es auf dessen finanzielle Leistungsfähigkeit an. Für diese Beurteilung ist das **monatliche Nettoeinkommen des Mieters** von wesentlicher Bedeutung. Entscheidend ist dann, ob dem Mieter von seinem Einkommen so viel verbleibt, dass er im Wesentlichen an seiner bisherigen Lebensführung festhalten kann (LG Berlin, Az. 65 S 285/09). Häufig gehen die Gerichte davon aus, dass vom Mieter nach der Modernisierung eine Miete zwischen 25 % und 30 % des monatlichen Nettoeinkommens noch geduldet werden muss. Entscheidend sind jedoch immer die Umstände des Einzelfalls (z.B. Einkommen, Wohngeld, Verhältnis von Kosten und Nutzen) und damit die jeweilige individuelle wirtschaftliche Situation des Mieters bei Abwägung aller Umstände.

! Dass eine finanzielle Härte vorliegt, muss der Mieter im Streitfall vor Gericht nachweisen, indem er seine Einkommensverhältnisse offenlegt. Den Einwand der finanziellen Härte muss er innerhalb der gesetzlichen Frist, das heißt bis zum Ablauf des Monats, der auf den Zugang der Ankündigung der Modernisierung folgt, in Textform mitteilen (vgl. dazu 8.3.2).

Die Prüfung, ob für den Mieter eine finanzielle Härte vorliegt, entfällt, wenn die Mietsache lediglich in einen Zustand versetzt wurde, der allgemein üblich ist. Der Vermieter darf also die Wohnung durch eine Modernisierung in einen gängigen Standard versetzen, und zwar selbst dann, wenn damit eine erhebliche Mieterhöhung verbunden ist, die für den Mieter nicht mehr tragbar ist. In den allgemein üblichen Zustand werden die gemieteten Räume versetzt, wenn dieser Zustand bei der überwiegenden Mehrzahl von Mieträumen – mindestens zwei Drittel – in Gebäuden gleichen Alters innerhalb der Region angetroffen wird (BGH, Az. VIII ARZ 5/91). Die Härtefallprüfung entfällt auch dann, wenn die Modernisierungsmaßnahme aufgrund von Umständen durchgeführt wurde, die der Vermieter nicht zu vertreten hatte. Dazu gehören bauliche Maßnahmen, die der Vermieter aufgrund technischer Änderungen oder unerwarteter gesetzlicher oder behördlicher Maßnahmen durchführen muss (§ 559 Abs. 4 Satz 2 BGB).

8.6.6 Wann die erhöhte Miete fällig wird

Wann die erhöhte Miete fällig wird, hängt davon ab, ob das Mieterhöhungsverlangen des Vermieters formell und inhaltlich wirksam oder die Ankündigung der Mieterhöhung nicht ordnungsgemäß erfolgt ist.

Wirksames Mieterhöhungsverlangen

Eine wirksame Modernisierungsmieterhöhung gilt nicht sofort, sondern erst mit dem **Beginn des dritten Monats,** nachdem sie dem Mieter zugegangen ist (§ 559b Abs. 2 Satz 1 BGB).

» Die Modernisierungsmaßnahme wurde am 15.7. abgeschlossen. Dem Mieter geht das Mieterhöhungsschreiben am 17.7. zu. Die neue Miete ist dann ab Oktober zu entrichten.

Nicht ordnungsgemäße Ankündigung

Wie unter 8.2.1 dargelegt, hat der Vermieter dem Mieter eine Modernisierungsmaßnahme **spätestens drei Monate vor ihrem Beginn** in Textform anzukündigen. Die Modernisierungsankündigung muss Angaben über die Art und den voraussichtlichen Umfang der Modernisierungsmaßnahme in wesentlichen Zügen und den voraussichtlichen Beginn und die voraussichtliche Dauer der Modernisierungsmaßnahme enthalten. Ferner muss der Betrag der zu erwartenden Mieterhöhung sowie die voraussichtlichen künftigen Betriebskosten angegeben werden (§ 555c Abs. 1 BGB). Entspricht die Mieterhöhung nicht diesen gesetzlichen Vorgaben oder ist sie vollständig unterblieben, verschiebt sich der Wirkungszeitpunkt der Mieterhöhung um sechs Monate. Entsprechendes gilt, wenn die tatsächliche Mieterhöhung die angekündigte um mehr als 10 % übersteigt (§ 559b Abs. 2 BGB).

» Der Vermieter hat vergessen, den Mieter vor Beginn der Modernisierungsmaßnahme über die voraussichtliche Mieterhöhung zu informieren. Dieses Versäumnis holt er erst nach Abschluss der Maßnahme zusammen mit der Mieterhöhungserklärung nach. Wenn dem Mieter dieses Schreiben im September zugestellt wird, ist die neue Miete erst ab Juni zu entrichten.

8.6.7 Außerordentliches Kündigungsrecht des Mieters

Wenn der Vermieter wegen Modernisierungsmaßnahmen eine Mieterhöhung verlangt, steht dem Mieter gesetzlich ein **Sonderkündigungsrecht** zu. Keine Bedeutung hat, ob der Vermieter die Mieterhöhung im Rahmen der ortsüblichen Vergleichsmiete oder mittels eines Wertverbesserungszuschlags von 8 % durchführt. Der Mieter kann das Mietverhältnis bis zum Ende des zweiten Monats nach Zugang des Mieterhöhungsverlangens zum Ende des übernächsten Monats kündigen (§ 555e Abs. 1 BGB). Das Sonderkündigungsrecht steht dem Mieter auch dann zu, wenn ein befristetes Mietverhältnis abgeschlossen oder im Mietvertrag die Kündigung für eine bestimmte Zeit ausgeschlossen wurde.

Das Schreiben, mit dem der Vermieter eine höhere Miete verlangt, geht dem Mieter im März zu. In diesem Fall kann er das Mietverhältnis bis 31.5. mit Wirkung zum 31.7. kündigen.

Im Falle der Kündigung wird die Mieterhöhung nicht wirksam. Der Mieter muss dann bis zur Beendigung des Mietverhältnisses nur die bisherige Miete entrichten.

8.7 Modernisierung im vereinfachten Verfahren

Modernisierungsmaßnahmen bis zu einem Betrag von 10.000,– € kann der Vermieter in einem vereinfachten Verfahren ankündigen und berechnen. Voraussetzung dafür ist aber, dass es sich bei den durchgeführten baulichen Maßnahmen überhaupt um Modernisierungsmaßnahmen handelt. Werden verschiedene Maßnahmen gleichzeitig durchgeführt und handelt es sich bei einem Teil der Maßnahmen um reine Instandhaltungsmaßnahmen, so müssen die Kosten, die auf diese Maßnahmen entfallen, zunächst herausgerechnet werden.

Für die Durchführung einer Modernisierung nach einem vereinfachten Verfahren gelten folgende **Besonderheiten** (§ 559c BGB):

- Die Modernisierungskosten dürfen **10.000,– € pro Wohnung** nicht übersteigen.
- Der Vermieter muss in der **Ankündigung der Modernisierungsmaßnahme** angeben, dass er von dem vereinfachten Verfahren Gebrauch macht.
- Wählt der Vermieter das **vereinfachte Verfahren,** so kann er in der Modernisierungsankündigung auf die anderenfalls erforderliche Angabe der voraussichtlichen künftigen Betriebskosten verzichten.
- Einer der wesentlichen **Vereinfachungsaspekte im vereinfachten Verfahren** ist der Verzicht auf die Berechnung der Kosten, die für Erhaltungsmaßnahmen erforderlich gewesen wären, wenn es keine Modernisierung gegeben hätte. In jedem Fall müssen 30 % der Modernisierungskosten als Instandsetzungspauschale abgezogen werden. Der pauschale 30-prozentige Instandhaltungsabzug hat also auch dann zu erfolgen, wenn überhaupt keine Instandhaltungen in der Maßnahme enthalten sind. Ist dagegen der Instandhaltungsaufwand tatsächlich höher, bleibt es gleichwohl bei den 30 %.
- Der Mieter kann sich nicht wie bei dem normalen Verfahren einer Modernisierungsmieterhöhung auf das Vorliegen einer **finanziellen Härte** berufen.
- Werden die Kosten für die Modernisierungsmaßnahmen ganz oder teilweise durch **zinsverbilligte oder zinslose Darlehen** aus öffentlichen Haushalten gedeckt, muss dies – anders als im »normalen« Modernisierungsverfahren – nicht mietsenkend berücksichtigt werden.

- Hat der Vermieter eine Mieterhöhung im vereinfachten Verfahren geltend gemacht, so kann er innerhalb von **fünf Jahren nach Zugang der Mieterhöhungserklärung** beim Mieter keine Mieterhöhungen wegen Modernisierung im normalen Verfahren geltend machen. Dies gilt nicht, soweit der Vermieter in diesem Zeitraum Modernisierungsmaßnahmen aufgrund einer gesetzlichen Verpflichtung durchzuführen hat und er diese Verpflichtung bei Geltendmachung der Mieterhöhung im vereinfachten Verfahren nicht kannte oder kennen musste. Das ist insbesondere der Fall, wenn der Vermieter den Beschluss der Wohnungseigentümer, auf den er unter Umständen keinen Einfluss hatte, sowie die weiteren Modernisierungen noch nicht konkret absehen konnte, als er die Mieterhöhung für die vorangegangene Modernisierung im vereinfachten Verfahren geltend gemacht hat.

9 Wann Sie bauliche Veränderungen in der Wohnung vornehmen dürfen

Häufig ist der Mieter daran interessiert, seine Wohnung attraktiver oder gemütlicher zu gestalten. Und wenn er schon längere Zeit die Wohnung gemietet hat, können sich auch seine Bedürfnisse verändern. So besteht etwa der Wunsch nach einem weiteren Kinderzimmer oder ein älterer Mieter kommt mit den Duscheinstiegen nicht klar. Oder der Mieter will einfach mehr Komfort und will einen Wandschrank einbauen oder einen neuen Parkettboden verlegen.

Wenn der Vermieter nicht bereit ist, in seine Wohnung zu investieren, stellt sich für den Mieter die Frage, ob er die Mietwohnung selbst durch bauliche Maßnahmen verbessern darf und der Vermieter solche Maßnahmen dulden muss. Zum anderen wird der Mieter allerdings ein Interesse daran haben, seine Investitionen abzusichern, wenn er wider Erwarten einmal ausziehen muss.

9.1 Wann die Erlaubnis des Vermieters notwendig ist

Als Mieter sind Sie gut beraten, in Ihrer Wohnung nicht einfach gravierende bauliche Veränderungen ohne Zustimmung des Vermieters durchzuführen, anderenfalls drohen Schadensersatzforderungen und unter Umständen sogar die fristlose Kündigung. Ferner müssen Sie vorgenommene Um- und Einbauten, die Sie ohne Erlaubnis des Vermieters vorgenommen haben, beim Auszug auf Verlangen des Vermieters entschädigungslos entfernen.

Ob Sie als Mieter selbst Modernisierungsmaßnahmen durchführen dürfen, hängt zunächst davon ab, ob der Mietvertrag hierzu eine Regelung trifft oder nicht.

9.1.1 Regelung im Mietvertrag

Wenn im Mietvertrag vereinbart ist, dass der Vermieter Einbauten, Einrichtungen und Installationen des Mieters generell (also auch geringfügige Änderungen) **ausdrücklich erlauben** muss, haben Sie einen Anspruch auf Zustimmung zur geplanten Maßnahme, wenn sich diese im Rahmen des vertragsmäßigen Gebrauchs hält.

» Zum vertragsmäßigen Gebrauch gehören z.B. der Anschluss einer Duschkabine, die Verlegung eines Fernsprechanschlusses, die Anbringung einer Markise, die Einrichtung einer Fernseh(zusatz)antenne. In diesen Fällen darf der Vermieter seine Zustimmung nicht verweigern.

9.1.2 Keine Regelungen im Mietvertrag

Ist im Mietvertrag über die Mietermodernisierung nichts geregelt, so hängt die Zulässigkeit von der Art der Modernisierungsmaßnahme ab. Generell gilt: Maßnahmen, die dem **vertragsgemäßen Gebrauch** dienen, keinen erheblichen Eingriff in die Gebäudesubstanz zur Folge haben und sich bei Beendigung des Mietverhältnisses leicht wieder beseitigen lassen, dürfen Sie ohne Zustimmung des Vermieters vornehmen. Bauliche Veränderungen, die die Bausubstanz der Wohnung verändern, bedürfen der Zustimmung des Vermieters.

Achtung: Die Abgrenzung zwischen erlaubter Nutzung und erlaubnispflichtiger baulicher Veränderung ist manchmal schwierig. Gehen Sie deshalb auf Nummer sicher und holen Sie im Zweifel vor Durchführung der Maßnahme rechtlichen Rat beim örtlichen Mieterverein oder einem fachkundigen Anwalt ein.

Folgende baulichen Maßnahmen hielten die Gerichte **ohne Zustimmung des Vermieters** für zulässig:

- Einbau eines Hochbetts,
- Ersatz eines Kohlebadeofens durch einen Durchlauferhitzer,
- Ausstattung des Balkons mit einer Außensteckdose,
- Ausstattung des Wohnungseingangs mit zusätzlichen Sicherheitsvorrichtungen (ausgenommen nach außen gerichtete Videoinstallationen),

- Montage von Einbauschränken,
- Aufteilung eines Zimmers durch Leichtbauwände,
- Aufstellung eines Pavillon-Zeltes auf der Terrasse,
- Ersatz eines vom Vermieter gestellten PVC-Bodens durch einen Teppichboden,
- Montage einer Einbauküche,
- Verkleidung von Decken und Wänden mit einer Holzvertäfelung,
- Installation einer Türklingel.

Für bauliche Maßnahmen, die in die Gebäudesubstanz eingreifen, benötigen Sie in jedem Fall die Zustimmung des Vermieters. Damit der Vermieter eine sachgerechte Entscheidung treffen kann, müssen Sie ihn über Ihre Pläne so informieren, wie es der Vermieter bei einer Modernisierung seinerseits auch tun müsste (vgl. dazu 8.2.2). Die Ankündigung der Modernisierung sollte also dem Vermieter **drei Monate vor Beginn** der Baumaßnahme zugehen. In der Ankündigung sollten die geplanten Maßnahmen genau beschrieben werden und dem Vermieter sollte mitgeteilt werden, wann mit den Arbeiten begonnen wird und wie lange sie dauern werden. Die Kosten der Maßnahme müssen nicht unbedingt dargelegt werden.

» Die Zustimmung des Vermieters ist erforderlich u.a. für den Einbau eines Bades, einer Etagenheizung oder einer Sauna, die Installation von Isolierglasfenstern, die Verkleidung von Decken mit Styroporplatten, für Wanddurchbrüche, Verlegen von Wasserleitungen und Versetzen von Türen.

9.2 Vermieter entscheidet nach seinem Ermessen

Der Mieter hat grundsätzlich keinen Anspruch darauf, dass der Vermieter ihm gestattet, selbst bauliche Veränderungen an der Wohnung mit dem Ziel einer Modernisierung oder Erhöhung des Wohnkomforts vorzunehmen. Die Erteilung einer derartigen Erlaubnis steht vielmehr im Ermessen des Vermieters. Dieses Ermessen darf der Vermieter jedoch nicht missbräuchlich ausüben.

Urteil

Die Verweigerung einer Mietermodernisierung durch den Vermieter (hier: Einbau einer Gasetagenheizung) ist nicht rechtsmissbräuchlich, wenn der Vermieter sich hierdurch einen Spielraum für eine Mieterhöhung wahren will.

BGH, Az. VIII ZR 10/11

Grundsätzlich ist der Vermieter berechtigt, seine Zustimmung zur baulichen Maßnahme des Mieters von Auflagen und Bedingungen abhängig zu machen. So kann der Vermieter etwa verlangen, dass die Arbeiten von einem Fachmann durchgeführt werden müssen, der Mieter eine Sicherheitsleistung erbringt und dass eine Haftpflichtversicherung für etwaige Bau- und Betriebsschäden abgeschlossen wird.

9.3 Barrierereduzierung, E-Mobilität und Einbruchschutz

Der Mieter kann verlangen, dass ihm der Vermieter bauliche Veränderungen der Mietsache erlaubt, die dem Gebrauch durch **Menschen mit Behinderungen,** dem Laden elektrisch betriebener Fahrzeuge oder dem Einbruchschutz dienen. Der Anspruch besteht nicht, wenn die bauliche Veränderung dem Vermieter auch unter Würdigung der Interessen des Mieters nicht zugemutet werden kann. Der Mieter kann sich im Zusammenhang mit der baulichen Veränderung zur Leistung einer besonderen Sicherheit verpflichten (§ 554 Abs. 1 BGB).

9.3.1 Barrierereduzierung

Der Umbau der Wohnung durch den Mieter kann insbesondere dann notwendig sein, wenn der Mieter wegen Altersbeschwerden oder gar einer Behinderung auf eine **behindertengerechte Nutzung** seiner vier Wände angewiesen ist. Kraft Gesetzes kann deshalb der Mieter vom Vermieter die Zustimmung zu baulichen Veränderungen oder sonstigen Einrichtungen verlangen, die für eine behindertengerechte Nutzung oder den Zugang zu ihr erforderlich sind, es sei denn, dass dem Vermieter die bauliche Veränderung auch unter Würdigung der Interessen des Mieters nicht zugemutet werden kann. Der Vermieter kann seine Zustimmung also nur verweigern, wenn sein Interesse an der unveränderten Erhaltung der Mietsache oder des Gebäudes das Interesse des Mieters an einer behindertengerechten Nutzung der Wohnung überwiegt. Dabei sind auch die Interessen anderer Mieter in dem Gebäude zu berücksichtigen.

» Bauliche Maßnahmen zur behindertengerechten Nutzung der Wohnung sind u.a. die Verbreiterung von Türen, eine behindertengerechte Nasszelle, die Montage von Gehhilfen oder die Installation einer Notrufeinrichtung.

Der Begriff »Behinderung« umfasst sämtliche erheblichen bzw. dauerhaften Einschränkungen der Bewegungsfähigkeit des Mieters. Dabei kommt es nicht darauf an, ob diese bereits bei Beginn des Mietverhältnisses vorhanden sind oder erst im Laufe des Mietverhältnisses entstehen. Den Anspruch auf Durchführung von baulichen Maßnahmen zur behindertengerechten Nutzung der Mietwohnung können deshalb auch alte Menschen geltend machen, die durch eine altersgerechte Umgestaltung ihrer Wohnung einen Umzug ins Pflegeheim vermeiden können.

! Durch die gesetzliche Regelung wird nicht nur der Mieter begünstigt. Ein Anspruch besteht auch in den Fällen, in denen ein in der Wohnung des Mieters lebender Angehöriger oder Lebensgefährte in seiner Bewegungsfähigkeit eingeschränkt wird. Geschützt sind damit alle Personen, die der Mieter berechtigterweise in seiner Wohnung aufgenommen hat. Gleichgültig ist, ob die Person Partei des Mietvertrags ist oder nicht.

9.3.2 E-Mobilität

Der Mieter kann verlangen, dass ihm der Vermieter bauliche Veränderungen der Mietsache erlaubt, die dem **Laden elektrisch betriebener Fahrzeuge** dienen, es sei denn, dass die bauliche Veränderung dem Vermieter auch unter Würdigung der Interessen des Mieters nicht zugemutet werden kann. Elektrisch betriebene Fahrzeuge sind reine Batterieelektrofahrzeuge, von außen aufladbare Hybridelektrofahrzeuge oder Brennstoffzellenfahrzeuge. Erfasst sind daneben aber etwa auch elektrisch betriebene Zweiräder und spezielle Elektromobile für Gehbehinderte, die nicht in den Anwendungsbereich des Elektromobilitätsgesetzes fallen. Dem Laden dieser Fahrzeuge dienen alle baulichen Veränderungen, die es dem Mieter ermöglichen, Strom in Fahrzeuge einzuspeisen bzw. aus diesen auszuspeisen. Erfasst wird damit vor allem die Installation einer Lademöglichkeit, etwa in Form der Verlegung erforderlicher Stromleitungen und des Einbaus eines Ladepunktes, zum Beispiel einer sogenannten Wallbox. Inhaltlich erstreckt sich der Anspruch des Mieters nicht nur auf die Ersteinrichtung einer solchen Ladeinfrastruktur, sondern auch auf Maßnahmen, die der Verbesserung oder Erhaltung einer bereits vorhandenen Lademöglichkeit dienen.

9.3.3 Einbruchschutz

Der Mieter kann verlangen, dass ihm der Vermieter bauliche Veränderungen der Mietsache erlaubt, die dem Einbruchschutz dienen, es sei denn, dass die bauliche Veränderung dem Vermieter auch unter Würdigung der Interessen des Mieters nicht zugemutet werden kann. Erfasst sind bauliche Veränderungen, die geeignet sind, den **widerrechtlichen Zutritt** zur Wohnung des Mieters zu **verhindern,** zu erschweren oder auch nur unwahrscheinlicher zu machen. Der Anspruch ist nicht auf bauliche Veränderungen in Bereichen beschränkt, die dem Mieter zum exklusiven Gebrauch zugewiesen sind, wie es etwa beim Einbau eines Wohnungstürspions der Fall ist. Er kann vielmehr auch auf die Erlaubnis der Ausführung von Einbruchsschutzmaßnahmen in Bereichen des Grundstücks oder des

Gebäudes gerichtet sein, die dem Mieter nur zum Mitgebrauch vermietetet sind. Ein Beispiel ist etwa der Einbau eines einbruchshemmenden Schließsystems an der Hauseingangstür.

9.3.4 Verweigerung der Zustimmung des Vermieters

Der Anspruch auf die oben genannten baulichen Veränderungen besteht nicht, wenn die bauliche Veränderung dem Vermieter auch unter Würdigung der Interessen des Mieters nicht zugemutet werden kann. Verlangt wird also eine Abwägung der nachteiligen Folgen der baulichen Veränderung für den Vermieter mit dem Interesse des Mieters an der Ausführung der Baumaßnahme. Jede Partei trifft die Darlegungs- und Beweislast für die Umstände, die zu ihren Gunsten bei der **Interessenabwägung** zu berücksichtigen sind. Da der Vermieter stets sein Interesse entgegenhalten kann, dass die Mietsache baulich nicht verändert wird, ist in jedem Fall eine Interessenabwägung vorzunehmen. Der Vermieter kann im Streitfall den Mieter also dazu zwingen, sein Interesse an der baulichen Veränderung offenzulegen.

Interessen des Vermieters

Auf Seiten des Vermieters ist zunächst sein sogenanntes **Konservierungsinteresse** zu berücksichtigen. Dieses besteht darin, dass nicht durch eine bauliche Veränderung in die Substanz der Mietsache eingegriffen wird. Dieses Interesse ist typischerweise umso gewichtiger, je umfangreicher der beabsichtigte Eingriff ist. Ebenfalls zu beachten ist das Interesse des Vermieters daran, dass die bauliche Veränderung keine negativen Auswirkungen auf seine Rechtsbeziehungen zu Dritten hat, etwa zu anderen Mietern oder seinem Grundstücksnachbar. Besteht die berechtigte Befürchtung, dass diese gegen den Vermieter wegen der baulichen Veränderung Rechte geltend machen könnten – etwa in Form einer Mietminderung, weil durch die bauliche Veränderung in das Gebrauchsrecht der übrigen Mieter eingegriffen wird – so ist dies über das Vermieterinteresse bei der Interessenabwägung zu berücksichtigen. Zugunsten des Vermieters ist auch ein etwaiges Rückbaurisiko zu berücksichtigen. Zwar ist der Mieter nach allgemeinen Vorschriften bei Vertragsende zum Rückbau der baulichen Veränderung verpflichtet, kommt der Mieter dem aber nicht nach und will der Vermieter die bauliche Veränderung zurückbauen, so muss er den Rückbau auf eigene Kosten ausführen und den Mieter auf Kostenersatz in Anspruch nehmen.

Interessen des Mieters

Auf Seiten des Mieters ist sein Interesse an der Ausführung der baulichen Veränderung zu berücksichtigen. Für den **Abwägungsvorgang** bedeutet dies, dass es nicht zulässig ist, den Anspruch des Mieters mit dem Argument zurückzuweisen, an der begehrten baulichen Veränderung bestehe schon grundsätzlich kein anerkennenswertes Interesse. Es ist hingegen Aufgabe des Abwägungsprozesses, das **Gewicht des Veränderungsinteresses mit dem Gewicht der gegenläufigen Interessen des Vermieters** zu vergleichen. Dabei ist es auch denkbar, bei einem im Einzelfall vergleichbaren Konservierungsinteresse des Vermieters das Bedürfnis eines gehbehinderten Mieters am Einbau eines Treppenliftes stärker zu gewichten als das eines Mieters am Einbau einer einbruchshemmenden Haustür. Bei der Barrierereduzierung ist im Rahmen des Veränderungsinteresses auch das allgemeine Interesse angemessen zu berücksichtigen, Benachteiligung von Menschen mit Behinderungen zu beseitigen sowie ihre gleichberechtigte Teilhabe am Leben in der Gesellschaft zu gewährleisten und ihnen eine selbstbestimmte Lebensführung zu ermöglichen.

Achtung: Ist eine Eigentumswohnung vermietet, so ist eine bauliche Veränderung erst nach einer entsprechenden **Beschlussfassung der Wohnungseigentümer** zulässig. Dies ist bei der Interessenabwägung zu berücksichtigen. Der mit einem Anspruch seines Mieters konfrontierte Vermieter kann daher unter Hinweis hierauf die Erlaubnis zunächst zurückhalten. Die Erteilung der Erlaubnis ist ihm in diesem Stadium nämlich nicht zumutbar. Denn wenn die bauliche Veränderung am Widerstand in der Gemeinschaft scheitert, würden im Falle der bereits erteilten Erlaubnis Mängelrechte des Mieters ausgelöst. Wird dem vermietenden Wohnungseigentümer die vom Mieter begehrte bauliche Veränderung durch Beschluss der Wohnungseigentümer gestattet, entfällt dieser Einwand.

9.3.5 Zusätzliche Mietsicherheit

Der Mieter kann sich im Zusammenhang mit der baulichen Veränderung zur Leistung einer besonderen Sicherheit verpflichten (§ 554 Abs. 1 Satz 3 BGB). Damit soll insbesondere sichergestellt werden, dass die Parteien auf das Rückbaurisiko des Vermieters durch die Verpflichtung des Mieters reagieren können, den Vermieter durch eine Zusatzkaution abzusichern. Der Vermieter kann diese Sicherheit neben der schon vereinbarten und gezahlten Mietkaution verlangen. Die Höhe der Sicherheit hängt vom Umfang der Umbaumaßnahmen und den zu erwartenden **Rückbaumaßnahmen** ab. Grundlage kann insoweit ein Kostenvoranschlag sein.

9.4 Auswirkungen der Mietermodernisierung auf die Miethöhe

Grundsätzlich dürfen Modernisierungen des Mieters vom Vermieter nicht zum Anlass für eine Mieterhöhung genommen werden. **Wohnwertverbesserungen,** die der Mieter vorgenommen und finanziert hat, dürfen bei der Ermittlung der ortsüblichen Vergleichsmiete nicht berücksichtigt werden, wenn nicht die Parteien etwas anderes vereinbart haben oder der Vermieter dem Mieter die verauslagten Kosten erstattet hat. Die vom Mieter auf eigene Kosten geschaffene Wohnwertverbesserung bleibt bei der Ermittlung der Vergleichsmiete auch dann unberücksichtigt, wenn sie auf einer vertraglichen Verpflichtung beruht. Anderenfalls müsste der Mieter die Ausstattung seiner Wohnung im Ergebnis doppelt bezahlen, zunächst beim

Einbau entsprechend der vertraglichen Verpflichtung und später nochmals durch eine auch auf diese Ausstattung gestützte Mieterhöhung (BGH, Az. VIII ZR 315/09).

9.5 Rückbaupflicht des Mieters

Grundsätzlich müssen Sie bei Beendigung des Mietverhältnisses die Mietsache so hinterlassen, wie Sie sie übernommen haben. Das bedeutet im Regelfall, dass von Ihnen veranlasste **Einbauten wieder entfernt** werden müssen. Sie haben also z.B. den von Ihnen verlegten Teppichboden, die angebrachten Holzregale oder die installierte Einbauküche auf Ihre Kosten zu entfernen. Für Schäden, die dabei verursacht werden, haften Sie. Kommen Sie Ihrer Verpflichtung zum Rückbau nicht nach, machen Sie sich schadensersatzpflichtig.

Achtung: Haben Sie mit dem Vermieter keine anderweitige Vereinbarung getroffen, kann der Vermieter auch dann die Beseitigung der Mietereinbauten verlangen, wenn er dem Einbau zugestimmt hat. Dies gilt nicht, wenn der Vermieter aufwendigen Investitionen vorbehaltlos zugestimmt hat.

Der Vermieter kann die Entfernung der baulichen Änderungen vom Mieter insbesondere dann nicht verlangen, wenn

- er sich mit den Umbauarbeiten einverstanden erklärt hat und vereinbart wurde, dass der Mieter beim Auszug den alten Zustand nicht wiederherstellen muss,
- durch die Arbeiten des Mieters die Wohnung erst in einen vertragsgemäßen Zustand versetzt worden ist,
- er nach Ende der Mietzeit die Wohnräume so umbauen will, dass die vorherige Wiederherstellung des früheren Zustands sinnlos wäre (in diesem Fall hat der Vermieter auch keinen Anspruch auf einen Ausgleich in Geld).

! Als Mieter sind Sie berechtigt, Einrichtungen wegzunehmen, mit denen Sie die Mietsache versehen haben. Sie dürfen also nach Beendigung des Mietverhältnisses z.B. die von Ihnen angebrachte Balkonverkleidung oder die montierten Einbauschränke mitnehmen. Dieses Wegnahmerecht kann der Vermieter allerdings abwenden, wenn er Ihnen eine angemessene Entschädigung zahlt, es sei denn, dass Sie ein berechtigtes Interesse an der Wegnahme der Einrichtung vorbringen können (§ 552 Abs. 1 BGB).

9.6 Modernisierungsvereinbarung

Hat Ihnen der Vermieter die Modernisierung der Wohnung erlaubt, sollten Sie unbedingt auf eine **schriftliche Zustimmung** bestehen, um Ihre Investition rechtlich abzusichern. Diese sollte am Besten im Rahmen einer Modernisierungsvereinbarung erfolgen. Allerdings können Sie den Vermieter nicht zwingen, eine Modernisierungsvereinbarung abzuschließen. Konkret kann diese insbesondere enthalten:

- die Bezeichnung und detaillierte Beschreibung der beabsichtigten Baumaßnahmen,
- die Verpflichtung des Mieters, die Maßnahmen in eigenem Namen und auf eigene Kosten durchzuführen,
- einen Hinweis auf die voraussichtlich entstehenden Baukosten,
- Beginn und Dauer der Baumaßnahmen,
- die Verpflichtung des Mieters zur fachgerechten Durchführung der Arbeiten,
- die Verpflichtung des Mieters zum Abschluss einer Haftpflichtversicherung,
- die Abnahme der Arbeiten nach Beendigung der Maßnahme durch den Vermieter,
- den Übergang des Eigentums an den eingebauten Anlagen und Einrichtungen auf den Vermieter,

- unter Umständen Verzicht des Vermieters auf sein ordentliches Kündigungsrecht für die Abwohndauer,
- eine Regelung über künftige Mieterhöhungen,
- die Festlegung, dass die Modernisierungsvereinbarung Bestandteil des Mietvertrags ist.

Eine bestimmte Form für die Vereinbarung schreibt das Gesetz nicht vor. Aus Beweisgründen ist jedoch Schriftform zu empfehlen. Durch eine Modernisierungsvereinbarung wird der Mietvertrag nachträglich ergänzt, abgeändert oder modifiziert.

! Bei kostenaufwendigen Maßnahmen empfiehlt es sich, in der Modernisierungsvereinbarung eine Regelung dahin gehend zu treffen, dass Sie einen im Einzelnen festzulegenden **Wertersatz** erhalten, wenn das Mietverhältnis endet, bevor die Investition abgewohnt ist.

Im Regelfall wird die **Abwohnzeit** nach Ihren Modernisierungskosten berechnet. Einbaukosten gelten in vier Jahren als abgewohnt. Entscheidend ist dabei die zur Zeit des Einbaus gezahlte Kaltmiete ohne Umlagen.

Bei vorzeitigem Auszug des Mieters kann vereinbart werden, dass im ersten Jahr nach der Modernisierung 20 % der Kosten, danach in jedem weiteren Jahr 10 % verfallen. Üblich und für den Mieter oft günstiger sind Vereinbarungen, wonach durch jedes der Modernisierung folgende Jahr 10 % der Investitionskosten abgewohnt werden.

! Weil die endgültigen Investitionskosten erst nach Abschluss der Modernisierungsvereinbarung feststehen, sollten Sie die Belege und Rechnungen sorgfältig aufbewahren und mit dem Vermieter vereinbaren, dass die vor Baubeginn getroffene Vereinbarung noch entsprechend ergänzt wird. Ergänzt werden muss die Vereinbarung nach Abschluss der baulichen Maßnahme auch in Bezug auf das Fertigstellungsdatum, mit dem die Abwohnzeit beginnt.

10 Auf was Sie bei der Betriebskostenabrechnung achten sollten

Betriebskosten sind laufende Kosten, die mit dem Betrieb des Mietobjekts in Zusammenhang stehen. 30 Millionen Betriebskostenabrechnungen werden jährlich in Deutschland verschickt. Nach Einschätzung der örtlichen Mietervereine ist jede zweite Abrechnung falsch, unvollständig oder nicht nachvollziehbar. Deshalb lösen die Abrechnungen regelmäßig Auseinandersetzungen und Streitigkeiten zwischen Mietern und Vermietern aus. Dabei geht es vor allem darum, welche Kosten tatsächlich auf die Mieter umgelegt werden dürfen und welche nicht. Genauso oft wird aber auch über die Frage gestritten, nach welchen Kriterien die Kosten im Haus zu verteilen sind und ob die vom Vermieter angesetzten Betriebskosten wirtschaftlich sind oder nicht.

10.1 Wann der Mieter Betriebskosten zahlen muss

Kraft Gesetzes ist es so, dass die Betriebskosten der Vermieter zu tragen hat; diese sind also gesetzlich Bestandteil der Miete und müssen vom Mieter nicht noch einmal zusätzlich bezahlt werden. Allerdings ist die gesetzliche Regelung nicht zwingend, das heißt, dass der Vermieter davon abweichen kann und dem Mieter die Betriebskosten in Rechnung stellen darf (§ 556 Abs. 1 Satz 1 BGB). Voraussetzung dafür ist aber, dass im **Mietvertrag** zwischen Vermieter und Mieter wirksam vereinbart ist, dass der Mieter neben der Miete auch die Betriebskosten zahlen muss.

- Der Mieter muss **keine Betriebskosten zahlen,** wenn der Mietvertrag darüber keine Regelung enthält. In diesem Fall ist eine Bruttomiete vereinbart.
- Auch bei einem mündlichen Mietvertrag muss der Vermieter die Betriebskosten tragen, wenn mündlich keine Regelung über die Betriebskosten getroffen wurde. Wenn in diesem Fall die

Betriebskosten steigen, darf der Vermieter die Kostensteigerung nicht einfach an den Mieter weiterleiten. Ihm bleibt nur die Möglichkeit, die **Miete zu erhöhen.**

- Wenn der Mietvertrag keine Regelung über die Betriebskosten enthält oder ein mündlicher Mietvertrag abgeschlossen wurde, die Heiz- und Warmwasserkosten aber aufgrund der Heizkostenverordnung verbrauchsabhängig abgerechnet werden müssen, muss der Mieter diese **Kosten noch neben der Miete zahlen.**
- Wenn im Mietvertrag nur **einzelne, konkrete Betriebskosten** genannt sind, darf der Vermieter nur diese Kosten auf die Mieter umlegen. Alle anderen, nicht genannten Kosten, können nicht auf die Mieter abgewälzt werden. Das Gleiche gilt, wenn im Mietvertrag der Betriebskostenkatalog abgedruckt ist mit der Möglichkeit, einzelne Kostenarten anzukreuzen. Dann gelten nur die angekreuzten Kosten als vereinbart.

Wenn der Vermieter Betriebskosten auf die Mieter umlegen will, genügt es, wenn im Mietvertrag steht, dass der Mieter »die Betriebskosten« zu tragen hat. Es muss dabei weder auf die Betriebskostenverordnung verwiesen, noch der Betriebskostenkatalog von § 2 Betriebskostenverordnung (BetrKV) beigefügt werden (BGH, Az. VIII ZR 137/15).

! Unter Umständen kann auch ohne schriftlichen Mietvertrag durch entsprechende **langjährige Praxis** des Mietverhältnisses (z.B. zehn Jahre) stillschweigend vereinbart werden, dass der Mieter alle oder einzelne Betriebskosten tragen muss. Bevor Sie als Mieter Betriebskosten zahlen, sollten Sie also immer die entsprechende Regelung im Mietvertrag prüfen, um eine stillschweigende Änderung des Mietvertrags zu vermeiden. Für eine stillschweigende Änderung des Mietvertrags reicht es aber nicht aus, dass der Mieter Betriebskostenabrechnungen lediglich nicht beanstandet und darauf Nachzahlungen leistet oder Guthaben vereinnahmt. Es müssen vielmehr zusätzliche Umstände vorliegen, aus denen sich ergibt, dass Mieter und Vermieter den Mietvertrag ändern wollten.

10.2 Wenn im Mietvertrag eine Pauschale vereinbart ist

Die Zahlung der Betriebskosten durch den Mieter kann als Pauschale oder als Vorauszahlung vereinbart werden (§ 556 Abs. 2 Satz 1 BGB). Es kann auch eine Kombination vereinbart werden. So kann festgelegt sein, dass der Vermieter für einen Teil der Betriebskosten eine Pauschale erheben kann und für den anderen als Vorauszahlung abgerechnet wird. Ob eine **Pauschale oder Vorauszahlung vereinbart** ist, bestimmt sich nach dem Mietvertrag.

! Für Heiz- und Warmwasserkosten darf der Vermieter **keine Pauschale** erheben. Diese Kosten müssen grundsätzlich verbrauchsabhängig abgerechnet werden.

10.2.1 Betriebskosten sind durch Pauschale abgegolten

Wenn der Vermieter nach dem Mietvertrag eine Betriebskostenpauschale erheben darf, bedeutet das, dass die Betriebskosten endgültig bezahlt sind und zwar ohne Rücksicht auf den tatsächlichen Verbrauch. Eine **Abrechnung findet nicht statt** und Nachforderungen des Vermieters oder Ersatzansprüche des Mieters sind ausgeschlossen.

Achtung: Will Ihr Vermieter statt einer im Mietvertrag vereinbarten Pauschale nunmehr eine Betriebskostenvorauszahlung mit jährlicher Abrechnung haben, so muss der Mietvertrag entsprechend geändert werden, was nur **mit Ihrem Einverständnis** möglich ist.

! Für Sie als Mieter hat die Vereinbarung einer Pauschale den Vorteil, dass Sie von Beginn des Mietverhältnisses an wissen, mit welchen Betriebskosten Sie rechnen müssen. Der Nachteil ist, dass Sie keine Rückerstattung verlangen können, wenn die tatsächlichen Kosten unter der gezahlten Pauschale liegen.

In der Praxis wird die Betriebskostenpauschale eher selten verwendet. Schließlich besteht für den Vermieter das Risiko, dass die monatlichen Pauschalzahlungen nicht ausreichen, um die tatsächlich angefallenen Kosten zu decken. Und für den Mieter besteht kein Anreiz, die Kosten (z.B. die Wasserkosten) zu senken, weil er ohnehin keine Rückzahlung zu viel gezahlter Pauschalen verlangen kann.

10.2.2 Anpassung der Betriebskostenpauschale

Haben sich die Betriebskosten erhöht, kann der Vermieter auch die Betriebskostenpauschale erhöhen. Voraussetzung ist allerdings, dass er sich die Möglichkeit **im Mietvertrag ausdrücklich vorbehalten** hat. Auch neu hinzugekommene Betriebskosten können eine Erhöhung der Pauschale rechtfertigen, wenn dies im Mietvertrag vorgesehen ist.

Die Erhöhung der Pauschale muss der Vermieter in **Textform** geltend machen. Und er muss die **Gründe der Erhöhung** erläutern. Der Vermieter muss also mitteilen, welche Kosten gestiegen sind und um welchen Betrag. Er muss den Grund darlegen, warum die Betriebskosten gestiegen sind. Und er muss erklären, wie sich das für die einzelne Wohnung bzw. das konkrete Mietverhältnis auswirkt (§ 560 Abs. 1 BGB). Es reicht z.B. nicht aus, auf höhere kommunale Gebühren zu verweisen. Eine Erhöhungserklärung des Vermieters, die den gesetzlichen Anforderungen nicht entspricht, ist unwirksam.

Die Erhöhung beginnt mit Beginn des übernächsten Monats, nachdem die Erklärung dem Mieter zugegangen ist (§ 560 Abs. 2 Satz 1 BGB).

» Die Erklärung geht dem Mieter am 18.7. zu. Die höhere Betriebskostenpauschale gilt dann ab 1.9.

! Diese Chance besteht zwar nur theoretisch, gleichwohl gilt: Sinken die Betriebskosten, muss der Vermieter die Pauschale herabsetzen. Er ist verpflichtet, dem Mieter eine Ermäßigung unverzüglich mitzuteilen (§ 560 Abs. 3 BGB).

10.3 Welche Betriebskosten auf den Mieter umgelegt werden dürfen

Betriebskosten sind die Kosten, die dem Eigentümer oder Erbbauberechtigten durch das Eigentum oder Erbbaurecht am Grundstück oder durch den bestimmungsmäßigen Gebrauch des Gebäudes, der Nebengebäude, Anlagen, Einrichtungen und des Grundstücks laufend entstehen. Für die Aufstellung der Betriebskosten gilt die **Betriebskostenverordnung** (§ 556 Abs. 1 BGB).

10.3.1 Voraussetzungen

Im Einzelnen müssen folgende Voraussetzungen vorliegen:

- Es muss sich um Aufwendungen des Vermieters handeln, die **tatsächlich entstanden** sind. Einnahmen des Vermieters, die im Zusammenhang mit den Betriebskosten erzielt werden, sind ebenso von den Kosten abzuziehen wie Rückerstattungen oder Rabatte.
- Es muss sich um laufende, also **regelmäßig wiederkehrende Kosten** handeln. Einmalige Aufwendungen können vom Vermieter nicht als Betriebskosten geltend gemacht werden. Wenn also beispielsweise ein Baum im Garten gefällt werden muss, gehört dies nicht zwingend zu den typischen Gartenpflegearbeiten.
- Nur **objektbezogene Kosten** kommen als Betriebskosten in Betracht. Die entstandenen Kosten müssen also durch den bestimmungsgemäßen Gebrauch des vermieteten Objekts verursacht worden sein.
- Nur Kosten, die dem Eigentümer bzw. **Vermieter zugeordnet** werden können, kommen als Betriebskosten in Betracht. Kosten, die der Mieter trägt (z.B. die Kosten des Haushaltsstroms), dürfen nicht als Betriebskosten abgerechnet werden.

Als Betriebskosten kann der Vermieter auch Kosten anteilig auf die Mieter umlegen, die im Zusammenhang mit den Nebengebäuden oder den Anlagen entstanden sind. Zu den Betriebskosten gehören also auch Kosten für Gartenarbeiten oder die Stromkosten für einen Schuppen, der sich auf dem Grundstück befindet.

Achtung: Die Kosten für Nebenanlagen und Anlagen können nicht auf den Mieter umgelegt werden, wenn dieser sie gar nicht nutzen kann oder darf. Der Mieter muss also nicht für Gartenarbeiten zahlen, wenn er den Garten nicht betreten darf.

Bei der Beurteilung der Frage, ob bestimmte Kosten umlagefähig sind oder nicht, spielt es keine Rolle, wer die Leistung erbringt. Auch die **Eigenleistungen** des Vermieters können als Betriebskosten umgelegt werden. Allerdings muss der Vermieter seine Eigenleistungen belegen.

! Der Vermieter ist gesetzlich verpflichtet, den **Grundsatz der Wirtschaftlichkeit** zu beachten. Er darf also nur solche Betriebskosten in Rechnung stellen, die für eine ordnungsgemäße Bewirtschaftung des Gebäudes erforderlich sind. Übertriebene und besonders kostspielige Kosten können vom Mieter beanstandet werden. In Betracht kommen z.B. zu hohe Reinigungskosten, wenn Treppen, Keller oder Hausgänge mit unangemessenem Aufwand gereinigt werden.

Bei Wohnraummietverträgen dürfen nur solche Betriebskosten auf die Mieter umgelegt werden, die in der **Betriebskostenverordnung** aufgelistet sind. Die Auflistung ist abschließend. Andere Kosten als die nachfolgend aufgeführten dürfen als Betriebskosten nicht berechnet werden.

10.3.2 »Kalte« und »warme« Betriebskosten

Es wird zwischen sogenannten »kalten« und »warmen« Betriebskosten unterschieden:

- Die »warmen« Betriebskosten betreffen die **Kosten für Heizung und Warmwasser.** Hierunter fallen sowohl Kosten für die Reinigung und Wartung einer Gasetagenheizung oder von Warmwassergeräten als auch die Kosten für zentral beheizte Wohnungen und Häuser. Bei den »warmen« Betriebskosten besteht die Besonderheit, dass die Kosten verbrauchsabhängig abgerechnet werden müssen.

- Die **restlichen Betriebskostenarten** sind »kalte« Betriebskosten. Sie haben nichts mit der Erwärmung der Wohnung zu tun.

10.3.3 Umlagefähige »kalte« Betriebskosten

Der Katalog der Betriebskostenverordnung (§ 2) enthält 15 verschiedene »kalte« Betriebskostenarten.

Laufende öffentliche Lasten des Grundstücks

Zu den laufenden Lasten des Grundstücks gehört die **Grundsteuer,** die von den Gemeinden erhoben wird. Die Grundsteuer kann in voller Höhe angesetzt werden. Auch Grundsteuernachforderungen gehören zu den umlagefähigen Betriebskosten, obwohl es sich dabei um eine einmalige Zahlung handelt (OLG Frankfurt/Main, Az. 1 U 213/82).

Wenn im Haus nicht nur Wohnungen, sondern auch Gewerberäume sind, darf auf die Mieter nur der Teil der Grundsteuer umgelegt werden, der tatsächlich auf die Wohnräume entfällt. Die Grundsteuer für Gewerberäume ist im Allgemeinen wesentlich höher. Der Vermieter darf also nicht einfach die Gesamtsumme gleichmäßig aufteilen, weil das die Wohnungsmieter benachteiligen würde.

! Wenn der Vermieter selbst mit im Haus wohnt, muss er seinen Anteil an der Grundsteuer tragen. Er kann nicht die gesamte Grundsteuer auf die Mieter umlegen.

Nicht auf die Mieter umlegen darf der Vermieter Anlieger- und Erschließungsbeiträge.

Kosten der Wasserversorgung

Zu den Kosten der Wasserversorgung (Kaltwasser) gehören

- die Kosten des Wasserverbrauchs,
- die Grundgebühren,
- die Kosten der Anmietung oder anderer Arten der Gebrauchsüberlassung von Wasserzählern,
- die Kosten ihrer Verwendung einschließlich der Kosten der Eichung sowie der Kosten der Berechnung und Aufteilung,
- die Kosten der Wartung von Wassermengenreglern,
- die Kosten des Betriebs einer hauseigenen Wasserversorgungsanlage und einer
- Wasseraufbereitungsanlage einschließlich der Aufbereitungsstoffe.

Zu den **Kosten des Wasserverbrauchs** gehören in erster Linie die Kosten, die dem Vermieter das öffentliche oder private Wasserversorgungsunternehmen in Rechnung stellt. Für Neubauten ist zur Ermittlung des Wasserverbrauchs vorgeschrieben, dass ein Wasserzähler eingebaut sein muss. Kaltwasserzähler muss der Vermieter spätestens nach sechs Jahren nacheichen oder austauschen lassen. Wenn die Messgeräte veraltet sind, ist die Abrechnung unwirksam.

Achtung: Den Betriebskostenanteil für leer stehende Wohnungen im Haus muss der Vermieter tragen. Er ist verpflichtet, einen ungewöhnlich hohen Wasserverbrauch zu erklären. Es muss ausgeschlossen sein, dass der Verbrauch nicht aufgrund von Wasserverlusten wegen eines leckenden Wasserrohrs, eines undichten Wasserhahns, eines defekten Wasserzählers oder einer fehlerhaften Abrechnung oder eines Fehlers bei der Datenverarbeitung zustande gekommen ist. Ist durch eine Leckstelle in der Wasserleitung Wasser ausgetreten und im Erdreich versickert, muss der Mieter die Kosten des Mehrverbrauchs nicht tragen.

Kosten der Entwässerung

Zu den Kosten der Entwässerung gehören

- die Gebühren für die Haus-und Grundstücksentwässerung,
- die Kosten des Betriebs einer entsprechenden nicht öffentlichen Anlage und
- die Kosten des Betriebs einer Entwässerungspumpe.

Zu den umlagefähigen Kosten gehören sämtliche für die Entwässerung auf der Grundlage einer **Gebührenordnung** der Stadt bzw. Gemeinde per **Abgabenbescheid** in Rechnung gestellten Gebühren, unabhängig davon, ob sie für Schmutz- oder Regenwasser erhoben werden. Ist das Wohnhaus nicht an das öffentliche Kanalnetz angebunden, gehören zu den umlagefähigen Betriebskosten insbesondere die Kosten für die Abfuhr von Schmutzwasser und Klärschlamm sowie die Kosten der Reinigung der eigenen Kläranlage oder Sickergrube.

Keine Betriebskosten sind Kanalanschlussgebühren oder Abwasserbeiträge für die Erneuerung, Erweiterung oder Verbesserung der Kanalisation. Gleiches gilt für Bau-, Reparatur- und Instandhaltungskosten.

! Die Kosten für die Beseitigung einer Abflussverstopfung sind keine Betriebskosten. Diese Instandhaltungskosten muss der Vermieter zahlen. Er kann aber vom Verursacher gegebenenfalls Schadensersatz verlangen.

Kosten des Aufzugs

Zu den Kosten des Betriebs des Personen- oder Lastenaufzugs gehören die Kosten

- des Betriebsstroms,
- der Beaufsichtigung, der Bedienung, Überwachung und Pflege der Anlage,

- der regelmäßigen Prüfung ihrer Betriebsbereitschaft und Betriebssicherheit einschließlich der Einstellung durch eine Fachkraft sowie
- der Reinigung der Anlage.

Zu den **Kosten des Betriebsstroms** zählt der gesamte zum Betrieb des Aufzugs erforderliche Strom einschließlich der Beleuchtung des Fahrkorbs. Typische Wartungskosten sind die Inspektion, die Überprüfung, das Einstellen und Abschmieren. Auch die Kosten der Hauptprüfung durch den TÜV, die laufenden Kosten der Notrufanlage und für die Reinigung der Anlage können umgelegt werden.

Zulässig ist es, auch **Erdgeschossbewohner** zur Kostenumlage heranzuziehen. Im Mietvertrag kann der Mieter im Erdgeschoss aber von den Fahrstuhlkosten ausgeschlossen werden; anderenfalls muss auch er sich an den Kosten beteiligen.

Achtung: Reparaturkosten bzw. Kosten für die Beseitigung einer Betriebsstörung sind keine Betriebskosten. Deshalb sind auch die Kosten eines **Vollwartungsvertrags** nicht in voller Höhe umlagefähig, weil darin auch Reparaturkosten und Kosten für Instandhaltungsarbeiten enthalten sind. In den meisten Fällen ziehen die Gerichte zwischen 20 % und 50 % des Vollwartungsvertrags als nicht umlagefähig ab.

Kosten der Straßenreinigung

Zu den Kosten der Straßenreinigung gehören in erster Linie die für die öffentliche Straßenreinigung zu entrichtenden **Gebühren** und die Kosten entsprechender nicht öffentlicher Maßnahmen. Zu den Straßenreinigungskosten gehören auch die Kosten für das Fegen und Kehren des Bürgersteigs und für den Winterdienst.

Übernimmt der Vermieter den **Winterdienst** selbst, kann er angemessene Kosten für seine Eigenleistungen abrechnen. Er kann entweder den Betrag in Ansatz bringen, den er an ein gewerbliches

Unternehmen für die Leistungen hätte zahlen müssen oder die ihm konkret entstandenen Kosten umlegen. Übernehmen die Mieter den Winterdienst, muss der Vermieter Streumittel zur Verfügung stellen; die entsprechenden Kosten sind umlagefähig, nicht aber die Anschaffungskosten für die Arbeitsgeräte (z.B. Besen oder Schneeschaufel).

Kosten der Müllbeseitigung

Zu den Kosten der Müllbeseitigung gehören

- die für die Müllabfuhr zu entrichtenden Gebühren,
- die Kosten entsprechender nicht öffentlicher Maßnahmen,
- die Kosten des Betriebs von Müllkompressoren, Müllschluckern, Müllabsauganlagen sowie
- die Kosten des Betriebs von Müllmengenerfassungsanlagen einschließlich der Kosten der Berechnung und Aufteilung.

Umlagefähig sind in erster Linie **Müllgebühren,** die die Kommunen dem Vermieter durch Abgabenbescheid in Rechnung stellen. Auch **Sperrmüll- und Entrümpelungskosten** sind Kosten der Müllbeseitigung und damit Betriebskosten, wenn diese zumindest laufend anfallen. Deshalb zählen auch Kosten für das Abfahren von Sperrmüll zu den umlagefähigen Betriebskosten, wenn diese laufend dadurch entstehen, dass Mieter unberechtigt Müll auf Gemeinschaftsflächen abstellen. Insofern kann der Mieter nicht einwenden, der Müll wäre von Dritten unberechtigt abgestellt worden, da Aufwendungen zur Beseitigung von Müll von den Gemeinschaftsflächen des Mietobjekts auch dann zu den umlagefähigen Kosten der Müllentsorgung gehören, wenn sie durch rechtswidrige Handlungen Dritter ausgelöst worden sind (BGH, Az. VIII ZR 137/09).

! Kosten für die Anmietung eines Müllbehälters dürfen nicht auf die Mieter umgelegt werden. Keine Betriebskosten sind auch die Kosten für einen Müllcontainer, in dem Bauschutt oder Gartenabfälle gesammelt werden.

Kosten der Gebäudereinigung

Zu den Kosten der Gebäudereinigung gehören die Kosten für die Säuberung der von den Bewohnern gemeinsam genutzten Gebäudeteile, wie Zugänge, Flure, Treppen, Keller, Bodenräume, Waschküchen, Fahrkorb des Aufzugs. Neben den **Lohnkosten** können auch die Kosten für die laufend verbrauchten **Reinigungsmittel** auf die Mieter umgelegt werden. Nicht umlagefähig sind dagegen die Kosten für die Anschaffung von Reinigungsgeräten oder Maschinen, für Besen, Schrubber, Putzlappen, Eimer oder Bohnermaschinen.

Wenn der Vermieter die Reinigung selbst vornimmt, kann er den Mietern für seine Eigenleistungen die entsprechenden Kosten in Rechnung stellen, die jedoch nicht höher sein dürfen, als das ortsübliche Entgelt für eine Reinigungskraft.

Achtung: Beauftragt der Vermieter eine Reinigungskraft, muss er den Grundsatz der Wirtschaftlichkeit berücksichtigen. Das gilt insbesondere für die Häufigkeit und Intensität der Reinigung. Zu berücksichtigen sind dabei unter anderem die Wohnanlage, das Wohnumfeld und der Verschmutzungsgrad. Grundsätzlich muss es als ausreichend angesehen werden, wenn einmal in der Woche Treppenhaus und Flur gereinigt werden.

Umlagefähig sind nur die Kosten der **normalen, regelmäßigen Treppenhausreinigung,** nicht dagegen die wegen besonderer Verschmutzungen, beispielsweise aufgrund von Baumaßnamen, Treppenhausreinigung nach einem Ein- oder Auszug bzw. die Beseitigung von Graffiti.

Die Kosten für die einmalige Reinigung der Fassade können nicht auf die Mieter umgelegt werden. Das gilt auch für das Entfernen von Graffiti. Nur ausnahmsweise können Kosten für Sonderreinigungen (z.B. wegen Schmierereien) umlagefähig sein, wenn sie laufend bzw. regelmäßig entstehen und der Verursacher nicht festgestellt werden kann (AG Berlin, Az. 11 C 35/07).

Kosten der Ungezieferbekämpfung

Regelmäßige Ungezieferbekämpfungen sind heute kaum noch erforderlich. Umlagefähige Kosten sind beispielsweise Kosten zur regelmäßigen Ungezieferbekämpfung, wenn diese Kosten z.B. aufgrund behördlicher Anordnung laufend entstehen (LG Köln, Az. 10 S 463/96).

Nicht als Betriebskosten angesetzt werden dürfen die Kosten der Beseitigung eines Wespen- oder Bienennestes oder Maßnahmen gegen Belästigungen durch Tauben.

Kosten der Gartenpflege

Zu den Kosten der Gartenpflege gehören die Kosten der **Pflege gärtnerisch angelegter Flächen** einschließlich der Erneuerung von Pflanzen und Gehölzen, der Pflege von Spielplätzen einschließlich der Erneuerung von Sand und der Pflege von Plätzen, Zugängen und Zufahrten, die dem nicht öffentlichen Verkehr dienen.

» Zu den typischen Gartenpflegekosten gehören die Pflege und das Zurückschneiden von Sträuchern und Hecken, Schneiden und Ausasten von Bäumen, Beseitigung von Unkraut, Düngen, Schädlingsbekämpfung, Rasenpflege, Gießwasser, laufende Kosten für Rasenmäher.

Auch die Kosten für die Erneuerung von Pflanzen bzw. Ersatzpflanzungen können auf die Mieter umgelegt werden, soweit die bisherigen Pflanzungen durch Alterung oder Witterungseinflüsse eingegangen sind. Zu den Kosten der Gartenpflege gehören auch die Kosten der Beseitigung und Entsorgung von Pflanzen. **Nicht umlagefähig** sind unter anderem die Kosten für die Neuanschaffung von Gartengeräten, die Erstanschaffung von Pflanzen, die komplette Neuanlage des Gartens und die Erneuerung von Gehwegplatten. **Ansatzfähig** sind die Betriebskosten des Rasenmähers (z.B. Betriebsstoffe und Wartung), ferner Reparaturkosten, nicht aber die Kosten der Ersatzbeschaffung.

Auch die **Pflege von Spielplätzen** gehört zu den Gartenpflegekosten, so unter anderem die Reinigung und Erneuerung des Spielsandes, das Schmieren und Ölen der Spielgeräte und die regelmäßige Überprüfung der Spielgeräte auf Verkehrssicherheit.

Achtung: Hat sich der Vermieter die alleinige Nutzung des Gartens vorbehalten oder hat der Mieter des Erdgeschosses den Garten mitgemietet, ist der Vermieter bzw. der Erdgeschossmieter zur Pflege des Gartens verpflichtet. Gartenpflegekosten können dann nicht auf die anderen Mieter umgelegt werden.

Kosten der Beleuchtung

Zu den Kosten der Beleuchtung gehören die Kosten des Stroms für die Außenbeleuchtung und die Beleuchtung der von den Bewohnern gemeinsam genutzten Gebäudeteile, wie Zugänge, Flure, Treppen, Keller, Bodenräume, Waschküchen.

Achtung: Umgelegt werden dürfen nur die **Stromkosten** von Gebäudeteilen, die von allen Mietern genutzt werden. Die Kosten für die Beleuchtung einer Tiefgarage dürfen also nur auf die Mieter umgelegt werden, die dort einen Stellplatz gemietet haben.

Nicht ansatzfähig sind die Kosten für den Ersatz von Beleuchtungskörpern sowie deren Teile (z.B. Glühbirnen, Leuchtstofflampen). Diese Kosten gehören zu den nicht umlagefähigen Instandhaltungskosten (OLG Düsseldorf, Az. 10 U 94/99). Auch der Betriebsstrom für die zentrale Heizungsanlage darf unter dieser Betriebskostenposition nicht angesetzt werden; die entsprechenden Kosten sind grundsätzlich als Teil der Kosten des Betriebs der zentralen Heizungsanlage anzusetzen (vgl. dazu 10.3.4).

Kosten der Schornsteinreinigung

Zu den Kosten der Schornsteinreinigung gehören die **Kehrgebühren** nach der maßgebenden Gebührenordnung, soweit sie nicht bereits als Heizungskosten berücksichtigt sind.

Achtung: Nicht zu den Kosten der Schornsteinreinigung gehören die Kosten für Immissionsschutzmessungen. Hierbei handelt es sich um Kosten der Heizungsanlage, die über die verbrauchsabhängige Heizkostenabrechnung abgerechnet werden müssen (vgl. dazu 10.3.4).

Kosten der Sach- und Haftpflichtversicherung

Zu den umlagefähigen Kosten der Sach- und Haftpflichtversicherung gehören

- die Kosten der Versicherung des Gebäudes gegen Feuer, Sturm-, Wasser- sowie sonstige Elementarschäden,
- die Kosten für die Glasversicherung,
- die Kosten der Haftpflichtversicherung für das Gebäude, den Öltank und den Aufzug.

Umlagefähig sind insbesondere die Kosten für die **Gebäudeversicherung,** die **Gebäudehaftpflichtversicherung** und **Haftpflichtversicherungen** für den Öltank und den Aufzug. Die entsprechenden Kosten kann der Vermieter in der Betriebskostenabrechnung in einer Summe ausweisen.

Achtung: Beim Abschluss einer Versicherung hat der Vermieter den Grundsatz der Wirtschaftlichkeit zu beachten. Er muss also prüfen, welche Versicherungen abgeschlossen werden und zu welchem Preis. Auch bei der Auswahl der Versicherung muss sich der Vermieter wirtschaftlich vernünftig verhalten.

! Nicht auf den Mieter umgelegt werden können Versicherungen, die die persönlichen Risiken des Vermieters abdecken. Dazu gehören z.B. die Hausrat- und private Haftpflichtversicherung, die Rechtsschutzversicherung und eine Mietausfallversicherung.

Kosten des Hauswarts

Zu den Kosten für den Hauswart gehören die Vergütung, die Sozialbeiträge und alle geldwerten Leistungen, die der Eigentümer oder Erbbauberechtigte dem Hauswart für seine Arbeit gewährt, soweit diese nicht die Instandhaltung, Instandsetzung, Erneuerung, Schönheitsreparaturen oder die Hausverwaltung betreffen.

Zu den **typischen Hausmeisteraufgaben** gehören die Haus-, Treppen- und Straßenreinigung, die Kontrolle der Gemeinschaftsflächen und -einrichtungen, die Überwachung der Hausordnung, die Bedienung und Überwachung der Sammelheizung der Warmwasserversorgung, Maßnahmen zur Verkehrssicherung, die Durchführung kleinerer Reparaturarbeiten und des Winterdienstes, die Kontrolle von Fremdfirmen und Handwerkern und die Überwachung von Brandschutzvorschriften.

Achtung: Wenn der Hausmeister Arbeiten erledigt, die nicht umlagefähig sind, müssen die Kosten für diese Tätigkeiten aus den Betriebskosten herausgerechnet werden. Das betrifft insbesondere Verwaltungsarbeiten (z.B. Wohnungsabnahmen, Einweisung der Mieter beim Einzug, Entgegennahme und Weiterleitung von Reklamationen und Mängelanzeigen) sowie Instandhaltungs- und Instandsetzungsarbeiten des Hausmeisters (z.B. Reparaturarbeiten).

Der Vermieter ist dem Grundsatz der Wirtschaftlichkeit verpflichtet. Beschäftigungszeit und die Höhe des Gehalts des Hausmeisters müssen in einem angemessenen Verhältnis zur Größe des Hauses stehen.

Anderenfalls geht das zulasten des Vermieters. Der Vermieter kann in diesem Fall nur den ortsüblichen Satz auf die Mieter umlegen; die Differenz muss er selbst tragen.

Der Vermieter kann Hausmeisterarbeiten auch selbst durchführen und für seine Arbeitsleistungen einen angemessenen Lohn abrechnen.

Kosten der Gemeinschaftsantenne oder für Kabelfernsehen

Zu den Kosten des Betriebs der Gemeinschaftsantennenanlage gehören

- die Kosten des **Betriebsstroms,**
- die Kosten der **regelmäßigen Prüfung** ihrer Betriebsbereitschaft einschließlich der Einstellung durch eine Fachkraft,
- das **Nutzungsentgelt** für eine nicht zu dem Gebäude gehörende Antennenanlage sowie
- die **Gebühren,** die nach dem Urheberrechtsgesetz für die Kabelweitersendung entstehen.

! Wenn der Kundendienst aufgrund eines Wartungsvertrags eine Reparatur ausführt, ist dieser Kostenanteil nicht umlagefähig. Reparaturkosten hat immer der Vermieter zu tragen, unabhängig von der Ursache (z.B. Verschleiß, Sturmschaden). Gleiches gilt bei Erneuerungen an der Antennenanlage.

Mieter, die Kabel, aber keinen Antennenanschluss haben, können nicht bei den Betriebskosten für die Gemeinschaftsantenne herangezogen werden. Keine Rolle spielt es dagegen, ob ein Mieter ein Fernsehgerät hat oder nicht.

Zu den Betriebskosten gehören auch die Kosten des Betriebs der mit einem Breitbandkabelnetz verbundenen privaten Verteilanlage. Diese umfassen die Kosten wie beim Betrieb der Gemeinschaftsantennenanlage (vgl. oben), ferner die laufenden monatlichen Grundgebühren für Breitbandkabelanschlüsse.

Achtung: Kosten für die erstmalige Installation des Kabelanschlusses sind nicht umlagefähig. Auch die Kosten einer einmalig zu zahlenden Anschlussgebühr sind keine ansatzfähigen Betriebskosten.

Kosten der Wäschepflege

Zu den Kosten des Betriebs der Einrichtungen für die Wäschepflege gehören die Kosten

- des **Betriebsstroms,**
- der **Überwachung,** Pflege und Reinigung der Einrichtungen,
- der regelmäßigen **Prüfung ihrer Betriebsbereitschaft** und Betriebssicherheit sowie
- der **Wasserversorgung** (vgl. oben), soweit sie nicht dort bereits berücksichtigt sind.

» Umlagefähig sind die laufenden Kosten für die Gemeinschaftswaschmaschine, den Trockner, den Bügelautomaten usw. Nicht umlagefähig sind Reparaturleistungen.

Die Wasserkosten für die Wäschepflege müssen grundsätzlich über einen Zwischenzähler ermittelt oder durch Schätzung erfasst werden.

! **Nicht umlagefähig** sind Kosten für Reparaturleistungen und das Beheben von Störungen. Übernimmt der Hausmeister die Überwachung, Pflege oder Reinigung der Waschmaschinen, Trockner usw., entstehen keine zusätzlichen Personalkosten. Die Kosten werden bei der Position »Hauswart« (vgl. oben) abgerechnet.

Sonstige umlagefähige »kalte« Betriebskosten

Als sonstige Betriebskosten sind umlagefähig die Kosten

- der Dachrinnenreinigung,
- für Wartung und Prüfung der Feuerlöscher, von Pumpen, Sprinkleranlagen, einer Sprühwasser-Löschanlage oder für eine Rauchabzugsanlage,

- für die turnusmäßige Überprüfung einer Elektroanlage,
- für ein Schwimmbad oder eine Sauna, soweit diese Gemeinschaftseinrichtungen allen Mietern zur Verfügung stehen,
- für die Prüfung von Blitzableiteranlagen,
- des Wachdienstes bzw. Sicherheitsdienstes, wenn und soweit der Dienst in erster Linie dem Schutz der Mieter und nicht vorrangig dem Schutz des Gebäudes dient.

! Wenn der Vermieter »sonstige Betriebskosten« auf den Mieter umlegen will, muss er den **Kostengegenstand im Mietvertrag genau bezeichnen;** im Mietvertrag muss also konkret stehen, welche Kosten sich dahinter verbergen. Nicht ausreichend ist die pauschale Bestimmung, dass vom Mieter »sonstige Betriebskosten« zu zahlen sind (BGH, Az. VIII 146/03).

10.3.4 Umlagefähige »warme« Betriebskosten

Die »warmen« Betriebskosten sind die **Heiz- und Warmwasserkosten.** Sie machen den größten Teil der Betriebskosten aus und müssen verbrauchsabhängig abgerechnet werden.

Heizkosten

Zu den Heizkosten gehören die Kosten

- des Betriebs der zentralen Heizungsanlage einschließlich der Abgasanlage,
- des Betriebs der zentralen Brennstoffversorgungsanlage oder
- der eigenständig gewerblichen Lieferung von Wärme oder
- der Reinigung und Wartung von Etagenheizungen und Gaseinzelfeuerstätten.

! **Nicht alle Heizkosten sind umlagefähig.** So können z.B. Leasingkosten für den Brenner oder Öltank, Mietkosten für einen Flüssigtank oder die Kosten für die Heizungsbetreuung nicht als Betriebskosten in Ansatz gebracht werden.

Kosten der zentralen Heizungsanlage

Zu den umlagefähigen Kosten des Betriebs der zentralen Heizungsanlage (Zentralheizung) einschließlich der Abgasanlage gehören die Kosten

- der verbrauchten Brennstoffe und ihrer Lieferung,
- des Betriebsstroms,
- der Bedienung, Überwachung und Pflege der Anlage,
- der regelmäßigen Prüfung ihrer Betriebsbereitschaft und Betriebssicherheit einschließlich der Einstellung durch eine Fachkraft,
- der Reinigung der Anlage und des Betriebsraums,
- der Messungen nach dem Bundes-Immissionsschutzgesetz,
- der Anmietung oder anderer Arten der Gebrauchsüberlassung einer Ausstattung zur Verbrauchserfassung sowie der Verwendung einer Ausstattung zur Verbrauchserfassung einschließlich der Eichung sowie
- der Kosten der Berechnung und Aufteilung.

Zu den **Brennstoffkosten** gehören die Kosten für den Kauf von Öl, Gas und Kohle. Eingeräumte Rabatte und Preisnachlässe muss der Vermieter berücksichtigen. **Betriebsstrom** ist der Strom für die Umwälzpumpe, die Pumpe im Brenner, die Regelungsanlage und die Beleuchtung im Heizraum.

! Bei den Brennstoffkosten darf der Vermieter **nur die im Abrechnungszeitraum verbrauchten Brennstoffe** abrechnen. Deshalb müssen beim Heizöl ein Anfangs- und ein Endbestand ermittelt werden. Beim Gas ist der am Hauptzähler abgelesene Wert am Ende des Abrechnungszeitraums maßgebend.

Der Vermieter ist nicht verpflichtet, den jeweils preisgünstigsten Lieferanten zu finden und zu beauftragen (AG Frankfurt/Main, Az. 33 C 12707/80). Allerdings dürfen die üblichen Kosten nicht um mehr als 20 % überschritten werden.

Umlagefähig sind **sämtliche Stromkosten,** die für den Betrieb der Heizungsanlage anfallen (z.B. Stromkosten für den Brenner). Grundsätzlich sind die Stromkosten durch einen eigenen **Zwischenzähler** zu erfassen. Ist kein Stromzähler vorhanden, muss der Verbrauch sachgerecht geschätzt oder ermittelt werden.

Bei Öl- und Gaszentralheizungen fallen kaum Bedienungskosten an, weil sie vollautomatisch arbeiten. Bei Kohle- oder Pelletheizungen können jedoch solche Kosten anfallen (z.B. Beseitigung von Asche und Schlacke). Zu den Bedienungs- und Überwachungskosten gehören die Sach- und Personalkosten, die laufend entstehen.

Achtung: Wird bei der Bedienung und Überwachung der Hausmeister eingeschaltet, werden diese Kosten unter »Hauswartkosten« abgerechnet (vgl. dazu 10.3.3).

Wird die Heizungsanlage von einem Fachmann gewartet, sind die in diesem Zusammenhang entstehenden Kosten umlagefähig. Zu den Wartungskosten gehören die in regelmäßigen Abständen vorgenommene Überprüfung, Reinigung und Einstellung der Anlage.

! Von den Wartungskosten zu trennen sind die **Instandhaltungs- und Instandsetzungskosten** (z.B. Einbau eines neuen Brenners, Reparatur der Pumpe). Diese Kosten können nicht als Betriebskosten auf den Mieter umgelegt werden. Werden Reparaturen zusammen mit Wartungsarbeiten durchgeführt, müssen diese Kosten von den Wartungskosten herausgerechnet werden.

Umlagefähig sind auch die Kosten für das **Reinigen des Heizkessels** durch Entfernen von Verbrennungsrückständen und Wasserablagerungen sowie des Brenners. Auch die **Reinigung des Öltanks** gehört zu den Heizkosten.

Auch die Kosten für die gesetzlich vorgeschriebenen **Abgasmessungen** dürfen über die Heizkostenabrechnung umgelegt werden. Dies gilt auch für Wiederholungsmessungen, es sei denn, dass der Eigentümer die Wiederholungsmessung zu vertreten hat.

Zu den umlagefähigen Kosten der Berechnung und Aufteilung gehören die **Kosten der Ermittlung der Betriebskosten** und deren Aufteilung auf die einzelnen Mieter sowie das Erstellen der Heizkostenabrechnung.

Kosten des Betriebs der zentralen Brennstoffversorgungsanlage

Hierzu gehören die Kosten der **verbrauchten Brennstoffe und ihrer Lieferung, des Betriebsstroms und der Überwachung** sowie der Reinigung der Anlage und des Betriebsraums.

Zentrale Brennstoffversorgungsanlagen sind solche Anlagen, bei denen jede angeschlossene Wohnung von einem für alle Wohnungen zur Verfügung stehenden zentralen Vorratsbehälter (z.B. Öltank, Flüssiggastank) versorgt wird. In den betreffenden Wohnungen befinden sich dann Einzelöfen. Die Kosten betreffen also nicht Hausanlagen, die an das öffentliche Gasnetz angeschlossen sind bzw. die eine zentrale Beheizung des Hauses ermöglichen. Wegen der einzelnen Kosten gelten die obigen Ausführungen über die Kosten der zentralen Heizungsanlage.

Kosten für Wärmelieferung

Zu den Heizkosten gehören auch die Kosten der eigenständigen gewerblichen Lieferung von Wärme. Dazu gehören das **Entgelt für die Wärmelieferung** und die **Kosten des Betriebs** der zugehörigen Hausanlagen (Übergabestation, Absperrventile usw.). Zur eigenständigen gewerblichen Lieferung von Wärme kann neben der aus Fernheizwerken auch diejenige aus zentralen Heizungsanlagen gehören, wenn die Gebäudeeigentümer sie an einen Dritten, beispielsweise an ein Versorgungsunternehmen, zur eigenständigen gewerblichen Lieferung übertragen hat.

! Die Kosten der eigenständigen gewerblichen Lieferung von Wärme (Nahwärme, Wärmecontracting) kann der Vermieter nur dann auf die Mieter umlegen, wenn dies entsprechend **mietvertraglich vereinbart** wurde. Nicht ausreichend ist z.B. die Vereinbarung, wonach der Mieter die Kosten der zentralen Heizungsanlage oder der Versorgung mit Fernwärme zahlen muss (BGH, Az. VIII ZR 244/06).

Kosten der Reinigung und Wartung von Etagenheizungen und Gaseinzelfeuerstätten

Umlagefähig sind schließlich auch die Kosten der Reinigung und Wartung von Etagenheizungen und Gaseinzelfeuerstätten. Dazu gehören die Kosten der **Beseitigung von Wasserablagerungen und Verbrennungsrückständen** in der Anlage, der regelmäßigen **Prüfung der Betriebsbereitschaft** und Betriebssicherheit und der damit zusammenhängenden Einstellung durch eine Fachkraft sowie der Messungen nach dem Bundes-Immissionsschutzgesetz.

Warmwasserkosten

Zu den umlagefähigen Kosten der Warmwasserversorgung gehören die Kosten

- des Betriebs der zentralen **Wasserversorgungsanlage,**
- der eigenständig **gewerblichen Lieferung** von Warmwasser und
- der **Reinigung und Wartung** von Warmwassergeräten.

Zu den Warmwasserkosten gehören zum einen die Wasserkosten selbst. In der Regel werden allerdings die Kaltwasserkosten nicht über die Heiz- und Warmwasserkostenabrechnung verteilt, sondern über die »kalte« Betriebskostenabrechnung. Zu den Kosten der Wassererwärmung kommen noch die Kosten für Wasserzähler, das heißt Grundgebühren und möglicherweise Zählermiete, die Kosten der Verwendung von Zwischenzählern, einschließlich der Eichkosten, und – soweit vorhanden – die Kosten für den Betrieb einer hauseigenen Wasserversorgungsanlage und einer Wasseraufbereitungsanlage.

Zu den umlagefähigen Kosten der Warmwasserversorgung gehören auch die Kosten für die eigenständige Lieferung von Warmwasser. Anstelle der Heizkosten tritt dann ein Wärmepreis. Dieser setzt sich aus dem Grund-, Arbeits- und Verrechnungspreis zusammen.

Schließlich darf der Vermieter auch die Kosten für die Reinigung und Wartung von Warmwassergeräten auf die Mieter umlegen. Dazu gehören die Kosten der Beseitigung von Wasserablagerungen (Entkalken) und Verbrennungsrückständen im Inneren der Geräte sowie die Kosten der regelmäßigen Prüfung der Betriebsbereitschaft und Betriebssicherheit und der damit zusammenhängenden Einstellung durch eine Fachkraft.

Kosten verbundener Heizungs- und Warmwasserversorgungsanlagen

Verbundene Heizungs- und Warmwasserversorgungsanlagen sind Anlagen, bei denen Wärme für die Heizung, aber auch Wärme für Warmwasser entsteht. Zu den umlagefähigen Kosten gehören Heizungs- und Warmwasserkosten, die nicht bereits von den Kosten der Wasserversorgung, des Betriebs der zentralen Heizungsanlage einschließlich der Abgasanlage, der eigenständigen gewerblichen Lieferung von Wärme oder der Reinigung und Wartung von Etagenheizungen umfasst werden.

Achtung: Seit dem 31.12.2013 muss die auf die zentrale Warmwasserversorgungsanlage entfallende Wärmemenge grundsätzlich mit einem **Wärmezähler** gemessen werden, es sei denn, dass die Wärmemenge nur mit einem unzumutbar hohen Aufwand gemessen werden kann.

10.3.5 Welche Kosten nicht zu den Betriebskosten gehören

Zu den Betriebskosten gehören insbesondere nicht

- die Verwaltungskosten,
- die Instandhaltungs- und Instandsetzungskosten sowie
- die Kapitalkosten.

Verwaltungskosten

Verwaltungskosten sind die Kosten der zur Verwaltung des Gebäudes erforderlichen Arbeitskräfte und Einrichtungen, die Kosten der Aufsicht, der Wert der vom Vermieter persönlich geleisteten Verwaltungsarbeit, die Kosten für die gesetzlichen oder freiwilligen Prüfungen des Jahresabschlusses und die Kosten für die Geschäftsführung (§ 1 Abs. 2 Nr. 1 BetrKV).

» Zu den Verwaltungskosten gehören die Kosten für die Prüfung der Jahresabschlüsse, Personal- und Sachkosten für die Bewirtschaftung des Gebäudes, Kosten für einen Steuerberater oder Rechtsanwalt, Bankgebühren und Zinsen.

Instandhaltungs- und Instandsetzungskosten

Instandhaltungs- und Instandsetzungskosten sind die Kosten, die während der Nutzungsdauer zur Erhaltung des bestimmungsmäßigen Gebrauchs aufgewendet werden müssen, um die durch Abnutzung, Alterung und Witterungseinwirkung entstehenden baulichen oder sonstigen Mängel ordnungsgemäß zu beseitigen (§ 1 Abs. 2 Nr. 2 BetrKV).

Achtung: Auch Instandhaltungsrücklagen, die regelmäßig von Wohnungseigentümergemeinschaften eingestellt werden, sind keine Betriebskosten. Ist also die Eigentumswohnung vermietet, darf der Vermieter als Wohnungseigentümer die ihm in Rechnung gestellten Rücklagen nicht als Betriebskosten abrechnen.

Kapitalkosten

Auch Kapitalkosten, also Hypotheken- oder Darlehenszinsen, haben in der Nebenkostenabrechnung nichts zu suchen. Gleiches gilt für Bankgebühren oder Überziehungszinsen für das Geschäftskonto, auf das der Mieter seine Miete überweist.

10.4 Wann und in welcher Höhe der Mieter Betriebskostenvorauszahlungen leisten muss

Eine Vorauszahlung auf die Betriebskosten muss der Mieter entrichten, wenn dies im **Mietvertrag entsprechend vereinbart** ist (§ 556 Abs. 2 Satz 1 BGB). Kann nicht eindeutig geklärt werden, ob es sich bei der im Mietvertrag vereinbarten Regelung um eine Pauschale oder um eine Betriebskostenvorauszahlung handelt, geht das zulasten des Vermieters. Das heißt, dass bei Formularmietverträgen im Zweifel von einer Pauschale als der für den Vermieter ungünstigeren Regelung auszugehen ist.

10.4.1 Regelfall: Vorauszahlungen auf die Betriebskosten

Dass der Mieter auf die von ihm zu tragenden Betriebskosten Vorauszahlungen leisten muss, ist in der Praxis die Regel. Die Vorauszahlungen muss der Vermieter dann einmal im Jahr abrechnen (§ 556 Abs. 3 Satz 1 BGB) und diese mit den Kosten verrechnen, die aufgrund der tatsächlich angefallenen Betriebskosten auf den Mieter entfallen. Waren die Betriebskosten in der Abrechnungsperiode höher als die monatlichen Vorauszahlungen, muss der Mieter nachzahlen, liegen die Vorauszahlungen über den tatsächlich angefallenen Kosten, bekommt der Mieter Geld zurück.

10.4.2 Vorauszahlungen in angemessener Höhe

Vorauszahlungen für Betriebskosten dürfen nur in angemessener Höhe vereinbart werden, das heißt, sie müssen **ungefähr den tatsächlichen Kosten entsprechen.** Regelmäßig sind daher die Erfahrungswerte der vorangegangenen Abrechnungsperioden zugrunde zu legen (§ 556 Abs. 2 Satz 2 BGB).

! Vorauszahlungen dürfen weder unangemessen hoch noch irreführend niedrig sein. Die Vereinbarung unangemessen hoher Vorauszahlungen ist unwirksam. Der Mieter kann dann Herabsetzung der Vorauszahlungen verlangen. Ist die Vorauszahlung zu gering, kann unter Umständen eine arglistige Täuschung mit der Folge vorliegen, dass der Vermieter schadensersatzpflichtig wird. Das ist insbesondere der Fall, wenn der Vermieter aufgrund der Abrechnung des Vorjahrs weiß, dass die Vorauszahlungen zur Deckung der Betriebskosten bei Weitem nicht ausreichen, er den Mieter darüber nicht aufklärt und billigend in Kauf nimmt, dass der Mieter durch die geringe Höhe der Vorauszahlungen zum Vertragsabschluss bewegt wird. Beweispflichtig ist der Mieter.

10.4.3 Änderung der Vorauszahlungen

Auf der Grundlage der Betriebskostenabrechnung des Vermieters können die Vorauszahlungen neu berechnet werden. Jede Partei, also Vermieter und Mieter, kann die Vorauszahlungsbeträge verändern (§ 560 Abs. 4 BGB). Der Anpassungsbetrag wird berechnet, indem etwaige Nachforderungen des Vermieters aus der Betriebskostenabrechnung durch zwölf geteilt werden. Eine darüber hinaus gehende Erhöhung ist nur zulässig, wenn konkrete Umstände vorliegen, die zu einer **Erhöhung der Betriebskosten** führen werden. Nicht zulässig ist es, dass der Vermieter einen »Sicherheitszuschlag« etwa für die allgemein zu erwartende Steigerung der Lebenshaltungskosten verlangt.

Die Anpassung der Betriebskostenvorauszahlung muss der Vermieter gegenüber dem Mieter erklären. In der Erklärung muss er zum Ausdruck bringen, dass er eine Erhöhung der Vorauszahlungen um einen bestimmten Betrag verlangt. Eine Erläuterung der Erhöhung ist gesetzlich nicht vorgeschrieben. Allerdings darf der Vermieter die Vorauszahlungen immer nur nach einer Betriebskostenabrechnung und auch nur für die Zukunft, also nicht rückwirkend, verlangen (BGH, Az. VIII ZR 271/10).

Der Vermieter muss in seiner **Erhöhungserklärung** die Erhöhung nachvollziehbar erläutern, also über die bislang entstandenen Kosten abrechnen. Die Erhöhungserklärung muss in **Textform** (z.B. schriftlich, per E-Mail oder Fax) erfolgen. Es sind keine Fristen einzuhalten. Für die Erhöhung bedarf es nicht der Zustimmung des Mieters. Die höhere Vorauszahlung ist ab dem nächsten Monatsersten fällig.

! Auch Sie als Mieter haben das Recht, die Betriebskostenvorauszahlungen anzupassen. Sie können die monatlichen Vorauszahlungen auf einen angemessenen Betrag herabsetzen, wenn sich nach Vorlage der Abrechnung herausstellt, dass der monatliche Vorauszahlungsbetrag zu hoch ist. Die Herabsetzung der Vorauszahlungen müssen Sie dem Vermieter in Textform mitteilen.

10.5 Welchen Anforderungen die Betriebskostenabrechnung entsprechen muss

Ein Anspruch des Vermieters auf Nachzahlung von Nebenkosten besteht nur dann, wenn er dem Mieter eine **ordnungsgemäße Abrechnung** vorlegt. Diese muss bestimmten rechtlichen Anforderungen genügen.

10.5.1 Mindestangaben

Eine Betriebskostenabrechnung muss bestimmte Mindestangaben enthalten. Nur wenn sich diese Angaben aus der Abrechnung ergeben, ist sie mietrechtlich formell wirksam. Und nur dann kann sie Grundlage für Nachzahlungsansprüche des Vermieters sein.

! Eine Abrechnung, die diesen Angaben nicht genügt, ist unbeachtlich mit der Folge, dass Ihnen als Mieter ein Anspruch auf Nachbesserung bzw. auf Erteilung einer neuen Abrechnung zusteht. Sie müssen nichts bezahlen. Der Vermieter muss erst eine komplett neue Abrechnung vorlegen. Als Mieter sind Sie sogar berechtigt, künftige Vorauszahlungen auf die Betriebskosten einzustellen, bis der Vermieter korrekt abgerechnet hat.

Angaben der Betriebskostenabrechnung

Folgende Angaben muss eine Betriebskostenabrechnung mindestens enthalten:

- die **Bezeichnung des Objekts,** auf die sich die Abrechnung bezieht,
- die Benennung des **Abrechnungszeitraums,**
- die geordnete **Zusammenstellung der Gesamtkosten** für jede Nebenkostenart,
- die Angabe und Erläuterung des zugrunde liegenden **Abrechnungsmaßstabs** (Verteilerschlüssels),
- die Berechnung des auf die Wohnung des Mieters entfallenden **Anteils der Kosten,**
- die **Verrechnung der Vorauszahlungen** mit dem auf den Mieter entfallenden Kostenanteil.

Die Abrechnung des Vermieters muss also sämtliche Ausgaben geordnet und verständlich darstellen. Es müssen die **Gesamtkosten jeder Kostenart** angegeben werden. Wurden nicht umlagefähige oder nur auf andere Mieter entfallende Kostenanteile herausgerechnet, muss ersichtlich sein, ob und in welcher Höhe das geschehen ist.

Verteilung der Kosten auf die Mieter

In der Betriebskostenabrechnung muss der Vermieter die Kosten, die für das Haus im **Abrechnungsjahr** entstanden sind, auf die einzelnen Wohnungen verteilen. Der zugrunde gelegte Abrechnungsmaßstab muss nachvollziehbar angegeben und erläutert sein.

Es gibt verschiedene Verteilerschlüssel:

- **Quadratmeter Wohnfläche:** Die Verteilung der Betriebskosten erfolgt nach Quadratmetern. Dies ist in der Praxis der häufigste Abrechnungsmaßstab; er wird vom Gesetzgeber bevorzugt.
- **Verbrauch:** Die verbrauchsabhängigen Betriebskosten wie Strom, Wasser oder Gas werden nach dem tatsächlichen Verbrauch der Mieter abgerechnet, was unzweifelhaft der gerechteste Maßstab ist.
- **Wohneinheit:** Hier zählt jede Wohnung gleich. Die Betriebskosten werden durch die Anzahl der Wohnungen geteilt, was gerecht ist, wenn alle Wohnungen nahezu gleich sind oder den gleichen Nutzen haben (z.B. Kabelgebühren).
- **Personenzahl:** Grundlage für die Verteilung der Betriebskosten ist hier die Anzahl der zum Haushalt des Mieters gehörenden Personen, was bei Betriebskosten wie z.B. Müllgebühren und Wasserverbrauch sicherlich gerecht ist.

Achtung: Wenn der Vermieter selbst im Haus wohnt, muss er sich selbstverständlich an den entstandenen Betriebskosten beteiligen und sich in die Kostenverteilung einbeziehen. Auch wenn eine Wohnung im Haus leer steht, muss der Vermieter die für diese Wohnung anfallenden Betriebskosten tragen (BGH, Az. VIII ZR 159/05).

! Bei der Betriebskostenabrechnung sollten Sie immer die in der Abrechnung angegebene Gesamtfläche mit der in der Vorjahresabrechnung angegebenen Fläche vergleichen. Hat sich die Gesamtfläche verringert, sollten Sie Ihren Vermieter nach dem Grund fragen.

Abrechnungsmaßstab und Verteilerschlüssel

Welcher Abrechnungsmaßstab bzw. Verteilerschlüssel konkret gilt, ergibt sich aus dem **Mietvertrag.** Sieht dieser keinen besonderen Verteilerschlüssel vor, werden die Betriebskosten **nach der Wohnfläche umgelegt.** Sind Wasserzähler oder andere Messeinrichtungen vorhanden, die eine Verbrauchserfassung ermöglichen, muss der Vermieter verbrauchsabhängig abrechnen. Und wenn in der Gemeinde für die Müllabfuhr ein Erfassungssystem (z.B. Scanner) verwendet wird, mit dem die bei jeder Mietpartei anfallende Müllmenge ermittelt werden kann, muss entsprechend abgerechnet werden (§ 556a Abs. 1 BGB).

Heizungs- und Warmwasserkosten

Die Kosten für Heizung und Warmwasser muss der Vermieter in jedem Fall **verbrauchsabhängig abrechnen** (vgl. dazu 10.5.2). Die Vorschriften der **Heizkostenverordnung** stehen den mietvertraglichen Regelungen vor.

Änderung des Verteilerschlüssels

Grundsätzlich kann der vereinbarte Verteilerschlüssel **nur mit Zustimmung des Mieters** geändert werden. Ausnahmsweise kann der Vermieter den Verteilerschlüssel durch eine einseitige Erklärung in Textform ändern, wenn er bestimmte Betriebskosten künftig nach dem erfassten unterschiedlichen Verbrauch oder der erfassten unterschiedlichen Verursachung umlegen will (z.B. nach dem Einbau von Kaltwasserzählern in jede Wohnung oder bei Bereitstellung von separaten Müllgefäßen für jede Wohnung). Der neue Verteilerschlüssel, auf den umgestellt werden soll, muss allerdings verbrauchsabhängig oder von der erfassten Verursachung abhängig sein, eine Umstellung des Maßstabs der Wohnflächen auf eine Verteilung nach der Kopfzahl ist also nicht möglich. Die Erklärung über die Umstellung ist nur vor Beginn des Abrechnungszeitraums zulässig (§ 556a Abs. 2 BGB).

Abzug der geleisteten Vorauszahlungen

Die vom Mieter auf die Betriebskosten geleisteten Vorauszahlungen müssen von den errechneten Betriebskosten abgezogen werden. Hat der Vermieter die Vorauszahlungen des Mieters bei der Abrechnung versehentlich nicht in der richtigen Höhe oder gar nicht berücksichtigt, ist die Abrechnung zwar inhaltlich fehlerhaft, gleichwohl aber formell wirksam, weil der Mieter anhand seiner Unterlagen ohne Weiteres feststellen kann, ob seine Vorauszahlungen in der Abrechnung korrekt berücksichtigt sind. Die Nachvollziehbarkeit der Abrechnung wird nicht dadurch infrage gestellt, dass geleistete Vorauszahlungen nicht oder nicht im richtigen Umfang berücksichtigt werden (BGH, Az. VIII ZR 240/0).

Abrechnung muss übersichtlich und verständlich sein

Die Gerichte verlangen für eine formell ordnungsgemäße Abrechnung, dass sie **klar, übersichtlich und aus sich heraus verständlich** sein muss. Das ist der Fall, wenn ein durchschnittlicher Mieter in der Lage ist, die Art des Verteilerschlüssels und der einzelnen Kostenpositionen zu erkennen und den auf ihn entfallenden Anteil an den Gesamtkosten rechnerisch nachzuprüfen. Wird die Abrechnung dem nicht gerecht, wird ein möglicher Nachzahlungsanspruch des Vermieters gar nicht erst fällig.

Das Gebot zur nachvollziehbaren, klaren und übersichtlichen Abrechnung verpflichtet den Vermieter, seine Mindestangaben entsprechend zu erläutern. Denn nur dann ist es Ihnen als Mieter möglich, die inhaltliche Richtigkeit und Plausibilität der Abrechnung zu prüfen, wenn die Grundlagen und Zusammenhänge der rechnerischen Bezugsgrößen und Einflussfaktoren dargestellt werden. Deshalb muss der Vermieter den **Verteilerschlüssel im Einzelnen erläutern.** Nicht unwesentliche Erhöhungen einzelner Kostenpositionen muss der Vermieter erklären. Und auch die Verbrauchswerte müssen dem Mieter auseinandergesetzt werden, wenn ein Vergleich mit der vorangegangenen Ablesung oder Erfassung eine erhebliche Abweichung zeigt.

10.5.2 Besonderheiten bei der Heiz- und Warmwasserkostenabrechnung

Wenn vom Vermieter die Heiz- und Warmwasserversorgung durch eine zentrale Anlage erfolgt, muss er die dadurch entstehenden Kosten über die ergänzenden Vorschriften der Heizkostenverordnung (HeizkostenV) abrechnen. Das hat insbesondere zur Folge, dass im Regelfall ein erheblicher Kostenanteil verbrauchsabhängig umgelegt werden muss.

Hat das Gebäude nicht mehr als zwei Wohnungen, von denen eine der Vermieter selbst bewohnt, können Vermieter und Mieter vereinbaren, dass von den Vorgaben der Heizkostenverordnung abgewichen wird (§ 2 HeizkostenV). Und in folgenden Fällen **gilt die Heizkostenverordnung nicht** (§ 11 HeizKostenV):

- in sogenannten **Passivhäusern,** in denen nur sehr wenig Heizenergie benötigt wird (Wärmebedarf von weniger als 15 kWh/m^2);
- wenn die **Verbrauchserfassung technisch nicht möglich** ist oder unverhältnismäßig hohe Kosten verursachen würde, die sich nicht innerhalb von zehn Jahren amortisieren;
- in **Alters- Pflege-, Studenten- und Lehrlingsheimen;**
- bei Wärmegewinnung durch **Wärmepumpen- oder Solaranlagen** oder **Kraft-Wärme-Kopplung;**

- in Räumen, die **vor dem 1.7.1981 bezugsfertig** geworden sind und in denen der Mieter den Wärmeverbrauch nicht beeinflussen kann;
- in Fällen **ausdrücklicher behördlicher Befreiung.**

Erfassung des Verbrauchs

Der Vermieter ist verpflichtet, den anteiligen Verbrauch der Mieter an Wärme und Warmwasser zu erfassen. Er hat dazu die Räume mit Ausstattungen zur **Verbrauchserfassung** zu versehen. Als Mieter müssen Sie dies dulden. Will der Vermieter die Ausstattung zur Verbrauchserfassung mieten, so muss er Ihnen dies unter Angabe der dadurch entstehenden Kosten schriftlich mitteilen. Widerspricht innerhalb eines Monats die Mehrheit der Mieter, darf der Vermieter die Geräte nicht mieten (§ 4 Abs. 1 und 2 HeizkostenV).

Zur Erfassung des anteiligen Wärmeverbrauchs sind **Wärmezähler oder Heizkostenverteiler,** zur Erfassung des anteiligen Warmwasserverbrauchs **Warmwasserzähler** oder andere geeignete Ausstattungen zu verwenden (§ 5 Abs. 1 HeizkostenV).

Messung des Verbrauchs

Die Messvorrichtungen müssen einmal im Jahr zum Ende des jeweiligen Abrechnungszeitraums abgelesen werden. Im Regelfall erfolgt diese **Ablesung durch Wärmemessdienste.** Als Mieter sind Sie verpflichtet, der Ablesefirma den Zugang zu Ihrer Wohnung zu ermöglichen. Der Vermieter muss die Messung aber rechtzeitig (mindestens eine Woche vorher) ankündigen.

! Vor dem Termin sollten Sie die Werte selbst ablesen und notieren. So haben Sie die Möglichkeit, Ihr Ergebnis mit dem der Ablesefirma zu vergleichen. Der Vermieter soll dem Mieter das Ergebnis der Ablesung im Regelfall innerhalb eines Monats mitteilen.

Das Ergebnis der Ablesung soll dem Mieter in der Regel innerhalb eines Monats mitgeteilt werden. Eine gesonderte Mitteilung ist nicht erforderlich, wenn das Ableseergebnis über einen längeren Zeitraum in den Räumen des Mieters gespeichert ist und von diesem selbst abgerufen werden kann. Einer gesonderten Mitteilung des Warmwasserverbrauchs bedarf es auch dann nicht, wenn in der Wohnung ein Warmwasserzähler eingebaut ist (§ 6 Abs. 1 HeizkostenV).

Pflicht zur verbrauchsabhängigen Kostenverteilung

Der Vermieter hat die Kosten der Versorgung mit Wärme und Warmwasser auf der **Grundlage der Verbrauchserfassung** auf die einzelnen Mieter zu verteilen.

Verteilerschlüssel

Die Gesamtkosten einer Wirtschaftseinheit werden in verbrauchsabhängige und verbrauchsunabhängige Kosten aufgeteilt.

- **Verteilung der Kosten bei Versorgung mit Wärme:**
  Die **Heizkostenverordnung** legt fest, dass mindestens 50 % und höchstens 70 % der Gesamtheizkosten **nach Verbrauch abgerechnet** werden müssen; der andere Teil ist nach der Wohn- oder Nutzfläche oder nach dem umbauten Raum zu verteilen; es kann auch die Wohn- oder Nutzfläche oder der umbaute Raum der beheizten Räume zugrunde gelegt werden. Der verbrauchsabhängige Teil muss jedoch zwingend 70 % betragen, wenn es sich um ein Gebäude handelt, welches das Anforderungsniveau der Wärmeschutzverordnung vom 16.8.1994 nicht erfüllt und mit einer Öl- oder Gasheizung versorgt wird und ein Gebäude ist, in dem die freiliegenden Leitungen der Wärmeverteilung überwiegend gedämmt sind (§ 7 HeizkostenV).

- **Verteilung der Kosten bei Versorgung mit Warmwasser:**
  Es muss zwischen getrennten und verbundenen Anlagen unterschieden werden. **Getrennte Anlagen** sind solche, die unabhängig von der Heizanlage betrieben werden. Bei diesen Anlagen sind von den Kosten des Betriebs der zentralen Warmwasser-

versorgungsanlage mindestens 50 %, höchstens 70 % nach dem erfassten Warmwasserverbrauch, die übrigen Kosten nach der Wohn- oder Nutzfläche zu verteilen (§ 8 HeizkostenV). Von einer **verbundenen Anlage** spricht man, wenn die Versorgung mit Heizwärme und die Versorgung mit Warmwasser durch dieselbe Anlage erfolgt. Bei diesen Anlagen sind die einheitlich entstandenen Kosten des Betriebs aufzuteilen. Die Anteile an den einheitlich entstandenen Kosten sind nach den Anteilen am Energieverbrauch (Brennstoff- oder Wärmeverbrauch) zu bestimmen. Der auf die Warmwassererzeugung entfallende Brennstoffverbrauch ist nach der Berechnungsformel nach der Heizkostenverordnung zu ermitteln oder nach den anerkannten Regeln der Technik zu errechnen, wenn der Warmwasserverbrauch gemessen werden kann (§ 9 HeizkostenV).

Verbrauchsschätzung

Fallen Messgeräte aus, sind sie defekt oder können aus anderen Gründen nicht abgelesen werden, ist der Verbrauch zu schätzen. Grundlage für die Schätzung kann der zeitgleich ermittelte Verbrauch vergleichbarer anderer Räume sein oder der Verbrauch in den betroffenen Räumlichkeiten in **früheren Abrechnungszeiträumen.** Schätzungen sind allerdings ausgeschlossen, wenn mehr als 25 % der gesamten Wohnfläche des Gebäudes geschätzt werden müssten (§ 9a HeizkostenV).

Kürzungsrecht des Mieters

Als Mieter haben Sie Anspruch auf verbrauchsabhängige Abrechnung der Heiz- und Warmwasserkosten. Diesen Anspruch können Sie durch Klage geltend machen. Sie haben das Recht, den auf Sie entfallenden Anteil der Heiz- und Warmwasserkosten um **15 % zu kürzen** (§ 12 HeizkostenV). Dieses Recht des Mieters kann nicht durch den Mietvertrag ausgeschlossen werden. Das Kürzungsrecht besteht unter anderem, wenn

- die Wohnung **nicht mit Erfassungsgeräten ausgerüstet** ist,
- **Messgeräte** zwar vorhanden, diese aber **fehlerhaft montiert oder funktionsuntüchtig** sind,
- der Vermieter, obwohl technisch möglich und vertraglich vorgesehen, bei einem **Mieterwechsel keine Zwischenablesung durchgeführt** hat.

10.5.3 Formelle Anforderungen an die Betriebskostenabrechnung

Gesetzlich ist für die Abrechnung der Betriebskosten eine bestimmte Form nicht vorgeschrieben. Weil sie jedoch verständlich und nachvollziehbar sein muss, muss sie im Allgemeinen **schriftlich** erfolgen, weil nur dann diesen Anforderungen entsprochen werden kann. Eine Originalunterschrift des Vermieters ist allerdings nicht zwingend erforderlich. Die Abrechnung kann auch mit dem gedruckten Namen des Absenders versehen werden. Die Abrechnung kann auch per E-Mail oder Fax versendet werden.

Der Abrechnung muss zu entnehmen sein, dass sie vom Vermieter erteilt wurde. Sie muss also dessen Namen enthalten oder erkennen lassen, dass sie in dessen Namen erstellt wurde.

Achtung: Bei Ehepaaren oder anderer Mietergemeinschaften ist es ausreichend, wenn der Vermieter die Abrechnung nur an einen der Mieter schickt. Schließlich haften Mieter, die gemeinsam die Wohnung gemietet haben, für die Mietforderungen einschließlich der Betriebskosten als **Gesamtschuldner** (BGH, Az. VIII ZR 263/09). Deshalb kann der Vermieter nach seinem Belieben jeden Mieter ganz oder teilweise in Anspruch nehmen.

10.6 Wann der Vermieter die Betriebskostenabrechnung vorlegen muss

Wenn der Mieter monatliche Vorauszahlungen auf die Betriebskosten leistet, muss der Vermieter eine Betriebskostenabrechnung erstellen. Über die Vorauszahlungen muss er **jährlich** abrechnen (§ 556 Abs. 3 Satz 1 BGB). Das heißt aber nicht, dass sich der Zeitraum, über den abzurechnen ist, mit dem Kalenderjahr decken muss. Der Abrechnungszeitraum muss aber ein Jahr umfassen. Über einen kürzeren Zeitraum darf der Vermieter nur ausnahmsweise abrechnen, so beispielsweise für die Zeit nach Einzug des Mieters bis zum Ende des für das Haus geltenden Abrechnungszeitraums (LG Berlin, Az. 64 S 458/90).

10.6.1 Abrechnung innerhalb von zwölf Monaten

Der Vermieter hat zwölf Monate Zeit, über die Betriebskosten abzurechnen (§ 556 Abs. 3 Satz 2 BGB). Das bedeutet, dass der Vermieter die Abrechnung **spätestens bis zum Ablauf des zwölften Monats nach Ende des Abrechnungszeitraums** mitteilen muss. Für die Wahrung der Frist ist nicht die rechtzeitige Absendung der Abrechnung, sondern der Zugang beim Mieter innerhalb der Zwölfmonatsfrist maßgebend.

Geht dem Mieter die **Abrechnung später** als ein Jahr nach Ende der Abrechnungsperiode zu, kann der Vermieter **keine Nachzahlung** mehr verlangen, es sei denn, er hat die Verzögerung nicht verschuldet (§ 556 Abs. 3 Satz 3 BGB). In diesem Fall kann der Mieter die Nachzahlung verweigern. Zahlt der Mieter die Nachforderung, obwohl die Abrechnungsfrist überschritten wurde, kann er die Zahlung zurückverlangen (BGH, Az. VIII ZR 94/05).

! Die Ausschlussfrist betrifft nur Nachforderungen des Vermieters. Sie können also nach wie vor verlangen, dass der Vermieter die Betriebskosten abrechnet. Sie können natürlich auch die Auszahlung eines Guthabens verlangen.

Die Beweislast für den rechtzeitigen Zugang der Abrechnung liegt beim Vermieter. Dabei reicht es nicht aus, wenn dieser belegen kann, dass er die Abrechnung zur Post gegeben hat. Maßgebend ist allein der rechtzeitige Zugang der Abrechnung beim Mieter.

! Wenn die Frist, innerhalb derer der Vermieter abrechnen muss, abgelaufen ist, kommt der Vermieter mit der Abrechnung in Verzug. Ab diesem Zeitpunkt können Sie auf das sich ergebende Guthaben **Verzugszinsen in Höhe von 5 % über dem Basiszinssatz** verlangen (§ 288 Abs. 1 BGB).

10.6.2 Fristüberschreitung nur in Ausnahmefällen erlaubt

Nachforderungen aus einer verspätet zugegangenen Abrechnung kann der Vermieter nur dann geltend machen, wenn er darlegen und beweisen kann, dass er die Verspätung nicht zu vertreten hat, dass er also nichts dafür kann, dass er die Abrechnung nicht fristgemäß vorlegen konnte (§ 556 Abs. 3 Satz 3 BGB). Das ist etwa der Fall, wenn dem Vermieter **Abrechnungen der Versorgungsunternehmen nicht vorliegen.** Nicht entschuldigt ist der Vermieter dagegen für Nachlässigkeiten seines Hausverwalters oder der Messdienstfirma. Für ein Verschulden eines Unternehmens, das mit der Erstellung der Abrechnung beauftragt wurde, hat der Vermieter einzustehen. Auch eine persönliche Verhinderung durch Krankheit entschuldigt den Vermieter nicht. Auch einen überlangen Postlauf hat der Vermieter zu vertreten.

Aber selbst wenn der Vermieter die Abrechnungsfrist unverschuldet nicht einhalten konnte, muss er sich beeilen. Will er seinen Anspruch, Nachforderungen gegenüber dem Mieter geltend zu machen, wahren, muss die Abrechnung dem Mieter im Regelfall innerhalb von drei Monaten, nachdem das Abrechnungshindernis weggefallen ist, zugehen (BGH, Az. VIII 364/12).

! Haben Sie, weil Sie die gesetzliche Ausschlussfrist nicht kannten, trotz Verspätung des Vermieters die Betriebskostennachforderung beglichen, können Sie den versehentlich gezahlten Betrag innerhalb von drei Jahren nach Entdecken Ihres Irrtums **vom Vermieter zurückverlangen.**

10.6.3 Verjährungsfrist beträgt drei Jahre

Ansprüche aus vorgelegten Nebenkostenabrechnungen verjähren nach drei Jahren (§ 195 BGB). Das gilt sowohl für Nachforderungen des Vermieters als auch für Forderungen des Mieters. Die Verjährungsfrist beginnt am Ende des Jahres zu laufen, in dem die Abrechnung beim Mieter eintrifft.

Auch der Anspruch auf Vorlage einer Betriebskostenabrechnung verjährt nach drei Jahren. Hier beginnt die Verjährungsfrist zwölf Monate nach Ende des Abrechnungszeitraums zu laufen.

» Der Abrechnungszeitraum für das Jahr 2020 endet am 31.12.2021, die Abrechnung muss spätestens am 31.12.2021 dem Mieter zugegangen sein. Wurde sie fristgerecht zugestellt, beginnt die Verjährungsfrist damit am 1.1.2022 und endet am 31.12.2024.

10.7 Fälligkeit der Nachzahlung oder Rückzahlung

Ein Nachzahlungs- oder Rückzahlungsanspruch ist erst dann fällig, wenn eine formell ordnungsgemäße Abrechnung vorliegt. Die Abrechnung muss also nachvollziehbar und verständlich sein. Keine Voraussetzung für die Fälligkeit ist, dass die Abrechnung inhaltlich richtig ist.

Ergibt sich aus der Abrechnung ein **Guthaben zugunsten des Mieters,** kann dieser die **Auszahlung sofort** verlangen, sobald er die Abrechnung erhalten hat (BGH, Az. IX ZR 237/03).

Auch ein sich aus der Abrechnung ergebender Nachzahlungsanspruch des Vermieters ist mit Zugang der formell ordnungsgemäßen Abrechnung fällig. Der Mieter gerät aber nicht in Zahlungsverzug, wenn er sich eine angemessene Zeit zur Prüfung der Abrechnung nimmt. Dabei ist eine **Frist von 30 Tagen** angemessen (LG Frankfurt/Main, Az. 13 O 474/89).

Achtung: Die Betriebskostennachzahlung wird nicht fällig, wenn der Vermieter die Einsicht in die Abrechnungsunterlagen verweigert oder dem Mieter trotz bestehenden Anspruchs gegen eine angemessene Kostenerstattung keine Kopien übersendet werden.

10.8 Wie die Betriebskostenabrechnung vom Mieter überprüft werden sollte

Überprüfen Sie die Ihnen vorgelegte Betriebskostenabrechnung auf Herz und Nieren. Eine konkrete Frist, die Ihnen dafür zur Verfügung steht, gibt es nicht. Es wird allgemein von einer Frist von **bis zu vier Wochen** ausgegangen. Dieser Zeitraum dürfte ausreichen, dass Sie die Abrechnung entweder selbst prüfen oder rechtliche Informationen (z.B. vom örtlichen Mieterverein) einholen. Danach können Sie dann gegebenenfalls Einwendungen gegen die Abrechnung erheben (vgl. dazu unter 10.9).

! Leisten Sie auf keinen Fall vor einer genauen Prüfung der Abrechnung Nachzahlungen an den Vermieter. Und verlangen Sie auch nicht die Auszahlung eines etwaigen Guthabens. Sie gehen damit einem möglichen Vorwurf des Vermieters aus dem Weg, dass Sie durch Nachzahlung oder Entgegennahme des Guthabens die Betriebskostenabrechnung anerkannt haben.

10.8.1 Formelle Fehler

Die formell fehlerhafte Abrechnung ist **unwirksam.** Auf ihrer Grundlage kann der Vermieter keine Nachforderungen geltend machen. Er muss Ihnen eine neue Abrechnung vorlegen. Allerdings kann er nach Ablauf der zwölfmonatigen Abrechnungsfrist formelle Fehler nicht mehr korrigieren.

! Ist die Betriebskostenabrechnung des Vermieters formell unwirksam, sollten Sie Fehler erst nach Ablauf der Ausschlussfrist beanstanden.

» In folgenden Fällen liegt ein formeller Fehler vor:

- In der Betriebskostenabrechnung fehlen die **notwendigen Mindestangaben.**
- Der auf den Mieter entfallende **Kostenanteil** ist nicht berechnet.
- Der **Verteilerschlüssel** ist unverständlich.
- Der Abrechnungszeitraum ist **länger als zwölf Monate.**
- Es ist aus der Abrechnung nicht zu entnehmen, mit welchem Verteilerschlüssel der Vermieter gerechnet hat.
- Die einzelnen Rechnungsschritte in der Abrechnung sind **nicht nachvollziehbar.**

10.8.2 Inhaltliche Fehler

Eine inhaltlich falsche Abrechnung kann der Vermieter unter Umständen auch noch nach Ablauf der Abrechnungsfrist korrigieren.

» In folgenden Fällen liegt ein inhaltlicher Fehler vor:

- Als Verteilerschlüssel wurde nicht der im **Mietvertrag vereinbarte Umlageschlüssel** verwendet.
- Die **Flächenangaben** entsprechen nicht denen des Vorjahres.
- Die in der Abrechnung angegeben **Vorauszahlungsbeträge sind falsch.**
- Die **Aufteilung der Versicherungskosten** ist falsch.
- Der **Ablesetag** (z.B. bei den Heizkosten oder Wasserkosten) ist unrichtig angegeben.

10.8.3 Einsichtsrecht des Mieters

Zur weiteren Überprüfung der Betriebskostenabrechnung sind Sie als Mieter berechtigt, die **Originalbelege** einzusehen. Ihr Einsichtsrecht erstreckt sich unter anderem auf Versicherungspolicen, Ableseprotokolle, Wasserabrechnungen des Versorgers, den Grundsteuerbescheid oder die Bescheide für Straßenreinigungs- und Müllgebühren. Verweigert Ihnen der Vermieter die Einsicht, können Sie die geforderte Nachzahlung verweigern.

Grundsätzlich ist der Vermieter verpflichtet, die Belege in seinem Büro oder im Büro seines Verwalters offen zu legen. Der Mieter ist berechtigt, eine Person seines Vertrauens oder eine rechtskundige Person (z.B. des Mietervereins) zur Belegeinsicht und zur Prüfung mitzunehmen.

Mieter preisgebundener Sozialwohnungen sind berechtigt, Kopien der Unterlagen zu verlangen. Ein entsprechender Anspruch besteht für Mieter im freien Wohnungsbau dagegen grundsätzlich nicht. Nur wenn dem Mieter die Einsichtnahme in den Räumen des Vermieters nicht zuzumuten ist (z.B. wegen einer Gehbehinderung), kann er ausnahmsweise die Zusendung von Kopien verlangen (LG Frankfurt/Main, Az. 2/11 S 135/99). Das gilt auch, wenn die Mietwohnung vom Sitz des Vermieters relativ weit entfernt ist.

10.8.4 Betriebskostenspiegel und Heizspiegel des Deutschen Mieterbunds

Mit dem Betriebskostenspiegel und dem Heizspiegel des Deutschen Mieterbunds haben Sie die Möglichkeit, die für Ihre Wohnung anfallenden Betriebskosten und Heizkosten zu vergleichen und aufgrund deutlicher Abweichungen fachlichen Rat einzuholen.

Betriebskostenspiegel

Jedes Jahr veröffentlicht der Deutsche Mieterbund einen Betriebskostenspiegel für einzelne Abrechnungsjahre, der es erlaubt, die jeweiligen Betriebskosten für Ihre Wohnung mit anderen zu vergleichen. Gleichzeitig liefert der Betriebskostenspiegel für Sie Anhaltspunkte, um Ihre Abrechnung nach Wirtschaftlichkeitsgesichtspunkten überprüfen zu können.

Folgende Betriebskosten werden aktuell auf der **Grundlage der Abrechnungsdaten** des Jahres 2018 in Deutschland erhoben:

Grundsteuer	0,19 €
Wasser inkl. Abwasser	0,34 €
Heizung inkl. Warmwasser	1,03 €
Aufzug	0,19 €
Straßenreinigung	0,03 €
Müllbeseitigung	0,18 €
Gebäudereinigung	0,19 €
Gartenpflege	0,11 €
Allgemein Strom	0,05 €
Schornsteinreinigung	0,03 €
Versicherung	0,21 €
Hauswart	0,30 €
Hauswart, wenn die Kosten für Gebäudereinigung bzw. Gartenpflege oder Winterdienst separat abgerechnet werden	0,16 €
Antenne/Kabel	0,13 €
Sonstige kalte Betriebskosten	0,04 €

! Den jeweils aktuellen Betriebskostenspiegel des Deutschen Mieterbunds finden Sie unter www.mieterbund.de.

Achtung: Mithilfe des Betriebskostenspiegels können keine verbindlichen Überprüfungen der Abrechnungen oder der einzelnen Kostenhöhen durchgeführt werden. Abweichungen von den Durchschnittswerten des Betriebskostenspiegels können aber für den Mieter Anlass sein, einzelne Kostenpositionen genauer zu überprüfen. Das gilt insbesondere dann, wenn die Abrechnung Werte ausweist, die deutlich über den Daten des Betriebskostenspiegels liegen.

Heizspiegel

Zusammen mit co2online gGmbH erstellt der Deutsche Mieterbund einen bundesweiten Heizspiegel. Der Heizspiegel soll Mietern und Eigentümern dabei helfen, den **Heizenergieverbrauch von Gebäuden und die Heizkosten** zu vergleichen und zu bewerten. Er enthält den durchschnittlichen Verbrauch, die Durchschnittskosten und die durch das Heizen entstehenden co2-Emissionen für unterschiedlich große Wohngebäude. Im Heizspiegel wird nach Energieart – Öl, Erdgas oder Fernwärme – unterschieden sowie nach den vier Verbrauchskategorien: niedrig, mittel, erhöht und zu hoch.

! Den jeweils aktuellen Heizspiegel finden Sie unter www.mieterbund.de.

10.9 Was der Mieter tun muss, wenn er mit der Abrechnung nicht einverstanden ist

Einwendungen gegen die Abrechnung der Betriebskosten müssen Sie spätestens bis zum **Ablauf des zwölften Monats nach Zugang der Abrechnung** mitteilen (§ 556 Abs. 3 Satz 5 BGB). Danach können Sie Einwendungen grundsätzlich nicht mehr geltend machen. Innerhalb von zwölf Monaten müssen Sie also geltend machen, dass z.B. einzelne Kosten nicht umlegbar oder Kosten fehlerhaft berechnet sind. Die Zwölfmonatsfrist gilt auch, wenn für bestimmte Betriebskosten nach dem Mietvertrag eine Pauschale vereinbart ist, der Vermieter hierüber aber abrechnet.

Achtung: Der Mieter muss zur Wahrung der Einwendungsfrist **konkrete Beanstandungen** vorbringen. Er kann also nicht ins Blaue hinein reklamieren und z.B. einfach behaupten, die Abrechnung sei falsch, weil sie viel zu hoch ist. Der Mieter muss also seine Einwendung konkret fassen, sodass erkennbar ist, welche Posten der Betriebskostenabrechnung aus welchen Gründen beanstandet werden. Nicht ausreichend ist die Behauptung, ein Kostenansatz in der Betriebskostenabrechnung übersteige den überregional ermittelten Kostenansatz für Wohnungen vergleichbarer Größe (BGH, Az. VIII ZR 340/10).

Ausnahmsweise können Sie Einwendungen gegen die Betriebskostenabrechnung auch noch nach Ablauf von zwölf Monaten geltend machen, wenn Sie die verspäteten Einwendungen nicht zu vertreten haben (§ 556 Abs. 3 Satz 6 BGB). Das ist z.B. der Fall, wenn Sie schwer erkrankt sind oder wenn Ihnen der Vermieter die Einsicht in die Abrechnungsunterlagen verwehrt hat.

! Die Zwölfmonatsfrist gilt auch dann nicht, wenn der Vermieter dem Mieter **nicht umlagefähige Betriebskosten** in Rechnung stellt. Legt also z.B. der Vermieter die Kosten einer Rechtsschutzversicherung auf den Mieter um, kann dieser die Kosten auch noch nach Ablauf des Jahres zurückfordern.

10.10 Wann Betriebskosten steuerlich geltend gemacht werden können

Für haushaltsnahe Dienstleistungen gewährt der Staat eine **Steuerermäßigung.** So kann z.B. die Rechnung für eine Reinigungsfirma von der Steuer abgesetzt werden. Auch Mieter können Kosten absetzen, die ihnen vom Eigentümer über die Betriebskostenabrechnung in Rechnung gestellt werden. Das sind beispielsweise Hausmeisterkosten, Kosten der Treppenhausreinigung, der Straßen- und

Gehwegreinigung, des Winterdienstes, der Pflege der Außenanlagen oder Kosten für Wartungsarbeiten (z.B. am Aufzug oder an Warmwassergeräten). Der Anteil dieser Kosten muss aus der Betriebskostenrechnung herausgerechnet werden.

Für das Finanzamt muss ersichtlich sein, welche begünstigten Aufwendungen vorliegen und welcher Anteil auf die Mietwohnung entfällt. Steuerlich berücksichtigt werden nur die **Personalkosten,** nicht die Materialkosten. Über den von ihm zu tragenden Anteil muss der Mieter eine Bestätigung des Vermieters vorlegen. Darin sind die Aufwendungen für die Personal- und Materialkosten getrennt aufzuführen.

Insgesamt 20 % der Arbeitskosten aus haushaltsnahen Dienstleistungen, **höchstens 4.000,– €,** können jährlich von der Einkommensteuer abgezogen werden.

» Würde der Arbeitskostenanteil für Gartenpflege, Hausreinigung usw. 5.000,– € jährlich betragen, könnten Sie 1.000,– € von Ihrer Steuerschuld abziehen.

11 Wenn der Vermieter die Miete erhöhen will

Grundsätzlich kann der Vermieter während des laufenden Mietverhältnisses die vereinbarte Miete unter bestimmten Voraussetzungen und in einem bestimmten Rahmen bis zur ortsüblichen Vergleichsmiete erhöhen. Wenn der Vermieter mit dem Mieter eine Staffelmiete vereinbart hat, erhöht sich die Miete automatisch entsprechend der vereinbarten Mietenstaffeln, während der Vermieter bei der Indexmiete bei der Mieterhöhung bestimmte Voraussetzungen beachten muss. Schließlich kann der Vermieter auch nach Modernisierungsmaßnahmen unter bestimmten Voraussetzungen die Miete erhöhen.

11.1 Mieterhöhung bis zur ortsüblichen Vergleichsmiete

Der Vermieter darf unter bestimmten Voraussetzungen im laufenden Mietverhältnis die vereinbarte Miete bis zur ortsüblichen Vergleichsmiete erhöhen. Für die Mieterhöhung benötigt der Vermieter allerdings die **Zustimmung des Mieters.** Stimmt dieser der Mieterhöhung nicht zu, bleibt dem Vermieter nichts anderes übrig, als ihn auf Zustimmung zu verklagen. Die Klage hat allerdings nur Erfolg, wenn die Voraussetzungen für eine Mieterhöhung vorliegen und der Vermieter bestimmte Formen und Fristen eingehalten hat. In keinem Fall darf der Vermieter zum Zweck der Mieterhöhung das Mietverhältnis kündigen. Andererseits räumt das Gesetz dem Mieter bei einer zulässigen Mieterhöhung ein **Sonderkündigungsrecht** ein.

11.1.1 Voraussetzungen für eine Mieterhöhung

Der Vermieter kann vom Mieter die Zustimmung zur Mieterhöhung auf die ortsübliche Vergleichsmiete verlangen, wenn folgende **Voraussetzungen** erfüllt sind:

- Die Mieterhöhung darf nicht ausgeschlossen sein.
- Die geforderte Miete darf die ortsübliche Vergleichsmiete nicht übersteigen.

- Die bisherige Miete muss seit mindestens einem Jahr unverändert sein.
- Die Miete darf sich innerhalb von drei Jahren nicht um mehr als 20 % erhöhen.
- Das Mieterhöhungsverlangen muss vom richtigen Vermieter an den richtigen Mieter gerichtet sein.
- Die Mieterhöhung muss in Textform begründet werden.
- Der Mieter muss der Mieterhöhung zustimmen oder gerichtlich zur Zustimmung verurteilt werden.

11.1.2 Wann eine Mieterhöhung ausgeschlossen ist

Die Möglichkeit des Vermieters, während des laufenden Mietverhältnisses die Miete bis zur ortsüblichen Vergleichsmiete anzuheben, ist in bestimmten Fällen ausgeschlossen.

Die Mieterhöhung darf nicht durch eine Vereinbarung zwischen dem Vermieter und dem Mieter ausgeschlossen sein (§ 557 Abs. 3 BGB). Das ist der Fall, wenn ein Mietvertrag mit einer **festen Miete auf bestimmte Zei**t abgeschlossen wurde oder wenn im Mietvertrag eine Mieterhöhung ausdrücklich ausgeschlossen worden ist. Ausgeschlossen ist die Mieterhöhung auch dann, wenn bestimmte Umstände vorliegen, aus denen man annehmen kann, dass ein Ausschluss der Mieterhöhung gewollt war.

» Der Mieter hat vor seinem Einzug mit Einverständnis des Vermieters die Wohnung modernisiert und eine Heizung und neue Fenster eingebaut. Im Gegenzug wurde im Mietvertrag ein mehrjähriger Kündigungsverzicht vereinbart.

Ebenfalls ausgeschlossen ist eine Mieterhöhung im Rahmen der ortsüblichen Vergleichsmiete, wenn Vermieter und Mieter eine **Staffel- oder Indexmiete vereinbart** haben (§§ 557a Abs. 2 Satz 2, 557b Abs. 2 Satz 3 BGB).

11.1.3 Maximale Erhöhung bis zur »ortsüblichen Vergleichsmiete«

Der Vermieter darf maximal eine Erhöhung bis zur ortsüblichen Vergleichsmiete verlangen (§ 558 Abs. 1 Satz 1 BGB). Das ist die Miete, die in der betreffenden Gemeinde oder einer vergleichbaren Gemeinde für Wohnungen **vergleichbarer Art, Größe, Ausstattung, Beschaffenheit und Lage** einschließlich der energetischen Ausstattung und Beschaffenheit in den vergangenen sechs Jahren üblicherweise verlangt wurde. Ausgenommen ist Wohnraum, bei dem die Miethöhe durch Gesetz oder im Zusammenhang mit einer Förderzusage festgelegt worden ist (§ 558 Abs. 2 BGB).

Achtung: Bei der Ermittlung der ortsüblichen Vergleichsmiete dürfen nur die Mieten berücksichtigt werden, die in den letzten sechs Jahren vereinbart oder geändert worden sind. Der Zeitraum von sechs Jahren ist vom Zeitpunkt des Zugangs des Mieterhöhungsverlangens beim Mieter zurückzurechnen.

Die behauptete ortsübliche Vergleichsmiete muss der Vermieter ordnungsgemäß begründen. Dafür stehen ihm nur die gesetzlich vorgegebenen Begründungsmittel zur Verfügung (vgl. dazu 11.1.6).

Folgende Kriterien spielen bei der Ermittlung der ortsüblichen Vergleichsmiete eine Rolle, wobei Einrichtungen des Mieters, die den Wohnwert der Mietsache erhöht haben, bei der Ermittlung der Vergleichsmiete grundsätzlich nicht zu berücksichtigen sind:

Art der Wohnung

Gemeint sind die **Bauart und die Zuordnung** der Wohnung zum Haus und Grundstück (z.B. Steinhaus, Holzhaus, Hochhaus, Bungalow, alleinstehendes Haus, Hochhaus, Altbau, Neubau, modernisierter Altbau, Dachgeschosswohnung, Ein-, Zwei- oder Mehrfamilienhaus).

Größe der Wohnung

Gemeint ist die **Wohnfläche,** daneben auch die Anzahl der Zimmer. Für die Berechnung der Wohnungsgröße können im frei finanzierten Wohnungsbau im Regelfall die Bestimmungen der Wochenflächenverordnung herangezogen werden (vgl. dazu 2.6.2). Die Wohnungsgröße ist insofern von Bedeutung, als bei Wohnungen mit großer Grundfläche der auf den Quadratmeter bezogene Mietpreis regelmäßig niedriger liegt als bei kleineren Wohnungen, die in den sonstigen Vergleichsmerkmalen übereinstimmen.

Ausstattung der Wohnung

Bei der Ausstattung der Wohnung kommt es in erster Linie auf die **vorhandene Sanitär-, Heizungs-, Elektro- und Kücheninstallation** an und zwar nicht nur auf das Vorhandensein und die Zahl der Badezimmer oder Duschen, sondern auch auf deren Art (z.B. Elektro-, Gas-, Ölbetrieb, Armaturen, Fußbodenheizung). Daneben kommen auch andere Ausstattungsmerkmale in Betracht (z.B. Bodenbeläge, Fahrstuhl).

! Vom Vermieter berücksichtigt werden dürfen allerdings nur die von ihm zur Verfügung gestellten Wohnungseinrichtungen und nicht jene, mit denen der Mieter die Mietsache versehen hat, es sei denn, der Vermieter hat dem Mieter die verauslagten Kosten erstattet. Einrichtungen des Mieters, die den Wohnwert der Mietsache erhöht haben, dürfen also bei der Ermittlung der Vergleichsmiete nicht berücksichtigt werden.

Bei dem Wohnwertmerkmal »Ausstattung« ist auch der **energetische Zustand des Hauses** zu berücksichtigen (z.B. Wärmedämmung von Fenstern und Außenwänden).

Beschaffenheit der Wohnung

Die Beschaffenheit der Wohnung betrifft qualitative Werte wie **Zuschnitt, Nebenräume und bauliche Qualität.** Insoweit kommt es z.B. auch auf die Art von Türen, Fenstern oder Fußböden sowie auf die Technik von technischem Gerät an. Auch Besonderheiten wie z.B. Einbauschränke, Einbauküchen oder mitvermietete Kühlschränke sind von Bedeutung.

! Für die Ermittlung der ortsüblichen Vergleichsmiete spielt der Umstand, dass die Wohnung Mängel hat, solange keine Rolle, wie die Mängel behebbar sind und der Vermieter zu ihrer Beseitigung verpflichtet ist. In diesem Fall kann der Mieter die Miete mindern. Dagegen sind unbehebbare Mängel, die den Mietwert ständig beeinflussen, durch Abschläge zu berücksichtigen.

Lage der Wohnung

Bei der Lage sind die **äußere Lage** (z.B. Stadtteil, Erreichbarkeit mit Verkehrsmitteln, Lärmimmissionen, Baudichte, Frei- und Grünflächen, landschaftlicher Charakter) sowie die **Lage im Gebäude** selbst (Stockwerkslage, Orientierung der Wohnräume zu den Himmelsrichtungen) von Bedeutung.

Vergleichsobjekte müssen grundsätzlich in derselben Gemeinde liegen

Wohnungen, die hinsichtlich der oben genannten Merkmale an sich miteinander vergleichbar sind, dürfen bei der Ermittlung der ortsüblichen Vergleichsmiete grundsätzlich nur berücksichtigt werden, wenn sie in derselben Gemeinde liegen. Nur wenn in derselben Gemeinde keine vergleichbaren Wohnungen zu finden sind, kann auf vergleichbare Wohnungen in Nachbargemeinden zurückgegriffen werden, wenn die Wohnungsmärkte dieser Gemeinden im Wesentlichen dieselben Merkmale aufweisen (OLG Stuttgart, Az. 8 RE-Miet 4/81).

Urteil

Zur Begründung eines Mieterhöhungsverlangens kann nur auf den Mietspiegel einer vergleichbaren Gemeinde, nicht aber auf den einer nicht vergleichbaren Gemeinde Bezug genommen werden. Das Mieterhöhungsverlangen ist deshalb mangels Begründung unwirksam, wenn die beiden Gemeinden offensichtlich nicht vergleichbar sind. Für diesen Vergleich kommt es auf die Gebietskörperschaften in ihrer Gesamtheit an. Unerheblich ist hingegen, ob einzelne Gemeindeteile der Nachbargemeinde vergleichbar sind, jedenfalls wenn der Mietspiegel der Nachbargemeinde sich über deren gesamtes Gemeindegebiet erstreckt.

LG Heidelberg, Az. 5 S 95/11

11.1.4 Welche Wartefrist vom Vermieter eingehalten werden muss

Das Mieterhöhungsverlangen kann **frühestens ein Jahr nach der letzten Mieterhöhung** geltend gemacht werden. Zwischen zwei Mieterhöhungen haben Sie als Mieter also mindestens ein Jahr Ruhe. Das nächste Erhöhungsschreiben darf erst ein Jahr nach dem Wirksamwerden der letzten Mieterhöhung bei Ihnen eintreffen. Da zu dieser Jahresfrist noch die Überlegungsfrist von drei Monaten hinzukommt (vgl. dazu 11.1.9), kann der Vermieter die Zustimmung des Mieters zur Erhöhung der Miete auf die ortsübliche Vergleichsmiete nur verlangen, wenn die Miete in dem Zeitpunkt, zu dem die Erhöhung eintreten soll, seit 15 Monaten unverändert ist (§ 558 Abs. 1 BGB).

Achtung: Die Jahresfrist wird von dem Zeitpunkt an gerechnet, zu dem die Miete zum letzten Mal verändert wurde, also entweder vom Zeitpunkt des Abschlusses des Mietvertrags ab, sofern die Miete seitdem nicht verändert wurde, oder sonst von der erstmaligen Fälligkeit der letzten Mieterhöhung.

Die **Jahressperrfrist** gilt für Mieterhöhungen im Rahmen der ortsüblichen Vergleichsmiete, für einvernehmliche Mieterhöhungen und die letzte Erhöhung einer Staffelmiete. Mieterhöhungen wegen Modernisierung und wegen Veränderung der Betriebskostenpauschale werden dagegen beim Lauf der Frist nicht berücksichtigt (§ 558 Abs. 1 Satz 3 BGB). Hat also der Vermieter innerhalb des letzten Jahres die Miete wegen einer Modernisierungsmaßnahme erhöht, hindert ihn das nicht daran, vom Mieter die Zustimmung zur Erhöhung der Miete auf die ortsübliche Vergleichsmiete zu verlangen. Keine Bedeutung hat, ob die Mieterhöhung nach den gesetzlichen Bestimmungen durchgeführt wurde oder sich Vermieter und Mieter einvernehmlich auf eine Mieterhöhung geeinigt haben (BGH, Az. VIII ZR 285/06).

» Ist am 1.4.2021 die Miete im Rahmen der Anpassung an die ortsübliche Vergleichsmiete angehoben worden, kann der Vermieter frühestens ab 1.4.2022 wegen einer erneuten Mieterhöhung an den Mieter herantreten. Fordert der Vermieter ab 1.7.2022 eine Mietanhebung auf die ortsübliche Vergleichsmiete, so ist die Jahresfrist gewahrt, selbst wenn im August 2021 die Miete wegen einer Modernisierungsmaßnahme angehoben wurde.

! Schickt Ihnen der Vermieter bereits vor Ablauf der Jahresfrist das Erhöhungsschreiben, ist die **Mieterhöhung unwirksam** (BGH, Az. III AZR 2/93). Der Vermieter kann Ihnen in diesem Fall nur nach Ablauf der Sperrfrist ein neues Erhöhungsverlangen zukommen lassen. Er darf aber nicht lediglich auf das vorzeitig zugegangene Schreiben Bezug nehmen.

11.1.5 In welchem Umfang die Mieterhöhung durch die »Kappungsgrenze« gedeckelt ist

Die Miete darf innerhalb eines Zeitraums von **drei Jahren nur um 20 %** steigen. Diese Grenze muss der Vermieter auch dann einhalten, wenn die ortsübliche Vergleichsmiete eine höhere Miete zulassen würde. Nur bis zur sogenannten Kappungsgrenze müssen Sie dem

Mieterhöhungsverlangen zustimmen. Die Bundesländer können für Gebiete mit angespanntem Wohnungsmarkt die Kappungsgrenze für Mieterhöhungen von 20 % auf 15 % absenken (§ 558 Abs. 3 BGB).

Die Kappungsgrenze wird von der **Ausgangsmiete** berechnet. Das ist die Miete, die Sie drei Jahre vor Wirksamwerden der neuen Mieterhöhung gezahlt haben, allerdings ohne die im Umlageverfahren erhobenen Betriebskosten. Das heißt, dass Berechnungsgrundlage in der Regel die Nettokaltmiete ist.

» Die Ausgangsmiete beträgt 5,– €/m², die ortsübliche Vergleichsmiete nachweislich 6,30 €/m². Die Kappungsgrenze liegt bei 6,– €/m² (5,– € + 20 %). Die darüber hinausgehende Miete wird »gekappt«. Der Vermieter kann also höchstens eine Mieterhöhung auf 6,– €/m² durchsetzen, wenn die übrigen Voraussetzungen dafür vorliegen. Würde die ortsübliche Vergleichsmiete 5,80 €/m² betragen, wäre die Miete nicht zu »kappen« und der Vermieter könnte auf diese neue Miete erhöhen.

Schöpft der Vermieter mit seiner Mieterhöhung die 20-prozentige Kappungsgrenze voll aus, muss er drei Jahre warten, bis er von Ihnen die nächste Anpassung an die ortsübliche Vergleichsmiete verlangen kann.

Eine Mieterhöhung wegen Modernisierung, die während des Dreijahreszeitraums wirksam wurde, wird bei der Berechnung der Kappungsgrenze nicht berücksichtigt. Die daraus resultierenden Erhöhungsbeträge werden deshalb der Kappungsgrenze zugeschlagen.

» Die Ausgangsmiete beträgt im Jahr 2018 5,– €/m². 2017 wurde die Miete wegen einer Modernisierungsmaßnahme um 1,– €/m² erhöht. Verlangt der Vermieter 2021 eine Mieterhöhung auf die ortsübliche Vergleichsmiete, berechnet sich die Kappungsgrenze wie folgt: 4,– €/m² + 20 % = 6,– €/m² + 1,– €/m²). Bei der Mieterhöhung auf die ortsübliche Vergleichsmiete darf somit der Betrag von 7,– €/m² nicht überschritten werden.

! Hat der Vermieter bei seiner ansonsten ordnungsgemäß begründeten Mieterhöhung die Kappungsgrenze nicht berücksichtigt oder falsch berechnet, hat das nicht zur Folge, dass das Mieterhöhungsverlangen unwirksam ist. Vielmehr reduzierte sich die angestrebte Miete auf das zulässige Maß. Als Mieter müssen Sie also der Mieterhöhung bis zu dem Erhöhungsbetrag zustimmen, der sich bei korrekter Anwendung der Kappungsgrenze errechnet.

11.1.6 Wie das Mieterhöhungsverlangen begründet sein muss

Der Vermieter muss begründen, warum er die verlangte Neumiete für ortsüblich hält. Gesetzlich stehen ihm vier Begründungsmittel zur Verfügung (§ 558a Abs. 2 BGB):

- der **Mietspiegel,**
- die Bezugnahme auf eine **Mietdatenbank.**
- ein **Sachverständigengutachten** oder
- die Benennung von **drei Vergleichswohnungen.**

Bezugnahme auf einen Mietspiegel

Im Mieterhöhungsverlangen kann der Vermieter zur Begründung auf einen Mietspiegel Bezug nehmen. Es ist zwischen einem allgemeinen und einem qualifizierten Mietspiegel zu unterscheiden.

Allgemeiner Mietspiegel

Die Bezugnahme auf einen Mietspiegel ist für den Vermieter die einfachste und preisgünstigste Art, die Erhöhung der Miete auf die ortsübliche Vergleichsmiete zu begründen. Ein Mietspiegel ist eine Übersicht über die **ortsübliche Vergleichsmiete,** soweit die Übersicht von der Gemeinde oder von Interessenvertretern der Vermieter und der Mieter gemeinsam erstellt oder anerkannt worden ist.

Mietspiegel können für das Gebiet einer Gemeinde oder mehrere Gemeinden oder für Teile von Gemeinden erstellt werden (§ 558c Abs. 1 und 2 BGB).

Achtung: Bei **Mietpreisübersichten oder Mietwerttabellen,** die diese Voraussetzungen nicht erfüllen, handelt es sich nicht um Mietspiegel, auf die der Vermieter sein Mieterhöhungsverlangen stützen kann. Keine Mietspiegel sind z.B. der »RDM-Immobilienpreisspiegel« oder der »VDM-Preisspiegel für Wohn- und Anlage-Immobilien«.

Wenn es in einer Gemeinde keinen Mietspiegel gibt, darf der Vermieter den Mietspiegel einer **Nachbargemeinde** verwenden, wenn diese hinsichtlich des Mietniveaus vergleichbar ist (BGH, Az. VIII ZR 99/09). Dabei ist es ausreichend, wenn die Behauptung des Vermieters, die Nachbargemeinde sei eine vergleichbare Gemeinde, nicht offensichtlich unbegründet ist (OLG Stuttgart, Az. 8 RE-Miet 4/81).

Die verbreitetste Art des Mietspiegels ist der sogenannte **Tabellenmietspiegel,** in dem für die einzelnen gesetzlichen Merkmale Rasterfelder ausgewiesen sind, die den jeweiligen Mietbereich für die dort aufgeführten Wohnungen ausweisen. Typisch für einen Mietspiegel ist, dass die ortsübliche Miete nicht durch die Angabe eines Durchschnittswerts, sondern in der Regel in Form von **Mietpreisspannen** wiedergegeben wird. Dabei reicht es aus, wenn die verlangte Miete innerhalb der Spanne liegt (§ 558a Abs. 4 Satz 1 BGB). Für die Wirksamkeit des Mieterhöhungsverlangens ist es nicht Voraussetzung, dass die Einordnung der verlangten höheren Miete in die jeweilige Spanne begründet wird. Der Vermieter kann ohne Weiteres bis zur Obergrenze der Mietpreisspanne gehen. Das betrifft allerdings nur die formelle Wirksamkeit des Mieterhöhungsverlangens. Ob die Mieterhöhung materiell zulässig ist, ob also die vom Vermieter verlangte höhere Miete der ortsüblichen Vergleichsmiete entspricht, muss im Streitfall das Gericht ermitteln, indem es die konkrete Wohnung innerhalb der Spanne einordnet.

! Verlangt der Vermieter innerhalb einer Mietpreisspanne den Höchstwert, können Sie der Mieterhöhung auch nur bis zum Mittelwert des Mietspiegels zustimmen. In diesem Fall muss dann der Vermieter darlegen und beweisen, warum für die Wohnung eine höhere Miete ortsüblich sein soll. Nur wenn die Wohnung überdurchschnittlich gut ist (z.B. weil sie einen überdurchschnittlich guten energetischen Zustand aufweist), sollten Sie einer Miete oberhalb des Mittelwerts (bis hin zum Oberwert) zustimmen.

Bei einem Mietspiegel in Tabellenform ist es ausreichend, wenn der Vermieter in seinem Mieterhöhungsverlangen seine Wohnung anhand der Unterscheidungsmerkmale des Mietspiegels so genau beschreibt, dass der Mieter die betreffende Gruppe und Untergruppe des Mietspiegels auf Anhieb finden und daraus ablesen kann, ob das Erhöhungsverlangen des Vermieters gerechtfertigt ist oder nicht.

Urteil

Ein formell wirksames Mieterhöhungsverlangen ist gegeben, wenn der Vermieter unter zutreffender Einordnung der Wohnung des Mieters in die entsprechende Kategorie des Mietspiegels die dort vorgesehene Mietspanne richtig nennt und die erhöhte Miete angibt. Liegt die verlangte Miete oberhalb der im Mietspiegel ausgewiesenen Mietspanne, so ist das Erhöhungsverlangen insoweit unbegründet, als es über den im Mietspiegel ausgewiesenen Höchstbetrag hinausgeht.

BGH, Az. VIII ZR 52/03

Enthält der Mietspiegel keine Angaben zu bestimmten Gebäuden und Wohnungstypen, kann das Mieterhöhungsverlangen nicht auf den Mietspiegel gestützt werden. Von diesem Grundsatz gibt es allerdings eine Ausnahme: Möchte der Vermieter die Miete für sein Einfamilienhaus erhöhen, enthält der örtliche Mietspiegel jedoch keine Angaben zu Einfamilienhäusern, kann er sein Mieterhöhungsverlangen jedenfalls dann auf den Mietspiegel stützen, wenn die geforderte Miete innerhalb der Mietpreisspanne für Wohnungen in Mehrfamilienhäusern liegt (BGH, Az. VIII ZR 58/08).

Mietspiegel sollen im Abstand von zwei Jahren der Marktentwicklung angepasst werden (§ 558c Abs. 3 BGB). Besteht zum Zeitpunkt der Mieterhöhungserklärung kein Mietspiegel, der im Abstand von zwei Jahren fortgeschrieben wurde, kann der Vermieter auch einen anderen, insbesondere einen veralteten Mietspiegel verwenden (§ 558a Abs. 4 Satz 2 BGB). Begründet der Vermieter die Mieterhöhung mit einem alten Mietspiegel, obwohl bereits ein neuer Mietspiegel vorliegt, ist die Mieterhöhung deshalb nicht unwirksam. Vielmehr ist im gerichtlichen Verfahren die Mieterhöhung nach dem neuen Mietspiegel zu ermitteln (BGH, Az. VIII ZR 337/10). Unzulässig ist allerdings ein pauschaler Zuschlag auf veraltete Mietspiegel durch den Vermieter (OLG Stuttgart, Az. 8 RE-Miet 4/81).

! Der Vermieter muss seinem Erhöhungsverlangen den Mietspiegel beifügen, wenn dieser nicht allgemein zugänglich ist. Allgemein zugänglich ist der Mietspiegel z. B., wenn er im Amtsblatt veröffentlich wurde (BGH, Az. VIII ZR 11/07) oder im Kundencenter des Vermieters eingesehen werden kann (BGH, Az. VIII ZR 74/08). Aber auch, wenn der Mietspiegel gegen eine geringe Schutzgebühr beim örtlichen **Mieter- oder Grundbesitzerverein** bezogen werden kann oder wenn er im Internet verfügbar ist, muss der Mietspiegel dem Mieterhöhungsverlangen nicht beigefügt werden (BGH, Az. VIII ZB 7/08).

Qualifizierter Mietspiegel

Ein qualifizierter Mietspiegel ist ein Mietspiegel, der nach anerkannten wissenschaftlichen Grundsätzen erstellt und von der Gemeinde oder von Interessenvertretern der Vermieter und der Mieter anerkannt worden ist. Er muss im Abstand von **zwei Jahren der Marktentwicklung angepasst** werden. Nach vier Jahren ist der qualifizierte Mietspiegel neu zu erstellen (§ 558d Abs. 1 und 2 BGB).

Der qualifizierte Mietspiegel unterscheidet sich vom einfachen Mietspiegel durch eine erhöhte Gewähr der Richtigkeit und Aktualität der Angaben zur ortsüblichen Vergleichsmiete. Damit sind bestimmte Rechtsfolgen verbunden:

- Enthält ein **qualifizierter Mietspiegel** Angaben über die Wohnung, so hat der Vermieter in seinem Mieterhöhungsverlangen diese Angaben auch dann dem Mieter mitzuteilen, wenn er die Mieterhöhung auf ein anderes Begründungsmittel (z.B. auf ein Sachverständigengutachten) stützt (§ 558a Abs. 3 BGB). Anderenfalls ist die Mieterhöhung schon aus formalen Gründen unwirksam.
- Von einem **aktuellen qualifizierten Mietspiegel** wird vermutet, dass die in ihm bezeichneten Mieten die ortsübliche Vergleichsmiete wiedergeben (§ 558d Abs. 3 BGB). Das bedeutet, dass im Streitfall der Vermieter beweisen muss, dass die im Mietspiegel ausgewiesenen Werte falsch sind, wenn er eine höhere als die im Mietspiegel ausgewiesene Miete verlangen will. Umgekehrt muss der Mieter beweisen, dass die Werte falsch sind, wenn er nur eine niedrigere als die vom Vermieter verlangte und im qualifizierten Mietspiegel ausgewiesene Miete zahlen will.

Bezugnahme auf eine Mietdatenbank

Als weiteres Begründungsmittel für eine Erhöhung der Miete bis zur Höhe der ortsüblichen Vergleichsmiete kommt eine **Auskunft einer Mietdatenbank** in Betracht. Eine Mietdatenbank ist eine zur Ermittlung der ortsüblichen Vergleichsmiete fortlaufend geführte Sammlung von Mieten, die von der Gemeinde oder Interessenvertretern der Vermieter und der Mieter gemeinsam geführt oder anerkannt wird und aus der Auskünfte gegeben werden, die für einzelne Wohnungen einen Schluss auf die ortsübliche Vergleichsmiete zulassen (§ 558e BGB). Die Mietdatenbank soll eine Möglichkeit schaffen, rasch und spontan auf aktuelle Mietdaten zurückgreifen zu können, um möglichst rasch ein Mieterhöhungsverlangen durchzusetzen. Im

Unterschied zu einem Mietspiegel ist die Auskunft einer Mietdatenbank aktueller, da dort die Mietpreisdaten sogar fortlaufend gesammelt und bekannt gegeben werden.

Bezugnahme auf ein Sachverständigengutachten

Zur Begründung des Mieterhöhungsverlangens kann der Vermieter auf ein mit Gründen versehenes **Gutachten eines öffentlich bestellten und vereidigten Sachverständigen** Bezug nehmen. Der vom Vermieter beauftragte Sachverständige muss für ein Sachgebiet öffentlich bestellt und vereidigt sein, in dem er sich zumindest auch mit der Mietpreisbewertung befassen muss. Er muss nicht speziell für das Gebiet der Mietpreisermittlung bestellt sein. Eine Berufung auf einem verwandten Gebiet wie z.B. der Ermittlung von Grundstücks- und Gebäudewerten ist ausreichend (BGH, Az. VIII AZR 2/82).

! Nur ein aktuelles Sachverständigengutachten kommt als Begründungsmittel für eine Mieterhöhung in Betracht. Dabei ist davon auszugehen, dass ein Gutachten, das älter als zwei Jahre ist, nicht mehr den formellen Anforderungen entspricht (LG Berlin, Az. 63 S 364/97).

Das Gutachten muss begründet sein und zwar so, dass der Mieter es logisch nachvollziehen kann. Dazu muss der Sachverständige eine Aussage über die **tatsächliche ortsübliche Vergleichsmiete** treffen und die Wohnung des Mieters in das örtliche Mietpreisgefüge einordnen. Ausreichend ist es, wenn die Begründung dem Mieter in einer für ihn nachvollziehbaren Weise Aufschluss über die Vergleichsmiete vermittelt, sodass es ihm möglich ist, die Berechtigung des Mieterhöhungsverlangens zu überprüfen.

Im Regelfall wird der Sachverständige die fragliche Wohnung besichtigen müssen, bevor er sein Gutachten erstellt. Bei großen Wohnanlagen reicht es allerdings aus, wenn er eine Wohnung gleichen Typs (sog. **Typengutachten**) besichtigt hat (BGH, Az. VIII 122/09). Der Vermieter hat gegen den Mieter einen Anspruch darauf, dass dieser den Zutritt zur Wohnung gewährt. Verweigert der Mieter die Besichtigung ohne Grund, macht er sich schadensersatzpflichtig. Als Schaden kommt insbesondere der Mietverlust in Betracht, der sich ergibt, wenn sich die Durchsetzung der Mieterhöhung grundlos verzögert.

! Der Vermieter muss das Sachverständigengutachten seiner Mieterhöhungserklärung in vollem Wortlaut beifügen; anderenfalls ist das Mieterhöhungsverlangen unwirksam. Ein bloßes Angebot zur Einsichtnahme genügt nicht.

Die Erstellung eines Sachverständigengutachtens ist relativ teuer. Im Einzelfall kostet das Gutachten zwischen 800,– € und 1.000,– €. Der Vermieter kann von seinen Mietern nicht verlangen, die Kosten zu ersetzen (LG Köln, Az. 6 T 616/96).

Bezugnahme auf Vergleichswohnungen

Der Vermieter ist berechtigt, sein Mieterhöhungsverlangen auch damit zu begründen, dass er mindestens **drei vergleichbare Wohnungen** benennt.

Bezeichnung der Vergleichswohnungen

Stützt der Vermieter seine Mieterhöhung auf Vergleichswohnungen, muss er diese Wohnungen im Mieterhöhungsschreiben so genau bezeichnen, dass der Mieter sie ohne nennenswerte Schwierigkeiten auffinden kann. Die angegebenen Vergleichswohnungen müssen also **genau beschrieben** und der Quadratmeterpreis angegeben werden. Ausreichend ist es im Regelfall, wenn neben dem Quadratmeterpreis die Adresse und das Geschoss angegeben werden. Nur wenn es sich um ein Mehrfamilienhaus mit mehreren Wohnungen auf derselben Ebene handelt, sind zusätzliche Angaben über den Namen des Mieters, über die Wohnungsnummer oder über die genaue Lage der Vergleichswohnung auf der betreffenden Ebene erforderlich, damit der Mieter in der Lage ist, die Angaben des Vermieters zu überprüfen (BGH, Az. VIII ZR 1/82).

! Sind die Wohnungen nicht identifizierbar, weil sich in den angegebenen Geschossen mehrere Wohnungen befinden, und hat der Vermieter nicht die Lage im Geschoss bezeichnet, ist die Mieterhöhung unwirksam (BGH, Az. VIII ZR 72/02).

Urteil

Ein Mieterhöhungsverlangen, in dem der Vermieter zur Begründung auf Vergleichswohnungen hinweist, ist nicht bereits deshalb rechtsunwirksam, weil »Vergleichsmieter« die Besichtigung der Wohnung nicht gestatten und/oder nicht bereit sind, ausreichende Auskünfte über die Wohnung zu erteilen.

OLG Schleswig, Az. 6 RE-Miet 1/83

Mindestens drei Vergleichswohnungen

Der Vermieter muss zur Begründung seiner Mieterhöhung mindestens drei Vergleichswohnungen benennen. Eine Obergrenze besteht dagegen nicht. Der Vermieter darf die Vergleichswohnungen auch aus seinem eigenen Bestand benennen (BVerfG, Az. 1 BvR 137/92). Die Vergleichswohnungen können sogar im selben Haus liegen (OLG Karlsruhe, Az. 3 RE-Miet 1/84) und es können drei Vergleichswohnungen eines einzigen anderen Vermieters benannt werden (BGH, Az. VIII ARZ 1/82).

Vergleichbare Wohnungen

Die vom Vermieter benannten Vergleichswohnungen müssen nach Größe, Lage, Baujahr und Ausstattung in etwa der Wohnung des Mieters entsprechen. Ausreichend ist es, wenn die vom Vermieter benannten Wohnungen im Großen und Ganzen, also ungefähr, vergleichbar sind, weil sie zum selben Teilmarkt gehören. Die wesentlichen **Ausstattungsmerkmale** der Vergleichswohnungen sollten mit der Bezugswohnung übereinstimmen. Der Größenunterschied zwischen den Wohnungen sollte nicht mehr als 30 % betragen.

Urteil

Weicht eine im Zustimmungsverlangen zur Mieterhöhung benannte Vergleichswohnung um 32,5 % von der größeren Wohnfläche der Wohnung des Mieters ab bzw. ist die Wohnung des Mieters um 48,3 % größer als die zum Vergleich bezeichnete Wohnung, kann die benannte Wohnung nicht als Vergleichsobjekt zur Begründung des Mieterhöhungsverlangens hinzugezählt werden.

AG Hannover, Az. 452 C 14401/09

Vergleichbar sind z.B. Einfamilienhäuser und Doppelhaushälften, weil sie zum selben Markt gehören, nicht dagegen Wohnungen mit mehreren Zimmern und Einzelzimmer-Appartements. Nicht vergleichbar sind Neubauwohnungen gegenüber einer nicht grundlegend sanierten Altbauwohnung, ebenso normale Wohnungen und Dachgeschosswohnungen mit Schrägen, Wohnungen in guter und in ganz schlechter Lage oder Wohnungen mit Bad und Heizung und solche ohne beides.

Durchschnittswert der Vergleichsmieten

Maßgeblich für die ortsübliche Vergleichsmiete ist nicht der Mietpreis, der dem Durchschnittswert der Vergleichsmieten entspricht, sondern die Miete, die für die günstigste der vom Vermieter benannten Vergleichswohnungen gezahlt wird (OLG Karlsruhe, Az. 9 RE-Miet 2/83).

11.1.7 In welcher Form und mit welchem Inhalt das Mieterhöhungsverlangen erklärt werden muss

Das Gesetz stellt an die Form und den Inhalt eines wirksamen Mieterhöhungsverlangens bestimmte Anforderungen.

Form

Das Mieterhöhungsverlangen des Vermieters bedarf der **Textform** (§ 558a Abs. 1 BGB). Die mündliche Erklärung genügt also nicht den gesetzlichen Anforderungen. Der Vermieter kann seine Erklärung schriftlich, aber auch als Kopie, Fax oder Computer-Fax abgeben. Der Textform bedarf allerdings nur das eigentliche Erhöhungsverlangen, nicht jedoch die der Erklärung lediglich als Anlage beigefügten Begründungsmittel wie z.B. Mietspiegel oder Sachverständigengutachten (KG Berlin, Az. 8 W RE Miet 194/84).

Inhalt

Aus dem Mieterhöhungsverlangen muss die **Höhe der neuen Miete** oder der Erhöhungsbetrag hervorgehen und es muss eine **Begründung** und die **Aufforderung an den Mieter** enthalten, der Mieterhöhung **zuzustimmen.** Die Angabe des Zeitpunkts, ab dem die neue Miete fällig wird, ist nicht erforderlich, weil sich dieser aus dem Gesetz ergibt.

! Die Mieterhöhung auf die ortsübliche Vergleichsmiete kann nur im Rahmen einer Vereinbarung erfolgen. Deshalb ist die Zustimmung des Mieters erforderlich. Von Seiten des Vermieters muss diese Zustimmung **ausdrücklich eingefordert** werden (z.B.: »Ich bitte Sie, einer Mieterhöhung von bisher ... € monatlich auf ... € im Monat zuzustimmen.«). Anderenfalls liegt kein wirksames Mieterhöhungsverlangen vor (AG Wesel, Az. 4 C 566/92). Nicht ausreichend ist es, wenn der Vermieter in seiner Erklärung lediglich den Eindruck erweckt, als bestünde für den Mieter ohne Weiteres eine Zahlungspflicht (z.B.: Hiermit erhöhe ich die Miete von ... € monatlich auf ... € im Monat.«).

Das Mieterhöhungsverlangen muss **vom Vermieter begründet** werden (§ 558a Abs. 1 BGB). Der Mieter muss also die Möglichkeit erhalten nachzuprüfen, ob das Mieterhöhungsverlangen des Vermieters begründet ist und ob er diesem zustimmen will oder nicht. Dabei kann er (wie unter 11.1.6 dargelegt) insbesondere auf Mietspiegel, Auskünfte aus einer Mieterdatenbank, Sachverständigengutachten oder Vergleichswohnungen Bezug nehmen. Keiner Begründung bedürfen die Einhaltung der Kappungsgrenze und der Jahressperrfrist.

11.1.8 Wer das Mieterhöhungsverlangen erklären und an wen es gerichtet sein muss

Ein wirksames Mieterhöhungsverlangen muss vom richtigen Vermieter an den richtigen Mieter gerichtet sein.

Richtiger Absender

Nur wenn der Vermieter, der **im Mietvertrag** als solcher angegeben ist, das Mieterhöhungsverlangen erklärt, ist es wirksam. Handelt es sich dabei um eine Mehrheit von Personen (z.B. ein Ehepaar oder eine Erbengemeinschaft) müssen **alle Personen** als Absender auftreten und das Mieterhöhungsverlangen unterschreiben.

Das Mieterhöhungsverlangen kann auch von einem Vertreter abgegeben werden (z.B. Hausverwalter). In diesem Fall muss eine Vertretungsbefugnis gegeben sein. Der Vertreter muss seine Vertretungsmacht durch Vorlage einer Vollmacht offenlegen, sofern sich nicht bereits aus dem Mietvertrag eine entsprechende Bevollmächtigung ergibt. Fehlt die notwendige Vollmacht, wird die Mieterhöhung unwirksam, wenn der Mieter diesen Mangel unverzüglich beanstandet und die Mieterhöhung wegen Fehlens der Vollmacht zurückweist (§ 174 BGB).

Das Mieterhöhungsverlangen einer juristischen Person muss von ihrem gesetzlichen Vertreter abgegeben werden. Die Mieterhöhung einer GmbH muss also vom Geschäftsführer, die einer Aktiengesellschaft vom Vorstand unterschrieben werden; Stellvertretung durch einen Bevollmächtigten ist natürlich möglich.

Eine Gesellschaft bürgerlichen Rechts ist zwar keine juristische Person, sie kann aber unter ihrem Namen als Außengesellschaft Verträge abschließen. Eine Mieterhöhung muss entweder durch alle Gesellschafter zusammen oder durch die vertretungsberechtigten Gesellschafter erfolgen.

Richtiger Adressat

Das Mieterhöhungsverlangen muss der Vermieter an den **im Mietvertrag bezeichneten Mieter** richten. Haben mehrere Personen den Mietvertrag unterzeichnet, muss die Zustimmung zur Mieterhöhung von **allen Mietern** verlangt werden. Wurde die Wohnung also beispielsweise an ein Ehepaar oder eine Wohngemeinschaft vermietet und haben beide Eheleute bzw. alle Mitbewohner den Mietvertrag unterzeichnet, muss das Mieterhöhungsverlangen an alle Mieter gerichtet sein. Allerdings reicht es aus, dass die an alle Mieter gerichtete Erklärung gegenüber einem Mieter abgegeben wird, wenn eine entsprechende gegenseitige Bevollmächtigung im Mietvertrag enthalten ist.

Zulässig ist auch eine **Vollmachtsklausel im Mietvertrag,** dass die Erhöhungserklärung, die gegenüber einem Mieter abgegeben wird, auch gegenüber den anderen wirksam ist.

11.1.9 Welche Fristen eingehalten werden müssen

Durch ein wirksames Mieterhöhungsverlangen des Vermieters werden verschiedene Fristen in Gang gesetzt, die zwingend eingehalten werden müssen. Diese betreffen die vom Mieter zu beachtende **Zustimmungsfrist** und die vom Vermieter zu beachtende **Klagefrist.** Stimmt der Mieter der Mieterhöhung zu bzw. wird er zur Zustimmung verurteilt, so hat er die erhöhte Miete nach Ablauf der Überlegungsfrist, also ab dem **dritten Monatsersten nach Zugang** der Mieterhöhung in Textform, zu zahlen (§ 558b Abs. 1 BGB).

Zustimmungsfrist

Dem Mieter steht eine **Überlegungsfrist** zu, innerhalb derer er sich entscheiden kann, ob er dem Mieterhöhungsverlangen des Vermieters zustimmt. Die Frist beginnt mit dem Zugang des Mieterhöhungsverlangens und endet mit dem **Ablauf des zweiten Kalendermonats,** der auf den Zugang folgt (§ 558b Abs. 2 Satz 1 BGB).

» Das Mieterhöhungsschreiben des Vermieters geht beim Mieter im August ein. Die Zustimmungsfrist läuft dann bis Ende Oktober.

Die Zustimmung des Mieters zur Mieterhöhung bedarf keiner besonderen Form. Sie kann also auch mündlich erklärt werden. Keine Zustimmung liegt aber vor, wenn der Mieter auf das Erhöhungsverlangen überhaupt nicht reagiert und schweigt.

Achtung: Eine stillschweigende Zustimmung kann dann vorliegen, wenn der Mieter auf das Mieterhöhungsverlangen zwar schweigt, aber die höhere Miete zahlt. Wenn der Mieter zwei oder drei Mal diese höhere Miete zahlt, stimmt er dem Erhöhungsverlangen des Vermieters unwiderruflich zu. Manche Gerichte sehen bereits bei einer einmaligen Zahlung der höheren Miete eine Zustimmung. Und auch einem unwirksamen Mieterhöhungsverlangen des Vermieters kann der Mieter durch Zahlung der erhöhten Miete stillschweigend zustimmen (BGH, Az. VIII ZR 182/04).

Klagefrist

Verweigert der Mieter die Zustimmung zur Mieterhöhung oder gibt er keine Erklärung ab, muss der Vermieter **innerhalb von drei weiteren Monaten ab dem Ende der Zustimmungsfrist** Klage auf Zustimmung erheben (§ 558b Abs. 2 BGB).

» Das Mieterhöhungsschreiben des Vermieters geht beim Mieter im Januar ein. Die Überlegungsfrist läuft dann bis 31.3. Die Klagefrist läuft am 30.6. ab.

! Eine nach Fristablauf erhobene Klage ist unzulässig. In diesem Fall muss der Vermieter ein neues Mieterhöhungsverlangen mit entsprechend neuen Zustimmungs- und Klagefristen stellen.

Ist der Klage ein Mieterhöhungsverlangen des Vermieters vorausgegangen, das nicht den gesetzlichen Anforderungen entspricht, so kann es der Vermieter im Rechtsstreit nachholen oder die Mängel des Erhöhungsverlangens beheben. Auch in diesem Fall steht dem Mieter die gesetzliche Zustimmungsfrist zu (§ 558b Abs. 3 BGB).

Fristenplan für die Mieterhöhung

Zugang der Mieterhöhung im Laufe des Monats	Ablauf der Zustimmungsfrist	Ablauf der Klagefrist	Beginn der Mieterhöhung
Januar	31. März	30. Juni	1. April
Februar	30. April	31. Juli	1. Mai
März	31. Mai	31. August	1. Juni
April	30. Juni	30. September	1. Juli
Mai	31. Juli	31. Oktober	1. August
Juni	31. August	30. November	1. September
Juli	30. September	31. Dezember	1. Oktober
August	31. Oktober	31. Januar	1. November
September	30. November	28. (29.) Februar	1. Dezember
Oktober	31. Dezember	31. März	1. Januar
November	31. Januar	30. April	1. Februar
Dezember	28. (29.) Februar	31. Mai	1. März

Wenn der letzte Tag der Frist ein Samstag, Sonntag oder Feiertag ist, endet die Frist mit dem Ablauf des nächsten Werktags.

11.1.10 Welche Rechte der Mieter hat

Wenn Ihnen das Mieterhöhungsverlangen des Vermieters vorliegt, haben Sie mehrere Möglichkeiten, darauf zu reagieren:

Zustimmung zur Mieterhöhung

Sie können der Mieterhöhung zustimmen; dann schulden Sie dem Vermieter die **neue Miete mit Beginn des dritten Kalendermonats nach dem Zugang** des Mieterhöhungsverlangens (§ 558b Abs. 1 BGB). Dies gilt unabhängig davon, ob Sie der Mieterhöhung von sich aus zugestimmt haben oder vom Gericht zur Zustimmung verurteilt wurden. Der Vermieter ist nicht verpflichtet, im Mieterhöhungsschreiben auf die Fälligkeit der erhöhten Miete hinzuweisen.

» Sie erhalten das Mieterhöhungsschreiben im November. Dann läuft die Überlegungsfrist bis Ende Januar. Wenn Sie der Mieterhöhung zustimmen, müssen Sie die neue Miete ab Februar zahlen.

Verweigerung der Zustimmung

Sie können die Zustimmung zur Mieterhöhung verweigern (z.B. weil der Vermieter die Mieterhöhung nicht ordnungsgemäß begründet oder die Wartefrist nicht eingehalten hat). In diesem Fall kann der Vermieter die Mieterhöhung nur durchsetzen, wenn er Sie **innerhalb von drei Monaten nach Ablauf der gesetzlichen Überlegungsfrist** auf Zustimmung verklagt (§ 558b Abs. 2 BGB).

Das Gericht prüft, ob das Mieterhöhungsschreiben den rechtlichen Anforderungen entspricht und ob die Mieterhöhung gerechtfertigt ist. Je nach Ergebnis der Prüfung wird entweder die Klage des Vermieters abgewiesen oder der Mieter ganz oder teilweise zur Zustimmung verurteilt. Versäumt der Vermieter die Klagefrist, muss er Ihnen wieder ein neues Mieterhöhungsschreiben schicken. Dann steht Ihnen wieder die volle Überlegungsfrist zu.

! Allein deshalb, weil Sie der verlangten Mieterhöhung nicht zustimmen, können Sie nicht gekündigt werden. Nur wenn Sie vom Gericht rechtskräftig verurteilt wurden, die höhere Miete zu zahlen, und sie sich weigern, kommt eine Kündigung durch den Vermieter in Betracht.

Teilweise Zustimmung

Sie können der Mieterhöhung auch nur teilweise zustimmen, weil z.B. die **ortsübliche Vergleichsmiete geringer** ist oder die **Kappungsgrenze** den Erhöhungsbetrag begrenzt. Die Miete erhöht sich dann nur um den Teilbetrag, ohne dass der Vermieter dem zustimmen muss. Will der Vermieter eine höhere Miete, muss er hinsichtlich des Restbetrags fristgerecht klagen.

Außerordentliche Kündigung durch den Mieter

Wenn der Vermieter eine Mieterhöhung auf die ortsübliche Vergleichsmiete verlangt, steht Ihnen gesetzlich ein **Sonderkündigungsrech**t zu. Sie können das Mietverhältnis bis zum Ende des zweiten Monats nach Zugang des Mieterhöhungsverlangens für das Ende des übernächsten Monats kündigen (§ 561 Abs. 1 BGB). Das Sonderkündigungsrecht steht Ihnen auch dann zu, wenn ein befristetes Mietverhältnis abgeschlossen oder im Mietvertrag die Kündigung für eine bestimmte Zeit ausgeschlossen wurde.

» Das Schreiben, mit dem der Vermieter eine höhere Miete verlangt, geht dem Mieter im Mai zu. In diesem Fall kann er das Mietverhältnis bis 31.7. mit Wirkung zum 30.9 kündigen.

! Im Falle der Kündigung wird die Mieterhöhung nicht wirksam. Sie müssen dann bis zur Beendigung des Mietverhältnisses nur die bisherige Miete entrichten.

11.2 Mieterhöhung bei der Staffelmiete und der Indexmiete

Bereits bei Abschluss des Mietvertrags können Vermieter und Mieter festlegen, in welchem Umfang die Miete künftig steigen bzw. geändert werden soll. In Betracht kommt die Vereinbarung einer Staffelmiete oder einer Indexmiete.

11.2.1 Mieterhöhung bei vereinbarter Staffelmiete

Im Mietvertrag kann eine sogenannte Staffelmiete und damit vereinbart werden, dass die Miete innerhalb der im Vertrag festgelegten Zeiträume steigt. Damit stehen die Mieterhöhungen während der Laufzeit des Mietvertrags bereits beim Mietbeginn fest (vgl. dazu im Einzelnen 2.8.3).

Bei einer wirksamen Staffelmietvereinbarung erhöht sich die Miete zum vereinbarten Zeitpunkt **automatisch.** Der Vermieter muss den Mieter nicht gesondert auffordern, die höhere Miete zu entrichten. Er kann also ohne Weiteres die höhere Miete gerichtlich durchsetzen.

! Hat sich der Vermieter bei der Festlegung der Mietstaffeln verkalkuliert, kann er während der Laufzeit der Staffelmietvereinbarung die Miete nicht bis zur ortsüblichen Vergleichsmiete erhöhen. Ebenso ist auch eine Mieterhöhung wegen Modernisierung während dieser Zeit ausgeschlossen (§ 557a Abs. 2 Satz 2 BGB).

11.2.2 Mieterhöhung bei vereinbarter Indexmiete

Im Mietvertrag kann vereinbart werden, dass sich die Miete an der Entwicklung der Lebenshaltungskosten orientiert. In diesem Fall wird schriftlich vereinbart, dass die Miete durch den vom Statistischen Bundesamt ermittelten **Preisindex für die Lebenshaltung aller privaten Haushalte in Deutschland** bestimmt wird (vgl. dazu im Einzelnen 2.8.4).

! Bei einer Senkung des Preisindexes können Sie vom Vermieter eine entsprechende Absenkung der Miete verlangen. Sie müssen dann genauso wie der Vermieter vorgehen (vgl. unten). Das Recht auf Mietsenkung kann vertraglich nicht ausgeschlossen werden, eine entsprechende Klausel wäre unwirksam. Ebenso wenig kann wirksam vereinbart werden, dass die Miete nicht unter einen bestimmten Betrag absinken darf (§ 557b Abs. 5 BGB).

Inhalt und Form der Mieterhöhungserklärung des Vermieters

Im Gegensatz zur Staffelmiete erhöht sich bei der Indexmiete die Miete nicht automatisch. Die Mieterhöhung muss vielmehr vom Vermieter in der **gesetzlich vorgeschriebenen Weise** gegenüber dem Mieter geltend gemacht werden.

Die Erhöhung der Miete muss durch Erklärung in **Textform** geltend gemacht werden, also z.B. schriftlich, per E-Mail oder Fax (§ 557b Abs. 3 Satz 1 GB). Die mündliche Geltendmachung genügt den gesetzlichen Anforderungen nicht.

In der Mieterhöhungserklärung müssen die **eingetretene Änderung des Preisindexes** sowie die jeweilige Miete oder die **Erhöhung in einem Geldbetrag angegeben** werden (§ 557b Abs. 3 Satz 2 BGB). Fehlen diese Angaben, ist die Erklärung unwirksam. Ein Nachschieben von Gründen ist nicht möglich. Rechenfehler machen die Erklärung unrichtig, aber nicht unwirksam. Der Mieter schuldet in diesem Fall nur die geänderte Miete in der richtigen Höhe.

Achtung: Zur formellen Wirksamkeit einer Mieterhöhung reichen die genannten Angaben aus. Es ist nicht erforderlich, dass der Vermieter der Mieterhöhungserklärung eine Indextabelle beilegt. Denn diese gilt als »allgemein zugänglich«.

Berechnung der Mieterhöhung

Grundlagen für die Mietänderung sind der Preisindex zum Zeitpunkt des Abschlusses des Mietvertrags bzw. der letzten Mieterhöhung und der aktuelle Index. Die prozentuale Veränderung vom Indexstand lässt sich dann nach folgender Formel berechnen:

Prozentuale Steigerung = neuer Indexstand : alter Indexstand × 100 / 100

» Bei Vertragsabschluss betrugt die Miete 600,– € monatlich; der Verbraucherpreisindex lag bei 105,1 Punkten. Liegt der neue Index bei 107,3 Punkten, kann der Vermieter die Miete um 2,09 % erhöhen. Bei einer monatlichen Nettomiete von 600,– € entspricht dies einer Erhöhung um 12,54 € auf nunmehr 612,54 € im Monat.

Einhaltung der Jahressperrfrist

Vor der ersten und jeder weiteren Änderung der Miete aufgrund der Indexklausel muss die Miete **mindestens ein Jahr unverändert** gewesen sein (§ 557b Abs. 2 Satz 1 BGB). Vermieter und Mieter können auch eine längere Frist vertraglich festlegen. Sie können auch länger als ein Jahr mit der Mietänderungserklärung warten, um einen größeren Änderungsbetrag durchzusetzen.

Achtung: Ausnahmsweise gilt die Jahressperrfrist nicht, wenn der Vermieter innerhalb des letzten Jahres **Baumaßnahmen** durchgeführt hat, die er nicht zu vertreten hat (z.B. bauliche Veränderungen aufgrund gesetzlicher oder behördlicher Anordnungen).

Eintritt der Mieterhöhung

Die neue Miete ist vom Mieter vom Beginn des auf die Erklärung folgenden übernächsten Monats an zu zahlen (§ 557b Abs. 3 Satz 3 BGB). **Nicht zulässig** ist also eine rückwirkende Erhöhung.

» Gibt der Vermieter die wirksame Erklärung zur Mieterhöhung im Laufe des April ab, kann er die höhere Miete ab Juni verlangen.

11.3 Mieterhöhung wegen Modernisierung

Der Vermieter kann die **jährliche Miete um 8 %** der für die Wohnung aufgewendeten Kosten erhöhen, wenn er bestimmte Modernisierungsmaßnahmen durchgeführt hat. Wegen der Einzelheiten vgl. 8.6.

12 Welche Rechte Sie bei einem Wohnungsmangel haben

Millionen Mietwohnungen haben nach Einschätzung des Deutschen Mieterbundes mehr oder weniger schwerwiegende Mängel. Die häufigsten Wohnungsmängel sind Feuchtigkeitsschäden in der Wohnung, Lärm im Haus oder in der Nachbarschaft, Ausfall oder defekte Einrichtungen (z.B. Heizung, Aufzug) und Schäden am Haus oder in der Wohnung.

Der Vermieter muss bis Vertragsende alles tun, um dem Mieter den vertragsgemäßen Gebrauch der Mietsache zu ermöglichen. In diesem Zusammenhang haftet er auch dafür, dass die Wohnung keine Mängel aufweist. Anderenfalls mindert sich die vom Mieter zu entrichtende Miete. Auch andere Ansprüche kann der Mieter bei Wohnungsmängeln unter Umständen geltend machen.

12.1 Wann ein Wohnungsmangel vorliegt

Von einem Mangel ist grundsätzlich auszugehen, wenn der Mieter seine Wohnung nicht so nutzen kann, wie er will und wie er es nach dem Mietvertrag erwarten darf. Das Gesetz unterscheidet zwischen **Sachmängeln, Rechtsmängeln** und dem **Fehlen einer zugesicherten Eigenschaft.**

12.1.1 Wann ein Sachmangel vorliegt

Ein Sachmangel liegt vor, wenn der tatsächliche Zustand der Wohnung von dem vertraglich vorausgesetzten Zustand abweicht (§ 536 Abs. 1 Satz 1 BGB). Ein Sachmangel liegt also vor, wenn der Ist-Zustand der Mietsache von dem vertraglich vorausgesetzten Soll-Zustand abweicht. Dabei wird der Soll-Zustand, also der Zustand, wie die Mietsache zu sein hat, im Mietvertrag festgelegt. Maßstab dafür, ob ein Sachmangel vorliegt, ist der **Zustand der Mietsache,** der erforderlich ist, um dem Mieter den ihm zustehenden **vertragsgemäßen Gebrauch** zu ermöglichen.

Maßgebend ist in erster Linie die vereinbarte Beschaffenheit. Erklärt der Vermieter vor Mietbeginn, dass sich die Wohnung in einem besonders guten Zustand befindet, liegt ein Mangel vor, wenn dies dann nicht der Fall ist.

» Heißt es in der Vermieteranzeige »Ruhig gelegene Wohnung«, wird der Mieter aber alle 20 Minuten von der nahe gelegenen Bahnstrecke durch Zuglärm gestört, liegt ein Mangel vor.

Ist im Mietvertrag nichts besonderes vereinbart, schuldet der Vermieter einen »allgemein üblichen« Zustand. In diesem Fall wird der »zum vertragsgemäßen Gebrauch geeignete Zustand« durch den vereinbarten Nutzungszweck bestimmt. Maßgebend ist also, für was die Sache vermietet ist.

» Ein Sachmangel liegt vor, wenn die Fenster undicht sind, die Heizung defekt ist, die Aufzugsanlage ausfällt, die Mieträume übermäßig hellhörig sind oder die Wohnräume trotz voll aufgedrehter Heizkörperventile nur 18 °C warm werden.

Typische Sachmängel sind insbesondere Baumängel, Umweltmängel, optische Mängel und Leistungsmängel:

- **Baumängel** betreffen Abweichungen des Ist- vom Sollzustand, die auf der Substanz des Gebäudes beruhen (z.B. Schallschutzmängel, feuchte Wände, undichte Fenster, Heizungsausfall, unzureichende Wärme- und Warmwasserversorgung, undichtes Dach falsche Flächenangabe, wenn die Wohnung tatsächlich mehr als 10 % kleiner als vereinbart ist).
- **Umweltmängel** betreffen Störungen des Mieters im vertragsgemäßen Gebrauch durch äußere Einflüsse, die auf Naturereignissen oder Handlungen Dritter beruhen (z.B. Staub- und Schmutzbeeinträchtigungen durch Bauarbeiten in der Nachbarschaft, Gestank aus der Nachbarwohnung, Lärmstörungen).
- Auch **optische Mängel** (z.B. verwahrlostes Treppenhaus, großflächig verschmierte Hausfassade) können einen Sachmangel darstellen.

- **Leistungsmängel** sind Pflichtverletzungen im Zusammenhang mit Nebenpflichten, die der Vermieter entweder ausdrücklich oder stillschweigend neben der Überlassung und Erhaltung der Mietsache übernommen hat (z.B. Hausreinigung, unzureichende Warmwasser- oder Wärmeversorgung).

Sachmängel können auch vorliegen, wenn der Vermieter die Wohnung modernisiert, weil die Baumaßnahmen häufig mit Lärm-, Schmutz- oder anderen Beeinträchtigungen verbunden sind. Dass der Mieter der Modernisierungsmaßnahme zugestimmt hat, hat keine Bedeutung. Er kann also die Miete mindern, wenn er die Wohnung während der Modernisierungsarbeiten nicht oder nur teilweise nicht so nutzen kann, wie es vertraglich vereinbart ist oder wenn während der Baumaßnahme erhebliche Beeinträchtigungen auftreten (z.B. Lärm, Schmutz, Ausfall der Wasserversorgung).

Achtung: Sie können wegen eines Sachmangels die Miete nur dann mindern, wenn der Fehler erheblich ist (vgl. dazu 12.3.1); es muss also eine spürbare Beeinträchtigung der Nutzungsmöglichkeit der Wohnung vorliegen. Unerheblich ist ein Fehler insbesondere, wenn er leicht erkennbar und schnell mit geringen Mitteln zu beseitigen ist. Haarrisse an der Zimmerdecke einer Altbauwohnung oder Baustellenlärm, der durch Schließen der Fenster beseitigt werden kann, berechtigen Sie also nicht zur Mietminderung.

12.1.2 Wann ein Rechtsmangel vorliegt

Ansprüche stehen dem Mieter auch bei einem sogenannten Rechtsmangel zu. Ein solcher Mangel liegt vor, wenn der Vermieter dem Mieter den Gebrauch der Wohnung nicht gewähren kann, weil das **Recht einer dritten Person** dem entgegensteht (§ 536 Abs. 3 BGB).

» Der Vermieter hat die Wohnung doppelt vermietet oder die Wohnung ist zu einer rechtlich nicht zulässigen Nutzung vermietet.

Kein Rechtsmangel liegt vor, wenn der Vormieter die Wohnung nicht rechtzeitig räumt. Hier haftet der Vermieter nur bei Verschulden (OLG Frankfurt/Main, Az. 24 U 138/97).

12.1.3 Wann der Wohnung eine zugesicherte Eigenschaft fehlt

Ein Wohnungsmangel liegt auch vor, wenn der Vermieter Eigenschaften der Wohnung zugesichert hat, diese aber fehlen oder später wegfallen (§ 536 Abs. 2 BGB).

Zugesichert ist eine Eigenschaft dann, wenn der Vermieter für das Vorliegen eines bestimmten Umstands garantiert, das heißt, auch dafür einstehen will, wenn dieser Umstand nicht gegeben ist. Die fraglichen Angaben müssen also **Inhalt des Mietvertrags** geworden sein. Dagegen stellt eine bloße Objektbeschreibung keine Zusicherung dar. Hier handelt es sich um allgemeine Angaben des Vermieters über die Lage, Größe und die Beschaffenheit der Mietsache, die nicht Vertragsinhalt werden, sondern lediglich die Mietsache näher beschreiben sollen.

Gegenstand der Zusicherung können **sämtliche Eigenschaften der vermieteten Sache** sein, also nicht nur ihre physische Beschaffenheit, sondern auch rechtliche und tatsächliche Verhältnisse (z.B. Größe einer Wohnung, Tragfähigkeit einer Decke).

» Verpflichtet sich der Vermieter beim Abschluss des Mietvertrags ausdrücklich, die vorhandenen älteren Einfachfenster innerhalb einer bestimmten Frist gegen neue Energiesparfenster auszutauschen, muss er die Fenster ersetzen. Anderenfalls kann der Mieter die Miete mindern. Keine Bedeutung hat dann, ob die alten Fenster mangelhaft oder funktionstüchtig sind.

! Fehlt eine vom Vermieter zugesicherte Eigenschaft, kommt es im Gegensatz zum Sachmangel nicht darauf an, ob dieser Mangel erheblich ist. Ansprüche kann der Mieter also auch bei einer unerheblichen Minderung der Gebrauchstauglichkeit der Mietsache geltend machen.

12.1.4 Vermieter haftet auch ohne Verschulden

Ob der Vermieter den Wohnungsmangel verschuldet, also zu verantworten hat, spielt für das Recht des Mieters, die Miete zu mindern, keine Rolle. Allein maßgebend ist, dass ein Mangel vorliegt. Der Vermieter haftet auch für Mängel, die nicht in seinen Verantwortungsbereich fallen. So kann der Mieter zum Beispiel auch dann die Miete mindern, wenn er Lärmbeeinträchtigungen anderer Mieter ausgesetzt ist.

! Eine **Klausel im Mietvertrag,** nach der die Haftung des Vermieters für Mängel ausgeschlossen wird, die er nicht zu vertreten hat, ist **unwirksam.**

12.1.5 Wer was beweisen muss

Dass ein Wohnungsmangel vorliegt, muss **im Streitfall der Mieter** beweisen. Er muss vortragen, in welcher Hinsicht seiner Meinung nach ein Mangel vorliegt und wieso dadurch die Gebrauchstauglichkeit der Mietsache für ihn entgegen dem Mietvertrag beeinträchtigt wird. Grundsätzlich reicht es aus, wenn der Mangel beschrieben wird; dagegen braucht der Mieter sich nicht zu den Ursachen des Mangels und zu der Höhe der Minderung zu äußern (BGH, Az. VIII ZR 125/11).

! Für den Umstand, dass eine unerhebliche Beeinträchtigung der Mietsache vorliegt, ist der Vermieter beweispflichtig.

12.2 Anzeige des Mangels

Als Teil seiner Obhutspflicht ist der Mieter verpflichtet, dem Vermieter **unverzüglich** anzuzeigen, wenn sich im Lauf der Mietzeit ein Mangel der Mietsache zeigt, wenn eine Maßnahme zum Schutz der Mietsache gegen eine nicht vorhergesehene Gefahr erforderlich ist oder sich ein Dritter ein Recht an der Mietsache anmaßt (§ 536c Abs. 1 BGB). Eine besondere Form ist für die Mängelanzeige des Mieters nicht vorgeschrieben.

! Weil Sie gegebenenfalls nachweisen müssen, dass dem Vermieter Ihre Mängelanzeige zugegangen ist, sollten Sie Ihren Brief per Einschreiben mit Rückschein übersenden. Sie können aber auch die Anzeige beim Vermieter oder Verwalter abgeben und sich den Empfang auf einer Kopie bestätigen lassen oder die Anzeige in den Briefkasten des Vermieters oder Verwalters werfen und einen Zeugen hinzuziehen, der den Inhalt Ihres Schreibens kennt.

Achtung: Wenn Sie als Mieter Schäden an der Mietsache nicht rechtzeitig anzeigen, verlieren Sie Ihre Gewährleistungsrechte (§ 536c Abs. 2 Satz 2 BGB). Sie dürfen dann die Miete nicht mindern. Außerdem laufen Sie Gefahr, sich **schadensersatzpflichtig** zu machen (§ 536c Abs. 2 Satz 1 BGB).

Nur in **Ausnahmefällen** kann der Mieter die Miete mindern, obwohl er dem Vermieter den Mangel nicht angezeigt hat. Das ist unter anderem der Fall, wenn

- der Vermieter den Mangel bereits kennt oder ihn kennen muss (z.B. wenn der Fahrstuhl nicht funktioniert),
- der Vermieter den Mangel selbst nicht beseitigen kann (z.B. die Lärmbeeinträchtigung durch eine Baustelle in der Nachbarschaft).

Der Mieter darf die Miete grundsätzlich erst ab dem Zeitpunkt mindern, zu dem er den Mangel angezeigt hat. Eine rückwirkende Mietminderung kommt also grundsätzlich nicht in Betracht. Ausnahmsweise darf die Miete rückwirkend gekürzt werden, wenn der Mieter anfangs den Mangel gar nicht kennt.

» Die Miete darf **rückwirkend gemindert** werden, wenn der Mieter erst später erfährt, dass die im Mietvertrag angegebene Wohnfläche mehr als 10 % geringer ist als die im Vertrag angegebene.

12.3 Wann die Miete trotz Wohnungsmangels nicht gemindert werden darf

Die Mietminderung ist ausgeschlossen, wenn der Mieter dem Vermieter den Mietmangel **nicht unverzüglich angezeigt** hat und der Vermieter deshalb nicht imstande war, den Mangel zu beseitigen (vgl. dazu 12.2). Ferner kommt eine Mietminderung nicht in Betracht, wenn es sich bei einem Sachmangel nur um eine **unerhebliche Beeinträchtigung** handelt. Selbstverständlich darf der Mieter die Miete auch dann nicht kürzen, wenn er den Mangel selbst verschuldet hat (wenn also z.B. Feuchtigkeitsschäden in der Wohnung darauf zurückzuführen sind, dass der Mieter nicht oder falsch gelüftet hat) oder er die Beseitigung des Mangels **durch den Mieter vereitelt** und er die vom Vermieter beauftragten Handwerker nicht in die Wohnung lässt (LG Berlin, Az. 65 S 526/09).

Ausgeschlossen ist das Minderungsrecht des Mieters auch dann, wenn er den Mangel bei Abschluss des Mietvertrags kennt. Schließlich ist eine Minderung bei einer energetischen Modernisierung vorübergehend ausgeschlossen.

! Das Recht des Mieters, wegen eines Wohnungsmangels die Miete zu mindern, kann **nicht durch den Mietvertrag ausgeschlossen** oder erschwert werden. So ist eine Klausel im Mietvertrag unwirksam, nach der der Vermieter eine Minderung für von ihm nicht verschuldete Mängel ausschließt. Gleiches gilt für eine Mietvertragsklausel, die die Mietminderung von der Einhaltung einer bestimmten Frist abhängig macht.

Wenn Sie Mieträume anmieten, deren Mängel Sie kennen oder leicht hätten erkennen können, besteht die Gefahr, dass der Vermieter, sofern er dies nachweisen kann, sich mit der Behauptung durchsetzt, die Mietsache entspreche der vertraglich vereinbarten Beschaffenheit. In diesem Fall ist der Vermieter dann nicht einmal zur Instandsetzung verpflichtet. Allerdings wird dies bei defekten Ausstattungsgegenständen selten der Fall sein, weil deren Funktionsfähigkeit zum vertragsgemäßen Gebrauch gehört. Immerhin schuldet in diesem Fall dann der Vermieter die Instandsetzung; die Miete mindern können Sie allerdings aus diesem Grund nicht.

! Wenn Sie bei der Wohnungsübergabe einen Mangel feststellen, müssen Sie unbedingt auf der Beseitigung des Mangels bestehen. Und das Recht, die Miete zu mindern, müssen Sie sich ausdrücklich vorbehalten.

12.3.1 Unerhebliche Beeinträchtigung

Wegen einer unerheblichen Beeinträchtigung kann die Miete nicht gemindert werden (§ 536 Abs. 1 Satz 3 BGB). Ob ein Mangel unerheblich ist, kann nicht an einer bestimmten Minderungsquote festgemacht werden. Entscheidend sind vielmehr die **Art des Mangels und die Auswirkung auf die Mietsache.** Es soll also nicht jede »Kleinigkeit« zu einer Reduzierung der monatlichen Mietzahlungen führen können, sondern die Minderung nur bei spürbaren Nutzungsbeeinträchtigungen der Wohnung möglich sein.

Als unerheblich ist ein Mangel insbesondere dann anzusehen, wenn er **leicht erkennbar** ist und **schnell und mit geringen Kosten beseitigt** werden kann. Von Bedeutung sind in diesem Zusammenhang im Rahmen einer Gesamtbetrachtung die Art, die Häufigkeit, der Grad und die Dauer der Gebrauchsbeeinträchtigung.

» Um unerhebliche Mängel handelt es sich, wenn optische Beeinträchtigungen durch Risse leicht durch Spachteln und Überkleben beseitigt werden können, ein abgetrockneter Wasserfleck sich mit wenigen Pinselstrichen beseitigen lässt, Blumenkastenhalterungen auf dem Balkon im Rahmen von Sanierungsarbeiten beseitigt werden, eine geringe Lärmbelästigung durch Mitmieter vorliegt (z.B. beim Betätigen der Wasserspülung) oder im Hausflur eine Glühbirne defekt ist.

Urteil

Folgende Mängel sind (im Einzelfall!) ***unerheblich und berechtigen nicht zur Mietminderung:***

- *schadhafte Stufen im Hausflur,*
- *fehlender Kokosläufer im Treppenhaus,*
- *teilweise abgeplatzte Farbe im Treppenhaus,*
- *fehlendes Schloss am Müllplatz,*
- *glatte Hauseingangsstufe bei Frost,*
- *klemmendes Haustürschloss,*
- *Ausfall der Hausnummernbeleuchtung,*
- *Regenwasserpfützen im Kellergang.*

LG Berlin, Az. 63 S 54/00

Bei einem unerheblichen Mangel kann der Mieter zwar nicht die Miete mindern, dagegen kann aber **Schadensersatz** auch bei einer unerheblichen Gebrauchsbeeinträchtigung geltend gemacht werden (vgl. dazu 12.5.4).

12.3.2 Wenn der Mieter den Mangel kennt

Weder die Gewährleistungsrechte noch das Kündigungsrecht stehen dem Mieter zu, wenn er bei Vertragsschluss den Mangel der Mietsache kennt. Ist ihm der Mangel wegen grober Fahrlässigkeit unbekannt geblieben, so stehen ihm diese Rechte nur zu, wenn der Vermieter den Mangel arglistig verschwiegen hat. Nimmt der Mieter eine mangelhafte Mietsache an, obwohl er den Mangel kennt, so kann er die Rechte nur geltend machen, wenn er sich diese bei der Annahme vorbehält (§ 536b BGB).

Kenntnis des Mangels bei Vertragsschluss

Die Gewährleistungsrechte einschließlich des Kündigungsrechts stehen dem Mieter nicht zu, wenn er den Mangel der Mietsache bei Abschluss des Mietvertrags kennt. Die Kenntnis des Mangels setzt voraus, dass der Mieter nicht nur das äußere Erscheinungsbild, sondern auch die tatsächlichen Ursachen und konkreten Auswirkungen des Mangels auf die Gebrauchstauglichkeit der Wohnung kennen muss. Bei mehreren Mietern ist es ausreichend, dass ein Mieter den Mangel kennt. Die Kenntnis des Mangels setzt voraus, dass dem Mieter sowohl der **konkrete Mangel als auch dessen Auswirkungen auf die Gebrauchstauglichkeit** der Mietsache bekannt sind.

» Weiß der Mieter bei Vertragsabschluss, dass im selben Haus ein Wäschereibetrieb eingerichtet wird, so kann er wegen der von dem Betrieb ausgehenden Lärmbelästigungen nicht die Miete mindern, wenn er bei Vertragsabschluss keinen entsprechenden Vorbehalt gemacht hat.

! Dass der Mieter den Mangel bei Vertragsschluss kannte, muss **im Streitfall der Vermieter beweisen.**

Grob fahrlässige Unkenntnis

Weder die gesetzlichen Gewährleistungsrechte noch das Kündigungsrecht stehen dem Mieter zu, wenn ihm bei Abschluss des Mietvertrags wegen grober Fahrlässigkeit unbekannt geblieben ist, dass ein Mangel vorhanden ist. Grobe Fahrlässigkeit liegt vor, wenn der Mieter dasjenige unbeachtet lässt, was jedem hätte einleuchten müssen (BGH, Az. VIII ZR 302/78) oder bei einer Besichtigung ohne Weiteres auffällt. Allerdings ist der Mieter nicht verpflichtet, die Wohnung sorgfältig auf Mängel zu untersuchen, wenn keine offensichtlichen Umstände auf einen Mangel hindeuten. Auf Mängel, die der Mieter hätte erkennen müssen, kann er allerdings später seine Mietminderung nicht mehr stützen. Grobe Fahrlässigkeit liegt deshalb vor, wenn der Mieter eine Wohnung ohne vorherige Besichtigung anmietet und davon ausgegangen wird, dass die Mängel bei einer Besichtigung hätten erkannt werden können.

» Anmietung einer Wohnung an einer Bahnstrecke, von der allgemein bekannt ist, dass sie als ICE-Strecke ausgebaut werden soll (LG Berlin, Az. 63 S 398/07). Von grober Fahrlässigkeit ist in der Regel auch auszugehen, wenn der Mieter die Wohnung ohne vorherige Besichtigung angemietet hat (LG Berlin, Az. 64 S 189/94).

! Selbst wenn Ihnen bei Abschluss des Mietvertrags wegen grober Fahrlässigkeit unbekannt geblieben ist, dass die Mietsache mangelhaft ist, können Sie die gesetzlichen Gewährleistungsrechte geltend machen, wenn der Vermieter den Mangel arglistig verschwiegen hat (§ 536b Satz 2 BGB). Dass arglistiges Verschweigen des Vermieters vorliegt, müssen im Streitfall Sie beweisen.

Vorbehaltlose Annahme

Schließlich stehen dem Mieter die gesetzlichen Gewährleistungsrechte auch dann nicht zu, wenn er eine mangelhafte Mietsache annimmt, obwohl er den Mangel kennt, ohne sich seine Rechte wegen des Mangels vorzubehalten. In seinem Vorbehalt muss der Mieter einen **bestimmten Mangel bezeichnen** und der Vermieter muss erkennen können, dass der Mieter nicht auf seine Rechte verzichten will (OLG Hamburg, Az. 4 U 162/04). Ein allgemeiner Vorbehalt, ohne dass einzelne Mängel angegeben werden, reicht nicht aus.

Der Vorbehalt des Mieters bedarf keiner Form. Den Vorbehalt seiner Rechte muss im Streitfall der Mieter beweisen.

Achtung: Verspricht der Vermieter bei der Übergabe der Wohnung, einen Mangel zu beseitigen, ist ein Vorbehalt ebenso überflüssig wie bei dem Versprechen beim Vertragsabschluss. Beweisen muss die Zusage der Mängelbeseitigung der Mieter.

12.3.3 Wenn die Miete weiterbezahlt wird

Zahlen Sie trotz eventueller Mängelanzeige über einen längeren Zeitraum die Miete in voller Höhe weiter und kann der Vermieter deshalb davon ausgehen, dass Sie auch künftig Ihr Minderungsrecht nicht mehr ausüben werden, so ist Ihr Recht zur **Mietminderung ausgeschlossen.** Gemeint ist in diesem Fall die Minderung der Miete für die Vergangenheit. Die vorbehaltlose Zahlung der ungekürzten Miete in Kenntnis des Mangels führt dazu, dass Sie Ihr Minderungsrecht für die Vergangenheit verlieren. Das Recht, für die Zukunft die Miete wegen des Mangels zu kürzen, bleibt Ihnen aber erhalten.

! Sie können allerdings die volle Miete unter Vorbehalt weiterzahlen. Sinnvoll ist es dann, dass Sie zusammen mit der Mängelanzeige erklären, dass die nächsten Mietzahlungen **nur unter Vorbehalt** erfolgen. Achten Sie in diesem Fall aber darauf, dass Sie innerhalb angemessener Zeit auch Ihren »Vorbehalt« umsetzen und die Mietminderung mit der laufenden Miete verrechnen. Anderenfalls verlieren Sie Ihr Minderrecht.

12.3.4 Wenn der Mieter den Mangel zu vertreten hat

Das Mietminderungsrecht des Mieters entfällt auch dann, wenn er den Mangel selbst verschuldet hat. Das ist beispielsweise der Fall, wenn bei Feuchtigkeitsschäden und Schimmelpilz in der Wohnung durch einen Sachverständigen festgestellt worden ist, dass diese nachgewiesenermaßen auf falschem Heiz- und Lüftungsverhalten des Mieters beruhen.

Urteil

Ist an der Mietwohnung ein Schaden eingetreten, der nicht allein durch die normale vertragsgemäße Abnutzung entstehen kann, hier: Feuchtigkeitsschäden und Schimmelpilz, trifft den Mieter die Beweislast, dass die Verschlechterung der Mietsache nicht von ihm verursacht und verschuldet worden ist, wenn nur eine Herkunft der Schadensursache aus dem seiner unmittelbaren Einflussnahme, Herrschaft und Obhut unterliegenden Bereich in Betracht kommt.

OLG Karlsruhe, Az. 3 RE-Miet 6/84

12.3.5 Vorübergehender Ausschluss der Mietminderung bei energetischer Modernisierung

Das Mietminderungsrecht des Mieters ist bei einer energetischen Modernisierung (vgl. dazu 8.1.1) **für drei Monate ausgeschlossen** (§ 536 Abs. 1a BGB). Kommt es bei diesen Modernisierungsmaßnahmen zu Beeinträchtigungen (z.B. durch Schmutz oder Lärm), muss der Mieter in den ersten drei Monaten die **volle Miete** zahlen.

! Ausgeschlossen wird aber nur das Minderungsrecht des Mieters bei einer (bloßen) Minderung der Tauglichkeit der Mietsache, während der Mieter die Miete wieder mindern kann, wenn durch die betreffende Maßnahme die Tauglichkeit völlig aufgehoben wird. Auch **Schadensersatz- und Aufwendungsersatzansprüche** kann der Mieter geltend machen.

12.4 In welcher Höhe der Mieter die Miete mindern darf

Der Umfang der Mietminderung ist nach den Umständen des Einzelfalls zu bemessen. Wird wegen des Mangels die Tauglichkeit der Mietsache zum vereinbarten Gebrauch völlig aufgehoben, so wird der Mieter für die Zeit, in der der Mangel besteht, von der Entrichtung der Miete befreit. Wird wegen des Mangels die Tauglichkeit der Mietsache lediglich gemindert, so hat der Mieter nur eine »angemessen herabgesetzte« Miete zu entrichten (§ 536 Abs. 1 BGB).

12.4.1 Umstände des Einzelfalls sind maßgebend

Die Höhe der Mietminderung richtet sich danach, wie stark der **vertragsgemäße Gebrauch** der Mietwohnung durch den Mangel **beeinträchtigt** ist. Je stärker sich der Mangel auswirkt, desto mehr darf die Miete gekürzt werden. In diesem Zusammenhang muss bewertet werden, in welchem Verhältnis die jetzt durch den Mangel geschmälerte Leistung des Vermieters zur Höhe der vereinbarten Miete steht.

Um den Umfang der Nutzungseinschränkung in eine prozentuale Beeinträchtigung »umzurechnen«, gibt es folgende Richtschnur:

keine bzw. unerhebliche Beeinträchtigung	0 %
fast keine Beeinträchtigung	10 %
noch leichte, geringe Beeinträchtigung	20 %
mäßige Beeinträchtigung	30 %
deutliche, schon etwas stärkere Beeinträchtigung	40 %
starke Beeinträchtigung	50 %
sehr starke Beeinträchtigung	60 %
schwere Beeinträchtigung	70 %
sehr schwere Beeinträchtigung	80 %
massive Beeinträchtigung	90 %
völlige Aufhebung der Gebrauchstauglichkeit	100 %

Maßgebend sind aber immer die besonderen Umstände des Einzelfalls. Deshalb müssen insbesondere der **Vertragszweck, die Miethöhe sowie Art und Umfang der Beeinträchtigung** berücksichtigt werden.

Gemindert werden darf die Miete vom Mieter immer nur für die Zeit, während derer der Mangel vorliegt, nicht darüber hinaus.

Achtung: Wenn Sie unberechtigt eine Mietminderung vornehmen, kommen Sie mit der Miete in Zahlungsverzug und der Vermieter kann den Mietvertrag fristlos kündigen. Setzen Sie deshalb den Minderungsbetrag eher zurückhaltend an oder holen Sie sich rechtlichen Rat beim Mieterschutzverein ein. Kommt es über die Höhe der Mietminderung zum Streit mit dem Vermieter, so tragen Sie die Beweislast dafür, in welchem Umfang und für welche Zeit die Wohnungsmängel bestanden haben.

! Sie haben auch die Möglichkeit, dem Vermieter mitzuteilen, dass Sie den geminderten Anteil der Miete unter dem Vorbehalt der Rückzahlung zahlen, und ihn auffordern, schriftlich die von Ihnen angesetzte Minderungsquote anzuerkennen. Wenn der Vermieter dieser Aufforderung nicht entspricht, können Sie den überbezahlten Betrag gerichtlich geltend machen und für die Zukunft bis zur Beseitigung der Mängel eine gerichtliche Feststellung der Höhe der Minderung veranlassen.

12.4.2 Wenn nicht alle Räume in gleicher Weise beeinträchtigt sind

Wenn sich der Mangel auf die Wohnung insgesamt auswirkt (z.B. Lärm- und Geruchsbelästigungen), können die unter 12.4.4 genannten Minderungsquoten als erste Orientierung dienen. Wirkt sich der Mangel dagegen nicht auf die gesamte Wohnung aus, sondern nur auf einzelne Wohnräume (z.B. Wasserschaden in der Küche), sind bei der Mietminderung in erster Linie diese Wohnungsteile zu berücksichtigen.

Nach der »**Hamburger Tabelle**« wird jedem Wohnraum ein bestimmter Wohnwert zugeteilt. Und je nachdem, in welchem Maße die einzelnen Räume von dem Mangel beeinträchtigt sind, lässt sich dann der jeweilige Minderungsanteil ermitteln.

Wohnzimmer	28 %
Arbeitszimmer	20 %
Schlafzimmer	12 %
Küche	10 %
Bad	10 %
Abstellraum	7 %
Gäste-WC	3 %
Balkon	10 %

» Die monatliche Miete für die Wohnung beträgt 400,– €. Wegen eines Mangels im Wohnzimmer kann die Miete um 50 % gemindert werden. Der Mietanteil für das Wohnzimmer beträgt 112,– €. Damit ergibt sich für das Wohnzimmer, aber auch insgesamt für die komplette Wohnung ein Minderwert von 56,– €. Dieser Betrag wird ins Verhältnis zur Gesamtmiete gesetzt. Bei 56,– € wären dies 14 %. Um diesen Betrag kann die Miete herabgesetzt werden.

Bei der Anwendung der Hamburger Tabelle ist es allerdings nicht ausreichend, wenn nur die Minderungsquoten der einzelnen Räume zusammengerechnet werden. Vielmehr ist eine **Gesamtbewertung des Wohnverhältnisses** erforderlich. Das geschieht durch eine gewisse Auf- oder Abrundung der Minderungsquote. Dadurch wird berücksichtigt, inwieweit sich der Mangel auch auf den Wohnwert der nicht unmittelbar betroffenen übrigen Wohnräume auswirkt.

12.4.3 Bruttomiete als Berechnungsgrundlage

Gemindert wird die Gesamtmiete, inklusive etwaiger Anteile für kalte Betriebskosten, Warmwasser und Heizkosten (BGH, Az. XII ZR 225/03). Ob die Betriebskostenanteile als Vorauszahlung oder Pauschale zu zahlen oder im Mietvertrag nicht gesondert ausgewiesen sind, spielt dabei keine Rolle.

» Die Grundmiete beträgt 700,– €, die Betriebskosten- und die Heizkostenvorauszahlungen betragen jeweils 100,– €. Wenn die Minderungsquote 20 % beträgt, kann der Mieter die Miete um 180,– € (20 % von 900,– €) kürzen.

! Auch bei der Abrechnung der Betriebskosten muss der Vermieter die Minderung berücksichtigen, denn die Minderung bezieht sich auf die **Gesamtmiete einschließlich aller Nebenkosten.** Daher kann erst aufgrund der Betriebskostenabrechnung abschließend ermittelt werden, ob hinsichtlich der Gesamtmiete unter Berücksichtigung der gerechtfertigten Minderung noch eine Nachforderung des Vermieters oder ein Guthaben des Mieters besteht (BGH, Az. VIII ZR 223/10).

12.4.4 Gerichtliche Einzelentscheidungen als Orientierungshilfe

Um wie viel Prozent Sie die Miete bei einem Wohnungsmangel mindern dürfen, lässt sich nicht allgemein sagen. Maßgebend sind immer die **konkreten Umstände des Einzelfalls.** Es gibt keine Gesetze oder Richtlinien, aber eine Fülle von Gerichtsurteilen, die für den konkreten Einzelfall einen bestimmten Prozentsatz als zulässig bewertet haben.

Bei der Frage, in welchem Umfang Sie bei einem Wohnungsmangel die Miete mindern dürfen, können Sie sich an der nachfolgenden Mietminderungstabelle orientieren. Sie gibt Ihnen einen Überblick darüber, welche Mietminderungsquoten von den Gerichten bei einzelnen Wohnungsmängeln zuerkannt wurden.

Wohnungsmangel: Feuchtigkeit, Wasser	Minderung	Gerichtsentscheidung
Gesundheitsgefährdung durch Schimmelpilz	100 %	AG Charlottenburg Az. 203 C 607/06
Starke Schimmelbildung im Wohnzimmer, fehlende Duschmöglichkeit sowie Lärm durch Trocknungsgeräte	80 %	AG Köln Az. 224 C 100/11
Erhebliche Feuchtigkeitsschäden im EG durch aus dem Boden aufsteigende Feuchtigkeit	60 %	AG Bad Vilbel Az. 3b C 52/96
Feuchtigkeit, abbröckelnde Wandfarbe und klemmende Fenster im Hobbyraum	50 %	AG Schöneberg Az. 4 C 52/11
Wegen eines Abflussstaus im Badezimmer tritt übel riechendes Abwasser aus	38 %	AG Groß-Gerau Az. 21 C 1336/78
Feuchtigkeitsschäden nach Modernisierung der Fenster	30 %	AG Erkelenz Az. 14 C 157/95
Wasserschäden (unbenutzbares Wohnzimmer)	30 %	AG Bochum Az. 5 C 668/78
Feuchter, unbenutzbarer Keller nach einem Wasserrohreinbruch	30 %	LG Berlin Az. 64 S 193/06
Erheblicher Schimmelpilzbefall in mehreren Zimmern	25 %	LG Hamburg Az. 307 S 39/09
Wasserschäden an der Decke wegen mangelhafter Isolierung der Wände	25 %	AG Osnabrück Az. 14 C 231/94
Legionellenbefall des Trinkwassers	25 %	AG Dresden Az. 148 C 5353/13

Wohnungsmangel: Feuchtigkeit, Wasser	Minderung	Gerichtsentscheidung
Feuchtigkeit und Schimmelpilz in der Wohnung	24 %	AG Osnabrück Az. 48 C 31/12 (5)
Feuchtigkeitserscheinungen bzw. Schimmelbildungen im Schlafzimmer	20 %	LG Konstanz Az. 61 S 21/12 A
Aufgebrochenes Laminat aufgrund von Feuchtigkeit	20 %	AG Schöneberg Az. 109 C 256/07
Erheblicher Schimmelpilzbefall im Wohn- und Schlafzimmer	20 %	LG Osnabrück Az. 11 S 277/88
Ausfall der Wasserversorgung	20 %	LG Berlin Az. 67 T 70/02
Feuchtigkeitsschäden an der Wohnung trotz normgerechter Bauweise	20 %	LG Köln Az. 6 S 79/90
Deckenfeuchtigkeit im Wohnzimmer, Schlafzimmer, Erkerzimmer nebst Loggia sowie Bad	20 %	LG Berlin Az. 64 S 71/89
Schäden aufgrund von Wassereintritt	20 %	AG Köpenick Az. 7 C 243/11
Schimmelpilzbildung an mehreren Wänden	20 %	AG Königs Wusterhausen Az. 9 C 174/07
Schimmelpilzbefall der Wohnung wegen mangelhafter Wärmedämmung	20 %	AG Osnabrück Az. 14 C 385/04
Schimmelpilz und Feuchtigkeit in der Wohnung	20 %	LG Kiel Az. 1 S 100/04
Feuchtigkeitsschäden und ein aufgebrochener Fußboden aufgrund eines Wasserschadens in der Wohnung	20 %	AG Schöneberg Az. 109 C 256/07
Schimmel hinter dem Kleiderschrank, der an der Außenwand steht	15 %	LG Lübeck Az. 1 S 106/13
Schimmelbildung im Schlafzimmer über den Fußbodensockelleisten	15 %	LG Berlin Az. 65 S 524/13
Außenwände aller Zimmer, die Wände und die Decke im Bad sind durchfeuchtet und in der Küche sind Schimmelflecken vorhanden	15 %	LG Berlin Az. 64 S 356/98
Feuchtigkeitserscheinungen und Schimmelpilzbildung im Wohnzimmer	15 %	AG Lüdenscheid Az. 94 C 21/06
Schimmelschäden durch Veränderung der Bausubstanz	15 %	AG Detmold Az. 6 C 29/06
Schwankende Wassertemperatur beim Duschen	13 %	AG Charlottenburg Az. 204 C 349/02

Wohnungsmangel: Feuchtigkeit, Wasser	Minderung	Gerichtsentscheidung
Austreten von braunem Wasser und fehlende Kaltwasserregulierung	10 %	AG Münster Az. 7 C 4009/15
Sechsmaliges tägliches Stoßlüften zur Vermeidung von Schimmelbefall	10 %	LG Berlin Az. 65 S 400/15
Sechs- bis achtmal Stoßlüften zur Vermeidung von Schimmelpilzbildung	10 %	AG Berlin-Tempelhof-Kreuzberg Az. 20 C 234/13
Beschädigung des Parkettfußbodens im Wohnzimmer über eine Ausdehnung von 2 m^2 wegen des Eindringens von Regenwasser durch undichte Fenster	10 %	AG Berlin Az. 67 S 223/06
Undichtes Flachdach kann zu Feuchtigkeitsschäden führen	10 %	AG Hamburg Az. 45 C 1322/92
Feuchtigkeitsschäden im Wohnzimmer	10 %	LG Hamburg Az. 11 S 161/75
Schäden an Tapete und Fußboden nach einem Wassereinbruch	10 %	BGH Az. XII ZR 225/03
Feuchtigkeitsschäden und Schimmel in der ganzen Wohnung nach Einbau neuer Fenster	10 %	AG Gotha Az. 2 C 116/02
Schimmelpilzbildung nach Einbau neuer Fenster	10 %	LG München Az. 31 S 14459/06
Wasserschaden im Badezimmer	10 %	LG Berlin Az. 65 S 347/05
Feuchtigkeitserscheinungen und Schimmelpilz im Kinderzimmer	10 %	AG Lüdenscheid Az. 94 C 21/06
Durchfeuchteter Abstellraum	7 %	AG Lüneburg Az. 11 C 189/79
Feuchtigkeitsfleck an der Küchendecke	5 %	LG München I Az. 31 17040/84
Unzureichender Wasserdruck in der Küche	5 %	AG Moers Az. 561 C 220/17
Undichte Küchenspüle	5 %	LG Berlin Az. 64 S 189/94
Dauerhafte Durchfeuchtung einer Schlafzimmeraußenwand durch aufsteigende Feuchtigkeit aus dem Mauerwerk	5 %	AG Münster Az. 3 C 5500/06
Feuchtigkeitsprobleme im Bad und Kinderzimmer	5 %	LG Kleve Az. 6 S 329/01
Wasserdurchlaufschaden im Flur an der Decke und an der Wand	5 %	LG Berlin Az. 67 S 389/06

Wohnungsmangel: Feuchtigkeit, Wasser	**Minderung**	**Gerichtsentscheidung**
Gelegentlicher Fäkalienrückfluss in der Toilette	5 %	AG Schöneberg Az. 5 C 72/90
Defekte Dusche führt zu nassem Boden	3 %	AG Gießen Az. 48 C 48/15
Vorlaufzeit für Warmwasser von drei bis vier Minuten	3,5 %	LG Berlin Az. 67 S 26/07
Feuchtigkeit im Keller einer Altbauwohnung	0 %	AG Ansbach Az. 2 C 2268/11
Schimmel nach Einbau eines Einbauschranks	0 %	LG Kiel Az. 1 S 102/11

Wohnungsmangel: Fenster	**Minderung**	**Gerichtsentscheidung**
Undichte Fenster, sodass ständig Feuchtigkeit in die Wohnung dringt	50 %	LG Berlin Az. 64 T 19/91
Verringerter Lichteinfall aufgrund von verkleinerten Fensterflächen nach Modernisierung	24 %	LG Berlin Az. 67 S 502/11
Nicht ordnungsgemäße Dichtungen an Fenster und den Außentüren führen zu Zugluft und nicht nur zu einem zumutbaren Luftaustausch	20 %	LG Kassel Az. 1 S 274/84
Zugluft durch Fugen am Fenster, Fugen im Fußboden etc. in den Monaten von November bis März	15 %	AG Brandenburg a.d. Havel Az. 31 C 279/11
Undichte Fenster	15 %	AG Villingen-Schwenningen Az. 11 C 243/14
Neu eingebaute Aluminiumfenster verursachen hohen Heizungsaufwand und zusätzliche Lüftung	15 %	AG Emden Az. 5 C 1197/86
Undichte Fenster, was zu Zugluft in der Wohnung führt	10 %	AG München Az. 25 C 9566/84
Verrottete, nicht verschließbare Fenster, sodass Eindringen jederzeit möglich ist	10 %	AG Bergisch-Gladbach Az. 16 C 696/76
Schimmelpilzbildung nach Fenstermodernisierung	10 %	AG Gotha Az. 2 C 116/02
Verfaultes Fenster im Schlafzimmer	5 %	AG Wuppertal Az. 92 C 338/86
Mangelhafte Fensterabdichtung und Eindringen von Wind und Regen	5 %	LG Berlin Az. 67 S 389/06
Wasserschäden bei Schlagregen	3 %	LG Berlin Az. 61 S 437/81

Wohnungsmangel: Fenster	Minderung	Gerichtsentscheidung
Mangelhafter Zustand des Schlafzimmerfensters	3 %	LG Berlin Az. 64 S 290/94
Fehlender Fenstergriff	2 %	LG Berlin Az. 64 S 189/94
Trübung einer Isolierglasscheibe im Wohnzimmer	1 %	AG Miesbach Az. 3 C 585/84
Abblätternde Farbe an den Fenstern	0 %	AG Schöneberg Az. 4 C 52/11
Erhöhter Heiz- und Lüftungsbedarf nach Einbau moderner Fenster in Altbau begründet keinen Mangel der Wohnung	0 %	AG Nürtingen 42 C 1905/09

Wohnungsmangel: Lärm	Minderung	Gerichtsentscheidung
Lärmbelästigung wegen des Einsatzes sehr lauter Trocknungsgeräte bei einem Wasserschaden	100 %	AG Schöneberg Az. 109 C 256/07
Laute Musik aus Nachbarwohnung	50 %	AG Braunschweig Az. 113 C 168/39
Lärmbelästigung durch zwei Gaststätten	40 %	LG Berlin Az. 67 S 342/01
Erhebliche nächtliche Ruhestörung zwischen 22:00 Uhr und 3:00 Uhr durch den Betrieb einer Gaststätte im EG	40 %	LG Berlin Az. 67 S 342/01
Großbaustelle in unmittelbarer Nachbarschaft	35 %	LG Hamburg, Az. 333 S 13/01
Nächtliche Lärmstörung durch einen im Dachbereich nistenden Marder	30 %	AG Hamburg-Barbek Az. 815 C 238/02
Lärm von der Nachbar-Küche, der Nachbar-Toilette und Geräusche beim Baden des Nachbarn	21 %	AG Neuruppin Az. 42 C 263/04
Gerüst und Bauarbeiten am Haus	20 %	AG Wiesbaden Az. 93 C 2696/11
Besonderer Lärm durch Garagentore (35 bis 49 dB(A) und 28 bis 52 dB(A) und die Haustür bis 45,9 dB(A)	20 %	LG Berlin Az. 67 S 26/07
Dachgeschossausbau	20 %	LG Berlin Az. 62 S 421/00
Großbaustelle von 6:00 Uhr bis 17:00 Uhr, Einbau von Spundwänden	20 %	AG Regensburg Az. 4 C 275/91
Lärm aus Billardcafé	20 %	AG Köln Az. 201 C 581/88

Wohnungsmangel: Lärm	**Minderung**	**Gerichtsentscheidung**
Nicht ausreichender Trittschallschutz	20 %	BGH Az. VIII ZR 355/03
Klaviermusik außerhalb der erlaubten Zeiten	20 %	AG Düsseldorf Az. 20 C 79/87
Störung durch häufiges Feiern der anderen Mieter, insbesondere am Wochenende	20 %	AG Lünen Az. 14 C 182/86
Lärm durch Garagentor	15 %	LG Hamburg Az. 333 S 65/08
Langwierige Straßenbauarbeiten in lauter Umgebung	15 %	LG Siegen Az. 3 S 87/89
Ununterbrochene Arbeiten an Großbaustelle	15 %	AG Köln Az. 207 C 14/95
Gaststättenlärm in sechs Nächten des Monats	15 %	AG Bonn Az. 5 C 274/90
Belästigender Trittschall aus einem über der Wohnung gelegenen Büro	15 %	LG Karlsruhe Az. 9 S 394/86
Lärmbelästigung durch einen neu errichteten Bahnhof 50 m von der Wohnung entfernt	15 %	AG Spandau Az. 3b C 114/01
Belästigung durch Lärm und Schmutz während Sanierungsarbeiten im Haus	15 %	LG Berlin Az. 63 S 126/06
Trittschall- und Sanitärgeräusche	13 %	AG Hamburg Az. 43b C 1068/94
Lärm durch Großbaustelle in der Nachbarschaft	12 %	LG Frankfurt/M. Az. 2-17 S 113/06
Urinstrahlgeräusche vom Nachbarn (Stehpinkler)	10 %	LG Berlin Az. 67 S 335/08
Ständige Lärmstörungen in Form von Streiten, Schreien, Poltern, Trampeln und Türknallen	10 %	LG Berlin Az. 63 S 236/14
Unzureichender Schallschutz	10 %	LG Berlin Az. 64 S 77/05
Nachts auftretende Klopf- und Knackgeräusche an der Heizungsanlage (Gasraumheizer)	10 %	LG Hannover Az. 9 S 211/93
Lärm aus dem Heizungskeller, insbesondere wenn die Pumpe anspringt	10 %	LG Hamburg Az. 307 S 130/08
Geräuschbelästigung durch Einwerfen von Glasflaschen in Container nach 22:00 Uhr und an Sonn- und Feiertagen	10 %	LG Berlin Az. 64 S 322/94

Wohnungsmangel: Lärm	Minderung	Gerichtsentscheidung
Lärm durch Kinderarztpraxis	10 %	AG Bad Schwartau Az. C 291/75
Lärm durch Stühlerücken und Scharren	10 %	AG Braunschweig Az. 113 C 4614/88
Aufzugsgeräusche	10 %	AG Wiesbaden Az. 93 C 2004/05
Baulärm wegen Arbeiten in der Wohnung	10 %	LG Berlin Az. 64 S 334/03
Lärmbelästigung durch den Aufzug im Haus	10 %	AG Wiesbaden Az. 93 C 2004/05
Extreme Zunahme des Verkehrslärms, weil eine Sackgasse für den Durchgangsverkehr geöffnet wird	8 %	AG Köpenick Az. 3 C 262/05
Gestiegener Verkehrslärm, nachdem eine Straße zu einer Autobahnzubringerstraße wurde	7,5 %	AG Köpenick Az. 4 C 116/10
Laute Klicker- und Rattergeräusche (Störung der Nachtruhe)	7,5 %	LG Berlin Az. 64 S 485/99
Lautes Poltern, Herumtrampeln und laute Musik von Nachbarn	10 %	AG Bergheim Az. 23 C 147/12
Nächtliche Lärmbelästigung durch überlaut geführte Streitgespräche der Nachbarn	5 %	AG Bergisch-Gladbach Az. 64 C 125/00
Trittschallgeräusche in einem Altbau	5 %	LG Hannover Az. 9 S 211/9364 C 125/00
Lärmbelästigung durch einen Jazzkeller, auch nachts	5 %	LG Berlin Az. 67 S 238/02
Lärmbelästigung durch das Fußballspiel von Jugendlichen auf der Wiese neben dem Mietshaus	5 %	AG Frankfurt/M. Az. 33 C 1726/04
Ortsübliche, nächtliche Ruhestörungen	0 %	AG Köpenick Az. 12 C 44/06
Kinderlärm	0 %	AG Hamburg-Bergedorf Az. 409 C 285/08
Vorhersehbarer Baulärm	0 %	LG Berlin Az. 63 S 208/12

Wohnungsmangel: Geruchsbelästigung	Minderung	Gerichtsentscheidung
Geruchsbelästigung durch Tierhaltung (Frettchen)	33 %	AG Köln Az. 201 C 457/87
Essens- und Nikotingerüche aus der Nachbarwohnung	20 %	LG Stuttgart Az. 5 S 421/97
Geruchsbelästigungen durch einen Supermarkt in der Nachbarschaft	20 %	AG Gifhorn Az. 33 C 426/00
Geruchsbelästigung durch kaputtes Küchenrohr	15 %	LG Berlin Az. 67 S 342/17
Geruchsbelästigung durch Pizzeria im Nachbarhaus	15 %	AG Köln Az. 208 C 246/89
Störender Heizölgeruch in den Wohn- und Arbeitsräumen	15 %	AG Augsburg Az. 73 C 2442/01
Wahrnehmbarer Zigarettenrauch vom Balkon eines Nachbarn	10 %	LG Berlin Az. 67 S 307/12
Kalter Zigarettenrauch	10 %	LG Berlin Az. 65 S 124/08
Geruchsbelästigung durch Wäschetrockner	10 %	LG Köln Az 10 S 201/89
Gestank aus der Nachbarwohnung wegen nicht tiergerechter Haltung	10 %	AG Bergisch-Gladbach Az. 23 C 280/90
Unangenehme Gerüche in der Küche	8 %	AG Suhl Az. 1 C 419/11
Aus undichten Versorgungsschächten dringt Zigarettenrauch	5 %	AG Kerpen Az. 110 C 212/09
Geruchsbelästigung durch eine Metzgerei im Wohnhaus	5 %	AG Pankow-Weißensee Az. 3 C 71/03
Geruchsbelästigung im Treppenhaus	4 %	AG Gießen Az. 48 C 48/15
Rauch vom Erdgeschossmieter stört den Nachbarn	0 %	LG Berlin Az. 63 S 470/08
Von der Terrasse einer Gaststätte ausgehender Zigarettenrauch	0 %	LG Berlin Az. 65 S 408/04

Wohnungsmangel: Heizungsmängel	Minderung	Gerichtsentscheidung
Ausfall der Heizungsanlage von Oktober bis Anfang November	70 %	AG Charlottenburg Az. 216 C 7/13
Es werden Durchschnittstemperaturen von lediglich bis zu maximal 10 °C erreicht	70 %	AG Charlottenburg Az. 19 C 228/98

Wohnungsmangel: Heizungsmängel	**Minderung**	**Gerichtsentscheidung**
Ausfall der Heizung im Winter	70 %	LG Berlin Az. 61 S 37/02
Nicht funktionierende Heizung außerhalb der Heizperiode	50 %	AG Villingen-Schwen-ningen Az. 11 C 243/14
Unbeheizbarkeit des Schlafzimmers	20 %	LG Hannover Az. 11 S 296/79
Raumtemperatur von 18 °C im Kinder- und Schlafzimmer	20 %	AG Oldenburg Az. 19 C 559/77 VII
Mangelnde Beheizbarkeit und fehlende Regulierbarkeit der Heizung	20 %	AG Köln Az. 201 C 481/10
Heizungsanlage verursacht Klopfgeräu-sche	12 %	LG Münster Az. 8 S 167/00
Raumtemperatur von unter 20 °C	10 %	AG Potsdam Az. 23 C 236/10
Lärm aus dem Heizungskeller, insbeson-dere wenn die Pumpe anspringt	10 %	LG Hamburg Az. 307 S 130/08
Knackgeräusche in der Heizung	10 %	LG Hannover Az. 9 S 211/93
Wärmeschutz der Dachfläche entspricht nicht der DIN 4108	10 %	LG Berlin Az. 67 S 389/06
Ausfall der Heizanlage im Winter bei Er-reichen einer Raumtemperatur von 18 °C	5 %	LG Berlin Az. 63 S 142/92
Regelmäßige Raumtemperatur von 19 °C	5 %	LG Berlin Az. 63 S 423/11
Ungedämmte Rohre bei Einrohrheizung	0 %	AG Schöneberg Az. 8 C 149/15

Wohnungsmangel: Sonstige Beeinträch-tigungen von A bis Z	**Minderung**	**Gerichtsentscheidung**
Asbest: Emission durch Nachtspeicher-öfen	50 %	LG Dortmund Az. 11 S 197/93
Aufzug wegen sicherheitstechnischer Mängel außer Betrieb. Mieterin wohnt im 4. OG und ist zu 100 % schwerbehindert	50 %	AG München Az. 425 C 11160/15
Nicht funktionierender **Aufzug** für Mieter einer Wohnung im 2. OG	4,45 %	AG Nürnberg Az. 28 C 4478/12
Beeinträchtigung des freien **Ausblicks** über das Grundstück durch eine Sicht-blende	10 %	AG Charlottenburg Az. 221 C 531/07

Wohnungsmangel: Sonstige Beeinträchtigungen von A bis Z	Minderung	Gerichtsentscheidung
Beeinträchtigung der **Aussicht:** Vor der EG-Wohnung wird eine 5,5 m hohe Mauer in 7,5 m Entfernung errichtet	10 %	LG Hamburg Az. 16 S 232/89
Verschiedene Mängel im **Bad:** Armaturen, Badewanne und Fliesen sind verkeimt, die Duschwand ist verkalkt, verkeimt und verdreckt, erhebliche Geruchsbeeinträchtigung liegen vor	7 %	LG Berlin Az. 64 S 334/03
Verschiedene Fliesen im **Badezimmer**	5 %	LG Kleve Az. 6 S 285/90
Fehlen von Steckdosen im **Bad**	2,5 %	LG Berlin Az. 67 S 481/06
Loch im Fußboden im **Bad**	2 %	LG Berlin Az. 64 S 334/03
Mieter kann weder **baden** noch **duschen**	33 %	AG Köln Az. 206 C 85/95
Badewanne unbenutzbar	18 %	AG Goslar Az. 29 S 24/86
Unbenutzbarkeit eines 1,25 m^2 großen **Balkons**	5 %	AG Köln Az. 221 C 345/12
Balkon ist wegen Reparaturbedürftigkeit nicht benutzbar	3 %	LG Berlin Az. 29 S 24/86
Nachträglicher Anbau von **Balkonen** an ein Nachbarhaus	0 %	AG Pankow-Weißensee Az. 101 C 545/01
Fehlende Verfliesung auf dem **Balkon**	3 %	AG Schöneberg Az. 109 C 256/07
Baugerüst vor der Wohnung	15 %	AG Ibbenbüren Az. 3 C 554/03
Beschimpfung der Mieter durch Hauswart	10 %	AG Berlin-Neukölln Az. 10 C 255/82
Bordell im Haus	10 %	LG Berlin Az. 64 S 334/03
Briefkasten ist defekt	2 %	AG Potsdam Az. 26 C 406/94
Vertraglich überlassene **Einbauküche** ist nicht benutzbar	20 %	LG Dresden Az. 15 S 603/97
Unzureichender **Briefkasten**	0,5 %	LG Berlin Az. 29 S 20/90
Undichte **Dachrinne**	0 %	LG Berlin Az. 64 S 334/03

Wohnungsmangel: Sonstige Beeinträchtigungen von A bis Z	Minderung	Gerichtsentscheidung
Dusche funktioniert nicht	16 %	AG Köln Az. 221 C 85/86
Schlecht verspachtelter **Estrich** im Wohn- und Schlafzimmer	15 %	AG Schöneberg Az. 109 C 225/13
Mitvermieteter **Fahrradkeller** ist nicht benutzbar	2,5 %	LG Berlin Az. 67 S 176/92
Wegfall eines **Fahrradkellers**	0 %	AG Hamburg Az. 46 C 1/07
Ausfall des **Fahrstuhls** wegen Bauarbeiten in der 2. Etage	3 %	AG Tempelhof-Kreuzberg Az. 2 C 207/13
Ausfall der **Fahrstuhlanlage** für 16 Tage bei einer Wohnung im 6. OG	15 %	AG Berlin-Mitte Az. 10 C 3/07
Einschränkung des **Fernsehempfangs** wegen Ausfalls der Hausantenne	2 %	AG Schwäbisch Gmünd Az. 2 C 822/04
Fernsehantenne wird entfernt	5 %	LG Berlin Az. 63 S 439/93
Fernsehempfang ist wegen Beseitigung der Gemeinschaftsantenne gestört	5 %	LG Berlin Az. 63 S 439/93
Andersfarbige **Fliesen** im Bad	5 %	LG Kleve Az. 6 S 285/90
Garten ist nicht angelegt	10 %	LG Darmstadt Az. 6 S 593/88
Defekte Gegensprech- und Klingelanlage in einer Dachgeschosswohnung	5 %	LG Dessau-Roßlau Az. 1 T 16/12
Besucher ist über **Gegensprechanlage** nicht zu hören	3 %	LG Berlin Az. 67 S 173/07
Defekte **Gegensprechanlage** mit Türöffner	5 %	LG Berlin Az. 32 O 281/05
Gerüste und Planen am Haus	15 %	AG Hamburg Az. 38 C 483/95
Schwergängig schließende **Hauseingangstür**	0 %	LG Berlin Az. 63 S 186/06
Gebrauchsuntauglicher **Kamin**	5 %	LG Karlsruhe Az. 9 S 66/87
Wassereinbruch bei Regen im **Keller**	17 %	AG Berlin-Neukölln Az. 14 C 271/87
Klingel- und Türöffnungsanlage fällt aus	5 %	LG Berlin Az. 64 S 21/98

Wohnungsmangel: Sonstige Beeinträchtigungen von A bis Z	**Minderung**	**Gerichtsentscheidung**
Defekte **Klingel**	3 %	LG Berlin Az. 62 S 90/06
Undichte **Küchenspüle**	5 %	LG Berlin Az. 64 S 189/94
Mäuseplage in einer Stadtwohnung mit mehreren gleichzeitig sichtbaren Mäusen im Wohnzimmer	100 %	AG Brandenburg Az. 32 C 520/00
Erheblicher **Mottenbefall** bei ungeklärter Ursache	25 %	AG Bremen Az. 25 C 0118/01
Ständig überfüllte **Mülltonne**	5 %	AG Potsdam Az. 26 C 406/94
Rattenbefall in der Wohnung	80 %	AG Dülmen Az. 3 C 128/12
Defekte **Regenrinne**	10 %	BGH Az. XII ZR 225/03
Defekte **Rollläden**	0 %	AG Wermelskirchen Az. C 2/02
Vollständiger **Stromausfall**	100 %	AG Berlin-Neukölln Az. 15 C 23/87
Unmittelbar vor dem Handwaschbecken befindliche **Toilette**	4 %	AG Köln Az. 211 C 19/10
Stark verkalkte **Toilette**	1 %	LG Berlin Az. 64 S 334/03
Toilette ist nicht benutzbar	80 %	LG Berlin Az. 29 S 84/87
Fehlende Entlüftung in der **Toilette**	10 %	AG Berlin-Schöneberg Az. 16 C 50/90
Verstopfte unbenutzbare **Toilette**	50 %	AG Hannover Az. 559 C 3475/08
Unzureichende **Toilettenspülung**	15 %	AG Münster Az. 49 C 133/92
Mangelhafte **Toilettenspülung**	15 %	AG Münster Az. 49 C 133/92
Treppenhaus ist nach Umbauarbeiten unansehnlich und schmutzig	5 %	LG Berlin Az. 67 S 176/92
Trinkwasser: Überschreitung des Eisengehalts	15 %	AG Bad Segeberg Az. 17a C 164/97
Verschmutzung der Treppenaufgänge, Flure, Eingangstüre und Fahrstuhlinnenraum in einer Hochhausanlage	5 %	AG Kiel Az. 7 C 56/90

Wohnungsmangel: Sonstige Beeinträchtigungen von A bis Z	Minderung	Gerichtsentscheidung
Risse an den **Wänden** in zwei Zimmern und Putzablösungen	2,5 %	LG Berlin Az. 67 S 176/92
Wohnfläche weicht um 10,022 % von der Angabe im Mietvertrag ab	10 %	OLG Frankfurt/M. Az. 12 U 137/04
Wohnflächenabweichung von mehr als 25 %	25 %	OLG Frankfurt/M. Az. 20 RE-Miet 2/01
Wohnfläche weicht unerheblich von der Circa-Angabe im Mietvertrag ab	0 %	LG Berlin Az. 63 S 241/06
Riss an der **Wohnzimmerdecke**	5 %	LG Berlin Az. 67 S 389/06
Zugluft im Haus	10 %	AG Rüsselsheim Az. 3 C 516/88

12.4.5 Wie die Mietminderung durchgeführt wird

Wie unter 12.2 dargelegt, dürfen Sie die Miete bei einem Wohnungsmangel nur dann mindern, wenn Sie dem Vermieter den **Mangel angezeigt** haben. Ist das der Fall, so tritt die Minderung der Miete kraft Gesetzes ein, das heißt, Sie müssen die Minderung gegenüber dem Vermieter nicht besonders geltend machen. Das bedeutet auch, dass die Minderung **ab dem Zeitpunkt des Wohnungsmangels** eintritt.

Wenn die gesetzlichen Voraussetzungen für die Mietminderung vorliegen, können Sie die Miete für die Zeit, in der die Wohnung mit Mängeln behaftet ist, entsprechend kürzen. Sie sind dann nur zur Zahlung der herabgesetzten Miete verpflichtet. Mit der Mietminderung wird also kraft Gesetzes eine neue Miete wirksam, die solange gilt, bis der Mangel behoben ist.

Das Minderungsrecht muss nicht beim Vermieter »beantragt« werden und ist auch nicht von der Erlaubnis des Vermieters abhängig. Die Mietminderung sollte in jedem Fall dem Vermieter **schriftlich** mitgeteilt werden.

! Wenn ein konkreter Minderungsbetrag noch nicht zweifelsfrei feststeht, kann es sinnvoll sein, die Miete in vollem Umfang zu zahlen, jedoch **»unter dem Vorbehalt eines späteren Mietabzugs«.** Ist der Vermieter bereit, den Wohnungsmangel zu beseitigen und ist man sich auch über die Höhe der Mietminderung nicht einig, kann eine schriftliche Vereinbarung über den Minderungsbetrag einem möglichen Konflikt vorbeugen.

Probleme können entstehen, wenn Sie die fällige Miete bereits bezahlt haben und Sie zur Mietminderung berechtigt sind.

- Wurde die Miete vom Vermieter per Lastschrift eingezogen, können Sie der Lastschrift gegenüber Ihrer Bank **widersprechen** und danach die herabgesetzte Miete zahlen.
- Wurde die Miete per Dauerauftrag oder Einzelüberweisung gezahlt, können Sie die zu viel gezahlte Miete vom Vermieter **zurückfordern.** Sie können aber auch den Minderungsbetrag einfach mit der nächsten fälligen Miete **verrechnen.**

12.5 Welche Ansprüche der Mieter neben der Mietminderung hat

Reagiert der Vermieter auf eine Mängelanzeige des Mieters nicht oder weigert der Vermieter sich, den Wohnungsmangel zu beseitigen, stehen dem Mieter neben der Mietminderung weitere Rechte zu. Er kann bei Vorliegen der jeweiligen gesetzlichen Voraussetzungen **Mietzahlungen zurückbehalten,** den Schaden selbst beseitigen und Ersatz seiner Aufwendungen verlangen oder unter Umständen sogar **Schadensersatz** geltend machen.

12.5.1 Zurückbehaltungsrecht des Mieters

Unabhängig vom Mietminderungsanspruch kann der Mieter vom Vermieter verlangen, dass er die Mieträume in einem **vertragsgemäßen Zustand** erhält und Wohnungsmängel beseitigt. Um diesem Anspruch Nachdruck zu verleihen, darf der Mieter Mietzahlungen zurückbehalten (§ 320 BGB). Das Zurückbehaltungsrecht des Mieters setzt voraus, dass er den Mangel zuvor dem Vermieter angezeigt hat oder der Mangel sonst dem Vermieter bekannt ist. Nicht zulässig ist es, dass der Mieter das Zurückbehaltungsrecht rückwirkend geltend macht.

Solange das Zurückbehaltungsrecht besteht, kommt der Mieter **nicht in Zahlungsverzug.** Der Vermieter kann deshalb das Mietverhältnis nicht kündigen. Das Risiko, dass das Zurückbehaltungsrecht besteht, trägt allerdings der Mieter. Schätzt er die Sach- und Rechtslage falsch ein, besteht die Gefahr, dass der Vermieter den **Mietvertrag kündigt.** Sinnvoll ist es, das Zurückbehaltungsrecht nur für einige Monate auszuüben. Am besten ist, rechtlichen Rat einzuholen (z.B. beim örtlichen Mieterschutzverein), wenn beabsichtigt ist, vom Zurückbehaltungsrecht Gebrauch zu machen.

Das Zurückbehaltungsrecht des Mieters besteht nicht unbeschränkt, sondern ist betragsmäßig beschränkt. Entscheidend sind die Umstände des jeweiligen Einzelfalls. Der Betrag muss in seiner Relation zur Bedeutung des Mangels bestehen. Berücksichtigt werden müssen die Bedeutung des Mangels, die Frage, ob er mit geringem Aufwand oder nur unter größeren Schwierigkeiten zu beseitigen ist, sowie das Verhalten der Vertragsparteien im Zusammenhang mit dem aufgetretenen Mangel (BGH, Az. VIII ZR 19/14). Im Unterschied zur Mietminderung darf der Mieter aber die zurückgehaltene Mietzahlung nicht behalten. Er muss das Geld sofort nachzahlen, wenn der Vermieter den Wohnungsmangel beseitigt hat oder wenn der Mietvertrag endet.

» Weist die Wohnung einen Feuchtigkeitsschaden auf, darf der Mieter die Miete um 30 % mindern. Dieser Betrag ist für den Vermieter verloren. Die restlichen 70 % darf der Mieter zurückbehalten (LG Hamburg, Az. 11 S 87/83). Diesen Teil der Miete muss der Mieter nachzahlen, wenn der Vermieter den Feuchtigkeitsschaden beseitigt hat.

! Nach der Beseitigung des Mangels durch den Vermieter kommt der Mieter erst nach einer Mahnung des Vermieters in Verzug (LG Berlin, Az. 64 S 290/94).

12.5.2 Mängelbeseitigung durch den Mieter

Der Mieter kann den Wohnungsmangel selbst beseitigen und Ersatz der erforderlichen Aufwendungen verlangen, wenn

- der Vermieter mit der Beseitigung des Mangels in Verzug ist oder
- die umgehende Beseitigung des Mangels zur Erhaltung oder Wiederherstellung des Bestands der Mietsache notwendig ist (§ 536a Abs. 2 BGB).

Voraussetzung für das **Selbstbeseitigungsrecht** des Mieters ist, dass er den Vermieter zur Beseitigung des Mangels aufgefordert und ihm eine Frist für die Beseitigung des Mangels gesetzt hat. Diese Frist muss angemessen sein. Sie muss so bemessen sein, dass der Vermieter innerhalb dieses Zeitraums realistischerweise Abhilfe schaffen kann. Nur ausnahmsweise kann auf die Fristsetzung verzichtet werden, wenn z.B. ein Rohrbruch die Substanz des Hauses gefährdet oder zerstörte Gebäudeteile wiederhergestellt werden müssen.

Wenn die Voraussetzungen für das Selbstbeseitigungsrecht gegeben sind, kann der Mieter entweder den Mangel selbst beseitigen oder einen Dritten damit beauftragen. Im ersten Fall schuldet der Mieter eine fachgerechte Ausführung der Arbeiten. Häufig kommt es in diesem Fall zum Streit über die Kostenerstattung. Die Beweislast trifft dann den Mieter.

! Der Mieter kann vom Vermieter die ihm im Rahmen der Mängelbeseitigung entstandenen Aufwendungen verlangen (§ 536a Abs. 1 BGB). Der Anspruch umfasst die Kosten, die für Handwerker und Material aufgewendet werden müssen. Auch Eigenleistungen des Mieters sind erstattungsfähig. Der Mieter hat gegenüber dem Vermieter einen Anspruch auf einen **Vorschuss,** der sich danach bemisst, wie hoch die voraussichtlichen Aufwendungen sein werden. Über den Vorschuss muss der Mieter nach Abschluss der Arbeiten Rechnung vorlegen.

Achtung: Beseitigt der Mieter eigenmächtig einen Mangel der Mietsache, ohne dass der Vermieter mit der Mangelbeseitigung in Verzug ist oder die umgehende Beseitigung des Mangels zur Erhaltung oder Wiederherstellung des Bestands der Mietsache notwendig ist, so kann er vom Vermieter keinen Ersatz seiner Aufwendungen verlangen (BGH, Az. VIII ZR 222/06).

12.5.3 Anspruch auf Aufwendungsersatz des Mieters bei Mängelbeseitigung durch den Vermieter

Die Beseitigung von Wohnungsmängeln durch den Vermieter kann für den Mieter mit Aufwendungen verbunden sein. So muss z.B. der Mieter nach den Maßnahmen die Wohnung oder einzelne Einrichtungsgegenstände reinigen lassen oder er muss während der Maßnahmen vorübergehend in ein Hotel ziehen. Aufwendungen, die dem Mieter im Zusammenhang mit der Mängelbeseitigung durch den Vermieter entstehen, hat ihm dieser zu ersetzen. **Erstattungsfähig** sind auch Aufwendungen des Mieters für das Entfernen von Einrichtungen, mit denen er die Mietsache versehen hat. Hierzu gehören auch die Kosten für die Demontage und den anschließenden Wiederaufbau einer Einbauküche durch eine Fachfirma, wenn die Küchenmöbel einer umfassenden Strangsanierung im Weg stehen (AG Berlin-Lichtenberg, Az. 5 C 29/01). Einem Mieter kann es nicht zugemutet werden, auf eine Anwesenheit in seiner Wohnung zu verzichten, während dort Arbeiten stattfinden, solange sich dort noch seine persönliche Habe befindet. Deshalb kann er hierfür notwendige zusätzliche Fahrtkosten sowie Verdienstausfall als Aufwendungsersatz von seinem Vermieter verlangen (LG Berlin, Az. 67 S 177/05).

Achtung: Voraussetzung für den **Aufwendungsersatzanspruch** ist, dass die Maßnahme des Vermieters ursächlich für die Aufwendungen war. Ferner müssen die Aufwendungen den Umständen nach angemessen sein.

» Der Mieter kann keinen Kostenersatz für einen Hotelaufenthalt verlangen, wenn die Arbeiten nur wenige Tage in Anspruch nehmen und nur tagsüber eine Störung eintritt.

Auf Verlangen hat der Vermieter einen **Vorschuss** zu leisten. Leistet der Vermieter auf Verlangen des Mieters keinen angemessenen Vorschuss, braucht der Mieter die Erhaltungsmaßnahmen nicht zu dulden.

12.5.4 Anspruch auf Schadensersatz

Zwar muss der Vermieter einen Wohnungsmangel auf eigene Kosten beseitigen, was ist aber, wenn der Mangel Schäden an der Person oder am Eigentum des Mieters zur Folge hat? Das ist z.B. der Fall, wenn gravierende Baumängel zu Feuchtigkeitsschäden an den Tapeten oder Möbeln des Mieters führen oder sich bei Reinigungsarbeiten im Treppenhaus der Mieter auf der glatten Treppe das Bein bricht, weil die Putzfrau die gereinigten Flächen nicht abgesichert hat.

Wenn ein Wohnungsmangel dem Mieter einen weiteren Schaden zufügt, kann dieser unter Umständen Schadensersatz verlangen (§ 536a Abs. 1 BGB). Dieses Recht besteht neben seinem Anspruch auf Mietminderung. Der Mieter kann also bei einem Wohnungsmangel sowohl die Miete mindern als auch unter den gesetzlichen Voraussetzungen Schadensersatz geltend machen.

! Anspruch auf Schadensersatz besteht auch dann, wenn es sich um einen unerheblichen Mangel handelt und eine Mietminderung nicht möglich ist.

Der Mieter kann in folgenden Fällen vom Vermieter Schadensersatz verlangen:

Wenn der Wohnungsmangel bereits bei Vertragsabschluss vorhanden war

Wenn die Mietsache schon bei Vertragsschluss mangelhaft ist, haftet der Vermieter, ohne dass ein Verschulden vorliegen muss. Denn mit Abschluss des Mietvertrags »garantiert« der Vermieter, dass die Wohnung frei von Mängeln ist. Schuldunabhängig haftet der Vermieter auch dann, wenn sich die Auswirkungen des Mangels erst später zeigen. Auch für verborgene Mängel gilt die sogenannte **Garantiehaftung.**

» Die Wasserleitung war bereits bei Abschluss des Mietvertrags undicht. Erst nach einiger Zeit zeigen sich aber Wasserschäden. Hierbei handelt es sich um einen anfänglichen Mangel, für den der Vermieter auch ohne Verschulden haftet.

Achtung: Keinen Schadensersatz kann der Mieter verlangen, wenn er den Mangel bei Vertragsabschluss gekannt hat oder hätte kennen müssen.

Wenn der Wohnungsmangel erst im Laufe des Mietverhältnisses entsteht

Für nach dem Abschluss des Mietvertrags entstandene Mängel steht dem Mieter nur dann **Schadensersatz** zu, wenn den Vermieter hieran ein Verschulden trifft. Schuldhaft handelt der Vermieter etwa, wenn er technische Anlagen und Einrichtungen nicht regelmäßig auf ihre Sicherheit und Funktionstüchtigkeit überprüft oder überprüfen lässt. Dabei hat der Vermieter auch für fahrlässige oder verursachte Schäden durch Personen einzustehen, denen er sich bei seinen vertraglichen Verpflichtungen gegenüber dem Mieter bedient (z.B. Hausmeister, Handwerker).

» Der Vermieter unterlässt es, ein Flachdach regelmäßig zu überprüfen. Es kommt zu Wassereinbrüchen, die an den Einrichtungsgegenständen des Mieters Schäden anrichten.

Achtung: Eine **Klausel im Formularmietvertrag,** durch die der Vermieter seine Haftung für Sachschäden auf Vorsatz und grobe Fahrlässigkeit beschränkt, ist **unwirksam.** Der Vermieter darf also seine Haftung für leichte Fahrlässigkeit nicht formularmäßig ausschließen.

Wenn der Vermieter mit der Beseitigung des Mangels in Verzug ist

Der Vermieter ist auch dann zum Schadensersatz verpflichtet, wenn er mit der Beseitigung eines Mangels in Verzug ist. Verzug setzt neben einer **Mahnung durch den Mieter** voraus, dass der Vermieter die Beseitigung des Mangels **schuldhaft versäumt.** Eine Mahnung ist allerdings entbehrlich, wenn für die Leistung eine bestimmte Zeit vereinbart ist.

» Nach der Anzeige des Mangels hat der Vermieter unverzüglich einen Handwerker mit der Reparatur beauftragt. Wenn der Handwerker den Vermieter aber trotz aller Bemühungen im Stich lässt und verabredete Termine nicht einhält, liegt kein Verschulden des Vermieters vor.

Umfang des Schadensersatzanspruchs

Der Vermieter muss im Falle seiner Haftung dem Mieter den durch den Wohnungsmangel entstandenen **Personen- und Sachschaden** ersetzen. Der Mieter kann verlangen, so gestellt zu werden, wie er bei vertragsgemäßer Erfüllung des Mietvertrags gestanden hätte. Er kann neben dem Ersatz für den durch den Mangel verursachten Minderwert und die Kosten der Mängelbeseitigung auch Ersatz für die Kosten einer notwendigen anderweitigen Unterbringung sowie entgangenen Gewinn verlangen.

! Bei Sachschäden darf der Mieter beim Ersatz älterer durch neue Sachen nicht den Neupreis, sondern nur den Zeitwert ansetzen.

12.5.5 Kündigung durch den Mieter

Wegen erheblicher Wohnungsmängel kann der Mieter das Mietverhältnis **außerordentlich fristlos kündigen.** In Betracht kommen z.B. eine Gesundheitsgefährdung oder ein so erheblicher Mangel, dass der Mieter die Mietsache nicht mehr nutzen kann oder ihm die Nutzung nicht zumutbar ist (z.B. bei einem völligen Heizungsausfall im Winter). Wegen der Einzelheiten zum außerordentlichen Kündigungsrecht des Mieters vgl. 13.1.2.

Die Kündigung ist erst zulässig, wenn der Mieter dem Vermieter eine **angemessene Frist zur Beseitigung** des Mangels gesetzt hat und diese Frist erfolglos abgelaufen ist. Keine Fristsetzung ist notwendig, wenn der Vermieter jegliche Abhilfe ernstlich und endgültig verweigert oder eine Abhilfe durch den Vermieter gar nicht möglich ist.

! Wegen der hohen Anforderungen, die die Gerichte an die Wirksamkeit einer fristlosen Kündigung wegen eines Wohnungsmangels stellen, empfiehlt sich in jedem Fall die vorherige rechtliche Beratung (z.B. durch den örtlichen Mieterverein).

13 Wann das Mietverhältnis endet

Im Regelfall endet ein auf unbestimmte Zeit abgeschlossener Wohnungsmietvertrag durch eine **ordentliche Kündigung** des Vermieters oder des Mieters. Voraussetzung für die Wirksamkeit einer ordentlichen Kündigung ist, dass die gesetzlichen Kündigungsfristen eingehalten werden. Der Vermieter darf nur dann den Mietvertrag ordentlich kündigen, wenn er ein sogenanntes berechtigtes Interesse hat. Aber selbst bei Vorliegen eines berechtigten Interesses des Vermieters kann der Mieter unter Umständen der fristgemäßen Kündigung widersprechen und die Fortsetzung des Mietverhältnisses verlangen.

Liegt ein wichtiger Grund vor, kann das Mietverhältnis **außerordentlich gekündigt** werden. Es kann auch einvernehmlich durch eine Mietaufhebungsvereinbarung beendet werden. Am Ende des Mietverhältnisses steht jedenfalls dessen Abwicklung, indem die Wohnung an den Vermieter zurückgegeben werden muss und die Betriebskosten und die Mietkaution abgerechnet werden müssen.

13.1 Kündigung des Mietvertrags durch den Mieter

Als Mieter können Sie das Mietverhältnis ordentlich unter Einhaltung einer Kündigungsfrist oder außerordentlich aus wichtigem Grund kündigen.

13.1.1 Ordentliche Kündigung durch den Mieter

Sie können das Mietverhältnis jederzeit **fristgemäß** kündigen. Die Kündigungsfrist beträgt **drei Monate zum Monatsende.** Die bei einer bestimmten Dauer des Mietverhältnisses für den Vermieter geltenden längeren Kündigungsfristen gelten für den Mieter nicht (§ 573c Abs. 1 BGB).

Achtung: Eine zum Nachteil des Mieters vom Gesetz abweichende Vereinbarung ist unwirksam (§ 573c Abs. 4 BGB). Für Mieter kann also die dreimonatige Kündigungsfrist nicht wirksam durch den Mietvertrag verlängert werden. Zulässig ist es allerdings, im Mietvertrag für den Mieter eine günstigere (z.B. einmonatige oder 14-tägige) Kündigungsfrist als die im Gesetz geregelte zu vereinbaren. In diesem Fall kann aber nur der Mieter mit der kürzeren Frist kündigen, während der Vermieter trotz abweichender Vereinbarung die gesetzliche (längere) Kündigungsfrist einhalten muss.

Während der Vermieter das Mietverhältnis nur fristgemäß kündigen kann, wenn ein berechtigtes Interesse vorliegt, können Sie als Mieter den Mietvertrag ohne Weiteres kündigen. Sie müssen dazu keinen Grund haben.

Der Lauf der Kündigungsfrist beginnt mit dem Tag des Zugangs der Kündigungserklärung beim Vermieter. Soll der Monat, in dem die Kündigung erfolgt, für die Berechnung der Kündigungsfrist mit berücksichtigt werden, muss die Kündigungserklärung **spätestens am dritten Werktag** dieses Monats dem Vermieter zugegangen sein. Die ersten drei Werktage des Monats, an dem die Kündigung spätestens zugegangen sein muss, werden als sogenannte Karenzzeit bezeichnet. Im Rahmen der Karenzzeit zählt auch der Samstag als Werktag (BGH, Az. VIII ZR 206/04).

» Wenn dem Vermieter die Kündigung am 3.6. zugeht, zählt der Juni noch mit. Bei einer dreimonatigen Kündigungsfrist ist die Kündigung dann zum 31.8. wirksam.

Geht dem Vermieter die Kündigung nicht mehr innerhalb der Karenzzeit zu, hat dies nicht die Unwirksamkeit der Kündigung zur Folge. Vielmehr wird das Mietverhältnis erst einen Monat später beendet, als ursprünglich in der Kündigung angegeben ist.

» Wenn die Kündigungserklärung dem Vermieter am 4.6. zugeht, tritt die Kündigungswirkung einen Monat später, also erst am 30.9. ein.

13.1.2 Außerordentliche fristlose Kündigung durch den Mieter

Der Mieter kann das Mietverhältnis **aus wichtigem Grund** fristlos kündigen. Nach der gesetzlichen Generalklausel liegt ein solcher wichtiger Grund vor, wenn dem Mieter unter Berücksichtigung aller Umstände des Einzelfalls, insbesondere eines Verschuldens des Vermieters, und unter Abwägung der beiderseitigen Interessen die Fortsetzung des Mietverhältnisses bis zum Ablauf der Kündigungsfrist oder bis zur sonstigen Beendigung des Mietverhältnisses nicht zugemutet werden kann (§ 543 Abs. 1 BGB).

Als zwei konkrete Fälle eines wichtigen Grundes, bei deren Vorliegen der Mieter immer fristlos kündigen kann, nennt das Gesetz die Nichtgewährung oder den Entzug des vertragsgemäßen Gebrauchs durch den Vermieter und die Gesundheitsgefährdung.

Nichtgewähren oder Entziehung des vertragsmäßigen Gebrauchs

Ein wichtiger Grund für die fristlose Kündigung liegt vor, wenn dem Mieter der vertragsgemäße Gebrauch der Mietsache ganz oder zum Teil nicht rechtzeitig gewährt wurde oder wieder entzogen wird (§ 543 Abs. 2 Satz 1 Nr. 1 BGB). Keine Bedeutung hat, ob den Vermieter ein Verschulden trifft, dass der vertragsgemäße Gebrauch nicht gewährt wird (BGH, Az. VIII ZR 63/73).

Die Entziehung des vertragsgemäßen Gebrauchs liegt insbesondere vor, wenn im Laufe des Mietverhältnisses **erhebliche Mängel** in der Wohnung auftreten. Aber auch dann, wenn der Vermieter auf andere Weise dem Mieter den vertragsgemäßen Gebrauch streitig macht, kann ein wichtiger Grund für die außerordentliche Kündigung des Mietvertrags vorliegen.

» Die Wohnung wird dem Mieter nicht zum vereinbarten Termin übergeben. Die Wohnung ist wegen Feuchtigkeit oder unzureichender Heizung ganz oder zum Teil nicht nutzbar. Der Vermieter wechselt eigenmächtig das Türschloss aus. Wegen einer umfassenden Sanierung des Vermieters kann die Wohnung mehrere Monate nicht genutzt werden.

Achtung: Unerhebliche Störungen berechtigen den Mieter nicht zur fristlosen Kündigung. Das ist der Fall, wenn die Störung nur von kurzer zeitlicher Dauer oder von untergeordneter Bedeutung ist (z.B. wenn dem Mieter nur ein kleiner Raum vorenthalten wird oder sich die Überlassung der Mietsache nur um eine kurze Zeit verzögert). Die fristlose Kündigung ist auch dann ausgeschlossen, wenn die Nichtgewährung des Gebrauchs auf einem Mangel beruht, den der Mieter selbst zu vertreten hat (z.B. Nichtbenutzbarkeit der Wohnung wegen eines vom Mieter verursachten Brandes).

Die fristlose Kündigung des Mieters wegen Nichtgewährens oder Entziehung des Gebrauchs ist grundsätzlich erst zulässig, wenn der Vermieter eine vom Mieter gesetzte **angemessene Frist** hat verstreichen lassen, ohne Abhilfe zu schaffen. Nur wenn eine Frist offensichtlich keinen Erfolg verspricht oder die sofortige Kündigung aus besonderen Gründen unter Abwägung der beiderseitigen Interessen gerechtfertigt ist, ist eine Fristsetzung ausnahmsweise entbehrlich (§ 543 Abs. 3 BGB). In seinem **Abhilfeverlangen** muss der Mieter die einzelnen Mängel konkret beschreiben, sodass der Vermieter erkennen kann, welche Arbeiten er ausführen muss (OLG Naumburg, Az. 6 U 92/98).

Gesundheitsgefährdung

Ein wichtiger Grund für die fristlose Beendigung des Mietverhältnisses liegt vor, wenn der gemietete Wohnraum so beschaffen ist, dass seine Benutzung mit einer **erheblichen Gefährdung der Gesundheit** verbunden ist. Dies gilt auch, wenn der Mieter die Gefahr bringende Beschaffenheit bei Vertragsschluss gekannt oder darauf verzichtet hat, die ihm wegen dieser Beschaffenheit zustehenden Rechte geltend zu machen (§ 569 Abs. 1 BGB). Keine Bedeutung hat, ob den Vermieter an dem Zustand ein Verschulden trifft. Erforderlich ist allerdings eine erhebliche Gefährdung der Gesundheit des Mieters. Es muss also ernsthaft die Gefahr bestehen, dass mit der Benutzung der Räume eine Beeinträchtigung des körperlichen Wohlbefindens des Mieters verbunden ist. Kein wichtiger Grund, der den Mieter zur fristlosen Kündigung berechtigt, liegt vor, wenn die Gesundheitsgefährdung lediglich auf einer besonderen Empfindlichkeit oder Anfälligkeit des Mieters beruht (LG Berlin, Az. 62 S 10/98).

» Eine Gesundheitsgefährdung liegt vor, wenn sich in der Wohnung übermäßig Feuchtigkeit und Schimmel bilden, in erheblichem Umfang Mäuse und Ungeziefer auftreten, ständig Ölgeruch und Öldämpfe vom Heizungskeller wahrzunehmen sind oder andauernd üble Gerüche, Rauchgase oder Lärm auftreten. Auch Mängel in der baulichen Beschaffenheit der Wohnung (z.B. Baufälligkeit und Einsturzgefahr) berechtigen den Mieter zur außerordentlichen Kündigung, ebenso gesundheitsbeeinträchtigende Umweltbelastungen (z.B. starker Lärm).

- Die Beeinträchtigung des Mieters **muss dauernd sein.** Nur vorübergehende oder kurzfristige Störungen reichen insbesondere dann nicht aus, wenn der Vermieter zur Abhilfe bereit ist (LG Saarbrücken, Az. 13 B S 123/88).
- Die Gesundheitsbeeinträchtigung **muss erheblich sein.** Das ist nicht der Fall, wenn sich die Beeinträchtigung sofort beheben lässt oder wenn der Vermieter bereits konkrete Maßnahmen für deren Behebung eingeleitet oder umsetzbare Vorschläge für ihre Behebung unterbreitet hat.

Achtung: Dass ein die fristlose Kündigung rechtfertigender Grund wegen Gesundheitsgefährdung vorliegt, muss im Streitfall der Mieter beweisen.

! Die Kündigung ist grundsätzlich erst zulässig, wenn der Mieter dem Vermieter zuvor eine **angemessene Abhilfefrist** gesetzt oder eine Abmahnung erteilt hat (BGH, Az. VIII ZR 182/06). Entbehrlich sind diese Maßnahmen nur, wenn eine Frist offensichtlich keinen Erfolg verspricht oder die sofortige Kündigung aus besonderen Gründen unter Abwägung der beiderseitigen Interessen gerechtfertigt ist. Ob diese Ausnahmetatbestände vorliegen, muss im Streitfall der Mieter beweisen (LG Stendal, Az. 22 S 140/04). Die Kündigung des Mieters ist auch nur wirksam, wenn sie eine Begründung enthält (BGH, Az. VIII ZR 326/04).

Schwerwiegende Vertragsverletzung durch den Vermieter

Neben den oben dargelegten Gründen, die eine fristlose Kündigung rechtfertigen, kann der Mieter auch dann das Mietverhältnis fristlos kündigen, wenn ein sonstiger wichtiger Grund vorliegt. Ein **wichtiger Grund** ist gegeben, wenn dem Mieter unter Berücksichtigung der Umstände des Einzelfalls, insbesondere eines Verschuldens des Vermieters, und unter Abwägung der beiderseitigen Interessen die Fortsetzung des Mietverhältnisses bis zum Ablauf der Kündigungsfrist oder bis zur sonstigen Beendigung des Mietverhältnisses nicht zugemutet werden kann (§ 543 Abs. 1 BGB). Davon ist auszugehen, wenn das gegenseitige **Vertrauensverhältnis** der Mietvertragsparteien so sehr erschüttert ist, dass eine gedeihliche Zusammenarbeit der Parteien nicht mehr erwartet werden kann.

» Zulässig kann die fristlose Kündigung durch den Mieter sein, wenn ihn der Vermieter bei der Abrechnung der Betriebskosten betrügt, der Vermieter unberechtigt Wohnungsschlüssel einbehält und sich damit Zutritt zur Mietwohnung schafft, der Mieter permanent belästigt wird (z.B. durch Strafanzeigen, Klingeln oder Klopfen an der Tür) oder wenn der Mieter bei den Vertragsverhandlungen vom Vermieter arglistig getäuscht wurde.

Achtung: Die fristlose Kündigung ist grundsätzlich erst nach erfolglosem Ablauf einer zur Abhilfe bestimmten angemessenen Frist oder nach erfolgloser Abmahnung zulässig, wenn der wichtige Grund in der Verletzung einer Pflicht nach dem Mietvertrag besteht. Nur ausnahmsweise ist eine Fristsetzung bzw. Abmahnung entbehrlich, so insbesondere, wenn eine Frist oder Abmahnung offensichtlich keinen Erfolg verspricht oder die sofortige Kündigung aus besonderen Gründen unter Abwägung der beiderseitigen Interessen gerechtfertigt ist (§ 543 Abs. 3 BGB).

13.1.3 Außerordentliche Kündigung mit gesetzlicher Frist

Unter bestimmten Voraussetzungen steht dem Mieter ein Sonderkündigungsrecht zu. So kann er das Mietverhältnis außerordentlich mit gesetzlicher Frist unter anderem kündigen, wenn

- ihm der Vermieter die begehrte **Zustimmung zur Untervermietung** der Wohnung **verweigert** (vgl. dazu 6.3.2),
- der Vermieter die Miete im Rahmen der **ortsüblichen Vergleichsmiete** erhöhen will (vgl. dazu 11.1.10),
- der Vermieter **Modernisierungsmaßnahmen** durchführen will (vgl. dazu 8.6.7).

! **Sonderkündigungsrechte** des Mieters haben insbesondere dann Bedeutung, wenn ein befristetes Mietverhältnis abgeschlossen oder im Mietvertrag die Kündigung für eine bestimmte Zeit ausgeschlossen wurde.

13.2 Ordentliche Kündigung durch den Vermieter

Im Normalfall endet ein auf unbestimmte Zeit abgeschlossener Mietvertrag durch eine ordentliche Kündigung. Voraussetzung für deren Wirksamkeit ist, dass die **gesetzlichen Kündigungsfristen** eingehalten werden. Der Vermieter darf nur dann den Mietvertrag ordentlich kündigen, wenn er ein berechtigtes Interesse hat. Wenn ein sogenannter **Härtefall** vorliegt, kann der Mieter der Kündigung widersprechen und die Fortsetzung des Mietverhältnisses verlangen. Liegt ein wichtiger Grund vor, kann der Vermieter das Mietverhältnis außerordentlich kündigen.

13.2.1 Überblick über den Kündigungsschutz des Mieters

Dem Mieter ist durch das gesetzliche Mietrecht ein Kündigungsschutz eingeräumt. Das bedeutet, dass der Vermieter dem vertragstreuen Mieter grundsätzlich nur dann kündigen kann, wenn er ein **berechtigtes Interesse** an der Beendigung des Mietverhältnisses hat. Doch selbst wenn der Vermieter den Mietervertrag wegen eines berechtigten Interesses gekündigt hat, steht dem Mieter bei besonderen Härtefällen ein Widerspruchsrecht gegen die Kündigung und der Anspruch auf Fortsetzung des Mietverhältnisses zu.

»Berechtigtes Interesse« des Vermieters

Die ordentliche Kündigung des Mietverhältnisses durch den Vermieter ist nur zulässig, wenn er ein »berechtigtes Interesse«, das heißt, **vernünftige und billigenswerte Gründe** an der Beendigung des Mietverhältnisses hat. Grundlose Kündigungen durch Vermieter sind also unzulässig.

Die Kündigung durch den Vermieter kommt bei **schweren Verstößen des Mieters** gegen den Mietvertrag in Betracht (vgl. dazu 13.2.2). Dem vertragstreuen Mieter kann dagegen nur gekündigt werden, wenn

- der Vermieter **Eigenbedarf** geltend macht (vgl. dazu 13.2.3),
- er durch die Fortsetzung des Mietverhältnisses an einer angemessenen wirtschaftlichen **Verwertung des Hauses** oder der Eigentumswohnung gehindert wird und ihm dadurch erhebliche Nachteile entstehen (vgl. dazu 13.2.4) oder
- sonstige **berechtigte Interessen** die Kündigung rechtfertigen (vgl. dazu 13.2.5).

Widerspruchsrecht des Mieters

Zwar kann, wie dargelegt, der Vermieter ein unbefristetes Mietverhältnis ordentlich kündigen, wenn er ein berechtigtes Interesse an seiner Beendigung hat, aber selbst wenn dieses berechtigte Interesse gegeben ist, hat der Mieter die Möglichkeit, der Kündigung des Vermieters zu widersprechen, wenn ein sogenannter **Härtefall** vorliegt. Zulässig ist der Widerspruch, wenn die Kündigung für den Mieter, seine Familie oder einen anderen Angehörigen seines Haushalts eine nicht zu rechtfertigende Härte bedeuten würde. In diesem Fall kann der Mieter die Fortsetzung des Mietverhältnisses verlangen (vgl. im Einzelnen 13.2.7).

Ausnahmen vom Kündigungsschutz

In bestimmten Fällen ist der Kündigungsschutz des Mieters ausgeschlossen bzw. eingeschränkt. Der Vermieter kann also den Mietvertrag kündigen, ohne ein berechtigtes Interesse an der Beendigung des Mietverhältnisses nachweisen zu müssen.

Vom Kündigungsschutz ausgenommene Mietverhältnisse

Kein Kündigungsschutz besteht bei Wohnraum,

- der nur zum **vorübergehenden Gebrauch** vermietet ist,
- der Teil der vom Vermieter selbst bewohnten Wohnung ist und den der Vermieter überwiegend mit Einrichtungsgegenständen

auszustatten hat, sofern der Wohnraum dem Mieter nicht zum dauernden Gebrauch mit seiner Familie oder mit Personen überlassen ist, mit denen er einen auf Dauer angelegten gemeinsamen Haushalt führt,

- den eine **juristische Person des öffentlichen Rechts** (z.B. ein Studentenwerk) oder ein anerkannter privater Träger der Wohlfahrtspflege angemietet hat, um ihn Personen mit dringendem Wohnungsbedarf zu überlassen, wenn der Mieter bei Vertragsschluss auf die Zweckbestimmung des Wohnraums und die Ausnahme von den genannten Vorschriften hingewiesen wurde (§ 549 Abs. 2 BGB).

Kündigung einer Mieterwohnung innerhalb der Vermieterwohnung

Ein Mietverhältnis über eine Wohnung in einem vom Vermieter selbst bewohnten Gebäude mit nicht mehr als zwei Wohnungen kann der Vermieter auch kündigen, ohne dass es eines berechtigten Interesses bedarf. In diesem Fall verlängert sich die Kündigungsfrist um drei Monate (§ 573a Abs. 1 BGB). Zwar muss sich der Vermieter nicht überwiegend in dem Anwesen aufhalten, er muss jedoch dort den Mittelpunkt seiner privaten Lebensführung haben. Für Doppelhaushälften und nebeneinanderliegende Reihenhäuser gilt der eingeschränkte Kündigungsschutz nicht. Das Sonderkündigungsrecht besteht auch bei Wohnraum innerhalb der vom Vermieter selbst bewohnten Wohnung, sofern das Mietverhältnis nicht ohnehin bereits vom Mieterschutz ausgenommen ist (vgl. dazu oben).

Achtung: Liegt ein **berechtigtes Interesse** für die Kündigung vor, hat der Vermieter die Wahl, ob er das Mietverhältnis mit normaler Kündigungsfrist kündigt, oder von seinem erleichterten Kündigungsrecht mit verlängerter Kündigungsfrist Gebrauch macht.

Der Vermieter muss im Kündigungsschreiben ausdrücklich angeben, dass er von der erleichterten Kündigungsmöglichkeit Gebrauch macht (§ 573a Abs. 3 BGB). Diese Angabe ist Voraussetzung für die Wirksamkeit der Kündigung.

Kündigung von Nebenräumen

Der Vermieter kann nicht zum Wohnen bestimmte Nebenräume (z.B. Trocken- und Abstellraum, Waschküche, Schuppen, Garage) **ohne berechtigtes Interesse** kündigen, wenn er die Kündigung auf diese Räume beschränkt und sie dazu verwenden will, Wohnraum zum Zwecke der Vermietung zu schaffen oder den neu zu schaffenden und den vorhandenen Wohnraum mit Nebenräumen oder Grundstücksteilen auszustatten. Die Kündigung ist **spätestens am dritten Werktag eines Kalendermonats zum Ablauf des übernächsten Monats** zulässig. Verzögert sich der Beginn der Bauarbeiten, so kann der Mieter eine Verlängerung des Mietverhältnisses um einen entsprechenden Zeitraum verlangen. Der Mieter kann als Ausgleich eine angemessene Senkung der Miete verlangen (§ 573b BGB).

13.2.2 Kündigung wegen schuldhafter Vertragsverletzungen durch den Mieter

Ein berechtigtes Interesse an der Beendigung des Mietverhältnisses liegt vor, wenn der Mieter seine **vertraglichen Verpflichtungen schuldhaft nicht unerheblich verletzt** (§ 573 Abs. 2 Nr. 1 BGB). Dies ist der Fall, wenn

- Gründe vorliegen, die den Vermieter an sich zur **fristlosen Kündigung** des Mietvertrags berechtigen würden (vgl. dazu 13.3) oder
- es sich um Vertragsverletzungen von geringerer Bedeutung handelt, die zwar den Vermieter nicht zur fristlosen Kündigung des Mietverhältnisses berechtigen, die aber gleichwohl nicht unerheblich sind.

Im Gegensatz zur fristlosen Kündigung ist vor der **ordentlichen Kündigung** keine Abmahnung erforderlich (BGH, Az. VIII ZR 145/07). Nur ausnahmsweise kann eine solche erforderlich sein, so z.B. wenn der Vermieter das von ihm jahrelang geduldete Verhalten des Mieters (hier: geduldete schleppende Mietzahlung) nicht mehr hinnehmen will (AG Pinneberg, Az. 67 C 91/08).

Schuldhafte nicht unerhebliche Pflichtverletzung

Schuldhafte Vertragsverletzungen des Mieters berechtigen den Vermieter zur ordentlichen Kündigung des Mietverhältnisses. Der Mieter muss also **vorsätzlich oder fahrlässig** seine Pflichten aus dem Mietverhältnis **nicht unerheblich verletzt** haben. Ausreichend ist eine nur leicht fahrlässig begangene Vertragsverletzung.

Achtung: Die ordentliche Kündigung des Vermieters wegen nicht unerheblicher Vertragsverletzung setzt nicht ein eigenes Verschulden des Mieters voraus. Das Verschulden seines Erfüllungsgehilfen, der den Mieter berät (z.B. des Rechtsberaters oder des Mietervereins), muss sich der Mieter anrechnen lassen (BGH, Az. VIII ZR 102/06).

Eine Kündigung durch den Vermieter kommt nur in Betracht, wenn der Mieter seine vertraglichen Pflichten nicht unerheblich verletzt hat. Sie ist also nicht zulässig, wenn die Rechte und Belange des Vermieters nur ganz geringfügig beeinträchtigt sind oder ein Einzelfall ohne Wiederholungsgefahr vorliegt (z.B. wenn der Mieter gelegentlich das Treppenhaus nicht reinigt). Die erhebliche Pflichtverletzung setzt allerdings nicht voraus, dass dem Vermieter die Fortsetzung des Mietverhältnisses nicht zugemutet werden kann (OLG Oldenburg, Az. 5 UH 2/91).

! Bei **einmaligen Pflichtverletzungen** wird eine Kündigung nur gerechtfertigt sein, wenn sie das Vertrauensverhältnis zwischen Vermieter und Mieter nachhaltig stört. In jedem Fall ist die ordentliche Kündigung allerdings immer dann zulässig, wenn der Vermieter zur fristlosen Kündigung des Mietvertrags berechtigt wäre (vgl. dazu 13.3). Geringfügige Pflichtverletzungen, die für sich allein betrachtet keine Kündigung rechtfertigen, können durch ständige Wiederholung einen erheblichen Umfang gewinnen.

Ordentliche Kündigung wegen Zahlungsverzugs

Wenn der Vermieter wegen eines **Mietrückstands** zur fristlosen Kündigung des Mietvertrags berechtigt ist (vgl. dazu 13.3.2), ist auf jeden Fall auch eine ordentliche Kündigung zulässig. Die ordentliche Kündigung kommt aber auch dann in Betracht, wenn die Voraussetzungen für die fristlose Kündigung nicht erfüllt sind. Entscheidend ist dann, ob der Mietrückstand erheblich ist. Davon ist auszugehen, wenn der Mietrückstand **eine Monatsmiete übersteigt** und die Verzugsdauer mindestens einen Monat beträgt. Ein solcher Mietrückstand stellt eine nicht unerhebliche Verletzung der Zahlungspflicht durch den Mieter dar, die den Vermieter zur ordentlichen Kündigung berechtigt (BGH, Az. VIII ZR 107/12). Die Kündigung erfordert nicht zwingend eine vorherige Abmahnung.

! Keine ordentliche Kündigung rechtfertigen nur geringfügige wiederholte Überschreitungen des Zahlungstermins bis zu einer Woche (LG München I, Az. 14 S 13599/89).

Achtung: Die ordentliche Kündigung wegen rückständiger Miete wird nicht unwirksam, wenn der Mieter nachträglich die Miete zahlt. Die für die fristlose Kündigung geltende Vorschrift ist nicht auf die ordentliche Kündigung anwendbar (BGH, Az. VIII ZR 6/04).

Ordentliche Kündigung wegen sonstiger Pflichtverletzungen

Eine erhebliche Vertragsverletzung kann bei einem **vertragswidrigen Gebrauch der Wohnung** vorliegen, wenn dadurch die Rechte des Vermieters in erheblichem Maße verletzt werden.

» Unerlaubte Tierhaltung trotz Abmahnung des Vermieters. Nichtbeheizen der Wohnung durch den Mieter.

Die unerlaubte Überlassung der Wohnung an Dritte, insbesondere durch **Untervermietung,** stellt in der Regel eine erhebliche Vertragsverletzung dar. Einer Kündigung entgegenstehen kann allerdings der Anspruch des Mieters auf Erteilung der Erlaubnis der Untervermietung durch den Vermieter (vgl. dazu 6.3.2).

Auch **Belästigungen** können die ordentliche Kündigung rechtfertigen, wenn ein Verschulden des Mieters vorliegt und es sich um eine erhebliche Pflichtverletzung handelt.

» Laufende Ruhestörungen oder Verletzungen der Hausordnung, Beleidigungen und andere Straftaten gegenüber dem Vermieter oder anderen Mietern.

Die **Überbelegung** der Wohnung berechtigt den Vermieter dann zur ordentlichen Kündigung, wenn sie mit einer starken Abnutzung der Wohnung oder mit Belästigungen von Hausbewohnern verbunden ist.

Angabe der Gründe im Kündigungsschreiben

Die Gründe für ein berechtigtes Interesse des Vermieters müssen im **Kündigungsschreiben angegeben** werden (§ 573 Abs. 3 BGB). Das beanstandete Verhalten des Mieters muss also zeitlich, örtlich und sachlich konkret bezeichnet werden. Wenn der Kündigung eine Abmahnung vorausgegangen ist, muss der Vermieter darüber hinaus erklären, welche Vertragsverletzungen der Mieter nach dem Zugang der Abmahnung begangen hat.

! Ob ein erhebliches vertragswidriges Verhalten des Mieters vorliegt, muss im Streitfall der Vermieter beweisen.

13.2.3 Kündigung wegen Eigenbedarfs

Ein berechtigtes Interesse des Vermieters an der Beendigung des Mietverhältnisses liegt auch vor, wenn er die Wohnung für sich, seine Familienangehörigen oder Angehörige seines Haushalts benötigt (§ 573 Abs. 2 Nr. 2 BGB).

In bestimmten Fällen ist die **Eigenbedarfskündigung** des Vermieters ausgeschlossen:

- So kann ein auf bestimmte Zeit abgeschlossener Mietvertrag **(Zeitmietvertrag)** für die Dauer der Befristung nicht gekündigt werden – auch nicht wegen Eigenbedarfs. Ebenfalls ausgeschlossen ist die Kündigung, wenn im Mietvertrag vereinbart wurde, dass Vermieter und Mieter für eine bestimmte Zeit (maximal vier Jahre sind erlaubt) auf ihr Kündigungsrecht verzichten. Auch wenn der Eigenbedarf bei Mietbeginn für den Mieter absehbar war, ist eine später auf Eigenbedarf gestützte Kündigung rechtsmissbräuchlich und nicht zulässig (BVerfG, 1 BvR 501/93). Vom Vermieter wird in diesem Zusammenhang beim Abschluss des Mietvertrags eine entsprechende »Bedarfsvorschau« für die folgenden fünf Jahre erwartet (LG Ravensburg, Az. 6 S 130/01).
- Wenn die Wohnung nach Abschluss des Mietvertrags **in Wohnungseigentum umgewandelt** und verkauft wird, kann sich der Erwerber erst nach Ablauf von drei Jahren nach der Veräußerung auf Eigenbedarf berufen. In Gebieten, wo eine ausreichende Versorgung der Bevölkerung mit Mietwohnungen zu angemessenen Bedingungen gefährdet ist, kann die Frist durch Rechtsverordnung auf bis zu zehn Jahre verlängert werden (§ 577a Abs. 1 und 2 BGB).

Begünstigter Personenkreis

Eigenbedarf kann der Vermieter für sich selbst, für seine Familienangehörigen oder für Angehörige seines Haushalts geltend machen.

Eigennutzung des Vermieters

Wenn der Vermieter die Wohnung für sich selbst benötigt, kann er den Mietvertrag ordentlich kündigen. In diesem Fall sind seine persönlichen Bedürfnisse hinsichtlich des gekündigten Wohnraums maßgebend. Sind mehrere Personen Vermieter (z.B. Mitglieder einer Erbengemeinschaft), muss nicht jede Person Eigenbedarf haben. Es genügt, wenn nur eine Person die Wohnung benötigt (LG Hamburg, Az. 311 S 250/90).

Ehegatte des Vermieters

Ein berechtigtes Interesse an der Kündigung besteht auch, wenn der Vermieter die Räume als Wohnung für seine Familienangehörigen benötigt. Dazu gehört zunächst der Ehegatte, selbst wenn sich die Eheleute getrennt haben und der Scheidungsantrag noch nicht gestellt wurde (LG Frankfurt/Main, Az. 2/11 S 388/94).

Achtung: Für den geschiedenen Ehegatten, der bereits getrennt lebt, kann der Vermieter keinen Eigenbedarf geltend machen (AG Hamburg, Az. 43b C 250/95).

Nahe Verwandte des Vermieters

Zu den Verwandten, bei denen in jedem Fall Eigenbedarf geltend gemacht werden kann, zählen

- Verwandte in gerader Linie (Eltern, Kinder, Enkel, Großeltern),
- Geschwister (BGH, Az. VIII ZR 276/02),
- Nichten und Neffen (BGH, Az. VIII ZR 159/09),
- Schwiegereltern (LG Köln, Az. 12 S 395/91) und
- Stiefkinder (LG Hamburg, Az. 307 S 206/96).

Entferntere Verwandte des Vermieters

Entferntere Verwandte zählen nur dann zu den Familienangehörigen, wenn eine **enge Bindung** des Vermieters zu diesen Personen besteht und sich für den Vermieter eine rechtliche oder zumindest moralische Verpflichtung zur Unterhaltsgewährung oder Fürsorge ergibt. Wenn diese Voraussetzungen erfüllt sind, kann der Vermieter auch für folgende Personen Eigenbedarf geltend machen:

- für den Cousin und die Cousine (LG Frankfurt/Main, Az. 2/17 S 196/01),
- für den Großcousin bzw. die Großcousine (LG Stuttgart, Az. 6 S 404/97),
- für Onkel und Tanten (LG Berlin, Az. 65 S 240/03),
- für den Schwager bzw. die Schwägerin (BGH, Az. VIII ZR 247/08),
- für die Eltern der Lebensgefährtin des Vermieters (LG Lübeck, Az. 14 S 396/98).

Haushaltsangehörige des Vermieters

Zu den Haushaltsangehörigen des Vermieters gehören alle Personen, die er schon seit längerer Zeit und auf Dauer in seinen Haushalt aufgenommen hat und die in **enger Hausgemeinschaft** mit ihm leben. Dazu gehören der Ehegatte und der eingetragene Lebenspartner, die Kinder und der Partner einer nichtehelichen Lebensgemeinschaft, Hausangestellte, Erzieher, Betreuer und Pflegepersonal.

Wohnbedarf des Vermieters

Der Vermieter kann an der Beendigung des Mietverhältnisses nur dann ein berechtigtes Interesse geltend machen, wenn er die gekündigte Wohnung zu Wohnzwecken für sich oder den begünstigten Personenkreis tatsächlich »benötigt«. Hierfür reichen **vernünftige und nachvollziehbare Gründe** aus (BGH, Az. VIII ZR 127/05). Grundsätzlich darf der Vermieter allein bestimmen, welchen Wohnbedarf er für sich und den begünstigten Personenkreis geltend machen will (BVerfG, Az. 1 BvR 308/88, 1 BvR 336/88, 1 BvR 356/88). Nicht erforderlich ist, dass der Vermieter eine Not- oder Zwangslage oder einen Wohnraummangel behauptet (BGH, Az. VIII ARZ 4/87).

! Zwar kann ein berechtigtes Interesse des Vermieters an der Beendigung des Mietverhältnisses auch dann gegeben sein, wenn er die Wohnräume nur für eine begrenzte Zeit nutzen will (BayObLG, Az. RE-Miet 6/92). Will der Vermieter allerdings die Wohnung nur für kurze Zeit (z.B. wenige Monate) nutzen, muss er triftige Gründe zum Nachweis seines berechtigten Interesses vorbringen (z.B. besonders dringender Wohnbedarf, weil seine eigene Wohnung nicht mehr zur Verfügung steht).

Rechtsmissbräuchlicher Wohnbedarf des Vermieters

Welchen Wohnbedarf der Vermieter als angemessen ansieht, hängt von seiner **individuellen Wohnbedarfsplanung** ab. Die Gerichte sind also nicht befugt, ihre eigenen Vorstellungen vom angemessenen Wohnen voranzustellen (BVerfG, Az. 1 BvR 665/94). Sie dürfen den Wunsch des Eigentümers, die Wohnung selbst zu nutzen, aber daraufhin überprüfen, ob dieser Wunsch ernsthaft verfolgt wird, er von ernsthaften und nachvollziehbaren Gründen getragen wird, ob die Wohnung überhaupt die Wünsche des Eigentümers erfüllen kann oder ob der geltend gemachte Wohnbedarf in einer anderen (frei gewordenen) Wohnung des Vermieters ohne wesentliche Abstriche befriedigt werden kann.

» Ein vernünftiger und nachvollziehbarer **Grund für die Eigenbedarfskündigung** liegt vor, wenn der Vermieter in einer anderen Wohnung unzureichend oder zu teuer untergebracht ist, er selbst gekündigt worden ist, er getrennte Schlafzimmer wünscht, er die Kinder in getrennten Zimmern unterbringen will, er wegen des längerfristigen Besuchs von Kindern und Enkelkindern eine größere Wohnung benötigt, er seinen nichtehelichen

Lebenspartner in die Wohnung aufnehmen will oder er wegen des geringeren Wohnbedarfs eine kleinere Wohnung wünscht. Auch der Wunsch nach einer größeren, günstiger geschnittenen oder gelegenen oder besser ausgestatteten Wohnung kann ein berechtigtes Interesse an der Eigenbedarfskündigung darstellen (LG Landau, Az. 1 S 243/91).

Urteil

Der vom Vermieter geltend gemachte Wohnbedarf ist nicht auf Angemessenheit, sondern nur auf Rechtsmissbrauch zu überprüfen. Rechtsmissbräuchlich ist nicht schon der überhöhte, sondern erst der weit überhöhte Wohnbedarf. Die Wertung, ob der geltend gemachte Wohnbedarf weit überhöht ist, haben die Gerichte unter Abwägung der beiderseitigen Interessen anhand objektiver Kriterien unter konkreter Würdigung der Einzelfallumstände zu treffen. Es lassen sich keine Richtwerte (etwa Wohnfläche) aufstellen, ab welcher Grenze bei einem Alleinstehenden von einem weit überhöhten Wohnbedarf auszugehen ist. Denn diese Beurteilung hängt nicht allein von der in Anspruch genommenen Wohnfläche oder der Anzahl der Räume ab, sondern von einer umfassenden Würdigung der gesamten Umstände des Einzelfalls.

BGH, Az. VIII ZR 166/14

» Weit überhöhter Eigenbedarf liegt vor, wenn der Vermieter eine 105 m² große Dreizimmer-Penthousewohnung mit einem Kaltmietzins von 485,– € kündigt, um diese seiner 18-jährigen Tochter (Schülerin) zu überlassen (LG Bremen, Az. 2 S 324/91). Das Gleiche gilt, wenn für eine 23-Jährige alleinstehende Studentin eine 97 m² große Vierzimmerwohnung gekündigt werden soll.

Ebenfalls **rechtsmissbräuchlich** ist die Kündigung wegen Eigenbedarfs, wenn der Vermieter geeigneten Wohnraum leer stehen lässt oder wenn im gleichen Haus des Vermieters oder in gleicher Wohnlage bis zum Ablauf der Kündigungsfrist eine andere Wohnung frei wird und diese dem Mieter nicht zum Tausch angeboten wird. Die Kündigung ist auch dann rechtsmissbräuchlich, wenn der andernorts wohnende Vermieter die gekündigte Wohnung lediglich durchschnittlich zehn Tage im Monat bewohnen will (LG Berlin, Az. 61 S 6/92). Eine rechtsmissbräuchliche Kündigung ist unwirksam.

Urteil

Bei einer Eigenbedarfskündigung ist es nicht ausreichend, wenn der Eigenbedarf hinsichtlich einer 100 m² großen 5-Zimmerwohnung für die 18-jährige Tochter des Vermieters geltend gemacht wird, die weder über eine Ausbildungsstelle oder Arbeitsplatz noch über eigenes Einkommen verfügt.

AG Köpenick, Az. 14 C 16/13

Persönliche Gründe

Ein berechtigtes Interesse des Vermieters an der Eigenbedarfskündigung kann sich aus persönlichen Gründen ergeben. Das ist beispielsweise der Fall, wenn

- der Vermieter eine Wohnung in derselben Stadt beziehen will, in der auch seine Tochter mit ihrer Familie wohnt (LG Hamburg, Az. 11 S 43/89),
- der Vermieter die Trennung vom Ehepartner auch räumlich vollziehen und deshalb eine im selben Haus befindliche Wohnung beziehen will (LG Köln, Az. R 1 S 27/96),
- der Erwerber einer Eigentumswohnung das Mietverhältnis kündigt, weil seine bisherige Dreizimmerwohnung zu klein geworden und die Betreuung der Kinder in der neuen Wohnung besser möglich ist, weil Verwandte in der Nähe wohnen (AG Stuttgart, Az. 34 C 1128/89).

Berufliche Gründe

Auch berufliche Gründe können die Beendigung des Mietverhältnisses wegen Eigenbedarfs rechtfertigen. Das ist unter anderem der Fall, wenn

- der Vermieter in die gekündigte Wohnung ziehen will, um die Fahrzeit zu seiner Arbeitsstätte sowie die seiner Frau zu ihrem Arbeitsplatz zu verkürzen (LG Hamburg, 316 S 31/92),
- der Vermieter nach der Geburt eines weiteren Kindes näher an seiner Betriebsstätte wohnen will, selbst wenn er über Jahre hinweg erhebliche Fahrtzeiten auf sich genommen hat (BVerfG, Az. 1 BvR 29/99),
- der Vermieter aus beruflichen Gründen an den Ort der vermieteten Wohnung ziehen will (LG Hamburg, Az. 16 S 98/89).

Urteil

Ein Vermieter, der seine vermietete Wohnung beruflich nutzen möchte, hat einen berechtigten Grund für eine Kündigung wegen Eigenbedarfs.

LG Braunschweig, Az. 6 S 301/109

Wirtschaftliche Gründe

Auch wirtschaftliche Gründe können eine Eigenbedarfskündigung des Vermieters rechtfertigen. So liegt ein berechtigtes Interesse des Vermieters an der Beendigung des Mietverhältnisses vor, wenn

- der Vermieter aus der ihm zu teuer gewordenen eigenen Wohnung ausziehen will, um in der gekündigten kleineren und preiswerteren Wohnung zu wohnen (LG Frankfurt/Main, Az. 2/11 S 389/89),
- der Vermieter in die Wohnung seines Mieters ziehen will, weil er eine weitaus höhere Miete zahlt als der Mieter seiner gekündigten Mietwohnung (BVerfG, Az. 1 BvR 687/93),

- der Vermieter seine bisherige Wohnung vermieten muss, um das gesamte Anwesen finanzieren zu können; die kleinere vermietete Wohnung im Haus kann er deshalb kündigen und für sich beanspruchen (BVerfG, Az. 1 BvR 1089/91).

Verbesserung der Wohnverhältnisse

Wenn der Vermieter seine Wohnverhältnisse verbessern will, kann er wegen Eigenbedarfs das Mietverhältnis beenden, so unter anderem, wenn

- der Sohn des Vermieters mit Frau und Kind von der bisherigen Zweizimmer-Kellerwohnung ohne Küche und Kinderzimmer in die gekündigte Dreizimmerwohnung mit Küche und Bad umziehen will (LG Landau, Az. 1 S 243/91),
- der Vermieter, der bisher mit seiner Familie einschließlich der Kinder auf zwei Etagen wohnt, die gekündigte Wohnung mit seiner auf derselben Etage vorhandenen Wohnung zusammenlegen will, um künftig nur noch in dieser Etage zu wohnen (BVerfG, Az. 1 BvR 853/93),
- der Vermieter, der bisher zur Miete gewohnt hat, wegen Feuchtigkeitsschäden aus der Mietwohnung ausziehen und in seine vermietete Wohnung einziehen will (AG Dortmund, Az. 136 C 708/89).

Wenn mehrere Wohnungen für den Eigenbedarf infrage kommen

Wenn der Vermieter mehrere Wohnungen zur Auswahl hat, darf er frei darüber entscheiden, welchem Mieter er für seinen Eigenbedarf kündigt (BGH, Az. VIII ARZ 2/94). Der Vermieter kann also nicht darauf verwiesen werden, er solle den Mietvertrag mit einem anderen Mieter wegen Eigenbedarfs kündigen. Allerdings kann der Vermieter nur dann zwischen mehreren Mietern frei auswählen, wenn er jede dieser Wohnungen in gleicher Weise benötigt.

Auch wenn der Vermieter das Mietverhältnis wegen Eigenbedarfs mit einem Mieter beendet, den die Kündigung härter als andere Mieter trifft, hat das nicht die Unwirksamkeit der Kündigung zur Folge. Den Vermieter trifft grundsätzlich **keine Pflicht zur sozialen Auswahl** zwischen den Mietern ungekündigter Wohnungen (LG Berlin, Az. 64 S 155/90).

Angabe der Gründe im Kündigungsschreiben

Die Gründe für ein berechtigtes Interesse des Vermieters müssen im Kündigungsschreiben angegeben werden (§ 573 Abs. 3 Satz 1 BGB). So muss der Vermieter im Kündigungsschreiben angeben, für wen er die Wohnung benötigt. Will er einem Familienangehörigen die Wohnung überlassen, muss er den Grad der Verwandtschaft (z.B. Sohn, Neffe) mitteilen und auch die konkreten Wohnverhältnisse dieser Bedarfsperson offenlegen (LG Frankfurt/Main, Az. 2/17 S 3/00).

Der Vermieter muss auch das Interesse darlegen, das die betreffende Person an der Erlangung der Wohnung hat. So muss der Mieter dem Kündigungsschreiben entnehmen können, warum der Vermieter die Wohnung benötigt (z.B. »Ich benötige die Wohnung für eigene Zwecke«). Damit soll der Mieter seine Chancen abschätzen können, sich gegen die Kündigung zu wehren. Umstände, die dem Mieter bereits bekannt sind, muss der Vermieter nicht wiederholen (BGH, Az. VIII ZR 317/10).

Wenn eine Alternativwohnung zur Verfügung steht

Wenn nach der Kündigung eine andere Wohnung des Vermieters frei wird, muss der Vermieter diese Wohnung nutzen, es denn, dass er vernünftige und nachvollziehbare Gründe vorweisen kann, dass er die frei gewordene Wohnung nicht beziehen will. Anderenfalls ist die Eigenbedarfskündigung missbräuchlich und unwirksam.

Der Vermieter muss nur dann auf eine leer stehende Wohnung zurückgreifen, wenn diese nach Größe, Lage und Zuschnitt geeignet ist, die von ihm bestimmten Funktionen zu erfüllen. Ihm ist die frei stehende Wohnung auch dann zuzumuten, wenn dort geringfügige Änderungsarbeiten (z.B. Einbau einer Badewanne) erforderlich sind (LG Berlin, Az. 64 S 406/88). Auch wenn die Alternativwohnung mit Schrägen und kleineren Fenstern ausgestattet ist, kommt sie als taugliches Alternativobjekt in Betracht (LG Trier, Az. 3 S 85/89). Ist allerdings die Alternativwohnung 40 m^2 kleiner als die gekündigte Wohnung, muss der Vermieter nicht auf sie zurückgreifen (LG Hamburg, Az. 307 S 118/02). Ein Verweis auf die Alternativwohnung kommt auch dann nicht in Betracht, wenn dem Vermieter dadurch Verluste in der Größenordnung von mindestens 1.070,– € jährlich entstehen würden (LG Mannheim, Az. 4 S 135/91).

! Der Vermieter muss dem Mieter die Fortsetzung des Mietverhältnisses anbieten, wenn die Wohnung als Alternativwohnung in Betracht kommt. Anderenfalls macht er sich schadensersatzpflichtig.

Ist die gekündigte Wohnung für die Zwecke des Vermieters besser geeignet als die frei stehende **Alternativwohnung,** muss der Vermieter dem Mieter die frei stehende Wohnung anbieten, wenn sie im selben Haus oder in derselben Wohnanlage liegt (BGH, Az. VIII ZR 276/02). Das heißt, der Vermieter muss den Mieter über die Größe und Ausstattung der Alternativwohnung und über die Miete und die Nebenkosten informieren (BGH, Az. VIII ZR 78/10). Die Anbietpflicht besteht nicht mehr, wenn die Kündigungsfrist abgelaufen ist (BGH, Az. VIII ZR 311/02).

Wenn Eigenbedarf vorgetäuscht wurde

Wenn der Vermieter die Kündigung mit Eigenbedarf begründet, obwohl ihm bekannt ist, dass dieser nicht gegeben ist, und erschleicht sich der Vermieter auf diese Weise den Auszug des Mieters, ist er diesem gegenüber zum **Schadensersatz** verpflichtet (BGH, Az. VIII ZR 368/03). Vorgetäuschter Eigenbedarf kann auch vorliegen, wenn der Vermieter eine Kündigung wegen Eigenbedarfs androht und der Mieter daraufhin freiwillig auszieht, weil er den Angaben des Vermieters vertraut. Schadensersatzpflichtig macht sich der Vermieter auch dann, wenn er die gekündigten Räume des Mieters nach dessen Auszug in anderer Weise nutzen will, als er im Kündigungsschreiben behauptet (LG Karlsruhe, Az. 5 S 185/94).

Der **Anspruch des Mieters** erfasst insbesondere den Ersatz

- aller mit dem Umzug in Zusammenhang stehenden Kosten,
- der Makler- und Prozesskosten und
- der Mietdifferenz für die Anmietung einer vergleichbaren Wohnung.

Urteil

Der Schadensersatzanspruch des Mieters wegen vorgetäuschten Eigenbedarfs umfasst neben den tatsächlichen Umzugskosten und der doppelten Mietbelastung auch den Mietdifferenzschaden.

AG Coesfeld, Az. 4 C 156/19

! Der Mieter kann nach der Räumung die erneute Überlassung der Wohnung verlangen und diesen Anspruch mit einer einstweiligen Verfügung dahingehend sichern, dass die Vermietung der Wohnung an Dritte oder der Verkauf der Wohnung verboten wird (LG Hamburg, Az. 307 S 34/07).

Bei einem vorgetäuschten Eigenbedarf handelt es sich strafrechtlich um **Betrug** (LG Düsseldorf, Az. XXVI 87/95-610 Js 249/94). Der Mieter kann also neben seinem Anspruch auf Schadensersatz den Vermieter wegen Betrugs anzeigen.

Wenn der Eigenbedarf später wegfällt

Fällt der in der Eigenbedarfskündigung geltend gemachte Grund nachträglich weg (z.B. weil die Bedarfsperson zwischenzeitlich eine andere Wohnung bezogen hat), ist der Vermieter verpflichtet, den gekündigten Mieter entsprechend zu informieren und ihm anzubieten, den Mietvertrag mit ihm fortzusetzen. Allerdings besteht die Mitteilungspflicht nur bis zum Ablauf der Kündigungsfrist, also nur bis zu dem Zeitpunkt, zu dem das Mietverhältnis endet (BGH, Az. VIII ZR 339/04). Das gilt auch, wenn der Mieter bereits vor dem Wegfall des Kündigungsgrunds die Wohnung geräumt hat (OLG Karlsruhe, Az. RE-Miet 6/81).

! Verletzt der Vermieter seine Informationspflicht, ist er dem Mieter gegenüber schadensersatzpflichtig.

13.2.4 Kündigung wegen Hinderung angemessener wirtschaftlicher Verwertung

Ein berechtigtes Interesse des Vermieters an der Beendigung des Mietverhältnisses liegt auch dann vor, wenn der Vermieter durch die Fortführung des Mietverhältnisses an einer angemessenen wirtschaftlichen Verwertung des Grundstücks gehindert ist und dadurch erhebliche wirtschaftliche Nachteile erleiden würde (§ 573 Abs. 2 Nr. 3 BGB).

Konkrete Absicht der wirtschaftlichen Verwertung

Voraussetzung für die Kündigung ist zunächst, dass der Vermieter die Absicht hat, das Grundstück wirtschaftlich zu verwerten. Als **wirtschaftliche Verwertung** sind insbesondere anzusehen

- die Sanierung,
- der Umbau,
- der Abbruch mit anschließender Neuerrichtung,
- der Verkauf oder
- die Nutzungsänderung.

! Lediglich der Abriss des Gebäudes ohne anschließende Neuerrichtung eines Wohngebäudes stellt keine wirtschaftliche Verwertung dar. Auch eine beabsichtigte Modernisierung stellt grundsätzlich keinen Kündigungsgrund dar; und zwar selbst dann nicht, wenn die Wohnung kurzfristig unbewohnbar wird (AG München, Az. 25 C 144/85).

Der Vermieter muss die ernsthafte Absicht haben, die angekündigte Verwertung umzusetzen. Die Absicht darf also nicht nur vorgetäuscht werden.

Angemessenheit der Verwertung

Die wirtschaftliche Verwertung muss angemessen sein, das heißt, die Verwertung muss von vernünftigen und nachvollziehbaren Gründen getragen werden (BGH, Az. VIII ZR 155/10).

» Angemessen ist die Verwertung, wenn der Abbruch und der Wiederaufbau eines Wohngebäudes wirtschaftlich geboten sind, wenn der Verkaufserlös für den Unterhalt, die Altersversorgung oder die Tilgung von Verbindlichkeiten verwendet werden soll oder das Gebäude ersatzlos abgerissen wird, um Unterhaltsaufwand zu sparen.

Hinderung der Verwertung

Die Fortsetzung des Mietverhältnisses muss ein Hindernis für die wirtschaftliche Verwertung darstellen. Das ist unter anderem der Fall, wenn ein bestehendes Mietverhältnis das **Haus unverkäuflich** macht oder es sich deshalb nicht so günstig verkaufen lässt.

! Ein Hindernis liegt nicht vor, wenn der Vermieter die Maßnahmen ohne Kündigung durchführen kann, selbst wenn die Wohnung vom Mieter vorübergehend nicht benutzt werden kann. Die Kündigung ist auch dann nicht zulässig, wenn die Unrentabilität eines Hauses durch Modernisierung oder durch Mieterhöhungen beseitigt werden kann.

Erheblicher Nachteil

Die Nachteile des Vermieters müssen erheblich sein. Das ist der Fall, wenn eine **wirtschaftlich rentable Nutzung verhindert** wird (z.B. wenn nur geringere Einnahmen und im Verhältnis hierzu hohe Aufwendungen keine angemessene Rendite des gebundenen Kapitals ermöglichen). Allerdings ist eine Kündigung nicht erst dann zulässig, wenn der Vermieter anderenfalls in Existenznot gerät (BVerfG, 1 BvR 1131/87). In die Beurteilung muss die gesamte Vermögenssituation des Vermieters einbezogen werden.

Urteil

Die Kündigung nach § 573 Abs. 2 Nr. 3 BGB setzt einen erheblichen Nachteil beim Vermieter selbst voraus; ein Nachteil bei einer mit der vermietenden Gesellschaft persönlich und wirtschaftlich verbundenen »Schwestergesellschaft« reicht insoweit nicht aus.

BGH, Az. VIII ZR 243/16

Ausgeschlossene Gründe

Ausgeschlossen ist die Kündigung, wenn im Falle einer **anderweitigen Vermietung als Wohnraum** eine höhere Miete erzielt werden soll. Der Vermieter kann sich auch nicht darauf berufen, dass er die Mieträume im Zusammenhang mit einer beabsichtigten oder nach Überlassung an den Mieter erfolgten Begründung von Wohnungseigentum veräußern will (§ 573 Abs. 2 Nr. 3 BGB).

Angabe der Gründe im Kündigungsschreiben

Die Gründe für ein berechtigtes Interesse des Vermieters müssen im Kündigungsschreiben angegeben werden (§ 573 Abs. 3 Satz 1 BGB). Der Vermieter muss darlegen, dass die Absicht besteht, die Wohnung bzw. das **Haus in anderer Weise als durch Vermietung zu verwerten** und was der Anlass für diese Absicht ist. Es muss zum Ausdruck kommen, dass die beabsichtigte Verwertung unter Berücksichtigung der Gesamtumstände angemessen ist, dass ein Fortbestehen des Mietvertrages die angemessene wirtschaftliche Verwertung verhindert und welche erheblichen Nachteile für den Vermieter bei Fortbestehen des Mietverhältnisses entstehen. Dabei darf sich der Vermieter nicht auf pauschale Angaben beschränken.

» Will der Vermieter Sanierungsarbeiten durchführen, muss er Art und Umfang der Bauarbeiten angeben und begründen, warum die Sanierung des Hauses nur in geräumtem Zustand möglich ist.

13.2.5 Kündigung aus sonstigen berechtigten Interessen

Auch sonstige berechtigte Interessen können eine Kündigung durch den Vermieter begründen. So liegt ein berechtigtes Interesse dann vor, wenn gegen den Vermieter eine **behördliche Verfügung** ergangen ist, eine baupolizeilich unzulässige Nutzung zu beseitigen. Auch das Interesse des Vermieters, die Wohnung nach Beendigung des Mietverhältnisses an einen Betriebsangehörigen zu vermieten, kann die Kündigung rechtfertigen.

13.2.6 Kündigungsfristen

Bei einer ordentlichen Kündigung muss zwischen dem Zeitpunkt, zu dem die Kündigung dem Adressaten zugeht, und dem Vertragsende, dem sogenannten Kündigungstermin, eine Mindestfrist liegen. Diese sogenannte Kündigungsfrist ist gesetzlich vorgegeben.

Kündigungsfrist im Regelfall

Die Kündigungsfrist für den Vermieter beträgt grundsätzlich **drei Monate zum Monatsende.** Sie verlängert sich nach fünf und acht Jahren seit der Überlassung der Wohnung um jeweils drei Monate (§ 573c Abs. 1 BGB). Je länger also das Mietverhältnis dauert, umso länger ist auch die Kündigungsfrist. Sie beträgt

- drei Monate bei bis zu fünf Jahren Mietdauer,
- sechs Monate bei bis zu acht Jahren Mietdauer und
- neun Monate bei einer Mietdauer von über acht Jahren.

Achtung: Diese Kündigungsfristen verlängern sich für den Vermieter um weitere drei Monate, wenn er von seinem Sonderkündigungsrecht im Zweifamilienhaus Gebrauch macht (vgl. dazu 13.2.1).

Der Lauf der Kündigungsfrist beginnt mit dem Tag des Zugangs der Kündigungserklärung beim Mieter. Soll der Monat, in dem die Kündigung erfolgt, für die Berechnung der Kündigungsfrist mitberücksichtigt werden, muss die Kündigungserklärung **spätestens am dritten Werktag dieses Monats** dem Mieter zugegangen sein. Die ersten drei Werktage des Monats, an dem die Kündigung spätestens zugegangen sein muss, werden als sogenannte Karenzzeit bezeichnet. Im Rahmen der **Karenzzeit** zählt auch der Samstag als Werktag (BGH, Az. VIII ZR 206/04).

» Wenn dem Mieter die Kündigung am 3.6. zugeht, zählt der Juni noch mit. Bei einer dreimonatigen Kündigungsfrist ist die Kündigung dann zum 31.8. wirksam.

Geht dem Mieter die Kündigung nicht mehr innerhalb der Karenzzeit zu, hat dies nicht die Unwirksamkeit der Kündigung zur Folge. Vielmehr wird das Mietverhältnis erst einen Monat später beendet, als ursprünglich in der Kündigung angegeben ist (LG Köln, Az. 12 T 7/92). Der Kündigungstermin wird nach § 140 BGB umgedeutet in eine Kündigung, die zum nächstmöglichen Termin wirksam wird.

» Wenn die Kündigungserklärung dem Mieter am 4.6. zugeht, tritt die Kündigungswirkung einen Monat später, also erst am 30.9. ein.

Kündigungsfrist bei Mietverhältnissen zum vorübergehenden Gebrauch

Wird der Wohnraum nur zum vorübergehenden Gebrauch vermietet, können Vermieter und Mieter kürzere als die gesetzlich festgelegten Kündigungsfristen vereinbaren (§ 573c Abs. 2 BGB). Das ist der Fall, wenn nach dem Vertragszweck nur ein **zeitlich befristetes Wohnbedürfnis** des Mieters befriedigt werden soll. Deshalb wird die Vertragszeit in der Regel relativ kurz sein (z.B. Miete für die Dauer der Ferien, einer Kur oder zur Erledigung eines Auftrags durch einen auswärtigen Arbeitnehmer). Allerdings ist eine kalendermäßige Befristung nicht erforderlich. Ausreichend ist es, wenn Vermieter und Mieter beim Abschluss des Mietvertrags von einer kürzeren Vertragszeit ausgehen, die durch eine Kündigung beendet werden soll.

Keine Vermietung zu einem vorübergehenden Zweck liegt bei der Überlassung von Wohnraum an einen Studenten für die Dauer des Studiums vor (OLG Hamm, Az. 7 W 13/86).

Kündigungsfrist bei Mietverhältnissen über möblierten Wohnraum

Bei möbliertem Wohnraum, der Teil der vom Vermieter bewohnten Wohnung ist, ist die Kündigung **spätestens am 15. eines Monats zum Ablauf dieses Monats** zulässig (§ 573c Abs. 3 BGB). Dabei muss es sich um Wohnraum handeln, der Teil der vom Vermieter selbst bewohnten Wohnung ist und den der Vermieter überwiegend mit Einrichtungsgegenständen auszustatten hat, sofern der Wohnraum dem Mieter nicht zum dauernden Gebrauch mit seiner Familie oder mit Personen überlassen ist, mit denen er einen auf Dauer angelegten gemeinsamen Haushalt führt.

> **!** Voraussetzung für die kurze Kündigungsfrist ist, dass sich aus dem Mietvertrag die Pflicht des Vermieters ergibt, den Wohnraum ganz oder teilweise mit Einrichtungsgegenständen auszustatten. Ferner müssen dem Mieter ein oder mehrere einzelne abgeschlossene Räume in der Wohnung des Vermieters überlassen werden. Schließlich darf der Wohnraum dem Mieter nicht zum dauernden Gebrauch mit seiner Familie oder mit Personen überlassen werden, mit denen er einen auf Dauer angelegten gemeinsamen Haushalt führt. Wenn der Mieter also die Wohnung mit seinem Ehegatten bzw. eingetragenen Lebenspartner, seinen Kindern, Eltern oder seinem nichtehelichen Lebenspartner bewohnt, unterliegt das Mietverhältnis den normalen (längeren) gesetzlichen Kündigungsfristen.

13.2.7 Widerspruch des Mieters gegen die Kündigung

Dem Mieter ist gesetzlich das Recht eingeräumt, gegen eine ordentliche Kündigung des Vermieters Widerspruch einzulegen und die Fortsetzung des Mietverhältnisses zu verlangen, wenn die Kündigung für den Mieter, seine Familie oder einen anderen Angehörigen seines Haushalts eine **Härte** bedeuten würde, die auch unter Würdigung der berechtigten Interessen des Vermieters nicht zu rechtfertigen ist. Voraussetzung für das Widerspruchsrecht ist, dass ein Mietverhältnis auf unbestimmte Zeit abgeschlossen wurde. Ausgeschlossen ist das Widerspruchsrecht, wenn ein Grund vorliegt, der den Vermieter zur außerordentlichen fristlosen Kündigung berechtigt (§ 574 Abs. 1 BGB).

Bei folgenden Wohnraummietverhältnissen ist das **Widerspruchsrecht** des Mieters generell **ausgeschlossen** (§ 549 Abs. 2 BGB):

- Wohnraum, der nur zu vorübergehendem Gebrauch vermietet ist,
- Wohnraum, der Teil der vom Vermieter selbst bewohnten Wohnung ist und den der Vermieter überwiegend mit Einrichtungsgegenständen auszustatten hat, sofern der Wohnraum dem Mieter nicht zum dauernden Gebrauch mit seiner Familie oder mit

Personen überlassen ist, mit denen er einen auf Dauer angelegten gemeinsamen Haushalt führt,

- Wohnraum, den eine juristische Person des öffentlichen Rechts oder ein anerkannter privater Träger der Wohlfahrtspflege angemietet hat, um ihn Personen mit dringendem Wohnungsbedarf zu überlassen, wenn der Mieter bei Vertragsschluss auf die Zweckbestimmung des Wohnraums und die Ausnahme von den genannten Vorschriften hingewiesen wurde (z.B. Wohnraum für Asylbewerber).

Achtung: Das Widerspruchsrecht des Mieters kann nicht im Mietvertrag ausgeschlossen oder erschwert werden. Eine entsprechende Regelung ist unwirksam (§ 574 Abs. 4 BGB).

Härtegründe für den Mieter

Voraussetzung für den Widerspruch ist, dass die Beendigung des Mietverhältnisses für den Mieter, seine Familie oder einen anderen Angehörigen seines Haushalts eine **ungerechtfertigte Härte** bedeutet. Eine solche Härte kann vorübergehender oder dauernder Natur sein. Bei mehreren Mietern reicht eine Härte in der Person eines Mieters aus.

» Härtegründe können darin liegen, dass der Mieter alt, krank oder aufgrund der langen Mietzeit mit dem Wohnumfeld besonders verwurzelt ist. Auch durch Schwangerschaft kann eine vorübergehende Härte begründet sein. Die schlechten Einkommensverhältnisse des Mieters kommen als Härtegrund in Betracht. Auch größere Investitionen in letzter Zeit in der Wohnung mit Einverständnis des Vermieters können einen Auszug des Mieters unzumutbar machen. Wenn durch die Beendigung des Mietverhältnisses die Berufsausbildung oder Ausbildung des Mieters oder seiner Familienangehörigen erschwert wird, kann dies eine Härte bedeuten. Keine ungerechtfertigte Härte ist bei mit einem Umzug verbundenen Nachteilen gegeben.

Eine Härte liegt auch vor, wenn **angemessener Ersatzwohnraum zu zumutbaren Bedingungen** nicht beschafft werden kann (§ 574 Abs. 2 BGB). Allerdings muss der Mieter alle zumutbaren Anstrengungen unternehmen, um eine entsprechende Ersatzwohnung zu erlangen. Dies muss der Mieter im Streitfall beweisen.

Urteil

Der Mieter kann nicht schon allein wegen seines hohen Alters eine Fortsetzung des Mietverhältnisses verlangen. Zwar kann das hohe Lebensalter eines Mieters in Verbindung mit weiteren Umständen – im Einzelfall auch der auf einer langen Mietdauer beruhenden tiefen Verwurzelung des Mieters in seiner Umgebung – eine Härte begründen. Insbesondere kann eine Härte zu bejahen sein, wenn zum hohen Lebensalter und einer Verwurzelung aufgrund langer Mietdauer Erkrankungen des Mieters hinzukommen, aufgrund derer eine Verschlechterung des Gesundheitszustandes zu erwarten ist, wenn der Mieter aus seiner Wohnumgebung herausgelöst wird. Lässt der gesundheitliche Zustand des Mieters einen Umzug nicht zu oder besteht im Falle eines Wohnungswechsels zumindest die ernsthafte Gefahr einer erheblichen Verschlechterung der gesundheitlichen Situation des erkrankten Mieters, kann sogar allein dies einen Härtegrund darstellen. Allerdings ist es weder mit Blick auf den in der Charta der Grundrechte der Europäischen Union verbrieften Schutz älterer Menschen noch unter Berücksichtigung des Schutzes der Menschenwürde geboten, das hohe Alter eines Mieters in Verbindung mit einer langen Mietdauer unabhängig von den sich aus einem erzwungenen Wohnungswechsel konkret ergebenden Folgen als Härte BGB anzusehen.

BGH, Az. VIII ZR 68/19

Interessen des Vermieters

Gegenüber den Härtegründen für den Mieter sind die berechtigten Interessen des Vermieters an der Beendigung des Mietverhältnisses durch Kündigung zu berücksichtigen. Zu den **berechtigten Interessen des Vermieters,** das Mietverhältnis zu beenden, gehören unter anderem

- die erhebliche und schuldhafte Verletzung von Pflichten durch den Mieter, z.B. unbefugte Untervermietung, ständige Störung des Hausfriedens oder Verzug mit Mietzahlungen,
- dringender Eigenbedarf des Vermieters an der Wohnung,
- Vermeidung erheblicher Nachteile, weil der Vermieter an einer angemessenen wirtschaftlichen Verwertung des Grundstücks gehindert wird (z.B. Abbruch des Gebäudes).

! Als Gründe für ein berechtigtes Interesse des Vermieters werden nur solche berücksichtigt, die im Kündigungsschreiben des Vermieters angegeben worden sind, es sei denn, dass sie nachträglich entstanden sind (§ 574 Abs. 3 BGB).

Abwägung der Interessen des Vermieters und des Mieters

Die im konkreten Fall bestehenden Härtegründe des Mieters sind gegen die berechtigten Interessen des Vermieters an der Beendigung des Mietverhältnisses abzuwägen. Voraussetzung für einen erfolgreichen Widerspruch des Mieters ist es, dass bei der erforderlichen Abwägung die Härtegründe des Mieters die Interessen des Vermieters überwiegen. Der Widerspruch hat keinen Erfolg, wenn die Interessen des Vermieters überwiegen oder wenn sich die Interessen des Vermieters und die Härtegründe auf Seiten des Mieters gleichgewichtig gegenüberstehen.

Urteil

Gerichte dürfen sich bei Prüfung gesundheitlicher Härtefallgründe nicht nur ein oberflächliches Bild der Situation verschaffen. Gerade bei drohenden schwerwiegenden Gesundheitsbeeinträchtigungen oder Lebensgefahr sind die Gerichte gehalten, ihre Entscheidung auf eine tragfähige Grundlage zu stellen, Beweisangeboten besonders sorgfältig nachzugehen sowie den daraus resultierenden Gefahren bei der Abwägung der widerstreitenden Interessen hinreichend Rechnung zu tragen. Macht ein Mieter derart schwerwiegende gesundheitliche Auswirkungen eines erzwungenen Wohnungswechsels geltend, müssen sich die Gerichte bei Fehlen eigener Sachkunde mittels sachverständiger Hilfe ein genaues und nicht nur an der Oberfläche haftendes Bild davon verschaffen, welche gesundheitlichen Folgen im Einzelnen für den Mieter mit einem Umzug verbunden sind, insbesondere welchen Schweregrad zu erwartende Gesundheitsbeeinträchtigungen erreichen können und mit welcher Wahrscheinlichkeit dies eintreten kann. Erst dies versetzt die Gerichte in einem solchen Fall in die Lage, die Konsequenzen, die für den Mieter mit dem Umzug verbunden sind, im Rahmen der notwendigen Abwägung sachgerecht zu gewichten.

BGH, Az. VIII ZR 270/15

Widerspruchsbefugnis

Der Widerspruch muss vom Mieter, bei mehreren Mietern (z.B. Eheleuten, Wohngemeinschaften) von allen erhoben werden. Stellvertretung ist zulässig; es reicht auch eine Vollmachtsklausel im Mietvertrag aus.

Form, Inhalt und Frist des Widerspruchs

Der Widerspruch gegen die Kündigung muss **schriftlich erklärt** werden. Ein mündlicher Widerspruch oder ein solcher per Fax oder E-Mail ist nicht wirksam. Eine Begründung des Widerspruchs ist grundsätzlich nicht erforderlich. Der Widerspruch gegen die Kündigung ist also auch ohne Angabe von Gründen zulässig. Allerdings soll der Mieter auf Verlangen des Vermieters über die Gründe des Widerspruchs unverzüglich (regelmäßig innerhalb von zwei Wochen) Auskunft geben (§ 574b Abs. 1 BGB). Unterlässt der Mieter gleichwohl die Begründung, kann dies zu Kostennachteilen im Räumungsprozess führen.

Im Widerspruchsschreiben muss der Mieter die Worte »**Widerspruch**« oder »**Fortsetzung des Mietverhältnisses**« nicht ausdrücklich nennen. Es genügt, wenn eindeutig zum Ausdruck kommt, dass er die Kündigung des Mietverhältnisses nicht hinnehmen will. Der Mieter muss auch nicht zum Ausdruck bringen, für welchen Zeitraum er die Fortsetzung des Mietverhältnisses begehrt.

Der Widerspruch muss dem Vermieter **spätestens zwei Monate,** bevor das Mietverhältnis aufgrund der Kündigung enden soll, zugehen; anderenfalls kann der Vermieter den Widerspruch ohne Rücksicht auf die sachliche Begründetheit zurückweisen. Dies gilt jedoch nur, wenn der Vermieter in seinem Kündigungsschreiben den Mieter auf die Form und die Frist des Widerspruchs rechtzeitig hingewiesen hat. Ohne diesen Hinweis ist die Kündigung zwar wirksam, der Mieter kann dann jedoch der Kündigung auch noch im ersten Termin des Räumungsrechtsstreits widersprechen (§ 574b Abs. 2 BGB).

Achtung: Dass gegen die Kündigung des Vermieters form- und fristgerecht Widerspruch erhoben wurde, muss gegebenenfalls der Mieter beweisen.

Fortsetzung des Mietverhältnisses nach Widerspruch

Der Widerspruch des Mieters gegen die Kündigung hat nicht zur Folge, dass das Mietverhältnis automatisch fortgesetzt wird. Vielmehr ist eine **Einigung zwischen dem Vermieter und dem Mieter erforderlich.** Der Mieter kann verlangen, dass das Mietverhältnis so lange fortgesetzt wird, wie dies unter Berücksichtigung aller Umstände angemessen ist. Ist dem Vermieter nicht zuzumuten, das Mietverhältnis zu den bisherigen Vertragsbedingungen fortzusetzen, so kann der Mieter nur verlangen, dass es unter einer angemessenen Änderung der Bedingungen fortgesetzt wird (§ 574a Abs. 1 BGB).

Können sich Vermieter und Mieter nach dem Widerspruch des Mieters gegen die Kündigung nicht gütlich einigen, entscheidet das **Gericht** über die Fortsetzung des Mietverhältnisses. Erkennt das Gericht den Widerspruch des Mieters gegen die Kündigung an, entscheidet es sowohl über die Dauer der Fortsetzung des Mietverhältnisses als auch über die Bedingungen, nach denen es fortgesetzt wird (§ 574a Abs. 2 Satz 1 BGB).

Grundsätzlich kommt nur eine Fortsetzung des Mietverhältnisses auf bestimmte Zeit in Betracht, wenn abzusehen ist, bis zu welchem Zeitpunkt der Härtefall weggefallen sein wird. Im Regelfall wird das Mietverhältnis zwischen sechs Monaten und drei Jahren fortgesetzt. Eine weitere Fortsetzung des Mietverhältnisses kann der Mieter dann aufgrund der Härteklausel nur verlangen, wenn dies durch wesentliche Änderung der Umstände neuer nicht vorgesehener Tatsachen gerechtfertigt ist. Gleiches gilt, wenn Umstände nicht eingetreten sind, deren vorgesehener Eintritt für die Zeitdauer der Fortsetzung bestimmend gewesen war, wenn also beispielsweise die Ersatzwohnung ohne Verschulden des Mieters nicht termingerecht bezugsfertig wurde.

Nur wenn ungewiss ist, wann voraussichtlich der Härtegrund wegfallen wird, kann das Gericht bestimmen, dass das Mietverhältnis auf unbestimmte Zeit fortgesetzt wird (§ 574a Abs. 2 Satz 2 BGB. Als solche Gründe kommen z.B. die nicht absehbare Dauer der Erkrankung des Mieters oder altersbedingte Schwierigkeiten, Ersatzwohnraum zu beschaffen, in Betracht.

13.3 Außerordentliche fristlose Kündigung durch den Vermieter

Der Vermieter kann das Mietverhältnis aus wichtigem Grund fristlos kündigen. Nach der gesetzlichen Generalklausel liegt ein solcher wichtiger Grund vor, wenn dem Vermieter unter Berücksichtigung aller Umstände des Einzelfalls, insbesondere eines **Verschuldens des Mieters,** und unter Abwägung der beiderseitigen Interessen die Fortsetzung des Mietverhältnisses bis zum Ablauf der Kündigungsfrist oder bis zur sonstigen Beendigung des Mietverhältnisses nicht zugemutet werden kann (§ 543 Abs. 1 BGB). Das Gesetz nennt mehrere Fälle eines wichtigen Grundes, bei deren Vorliegen der Vermieter immer fristlos kündigen kann. Fällt eine Pflichtverletzung des Mieters nicht unter diese namentlich genannten Kündigungsgründe, muss nach der Generalklausel geprüft werden, ob ein wichtiger Grund für die Beendigung des Mietverhältnisses vorliegt.

Wenn der Vermieter das Mietverhältnis fristlos kündigen will, ist für Sie **als Mieter von Bedeutung,** dass

- der fristlosen Kündigung – mit Ausnahme bei der Kündigung wegen Zahlungsverzugs – grundsätzlich eine Abmahnung vorausgehen muss (vgl. dazu 13.3.6),
- die Kündigung nur innerhalb einer angemessenen Frist erfolgen kann, nachdem der Vermieter vom Kündigungsgrund Kenntnis erlangt hat (vgl. dazu 13.3.7) und
- die Kündigung vom Vermieter begründet werden muss (vgl. dazu 13.3.8).

13.3.1 Fristlose Kündigung wegen vertragswidrigen Gebrauchs

Ein wichtiger Grund für die fristlose Kündigung des Mietvertrags liegt vor, wenn der Mieter die Rechte des Vermieters dadurch in erheblichem Maße verletzt, dass er die Mietsache durch Vernachlässigung der ihm obliegenden Sorgfalt erheblich gefährdet oder sie unbefugt einem Dritten überlässt (§ 543 Abs. 2 Satz 1 Nr. 2 BGB). Die fristlose Kündigung ist grundsätzlich nur dann zulässig, wenn der Vermieter den Mieter zuvor abgemahnt hat und der Mieter die Pflichtverletzung gleichwohl fortsetzt.

Achtung: Allein der vertragswidrige Gebrauch der Mietsache, ohne dass diese selbst gefährdet ist, berechtigt den Vermieter nicht zur außerordentlichen Kündigung. Das wäre beispielsweise bei einer unerlaubten Tierhaltung oder bei der unerlaubten Anbringung einer Parabolantenne der Fall. Unter Umständen kann in diesem Fall der Vermieter wegen sonstiger schwerwiegender Vertragsverletzung fristlos kündigen, wenn ihm die Fortsetzung des Mietverhältnisses unzumutbar ist.

Erhebliche Gefährdung der Mietsache

Durch **Vernachlässigung der Sorgfalt** kann der Mieter die Mietsache insbesondere gefährden, wenn er

- seine Obhuts- und Anzeigepflicht verletzt (vgl. dazu 6.10) oder
- gegen Instandhaltungs- und Instandsetzungspflichten verstößt, soweit ihm solche obliegen (z.B. Pflicht zur Durchführung von Schönheitsreparaturen).

Als weitere **Pflichtverletzungen** kommen unter anderem in Betracht:

- die Überbelegung der Wohnung (BGH, Az. VIII ARZ 1/93),
- starke Verunreinigungen (AG Münster, Az. 3 C 4334/10),

- bauliche Veränderungen, mit denen der Mieter in die Substanz des Hauses eingreift (LG Hamburg, Az. 311 S 1/91),
- die mangelhafte Lüftung der Wohnräume verbunden mit erheblichen Schäden (AG Hannover, Az. 565 C 15388/04).

Voraussetzung ist jeweils, dass mit der Pflichtverletzung eine erhebliche Gefährdung der Mietsache verbunden ist. Ob ein Kündigungsrecht besteht, muss jeweils unter Abwägung der beiderseitigen Interessen im Einzelfall festgestellt werden.

! Die bloße Vernachlässigung der Wohnung begründet kein außerordentliches fristloses Kündigungsrecht des Vermieters.

Unbefugte Überlassung der Mietsache an Dritte

Der Vermieter kann auch dann aus wichtigem Grund fristlos kündigen, wenn seine Rechte dadurch in erheblichem Maße verletzt werden, dass der Mieter die Mietsache **unbefugt einem Dritten überlässt** (vgl. dazu 6.3).

» Der Mieter überlässt die Wohnung vertragswidrig seinen erwachsenen Kindern (LG Frankfurt/Main, Az. 2/11 S 211/99) oder er überlässt die Wohnung dem nichtehelichen Lebenspartner, der nicht Vertragspartner des Vermieters ist, nachdem er sich von diesem getrennt hat (LG Berlin, Az. 66 S 126/92).

! Nicht ausreichend für eine fristlose Kündigung ist, dass Sie als Mieter lediglich eine andere Person in die Wohnung aufnehmen, ohne selbst die Wohnung zu verlassen. Zu beachten ist auch, dass Sie als Mieter ohne Erlaubnis des Vermieters Ihre nächsten Familienangehörigen in die Wohnung aufnehmen dürfen. Die Aufnahme solcher Personen gehört zum Mietgebrauch.

Setzt der Mieter die Untervermietung oder sonstige Gebrauchsüberlassung trotz Abmahnung des Vermieters fort, so ist der Vermieter zur fristlosen Kündigung berechtigt, ohne dass es einer erheblichen

Beeinträchtigung seiner Rechte bedarf (BGH, Az. VIII ZR 186/83). Allerdings kann die fristlose Kündigung unwirksam sein, wenn der Mieter vor der Überlassung der Wohnung an eine dritte Person die Erlaubnis des Vermieters nicht eingeholt hat, der Mieter jedoch zum Zeitpunkt der Kündigung einen Anspruch auf Erteilung der Erlaubnis hatte (LG Hamburg, Az. 4 U 130/81).

13.3.2 Fristlose Kündigung wegen Zahlungsverzugs

Der Vermieter kann das Mietverhältnis ohne Einhaltung einer Kündigungsfrist kündigen, wenn der Mieter für **zwei aufeinanderfolgende Termine** mit der Entrichtung der Miete vollständig oder eines nicht unerheblichen Teils in Verzug ist. Gleiches gilt, wenn der Mieter in einem Zeitraum, der sich über mehr als zwei Termine erstreckt, mit der Entrichtung der Miete in Höhe eines Betrags in Verzug gekommen ist, der die Miete für zwei Monate erreicht (§ 543 Abs. 1 Satz 1 Nr. 3 BGB).

Zur »Miete« gehört die vertraglich **vereinbarte Miete einschließlich der Nebenkosten.** Das ist entweder die monatliche Nettomiete zuzüglich der Betriebskostenvorauszahlungen bzw. Betriebskostenpauschalen oder die Bruttomiete.

Verzug auf zwei aufeinanderfolgenden Terminen

Wenn der Mieter für zwei aufeinanderfolgende Termine mit der Entrichtung der Miete in Verzug ist, kann der Vermieter das Mietverhältnis fristlos kündigen. Der rückständige Teil der Miete ist dann als erheblich anzusehen, wenn er die Miete für einen Monat übersteigt, sofern es sich nicht um Wohnraum handelt, der nur zum vorübergehenden Gebrauch vermietet ist (§ 569 Abs. 3 Nr. 1 BGB).

» **Beispiel:**

- Der Vermieter kann den Mietvertrag fristlos kündigen, wenn der Mieter die vereinbarte Miete plus 1 Cent für September und Oktober nicht zahlt.
- Die Miete beträgt 600,– € monatlich. Im September überweist der Mieter 300,– €, im Oktober 250,– €. Der Mietrückstand beträgt 650,– € und übersteigt damit eine Monatsmiete.

Verzug mit zwei Monatsraten über mehr als zwei Terminen

Der Vermieter kann das Mietverhältnis auch dann fristlos kündigen, wenn der Mieter in einem Zeitraum, der sich über mehr als zwei Termine erstreckt, mit der Entrichtung der Miete in Höhe eines Betrags in Verzug ist, der die Miete für zwei Monate erreicht. Damit sollen die Fälle erfasst werden, in denen der Mieter fristlose Kündigungen dadurch vermeiden will, dass er z.B. jede zweite Miete zahlt und so einen Verzug von zwei aufeinanderfolgenden Terminen verhindert.

» Der Mieter muss ab Januar eine monatliche Miete von 500,– € entrichten. Er zahlt allerdings nur 400,– € monatlich. Im Oktober ist ein Mietrückstand in Höhe von 1.000,– € aufgelaufen, der sich über mehr als zwei Termine erstreckt. Der Vermieter kann dann den Mietvertrag fristlos kündigen.

! **Achtung:** Der Vermieter muss den **Mietrückstand** des Mieters genau **aufschlüsseln,** wenn sich dieser über einen längeren Zeitraum erstreckt. Der Hinweis auf den Gesamtrückstand reicht nicht aus.

Verschulden des Mieters

Voraussetzung für den Zahlungsverzug des Mieters ist, dass dieser den Verzug verschuldet hat. Dabei wird gesetzlich vermutet, dass der Mieter schuldhaft handelt, wenn er die Miete **nicht rechtzeitig entrichtet.** Nicht der Vermieter muss also beweisen, dass ein Verschulden des Mieters vorliegt, sondern der Mieter muss beweisen, dass er den Zahlungsrückstand nicht verschuldet hat.

» Ohne Verschulden kommt der Mieter in Verzug, wenn er die Erben des Vermieters nicht kennt und sie auch nicht ermitteln kann.

Achtung: Der Mieter kommt auch dann schuldhaft mit der Mietzahlung in Verzug, wenn er wegen **Krankheit oder Arbeitslosigkeit** die Miete nicht zahlen kann (BGH, Az. VIII ZR 6/04). Zulasten des Mieters geht auch die **fehlerhafte Bearbeitung von Überweisungsaufträgen** durch die Bank. Und auch, wenn der Mieter eine Auskunft eines Rechtsanwalts eingeholt hat und von diesem unzutreffend beraten wurde, muss er sich das Verschulden des Rechtsberaters zurechnen lassen (OLG München, Az. 21 U 5382/95).

Ausgleich der Rückstände durch den Mieter

Begleicht der Mieter vor der fristlosen Kündigung durch den Vermieter die Mietrückstände, kann der Vermieter das Mietverhältnis nicht mehr fristlos beenden. Auch wenn eine Aufrechnung mit eigenen Forderungen des Mieters erfolgt, kann die fristlose Kündigung ausgeschlossen sein (§ 543 Abs. 2 Sätze 2 und 3 BGB). Voraussetzung ist allerdings, dass die Aufrechnung unverzüglich nach Erhalt der Kündigung durch den Mieter erklärt wird.

Die **fristlose Kündigung wegen Mietrückstands ist unwirksam,** wenn der Mieter bis spätestens zwei Monate nach Zustellung der Räumungsklage sämtliche Rückstände begleicht. Das Gleiche gilt, wenn sich innerhalb dieser Zeit eine öffentliche Stelle (z.B. Sozialamt) gegenüber dem Vermieter zur Zahlung bzw. zum Ausgleich der Mietrückstände verpflichtet (§ 543 Abs. 3 Nr. 2 BGB). Für die Rechtzeitigkeit der Zahlung kommt es nicht darauf an, dass die rückständige Miete dem Konto des Vermieters gutgeschrieben wird, sondern dass der Mieter **innerhalb der Schonfrist** den Überweisungsauftrag erteilt oder den Betrag auf das Konto des Vermieters eingezahlt hat.

Achtung: Die Möglichkeit, durch nachträgliche Zahlung der rückständigen Miete die Kündigung des Vermieters abzuwenden, hat der Mieter nur einmal innerhalb von zwei Jahren. Für die Berechnung der Zweijahresfrist kommt es auf den jeweiligen Zugang der Kündigungserklärungen an.

» Begleicht der Mieter auf eine am 19.8.2020 erfolgte Kündigung die rückständige Miete innerhalb der Schonfrist, so läuft das Mietverhältnis weiter. Kommt er in der Folgezeit wieder in Zahlungsverzug, kommt er in den Genuss der Schonfrist erst wieder, wenn ihm die Kündigung ab dem 19.8.2022 zugeht.

Ständige unpünktliche Zahlungen

Bei Zahlungsverzug kann der Vermieter nur in den oben beschriebenen Fällen fristlos kündigen, nicht dagegen, wenn der Mieter ständig unpünktlich zahlt oder über längere Zeiträume hinweg mit Beträgen in Rückstand gerät, die nicht die genannten Grenzen erreichen. Gleichwohl kann auch in diesen Fällen eine fristlose Kündigung in Betracht kommen, wenn durch das Verhalten des Mieters das **Vertrauensverhältnis zwischen den Parteien völlig zerrüttet** ist, weil der Vermieter unter den gegebenen Umständen auch in Zukunft nicht mehr mit einer ordnungsgemäßen Erfüllung der Pflichten durch den Mieter rechnen kann. Allerdings reichen einmalige oder gelegentliche Zahlungsrückstände für eine fristlose Kündigung durch den Vermieter nicht aus.

Unter folgenden Voraussetzungen kann der Vermieter den Mietvertrag fristlos kündigen, wenn der Mieter die Miete unpünktlich zahlt:

- Es muss sich um **wiederholte unpünktliche Zahlungen** handeln, die deutlich machen, dass der Mieter nicht zu einer ordnungsgemäßen Vertragserfüllung bereit ist. Der Mieter muss also über einen längeren Zeitraum unpünktlich zahlen.

- Die **Fortsetzung** des Mietverhältnisses muss für den Vermieter **unzumutbar** sein. So ist beispielsweise zugunsten des Vermieters zu berücksichtigen, dass er wegen seiner finanziellen Verhältnisse auf rechtzeitige Mietzahlungen angewiesen ist.
- Ist für den Vermieter das **Zahlungsverhalten des Mieters** unzumutbar, muss er den Mieter grundsätzlich zuerst abmahnen und dem Mieter deutlich machen, dass er die unpünktlichen Mietzahlungen nicht mehr hinnehmen will und im Fall der Wiederholung das Mietverhältnis fristlos kündigen wird.
- Nach der **Abmahnung** darf der Vermieter mit der Kündigung nicht zu lange (maximal sechs Monate) warten; anderenfalls erlischt sein Kündigungsrecht.

Sind diese Voraussetzungen erfüllt, kann der Vermieter auch bei unpünktlichen Zahlungen den Mietvertrag fristlos kündigen. In diesem Fall kann der Mieter dann nicht die Unwirksamkeit der Kündigung herbeiführen, wenn er den Mietrückstand nachträglich ausgleicht (BGH, Az. VIII ZR 364/04).

! Das Kündigungsrecht des Vermieters entfällt, wenn der Mieter wieder zur pünktlichen Zahlungsweise zurückkehrt, bevor der Vermieter kündigt, insbesondere, wenn er nach der Abmahnung pünktlich zahlt.

13.3.3 Fristlose Kündigung wegen Verzugs mit einer Sicherheitsleistung

Der Vermieter kann den Mietvertrag fristlos kündigen, wenn der Mieter mit einer Sicherheitsleistung in Höhe der **zweifachen Monatsmiete** in Verzug ist. Die als Pauschale oder als Vorauszahlung ausgewiesenen Betriebskosten sind bei der Berechnung der Monatsmiete nicht zu berücksichtigen. Einer Abhilfefrist oder einer Abmahnung bedarf es nicht (§ 569 Abs. 2a BGB). Wegen der vom Mieter zu erbringenden Sicherheitsleistung vgl. 2.9.

! Leisten Sie die Sicherheit vor der fristlosen Kündigung durch den Vermieter, kann dieser das Mietverhältnis nicht mehr fristlos beenden (§§ 569 Abs. 2a Satz 4, 543 Abs. 2 Satz 2 BGB). Die fristlose Kündigung wegen der rückständigen Kaution ist unwirksam, wenn der Mieter bis spätestens zwei Monate nach Zustellung der Räumungsklage den Kautionsrückstand begleicht (§ 569 Abs. 2a Satz 4, Abs. 3 Nr. 2 Satz 1 BGB).

13.3.4 Fristlose Kündigung wegen Störung des Hausfriedens

Auch die Störung des Hausfriedens kann den Vermieter zur fristlosen Kündigung des Mietverhältnisses berechtigen. Voraussetzung ist, dass dem Vermieter unter Berücksichtigung der Umstände des Einzelfalls, insbesondere eines Verschuldens des Mieters, und unter Abwägung der beiderseitigen Interessen die Fortsetzung des Mietverhältnisses bis zum Ablauf der Kündigungsfrist oder bis zur sonstigen Beendigung des Mietverhältnisses nicht zugemutet werden kann (§ 569 Abs. 2 BGB).

! Eine **nachhaltige Störung des Hausfriedens** setzt voraus, dass die Störung schwerwiegend und andauernd sein muss. Geringfügige Störungen oder kurze bzw. einmalige Störungen rechtfertigen keine fristlose Kündigung des Mietverhältnisses, wenn keine Wiederholungen drohen.

» Andauernde unzumutbare Lärm- oder Geruchsbelästigungen der Hausbewohner oder Drohungen, Beleidigungen oder Tätlichkeiten gegen den Vermieter oder gegen Mitmieter können die fristlose Kündigung rechtfertigen.

13.3.5 Fristlose Kündigung wegen sonstiger schwerwiegender Vertragsverletzungen

Neben den oben dargelegten Gründen, die eine fristlose Kündigung rechtfertigen, kann der Vermieter auch dann das Mietverhältnis fristlos kündigen, wenn ein »wichtiger Grund« vorliegt. Ein **wichtiger Grund** ist gegeben, wenn dem Vermieter unter Berücksichtigung der Umstände des Einzelfalls, insbesondere eines Verschuldens des Mieters, und unter Abwägung der beiderseitigen Interessen die Fortsetzung des Mietverhältnisses bis zum Ablauf der Kündigungsfrist oder bis zur sonstigen Beendigung des Mietverhältnisses nicht zugemutet werden kann (§ 543 Abs. 1 BGB). Davon ist auszugehen, wenn das gegenseitige Vertrauensverhältnis der Mietvertragsparteien so sehr erschüttert ist, dass eine gedeihliche Zusammenarbeit der Parteien nicht mehr erwartet werden kann.

Grundsätzlich muss der Mieter die Pflichtverletzung verschuldet haben. In Ausnahmefällen kann die fristlose Kündigung aber auch dann gerechtfertigt sein, wenn den Mieter kein Verschulden trifft. Allerdings sind in diesem Fall die Anforderungen an die Unzumutbarkeit der Fortsetzung des Mietverhältnisses für den Vermieter höher anzusetzen als bei einem schuldhaften Verhalten des Mieters.

» Zulässig kann die fristlose Kündigung sein, wenn der Mieter **Strafanzeige** gegen den Vermieter **wegen Betrugs** erstattet, obwohl Anhaltspunkte für ein vorsätzliches Verhalten des Vermieters fehlen (BVerfG, Az. 1 BvR 1372/01), wenn der Mieter laufend **unpünktlich die Miete zahlt** (vgl. dazu 13.3.2), wenn sich der Mieter unsachlich über den **Zustand der Wohnung** gegenüber Kaufinteressenten äußert (LG Hannover, Az. 9 S 199/94), wenn der Mieter wiederholt eine **Brandgefahr** verursacht (LG Duisburg, Az. 7 S 626/90) oder wenn der Mieter vor Abschluss des Mietvertrags eine **unrichtige Selbstauskunft** erteilt (LG Wuppertal, Az. 16 S 149/98).

13.3.6 Abmahnung

Die fristlose Kündigung ist grundsätzlich erst nach erfolglosem Ablauf einer **zur Abhilfe bestimmten angemessenen Frist** oder nach erfolgloser Abmahnung zulässig, wenn der wichtige Grund in der Verletzung einer Pflicht nach dem Mietvertrag besteht. Nur ausnahmsweise ist eine Fristsetzung bzw. Abmahnung entbehrlich (§ 543 Abs. 3 BGB).

Inhalt und Form

Die Abmahnung durch den Vermieter bezweckt, dem Mieter unmissverständlich deutlich zu machen, dass ein **bestimmtes vertragswidriges Verhalten** (z.B. Überbelegung der Wohnung oder unbefugte Tierhaltung) nicht mehr hingenommen wird. Ferner soll die Abmahnung dem Mieter Gelegenheit geben, das beanstandete Verhalten zu ändern.

! In der Abmahnung muss das vertragswidrige Verhalten des Mieters **konkret bezeichnet** werden. Sie muss die Aufforderung beinhalten, die Pflichtverletzung, wenn sie noch andauert, innerhalb einer bestimmten Frist zu beseitigen, oder, wenn die Vertragsverletzung beendet ist, künftig zu unterlassen.

» In einer Abmahnung wegen laufend unpünktlicher Mietzahlungen muss der Mieter darlegen, welche Miete nicht pünktlich eingegangen ist und wie lange der Zeitraum der Verzögerung war. Nicht ausreichend ist, wenn der Vermieter lediglich beanstandet, dass die Miete entgegen den Bestimmungen des Mietvertrags nicht am dritten Werktag des Monats eingegangen ist (LG Frankfurt/Main, Az. 2/11 S 421/91).

Die Androhung einer Kündigung in der Abmahnung ist nicht erforderlich (BGH, Az. VIII ZR 281/06). Es genügt aber auch nicht die bloße Rüge eines vertragswidrigen Verhaltens. Es muss vielmehr noch die **Aufforderung** hinzukommen, das gerügte Verhalten aufzugeben oder zu ändern, um weitere **vertragliche Konsequenzen** zu vermeiden (BGH, Az. VIII ZR 139/07). Eine Abmahnung liegt daher nicht vor, wenn die schriftliche Aufforderung mit der **Bitte um Stellungnahme** endet (OLG Frankfurt/Main, Az. 15 U 53/10).

Zur Beseitigung eines vertragswidrigen Zustands (z.B. unerlaubte Untervermietung) muss der Vermieter eine angemessene **Abhilfefrist setzen.** Deren Länge richtet sich nach den Umständen des Einzelfalls. Ausreichend ist es, wenn der Mieter zur »unverzüglichen« Abhilfe aufgefordert wird.

Die Abmahnung bedarf gesetzlich keiner besonderen Form.

Entbehrlichkeit

In bestimmten Fällen ist eine Abmahnung entbehrlich. Dann kann der Vermieter auch ohne Abmahnung das Mietverhältnis wegen Pflichtverletzung fristlos kündigen.

Auf eine Abmahnung kann der Vermieter verzichten, wenn sich der Mieter in **Zahlungsverzug** befindet. Aber auch in diesem Fall kann eine Abmahnung geboten sein, wenn der Zahlungsverzug im Verhältnis zur bisherigen Dauer des Mietvertrags und dem zur Zufriedenheit des Vermieters verlaufenden Mietverhältnis unbedeutend ist (OLG Düsseldorf, Az. 10 U 17/01). Keiner Abmahnung bedarf es auch dann, wenn der Mieter eine **fällige Mietkaution nicht rechtzeitig geleistet** hat.

Auch wenn eine **Abmahnung offensichtlich keinen Erfolg** verspricht, ist sie entbehrlich. Das ist z.B. der Fall, wenn der Mieter von vornherein eine Abhilfe ernstlich und endgültig verweigert. Schließlich bedarf es auch dann keiner Abmahnung, wenn die sofortige Kündigung aus besonderen Gründen unter **Abwägung der beiderseitigen Interessen** gerechtfertigt ist; so beispielsweise bei einem schweren Stromdiebstahl zum Nachteil des Vermieters (KG Berlin, Az. 8 U 125/04).

13.3.7 Frist zur außerordentlichen Kündigung

Allgemein gilt für die Kündigung von Dauerschuldverhältnissen aus wichtigem Grund, dass der Kündigungsberechtigte innerhalb einer angemessenen Frist von seinem Kündigungsrecht Gebrauch machen muss. Die Frist beginnt, sobald der Kündigungsberechtigte von dem Kündigungsgrund Kenntnis erlangt hat. Welche Frist letztlich angemessen ist, hängt von den konkreten Umständen des Einzelfalls ab. Der BGH hat auch noch eine Frist zwischen der Kenntnis des Kündigungsgrunds und dem Ausspruch der Kündigung von fast vier Monaten als angemessen angesehen (BGH, Az. VIII ZR 36/05). Grundsätzlich wird dem Vermieter eine Frist von **zwei bis drei Monaten** zugebilligt. Das gilt auch für die Kündigung des Vermieters wegen Zahlungsverzugs des Mieters.

! Wartet der Vermieter mit der Kündigung zu lange, so verwirkt er sein Kündigungsrecht (OLG München, Az. 3 U 5169/00).

13.3.8 Begründung der außerordentlichen Kündigung

Der Vermieter muss den zur Kündigung führenden wichtigen Grund im Kündigungsschreiben angeben, den **Sachverhalt also konkret beschreiben** (§ 569 Abs. 4 BGB). Anderenfalls ist die Kündigung unwirksam. Der Vermieter entspricht den gesetzlichen Anforderungen, wenn er im Kündigungsschreiben den wichtigen Grund durch Angabe der Tatsachen so ausführlich bezeichnet, dass er eindeutig von möglichen anderen Gründen abgegrenzt und individualisiert werden kann.

- Im Falle der **fristlosen Kündigung wegen Zahlungsverzugs** reicht es aus, wenn der Vermieter diesen Kündigungsgrund nennt und den Zahlungsbetrag der rückständigen Miete beziffert. Die Angabe weiterer Einzelheiten (z.B. Datum des Verzugseintritts oder Aufgliederung des Mietrückstands für einzelne Monate) ist entbehrlich (BGH, Az. VIII ZB 94/03).

- In den anderen Fällen einer fristlosen Kündigung muss dagegen der der Kündigung zugrunde liegende **wichtige Grund** nach Ort, Zeit und Gegenstand beschrieben werden, sodass der Mieter ohne Weiteres erkennen kann, was ihm jeweils vorgeworfen wird.

! Eine Heilung des Mangels der Begründung der Kündigung durch Nachschieben einer ordnungsgemäßen Begründung im Rechtsstreit ist nicht möglich.

13.4 Formelle und inhaltliche Anforderungen an die Kündigung des Vermieters und des Mieters

Die Wirksamkeit der Kündigung des Mietvertrags muss bestimmten formellen Anforderungen entsprechen. Und bei der Kündigung durch den Vermieter müssen auch bestimmte inhaltliche Voraussetzungen erfüllt sein.

13.4.1 Form der Kündigung

Sowohl für die ordentliche fristgemäße als auch für die außerordentliche fristlose Kündigung schreibt das Gesetz **Schriftform** vor (§ 568 Abs. 1 BGB). Diese Form kann durch Vertrag weder erleichtert noch erschwert werden. Die Kündigung muss vom Kündigenden eigenhändig unterschrieben werden. An einer eigenhändigen Unterschrift fehlt es, wenn sie durch faksimilierte Schriftzüge ersetzt wird. Auch eine Wiedergabe des Namens mit einer Schreibmaschine, eines Namensstempels oder mit Einsatz eines Unterschriftsautomaten erfüllt das Merkmal der Eigenhändigkeit nicht. Unzulässig ist eine mündliche Kündigung oder eine solche per Fax oder E-Mail.

! Erfolgt die Kündigung nicht schriftlich, ist sie in vollem Umfang unwirksam. Die Kündigung muss dann unter erneuter Einhaltung der gesetzlichen Fristen wiederholt werden.

13.4.2 Inhalt der Kündigungserklärung

Aus der Kündigungserklärung muss sich **eindeutig und unzweifelhaft** ergeben, dass das Mietverhältnis beendet werden soll. Das Wort »Kündigung« muss nicht verwendet werden, wenngleich dies zu empfehlen ist. Es kann auch mit anderen Worten zum Ausdruck gebracht werden, dass das Mietverhältnis beendet werden soll.

Die Kündigung kann nicht unter einer Bedingung erfolgen. Unzulässig ist also z.B. die Kündigung für den Fall, dass der Mieter die fälligen Schönheitsreparaturen nicht durchführt.

Bei einer ordentlichen Kündigung muss der Vermieter die **Gründe für ein berechtigtes Interesse angeben** (vgl. dazu im Einzelnen 13.2.2 bis 13.2.5). Anderenfalls ist die Kündigung unwirksam. In einer fristlosen Kündigung des Vermieters oder des Mieters muss der zur Kündigung führende wichtige Grund im Kündigungsschreiben angegeben werden (vgl. dazu 13.3.8). Auch in diesem Fall führt ein Verstoß gegen die gesetzliche Regelung zur Unwirksamkeit der Kündigung.

Der Vermieter soll den Mieter auf die Möglichkeit, die **Form und die Frist des Widerspruchs** hinweisen (§ 568 Abs. 2 BGB). Dem entspricht der Vermieter, wenn er den Mieter darüber unterrichtet, dass er der Kündigung widersprechen und eine Fortsetzung des Mietverhältnisses verlangen kann. Der Hinweis auf die Form und Frist ist erteilt, wenn der Vermieter den Mieter darauf aufmerksam macht, dass der Widerspruch schriftlich erfolgen muss und dass die Widerspruchserklärung spätestens zwei Monate vor der Beendigung des Mietverhältnisses dem Vermieter gegenüber zu erklären ist. Der Hinweis soll so rechtzeitig erfolgen, dass der Mieter die **Frist von zwei Monaten vor Beendigung des Mietverhältnisses** wahren kann. Der Hinweis muss also nicht schon im Kündigungsschreiben enthalten sein.

13.4.3 Kündigung durch Bevollmächtigten

Erfolgt die Kündigung des Mietverhältnisses durch einen Bevollmächtigten (z.B. Hausverwalter oder Rechtsanwalt des Vermieters, Ehegatte des Mieters), muss aus der Erklärung oder aus den Umständen hervorgehen, dass die betreffende **Person als Vertreter und nicht als Partei** des Mietvertrags handelt. Es reicht die eigenhändige Unterschrift durch den Vertreter, wenn sich aus dem Kündigungsschreiben ergibt, dass er als Vertreter des Kündigenden tätig wird. Dabei genügt allerdings nicht der bloße Gebrauch des Plurals »wir« (LG Düsseldorf, Az. 24 S 299/92).

Achtung: Unwirksam ist die Kündigung, wenn der Bevollmächtigte dem Vertragspartner **keine Vollmachtsurkunde** vorlegt und dieser die Kündigung aus diesem Grund unverzüglich zurückweist. Kein Zurückweisungsrecht steht dem Gekündigten allerdings dann zu, wenn ihn der andere Vertragspartner von der Bevollmächtigung in Kenntnis gesetzt hat.

! Die Vollmacht zur Kündigung des Mietverhältnisses durch einen Vertreter muss vom Bevollmächtigten im Original vorgelegt werden. Die Vorlage einer beglaubigten Abschrift genügt nicht (BGH, Az. VIII ZR 313/79).

Wird die Kündigungserklärung von einer nicht zeichnungsberechtigten Person abgegeben, so ist die Kündigung wegen fehlender Vertretungsmacht grundsätzlich unwirksam. Allerdings kann die Kündigung vom Kündigenden nachträglich genehmigt werden, wenn der Gekündigte die vom Vertreter behauptete Vertretungsmacht nicht beanstandet. In diesem Fall ist die Kündigung wirksam.

13.4.4 Zugang der Kündigung

Die Kündigung wird erst wirksam, wenn sie dem Empfänger zugeht. Das ist der Fall, wenn sie so in den Bereich des Empfängers gelangt, dass dieser unter normalen Umständen die Möglichkeit hat, vom Inhalt der Erklärung Kenntnis zu nehmen (BGH, Az. VIII ZR 5/79). Keine Bedeutung hat, ob der Empfänger den Inhalt der Kündigung tatsächlich zur Kenntnis genommen hat; es kommt ausschließlich auf die Möglichkeit der Kenntnisnahme an.

» Zugegangen ist die Kündigung, wenn sie dem Empfänger persönlich ausgehändigt wurde, sie in den Briefkasten des Empfängers eingeworfen wurde oder wenn sie – wenn kein Briefkasten vorhanden ist – durch die Eingangstür geschoben wurde.

Dem Zugang der Kündigung steht nicht entgegen, dass der Empfänger z.B. wegen Krankheit oder Urlaub ortsabwesend und damit nicht in der Lage ist, vom Inhalt der Erklärung Kenntnis zu nehmen. Vielmehr obliegt es dem Empfänger bei längerer Abwesenheit durch entsprechende Vorkehrungen (z.B. Bestellung eines Bevollmächtigten, Nachsendung durch Post) diesem Umstand zu begegnen.

! Den Zugang der Kündigung an den Gekündigten muss der Kündigende beweisen. Sinnvoll ist es deshalb, die Kündigung per **Einschreiben mit Rückschein** oder gegen Empfangsbestätigung zu übermitteln.

13.4.5 Widerruf und Rücknahme der Kündigung

Die Kündigung wird mit dem **Zeitpunkt ihres Zugangs** wirksam. Wer also den Mietvertrag kündigt, sollte sicher sein, dass diese Entscheidung endgültig ist. Denn der Widerruf oder die Rücknahme einer Kündigung ist nur dann möglich, wenn dieser den Gekündigten vorher oder gleichzeitig mit der Kündigung erreicht (§ 130 Abs. 1 Satz 2 BGB). Durch eine einseitige Erklärung des Kündigenden können die Rechtsfolgen der Kündigung nicht beseitigt werden.

! Die Rechtsfolgen der Kündigung können die Parteien allerdings einvernehmlich beseitigen. Der **Widerruf oder die Rücknahme** der Kündigung kann nämlich unter Berücksichtigung des konkreten Einzelfalls so auszulegen sein, dass der Kündigende dem Gekündigten die Fortsetzung des Mietverhältnisses zu den bisherigen Vertragsbedingungen anbietet. Nimmt der Gekündigte dieses Angebot an, so gilt der bisherige Mietvertrag als fortbestehend.

13.5 Mietaufhebungsvereinbarung

Ein Mietvertrag kann nicht nur einseitig durch eine Kündigung, sondern auch einvernehmlich durch einen Vertrag beendet werden. In diesem Fall schließen der Vermieter und der Mieter eine Mietaufhebungsvereinbarung.

Es kommen mehrere Gründe für die Beendigung des Mietverhältnisses durch einen Aufhebungsvertrag in Betracht. So kann das Mietverhältnis insbesondere dann **einvernehmlich beendet** werden, wenn

- ein **Zeitmietvertrag** (vgl. dazu 2.7.2) nicht ordentlich fristgemäß gekündigt werden kann und die Voraussetzungen für eine außerordentliche fristlose Kündigung nicht vorliegen;
- Vermieter und Mieter im Mietvertrag einen **Kündigungsverzicht vereinbart** haben (vgl. dazu 2.7.3) und deshalb das Mietverhältnis nicht durch eine ordentliche fristgemäße Kündigung beendet werden kann;
- ein **unbefristeter Mietvertrag** abgeschlossen wurde, für den Vermieter allerdings kein berechtigtes Interesse an der Beendigung des Mietverhältnisses vorliegt (vgl. dazu 13.2.2 bis 13.2.5);
- der Vermieter bzw. der Mieter den Mietvertrag zwar fristgemäß kündigen kann, man jedoch nicht die Kündigungsfrist einhalten will und die Wohnungsräumung möglichst kurzfristig erfolgen soll.

13.5.1 Zustandekommen des Vertrags

Die Mietaufhebungsvereinbarung kann nur **einvernehmlich zwischen dem Vermieter und dem Mieter** abgeschlossen werden. Wenn mehrere Vermieter und/oder mehrere Mieter den Mietvertrag abgeschlossen haben, müssen alle Beteiligten den Aufhebungsvertrag abschließen.

Grundsätzlich bedarf die Mietaufhebungsvereinbarung nicht der schriftlichen Form. Sie kann also **auch mündlich** abgeschlossen werden. Haben allerdings die Parteien für den Abschluss des Mietvertrags und für etwaige Änderungen die schriftliche Form vertraglich vereinbart, ist anzunehmen, dass diese Form grundsätzlich auch für eine Mietaufhebungsvereinbarung gelten soll. Hiervon können jedoch Vermieter und Mieter einvernehmlich abweichen.

Auch durch **schlüssiges Verhalten der Parteien** kann eine Mietaufhebungsvereinbarung zustande kommen. An die entsprechenden konkludenten Erklärungen der Parteien werden jedoch hohe Anforderungen gestellt. Zieht z.B. der Mieter aus der Mietwohnung aus, ohne dass der Vermieter auf der Fortsetzung des Mietverhältnisses besteht, kann darin noch keine schlüssige Zustimmung zur Beendigung des Mietvertrags gesehen werden. Auch eine Neuvermietung im Anschluss an den Auszug des Mieters allein stellt noch keine auf den Abschluss einer Mietaufhebungsvereinbarung gerichtete schlüssige Erklärung des Vermieters dar. Wenn sich allerdings Vermieter und Mieter darüber einig sind, dass ein Nachmieter gesucht wird, und schließt der Vermieter dann mit einem Nachmieter zu denselben Bedingungen des zwischen den Parteien bestehenden Mietvertrags einen neuen Mietvertrag ab, kann spätestens im Vollzug des Mietvertrags mit dem Nachmieter die schlüssige Erklärung des Vermieters gesehen werden, den bisherigen Mieter aus dem Mietverhältnis zu entlassen (LG Gießen, Az. 1 S 514/96).

Zwar kann eine unwirksame Kündigung grundsätzlich nicht in ein Angebot auf Aufhebung des Mietvertrags umgedeutet werden, nimmt aber der Vermieter die vorzeitige Kündigung durch den Mieter ausdrücklich an, so bietet er damit regelmäßig dem Mieter die Aufhebung des Vertrags an. In der stillschweigenden Hinnahme dieser Erklärung durch den Mieter kann die Annahme eines Vertragsangebots liegen (LG Düsseldorf, Az. I-10 U 46/03).

! Unabhängig davon, dass die Mietaufhebungsvereinbarung grundsätzlich keiner besonderen Form bedarf, ist es **aus Beweisgründen** sinnvoll, sie **schriftlich abzuschließen.**

13.5.2 Inhalt des Vertrags

In der Mietaufhebungsvereinbarung muss zum Ausdruck kommen, dass das **Mietverhältnis vorzeitig beendet** wird. Darüber hinaus können auch mit der Beendigung des Mietverhältnisses zusammenhängende Fragen geregelt werden.

Der Aufhebungsvertrag ist nur wirksam, wenn sich Vermieter und Mieter über die wesentlichen Vertragsbestandteile geeinigt haben. **Zwingend in den Aufhebungsvertrag aufgenommen** werden müssen deshalb

- die Vertragsparteien, die den Mietvertrag abgeschlossen haben,
- die genaue Bezeichnung des Mietverhältnisses und
- die Erklärung der Beteiligten, dass das Mietverhältnis beendet werden soll.

Über den Mindestinhalt hinaus kann es sinnvoll sein, im Aufhebungsvertrag auch die Fragen zu regeln, die noch mit der **Beendigung des Mietverhältnisses und der Räumung der Wohnung** im Zusammenhang stehen (z.B. Regelung über die Durchführung der Schlussrenovierung, Abrechnung der Betriebskosten, Abwicklung der Mietsicherheit, Entfernung oder Übernahme von Einrichtungsgegenständen).

13.6 Abwicklung des beendeten Mietverhältnisses

Wenn der Mieter nach Beendigung des Mietverhältnisses aus der Wohnung auszieht, ist das häufig auch mit finanziellen Konsequenzen verbunden. So steht eventuell eine Schlussrenovierung an und es sind unter Umständen Schäden an der Mietsache oder an Einrichtungen zu ersetzen. Im Gegenzug will gegebenenfalls der Mieter für von ihm durchgeführte Umbaumaßnahmen vom Vermieter eine Entschädigung und in jedem Fall will er, dass ihm die Mietkaution ausgezahlt wird. Schließlich besteht noch die Notwendigkeit, die Betriebskosten abzurechnen.

13.6.1 Rückgabe der Mietsache

Immer wieder kommt es vor, dass der Vermieter vom Mieter erhebliche Zahlungen verlangt, weil dieser die Wohnung nicht oder nicht so, wie es erforderlich gewesen wäre, zurückgegeben hat. Es reicht nämlich nicht aus, wenn der Mieter dem Vermieter einfach die Wohnungsschlüssel in den Briefkasten wirft.

Nach Beendigung des Mietverhältnisses muss der Mieter die **Wohnung an den Vermieter zurückgeben.** Wenn der Mieter die Wohnung einem Dritten überlassen hat, kann der Vermieter auch von diesem die Rückgabe verlangen (§ 546 BGB).

Achtung: Wenn das Mietverhältnis mit mehreren Mietern besteht, haften diese als **Gesamtschuldner.** Der Vermieter kann also den Rückgabeanspruch gegen alle Mitmieter gemeinsam oder gegen jeden Mitmieter gesondert geltend machen, und zwar auch gegen Mitmieter, die bereits ausgezogen sind. Einer von mehreren Mitmietern kann selbst dann auf Rückgabe der Mietsache in Anspruch genommen werden, wenn er die gemeinsame Wohnung bereits verlassen hat und es ihm nicht gelungen ist, die anderen Mitmieter zum Auszug zu bewegen (KG Berlin, Az. 8 U 111/05).

Der Mieter entspricht seiner Rückgabepflicht nur, wenn er die ordnungsgemäß geräumte Wohnung zum richtigen Zeitpunkt zurückgibt.

Umfang der Räumungs- und Rückgabepflicht des Mieters

Der Vermieter kann vom Mieter verlangen, dass dieser die Wohnung nach Beendigung des Mietverhältnisses geräumt und »**besenrein**« zurückgibt. Das heißt, dass die **eingebrachten Möbel, Teppiche und sonstige Einrichtungsgegenstände entfernt** werden müssen. Daneben gehört zur Räumung auch, dass die Namensschilder an der Tür und am Briefkasten entfernt und Schmutz und Schäden an der Mietsache beseitigt werden.

! Im Allgemeinen entspricht der Mieter seiner Verpflichtung, die Wohnung »besenrein« zurückzugeben, wenn er grobe Verschmutzungen beseitigt. Er muss also die Böden fegen und Teppichböden mit dem Staubsauger reinigen. Es reicht aus, wenn die Fenster grob gereinigt werden.

Der Mieter muss die Wohnung in dem Zustand zurückgeben, wie er sie übernommen hat. Wurde die Wohnung mit Einbauten oder anderen Einrichtungen versehen, gehört zur ordnungsgemäßen Rückgabe, dass diese auf Kosten des Mieters beseitigt und der frühere Zustand wiederhergestellt wird (OLG Düsseldorf, Az. I-24 U 189/05). Die Beseitigungspflicht besteht grundsätzlich auch dann, wenn der Vermieter dem Einbau zugestimmt oder wenn bereits der Vormieter die Einrichtungen angebracht und der Mieter diese mit Zustimmung des Vermieters übernommen hat. Auch Veränderungen im Rahmen des behindertengerechten Wohnens (vgl. dazu auch 9.3.1) müssen vom Mieter beseitigt werden. Veränderungen, die durch den normalen vertragsgemäßen Gebrauch der Wohnung eingetreten sind, muss der Mieter nicht beseitigen. So müssen z.B. Dübellöcher nicht entfernt werden, wenn diese sich im üblichen Rahmen halten.

Der Mieter ist verpflichtet, dem Vermieter oder dessen Vertreter **alle Schlüssel** (Wohnungs-, Keller-, Briefkastenschlüssel) zurückzugeben, die er erhalten hat (OLG Düsseldorf, Az. 24 U 187/01). Das betrifft auch die Schlüssel, die er selbst angeschafft hat. Die Schlüssel sind dem Vermieter bzw. einer von diesem ausdrücklich bevollmächtigten Person (z.B. Hausmeister) zurückzugeben. Für die Rückgabe der Wohnung reicht es nicht aus, die Schlüssel in den Briefkasten des Hausmeisters zu werfen oder sie beim Hausmeister oder bei einem anderen Mieter abzugeben. Ein für den Vermieter tätiger Rechtsanwalt ist aber zur Annahme der Schlüssel berechtigt und verpflichtet.

Der Mieter muss die Wohnung dem Vermieter oder einem Bevollmächtigten des Vermieters übergeben. Er muss also die Mieträume aufgeben und dem Vermieter wieder die Verfügungsgewalt darüber verschaffen.

Wurde nichts anderes vereinbart, erfolgt die **Übergabe in den Mieträumen.** Der Mieter muss also die Mieträume zusammen mit den Schlüsseln dem Vermieter übergeben. Beide Seiten müssen an der Übergabe mitwirken. Eine gemeinsame Wohnungsbesichtigung, die in der Praxis üblich ist, ist nicht zwingend notwendig.

Zeitpunkt der Rückgabe

Im Regelfall wird das Mietverhältnis am letzten Kalendertag eines Monats enden. In diesem Fall sind die Mieträume am letzten Tag der Mietzeit zurückzugeben. Fällt das Mietende auf einen Samstag, einen Sonn- oder gesetzlichen Feiertag, dann verschiebt sich die Rückgabe auf den folgenden Werktag.

Achtung: Zur vorzeitigen Rückgabe, also zur Rückgabe der Wohnung vor Beendigung des Mietverhältnisses, ist der Mieter grundsätzlich nicht berechtigt. Der Vermieter ist also nicht verpflichtet, die Wohnung vorzeitig zurückzunehmen.

Gibt der Mieter die Wohnung nach Beendigung des Mietverhältnisses nicht zurück, so kann der Vermieter für die Dauer der **Vorenthaltung** als Entschädigung die vereinbarte Miete oder die ortsübliche Vergleichsmiete verlangen. Entsprechendes gilt, wenn der Mieter zwar die Wohnung zurückgeben hat, der Vermieter aber die Rücknahme berechtigterweise verweigert (weil diese z.B. noch nicht vollständig geräumt wurde). Ob der Mieter die verspätete Rückgabe der Mietsache verschuldet hat, hat keine Bedeutung. Eine Vorenthaltung liegt also auch dann vor, wenn dem Mieter die Rückgabe subjektiv unmöglich ist (z.B. bei Untervermietung). Keine Vorenthaltung liegt vor, wenn der Mieter die Mietsache in mangelhaftem Zustand zurückgibt (z.B. wenn fällige Schönheitsreparaturen nicht durchgeführt wurden); in diesem Fall kann der Vermieter gesonderte Ansprüche geltend machen.

Bei verspäteter Rückgabe der Wohnung kann der Vermieter wählen:

- Er kann als **Entschädigung die bisherige Miete** verlangen; daneben muss der Mieter weiterhin die bisherigen Betriebskostenvorauszahlungen leisten.
- Der Vermieter kann aber auch die (unter Umständen höhere) **ortsübliche Vergleichsmiete** geltend machen. Das ist das übliche Entgelt, das in der Gemeinde oder in vergleichbaren Gemeinden für nicht preisgebundenen Wohnraum vergleichbarer Art, Größe, Ausstattung, Beschaffenheit und Lage gezahlt wird. Neben der Miete kann der Vermieter gegebenenfalls weitere Schäden wegen Vorenthaltung der Wohnung geltend machen.

Keine Nutzungsentschädigung steht dem Vermieter dann zu, wenn er den Übergabetermin erst nach Beendigung des Mietverhältnisses festlegt.

Achtung: Häufig versuchen Vermieter, den Termin der Übergabe der Wohnung zu verzögern oder sie erscheinen zum vereinbarten Übergabetermin nicht. Bieten Sie deshalb frühzeitig Ihrem Vermieter einen **Übergabetermin** schriftlich an. Bringen Sie zum Ausdruck, die vollständig geräumte und ordnungsgemäß zurückgebaute Wohnung zu übergeben. Verweigert dann der Vermieter die rechtzeitige Übergabe oder wirkt er bei der Übergabe nicht mit, gerät er in Annahmeverzug. Sie können dann mit befreiender Wirkung ausziehen. Der Annahmeverzug des Vermieters hat vor allem zur Folge, dass er keine Nutzungsentschädigung wegen Vorenthaltung der Mietsache verlangen kann.

Wohnungsabnahmeprotokoll

Häufig kommt es nach dem Auszug des Mieters aus der Wohnung zum Streit über Schäden in der Wohnung oder nicht ordnungsgemäß durchgeführte Schönheitsreparaturen. Mit einem Wohnungsabnahmeprotokoll können solche Streitigkeiten vermieden werden.

Regelmäßig enthält das Wohnungsabnahmeprotokoll

- den Namen und die Anschrift des Vermieters und des Mieters,
- die Bezeichnung des Mietvertrags,
- das Datum der Abnahme,
- die Bezeichnung der anwesenden Personen,
- die konkrete Feststellung von etwaigen Mängeln in den einzelnen Mieträumen,
- im Falle eines Mangels die konkrete Beschreibung der Art und des Ausmaßes des Mangels,
- die Feststellung und Bestätigung der einzelnen Zählerstände,
- die Bestätigung der Aushändigung der Wohnungsschlüssel,
- die Unterschriften des Vermieters und des Mieters, gegebenenfalls auch anwesender Zeugen.

! Beim Auszug aus der Wohnung sollten Sie das Protokoll nur unterschreiben, wenn Sie mit den Erklärungen einverstanden sind, die im Protokoll geschilderten Tatsachen zutreffen, nur der Zustand der Mieträume beschrieben wird, nicht aber daneben noch Verpflichtungen enthalten sind und im Protokoll auch die Zählerstände für Gas, Strom, Wasser und Heizung enthalten sind.

13.6.2 Durchführung der Schlussrenovierung

Nicht selten wird zwischen Vermieter und Mieter über die Schlussrenovierung der Wohnung gestritten. Es geht dabei um die Frage, ob bzw. in welchem Umfang vom Mieter nach Beendigung des Mietverhältnisses noch Schönheitsreparaturen durchzuführen sind.

Endrenovierungspflicht des Mieters

Der Mieter ist nur dann bei Beendigung des Mietverhältnisses zur Renovierung der Wohnung verpflichtet,

- wenn er zur **Durchführung von Schönheitsreparaturen wirksam verpflichtet wurde** (vgl. dazu 2.11) und
- soweit die **Wohnräume** ihrem konkreten Zustand nach **renovierungsbedürftig** sind.

Ein Renovierungsbedarf wird im Regelfall nur dann vorliegen, wenn die Fristen seit Wohnungsübergabe oder der letzten Renovierung bei Mietende abgelaufen sind. Dann muss der Mieter die **fälligen Renovierungsarbeiten nachholen,** es sei denn, dass zwischen dem Vermieter und dem Mieter ausdrücklich vereinbart ist, dass er die Wohnung unrenoviert zurückgeben darf. Unwirksam ist deshalb eine Klausel im Formularmietvertrag, die den Mieter zur Schlussrenovierung verpflichtet, die zuletzt vorgenommenen Schönheitsreparaturen während der Mietzeit aber völlig unberücksichtigt lässt.

! Eine **Klausel im Formularmietvertrag,** die dem Mieter einer unrenoviert übergebenen Wohnung die Schönheitsreparaturen ohne angemessenen Ausgleich auferlegt, ist unwirksam (BGH, Az. VIII ZR 184/14 und VIII ZR 242/13). Eine solche Klausel verpflichtet den Mieter zur Beseitigung sämtlicher Gebrauchsspuren des Vormieters und kann dazu führen, dass ein Mieter bei einer kurzen Mietzeit die Wohnung gegebenenfalls in einem besseren Zustand zurückgeben muss, als er sie selbst vom Vermieter erhalten hat. Auch folgende Klauseln im Mietvertrag verpflichten den Mieter nicht zur Renovierung: »Die Wohnung ist besenrein zurückzugeben«: Besenrein bedeutet, dass die Wohnung leergeräumt und von grobem Schmutz gesäubert sein muss. »Die Mieträume sind bei Auszug in bezugsfertigem Zustand zurückzugeben«: Bezugsfertig ist die Wohnung, wenn sie vom Nachmieter jederzeit bezogen werden kann.

Fachgerechte Renovierung

Muss der Mieter beim Auszug renovieren, schuldet er eine fachmännische Arbeit in »mittlerer Art und Güte« (BGH, Az. VIII ARZ 1/88). Der Mieter darf allerdings selbst renovieren. Eine **Klausel** in einem Formularmietvertrag, nach der Schönheitsreparaturen von einem »**Fachbetrieb**« oder »Fachmann« durchzuführen sind, ist unwirksam, weil sie den Mieter unangemessen benachteiligt (OLG Stuttgart, Az. 8 Re-Miet 2/92). Die Unwirksamkeit der Klausel betrifft aber nur die Einschaltung von Fachleuten, die Pflicht des Mieters zur Vornahme von Schönheitsreparaturen bleibt dagegen bestehen.

Achtung: Renoviert der Mieter beim Auszug selbst, dürfen seine Arbeiten **nicht vom allgemeinen Qualitätsstandard abweichen.** Das ist beispielsweise der Fall, wenn Anstriche nicht deckend ausgeführt, Heizkörper und Heizungsrohre nicht mit temperaturbeständigen Lacken lackiert oder schwere Tapeten auf ungeeignetem Putzuntergrund aufgebracht werden.

Materialien und Farben

Grundsätzlich darf der Mieter alle Tapeten, Farben und Lacke verwenden, die im Fachhandel erhältlich sind. Einschränkungen bestehen dahingehend, dass durch die verwendeten Materialien die Substanz der Mieträume nicht beeinträchtigt werden darf. So können beispielsweise eine Raufasertapete in einem Feuchtraum wie dem Bad oder eine Styroporverkleidung aus Brandschutzgründen unzulässig sein.

Während der Mieter während des Mietverhältnisses seine Wohnung weitestgehend nach seinen Farbvorstellungen gestalten darf, muss er die Wohnung bei Mietende so zurückgeben, dass sie von möglichst vielen Mietinteressenten akzeptiert wird. Das beinhaltet z.B. auch, dass die Farben »neutral« sind und zu vielen Einrichtungsarten passen (BGH, Az. VIII ZR 224/07). Grundsätzlich ist allerdings die Farbgestaltung Sache des Mieters.

» Nicht zulässig ist eine exzentrische Farbwahl. Hellblau marmoriert ist allerdings nicht exzentrisch (LG Lübeck, Az. 14 S 221/00). Ein »zartes Lindgrün« oder ein »Hellblau« sind keine neutralen Farben (BGH, Az. VIII ZR 224/07). Die vom Mieter vorgenommene Gestaltung des Raums mit einer intensiv gestalteten altrosafarbenen Mustertapete mit zusätzlich unterschiedlich auf den Fotografien glänzend erscheinender Oberfläche entspricht nicht einer zurückhaltenden, dem allgemeinen Geschmack entsprechenden Gestaltung (LG Berlin, Az. 65 S 224/06).

Wenn der Mieter seiner Renovierungspflicht nicht nachkommt bzw. nicht ordnungsgemäß renoviert

Wenn der Mieter zum Mietende fällige Renovierungsarbeiten nicht oder nicht ordnungsgemäß durchgeführt hat, kann der Vermieter unter bestimmten Voraussetzungen **Schadensersatz** verlangen.

Fälligkeit und Aufforderung zur Durchführung der Renovierung

Der Mieter muss bei Beendigung des Mietverhältnisses zur Durchführung von Schönheitsreparaturen verpflichtet sein. Es muss also eine **wirksame Renovierungsklausel vereinbart** sein und ein konkreter Renovierungsbedarf bestehen (vgl. 2.11).

Der Vermieter muss dem Mieter deutlich machen, dass er auf der Renovierung besteht bzw. dass er eine nicht ordnungsgemäß durchgeführte Renovierung nicht akzeptiert. Nimmt der Vermieter die Wohnung vorbehaltlos ab, kann dieses Verhalten als Verzicht auf die

Renovierung angesehen werden mit der Folge, dass unter Umständen vom Mieter keine Schönheitsreparaturen mehr verlangt werden können (KG Berlin, Az. 8 U 371/01). Das ist zum Beispiel der Fall, wenn vom Vermieter am Ende der Wohnungsabnahme die Kaution vorbehaltlos an den Mieter zurückbezahlt wird (OLG München, Az. 21 U 2279/89) oder wenn der Vermieter das Abnahmeprotokoll trotz erkennbarer Mängel unterschreibt und damit dem Mieter den ordnungsgemäßen Zustand der Wohnung bescheinigt (LG Hamburg, Az. 327 S 79/98).

! In dem Schreiben, mit dem der Mieter aufgefordert wird, seiner Renovierungspflicht nachzukommen, muss der Vermieter genau beschreiben, **welche Renovierungsmaßnahmen er in welchem Umfang** erwartet. Wenn der Mieter vor seinem Auszug Schönheitsreparaturen vorgenommen hat und der Vermieter diese beanstandet, muss er gegenüber dem Mieter die konkreten Mängel darlegen und den beanstandeten Zustand beschreiben, damit der Mieter erkennen kann, inwieweit der Vermieter den Vertrag als nicht erfüllt ansieht. Die bloße Angabe, dass die ausgeführten Schönheitsreparaturen nicht fachgerecht sind, reicht nicht aus (KG Berlin, Az. 12 U 28/06).

Fristsetzung durch den Vermieter

Schadensersatzansprüche wegen unterlassener bzw. nicht ordnungsgemäß durchgeführter Renovierung kann der Vermieter nur geltend machen, wenn er dem Mieter eine **angemessene Frist zur Durchführung** der notwendigen Arbeiten gesetzt hat. Welche Frist »angemessen« ist, hängt von den Umständen des Einzelfalls ab. Entscheidend ist der Umfang der erforderlichen Renovierungsarbeiten. Nach Auffassung des Kammergerichts Berlin (Az. 8 U 38/06) ist eine **Frist von 14 Tagen zur Vornahme der Renovierung** einer kompletten Wohnung ausreichend. Hat der Vermieter eine zu kurze Frist gesetzt, hat dies in der Regel nicht die Unwirksamkeit der Fristsetzung zur Folge. In diesem Fall verlängert sich die gesetzte Frist um einen angemessenen Zeitraum (KG Berlin, OLG Hamburg, Az. 4 U 81/97).

Achtung: Wenn der Mieter die Durchführung der Schönheitsreparaturen ernsthaft und endgültig verweigert, ist eine Fristsetzung ausnahmsweise entbehrlich. Dass dies der Fall ist, muss im Streitfall der Vermieter beweisen. Er muss dann nachweisen, dass der Mieter eindeutig zum Ausdruck gebracht hat, dass er die Renovierung der Wohnung ablehnt. Allein aus dem Umstand, dass der Mieter aus der Wohnung auszieht, ohne renoviert zu haben, kann noch nicht geschlossen werden, dass er die Renovierung nicht vornehmen will (BGH, Az. XII ZR 65/95).

Verschulden des Mieters

Nur wenn der Mieter es schuldhaft unterlassen hat, während der gesetzten Frist die Renovierung durchzuführen, sind **Schadensersatzansprüche** gerechtfertigt. Deshalb steht dem Vermieter kein Schadensersatzanspruch zu, wenn der Mieter Schönheitsreparaturen deshalb nicht durchführen konnte, weil der Vermieter die Wohnung bereits vor Fristablauf anderweitig vermietet und an den neuen Mieter übergeben hat (LG Braunschweig, Az. 6 S 212/98).

Schadensersatz

Wenn der Mieter die Wohnung innerhalb der gesetzten Frist nicht renoviert, hat der Vermieter mehrere Möglichkeiten:

- Hat der Vermieter die Renovierung durch einen Fachbetrieb durchführen lassen, kann er vom Mieter Ersatz der konkret entstandenen Kosten **(Rechnungsbetrag)** verlangen.
- Der Vermieter kann darauf verzichten, die Wohnung zu renovieren. In diesem Fall kann er vom Mieter Ersatz der Kosten verlangen, die ihm abstrakt entstanden wären, wenn er die Renovierung hätte vornehmen lassen **(fiktive Kosten).** In diesem Fall müssen die Renovierungskosten durch einen Kostenvoranschlag oder ein Gutachten nachgewiesen werden.

- Der Vermieter kann die Renovierung in Eigenarbeit ausführen. In diesem Fall dürfen seine Eigenleistungen **(Material und Stundensatz)** als Schaden angesetzt werden.

Achtung: Der Vermieter kann vom Mieter außerdem Ersatz des Mietausfalls verlangen, wenn er die Wohnung nicht fristgemäß an den Nachmieter übergeben kann, weil der Mieter die Schönheitsreparaturen nicht oder nicht ordnungsgemäß ausgeführt hat. Auch die Beweissicherungskosten können als Schadensersatz geltend gemacht werden (z.B. Kosten für Fotos), ferner in der Regel die Kosten für die Einschaltung eines Gutachters (BGH, Az. VIII ZR 77/03).

Verjährung des Schadensersatzanspruchs

Der Anspruch auf Schadensersatz des Vermieters verjährt in **sechs Monaten.** Die Verjährung beginnt mit dem Zeitpunkt, in dem der Vermieter die Mietsache zurückerhält (§ 548 Abs. 1 BGB). Nicht entscheidend für den Verjährungsbeginn ist der Zeitpunkt der Beendigung des Mietverhältnisses. Rückgabe und Beendigung müssen nämlich nicht zwangsläufig zusammenfallen. Die Verjährung der Ersatzansprüche des Vermieters beginnt auch dann mit dem Zeitpunkt, in dem er die Mietsache zurückerhält, wenn die Ansprüche erst zu einem späteren Zeitpunkt entstehen, insbesondere wenn die Frist, die der Vermieter dem Mieter zur Durchführung von Schönheitsreparaturen setzt, erst nach der Rückgabe der Mietsache abläuft (BGH, Az. VIII ZR 114/04).

Achtung: Mit bestimmten Maßnahmen kann der Vermieter die Verjährung seines Schadenersatzanspruchs verhindern. Werden **mit dem Mieter ernsthafte Verhandlungen** über den Anspruch geführt, so hemmt dies die Verjährung (§ 203 BGB). Dabei genügt jeder Meinungsaustausch über den Anspruch und seine tatsächlichen Grundlagen. Die Verhandlungen sind beendet, wenn sie von einer Partei abgebrochen werden. Die Verjährung tritt dann frühestens drei Monate danach ein. Die Verjährung des Schadensersatzanspruchs wird auch gehemmt, wenn der Vermieter seine Forderung durch Klage vor Gericht geltend macht oder ein gerichtlicher Mahnbescheid zugestellt wird (§ 204 Abs. 1 Nrn. 1 und 3 BGB). In diesen Fällen endet die Hemmung sechs Monate nach der rechtskräftigen Entscheidung oder anderweitigen Beendigung des eingeleiteten Verfahrens. Die Verjährung wird allerdings nicht durch eine einfache oder mehrfache Mahnung an den Mieter gehemmt. Auch wenn der Vermieter bei Gericht ein selbstständiges Beweissicherungsverfahren beantragt, führt dies zur Hemmung der Verjährung (§ 204 Abs. 1 Nr. 7 BGB). Bei der Hemmung der Verjährung wird der Zeitraum, während dessen die Verjährung gehemmt ist, nicht in die Verjährungsfrist eingerechnet (§ 209 BGB). Die Verjährungsfrist verlängert sich also um diesen Zeitraum.

Zahlen statt Renovieren

Häufig will ein Vermieter nach Auszug des Mieters die frei gewordene Wohnung umfassend sanieren. Vom Mieter durchgeführte Schönheitsreparaturen würden also nichts nützen. In diesem Fall darf der Vermieter den Mieter auffordern, an sich fällige Schönheitsreparaturen zu unterlassen. Gleichzeitig darf der Vermieter einen **Geldausgleich** vom Mieter verlangen (OLG Oldenburg, Az. 5 UH 1/91), es sei denn, dass die Umbaumaßnahmen bereits beim Beginn des Mietverhältnisses geplant waren und deshalb ein Zeitmietvertrag abgeschlossen wurde (LG Hamburg, Az. 311 S 164/95). Die Verpflichtung des Mieters, dem Vermieter anstelle der Renovierung einen entsprechenden Geldausgleich zu zahlen, ist allerdings auf solche Fälle beschränkt, in denen die Mieträume nach Auszug des Mieters auch tatsächlich umgebaut werden. Allein die Absicht des Vermieters, nach Beendigung des Mietverhältnisses Umbaumaßnahmen in den Mieträumen durchzuführen, genügt nicht (BGH, Az. XII ZR 76/13)

Hat der Mieter die Schönheitsreparaturen vor seinem Auszug durchgeführt, ohne von den vom Vermieter geplanten **Umbaumaßnahmen** Kenntnis zu haben, hat er seine Pflichten erfüllt. In diesem Fall kann der Vermieter keine weitere Geldforderung geltend machen (Schleswig-Holsteinisches OLG, Az. 6 RE-Miet 3/82). Wenn der Mieter allerdings die geschuldete Endrenovierung vornimmt, obwohl ihm der Vermieter angezeigt hat, dass dies wegen einer Sanierung oder eines Umbaus überflüssig ist, so hat der Vermieter gleichwohl einen Anspruch auf die Ausgleichszahlung in Geld (OLG Oldenburg, Az. 13 U 66/99).

In welcher Höhe der Vermieter vom Mieter einen Geldausgleich verlangen kann, richtet sich danach, welche Kosten der Mieter dadurch spart, dass er die Renovierung nicht durchführen muss (LG Münster, Az. 8 S 277/00). In diesem Zusammenhang ist von Bedeutung, ob der Mieter die Schönheitsreparaturen selbst vorgenommen hätte oder ob diese von einem Fachbetrieb durchgeführt worden wären.

- Hätte der Mieter die Arbeiten in Eigenleistung oder durch Verwandte oder Bekannte ausführen lassen, braucht er nur die Kosten für das notwendige Material und denjenigen Betrag zu entrichten, den er für deren Arbeitsleistung hätte aufwenden müssen (BGH, Az. VIII ZR 378/03).
- Hätte der Mieter von vornherein abgelehnt, Schönheitsreparaturen auszuführen, beispielsweise weil er die Schönheitsreparaturklausel für unwirksam hielt oder fälschlicherweise der Ansicht war, es bestünde noch kein Renovierungsbedarf, kann der Vermieter den Betrag verlangen, den er zur Ersatzvornahme der Schönheitsreparaturen durch einen Fachbetrieb hätte aufwenden müssen (BGH, Az. VIII ZR 378/03).

Viele Mietverträge enthalten eine sogenannte **Quoten- oder Abgeltungsklausel.** Danach hat der Mieter die Kosten für Schönheitsreparaturen zu erstatten, wenn bei Beendigung des Mietverhältnisses die Schönheitsreparaturen nach den vereinbarten Fristen noch nicht fällig sind. Liegen beispielsweise die

Schönheitsreparaturen länger als ein Jahr zurück, so zahlt der Mieter 20 % der Renovierungskosten. Quoten- oder Abgeltungsklauseln im Mietvertrag stellen eine unangemessene Benachteiligung des Mieters dar und sind unwirksam, weil der auf sie entfallende Kostenanteil nicht verlässlich ermittelt werden kann und beim Abschluss des Mietvertrages für sie nicht klar und verständlich ist, welche Belastung gegebenenfalls auf den Mieter zukommt (BGH, Az. VIII ZR 242/13). Das gilt unabhängig von der Frage, ob die Wohnung bei Beginn des Mietverhältnisses renoviert oder unrenoviert war.

13.6.3 Abrechnung der Betriebskosten

Nach Beendigung des Mietverhältnisses muss der Vermieter die Betriebskosten abrechnen. Wenn der Mieter während einer laufenden Abrechnungsperiode auszieht, muss er zwar nur für die Dauer der Mietzeit die Betriebskosten zahlen, es bleibt jedoch bei dem einmal festgelegten Abrechnungszeitraum. Der Vermieter kann im gleichen Rhythmus wie bisher abrechnen, also erst, wenn er die Jahresrechnung für alle Mieter erstellt. Dann müssen die Kosten zwischen dem ausgezogenen Mieter und dem Nachmieter anteilig und gerecht umgelegt werden.

Wenn der Mieter **während der Abrechnungsperiode** auszieht, dürfen die Betriebskosten auf ihn nur für die Zeit anteilig umgelegt werden, in der das Mietverhältnis bestand.

- Bei **verbrauchsunabhängigen Betriebskosten** (z.B. Hausmeister, Reinigungskosten) ist das kein Problem. Sie werden einfach zeiteinteilig abgerechnet.
- Bei den **verbrauchsabhängigen Betriebskosten** (Heizung, Warmwasser, Strom, Gas, Wasser) ist der Vermieter zur Zwischenablesung verpflichtet. Die Kosten hierfür hat nur dann der Mieter zu tragen, wenn darüber eine ausdrückliche Vereinbarung getroffen wurde. Anderenfalls sind die Kosten der Zwischenablesung vom Vermieter zu tragen (BGH, Az. VIII ZR 19/07).

Achtung: Die Mietkaution sichert auch noch nicht fällige Ansprüche, die sich aus dem Mietverhältnis und seiner Abwicklung ergeben und erstreckt sich damit auch auf Nachforderungen aus einer nach Beendigung des Mietverhältnisses noch vorzunehmenden Abrechnung der vom Mieter zu tragenden Betriebskosten. Deshalb darf der Vermieter einen angemessenen Teil der Mietkaution bis zum Ablauf der ihm zustehenden Abrechnungsfrist einbehalten, wenn eine Nachforderung zu erwarten ist (BGH, Az. VIII ZR 71/06).

13.6.4 Abrechnung der Mietkaution

Selbstverständlich hat der Mieter nach Beendigung des Mietverhältnisses ein Interesse daran, dass ihm der Vermieter die Mietkaution möglichst schnell zurückzahlt. Allerdings wird die Rückzahlung nicht automatisch mit der Beendigung des Mietverhältnisses und der vollständigen Räumung der Wohnung fällig. Vielmehr darf sich der Vermieter eine vertretbare Zeit nehmen, um etwaige Gegenansprüche zu prüfen. Vor Ablauf dieser Frist ist der Rückzahlungsanspruch nicht fällig. Deshalb darf der Mieter die Rückgabe der Wohnungsschlüssel an den Vermieter nicht von der sofortigen Rückzahlung der Kaution abhängig machen.

! Mit der vorbehaltlosen Rückzahlung der Kaution gibt der Vermieter stillschweigend zu erkennen, dass er den Zustand der zurückgegebenen Mietsache als vertragsgemäß anerkennt und auf die Geltendmachung von Ersatzansprüchen wegen erkennbarer Mängel oder Beschädigungen verzichtet wird (OLG München, Az. 21 U 2279/89; OLG Düsseldorf, Az. 24 U 133/00).

Abrechnungsfrist

Der Vermieter darf bis zur vollständigen Beseitigung etwa vorhandener Schäden oder Mietrückstände die Kaution einbehalten. Er darf die Kaution für eine angemessene Frist zurückhalten, um zu entscheiden, ob und in welcher Weise er sie zur Deckung seiner Ansprüche gegen den Mieter verwenden möchte. Unter den Sicherungszweck der Mietkaution fallen auch bei der Wohnungsaufgabe nicht beseitigte Schäden oder eine nicht durchgeführte Endrenovierung. Auch mögliche Ansprüche aus einer Betriebskostenabrechnung fallen unter die Sicherungsfunktion der Kaution.

Die Gerichte räumen dem Vermieter eine angemessene Überlegungsfrist für die Rückzahlung der Kaution ein. Darüber, wie lange die Frist sein soll, gibt es allerdings keine einheitliche Rechtsprechung. Maßgebend sind jeweils die konkreten Umstände des Einzelfalls. Es wird von einer Frist von **bis zu sechs Monaten** ausgegangen. Wenn besondere Umstände vorliegen, kann die Frist aber auch länger sein (BGH, Az. VIII ZR 71/05). Obwohl mögliche Ersatzansprüche des Vermieters sechs Monate nach Auszug verjähren, darf der Vermieter solche Forderungen auch danach noch mit der Kaution verrechnen (BGH, Az. VIII ZR 2/87).

Achtung: Wenn zum Zeitpunkt der Fälligkeit des Kautionsrückzahlungsanspruchs eine Abrechnung über die Betriebskosten noch nicht erstellt werden kann, weil entweder das Abrechnungsjahr noch nicht abgelaufen ist oder die entsprechenden Belege noch nicht vorliegen, darf der Vermieter einen angemessenen Teil der Mietkaution einbehalten (BGH, Az. VIII ZR 71/05). Die Höhe des Einbehalts darf allerdings vom Vermieter nicht willkürlich festgesetzt werden; er ist also im Regelfall unter Zugrundelegung der durchschnittlichen Nachforderungen der letzten drei Jahre zu ermitteln.

! Für die Abrechnung der Kaution bestehen keine starren Fristen. Der Vermieter darf die Kautionsabrechnung nicht treuwidrig verzögern und die in der Kaution liegende Sicherheit nicht länger in Anspruch nehmen als zur Feststellung seiner berechtigten Ansprüche nötig. Musste der Mieter bisher weder Heiz- noch Betriebskosten nachzahlen und kommen auch keine Schadensersatzansprüche in Betracht, muss die Kaution sofort zurückgezahlt werden (OLG Düsseldorf, Az. I-10 U 46/03).

Aufrechnung des Mieters mit Miete ist nicht zulässig

Viele Mieter meinen, die Miete für die letzten drei Monate des Mietverhältnisses mit der Kaution verrechnen zu dürfen. Dem ist allerdings nicht so. Während der Mietzeit ist der Mieter nicht berechtigt, über die Kaution zu verfügen. Der Anspruch auf Rückzahlung der Kaution entsteht frühestens zum Zeitpunkt der Beendigung des Mietverhältnisses. Deshalb hat der Mieter kein Recht, die Zahlung der Miete zu verweigern und den Vermieter vor Beendigung des Mietverhältnisses auf die Verrechnung der letzten Mieten mit der Kaution zu verweisen (LG Berlin, Az. 65 S 139/10).

Abrechnung der Kaution

Das abzurechnende Kautionskonto umfasst neben dem Kautionsbetrag alle darauf angefallenen Zinsen und Zinseszinsen. Im Rahmen der Kautionsabrechnung sind sämtliche Forderungen des Vermieters aus dem Mietverhältnis und dessen Beendigung zu berücksichtigen. Die Abzugsposten (z.B. Sicherheitseinbehalt für die noch ausstehende Betriebs- und Heizkostenabrechnung, Nutzungsentschädigung wegen verspäteter Räumung oder Schadensersatz wegen nicht durchgeführter Schönheitsreparaturen) sind vom Vermieter aufzuschlüsseln und zu belegen.

Verjährung

Der Anspruch des Mieters gegenüber dem Vermieter auf Abrechnung der Kaution **verjährt drei Jahre nach Entstehen des Rückzahlungsanspruchs.** Der Anspruch entsteht dann, wenn es dem Vermieter möglich ist, über noch offene und ausstehende Forderungen abzurechnen (OLG Düsseldorf, Az. I-24 W 16/05).

Index

A

Abmahnung 381

Antennen 148

Antennenkosten 235

Anzeigepflicht 151, 154

Aufzugskosten 227

B

Barrierereduzierung 210

Bauliche Veränderungen 148, 207
- Auswirkung auf Miethöhe 215
- Barrierereduzierung 210
- Einbruchschutz 210, 212
- E-Mobilität 210, 212
- Erlaubnis des Vermieters 207
- Menschen mit Behinderung 210
- Mietvertrag 207, 208
- Modernisierungsvereinbarung 217
- Rückbaupflicht 216
- Verweigerung der Zustimmung des Vermieters 213
- zusätzliche Mietsicherheit 215

Beleuchtungskosten 232

Betriebskosten 219
- Antennenkosten 235
- Aufzugskosten 227
- Beleuchtungskosten 232
- Betriebskostenspiegel 261
- Betriebskostenverordnung 223
- Entwässerungskosten 227
- Gartenpflegekosten 231
- Gebäudereinigungskosten 230
- Hauswartskosten 234
- Heizkosten 237
- Heizspiegel 261
- Kabelfernsehkosten 235
- »kalte« 225
- Müllbeseitigungskosten 229
- Pauschale 221
- Schornsteinreinigungskosten 233
- Straßenreinigungskosten 228
- umlagefähige Kosten 223
- umlageunfähige Kosten 243
- Ungezieferbekämpfungskosten 231
- Versicherungskosten 233
- Voraussetzung für Zahlung 219
- Vorauszahlung 244
- »warme« 237
- Warmwasserkosten 241
- Wäschepflegekosten 236
- Wasserversorgungskosten 226

Betriebskostenabrechnung 219, 246
- Abrechnungsmaßstab 249
- Abrechnungszeitraum und -punkt 256
- bei Mietende 404
- Einsichtsrecht 261
- Einwände 263
- Form 255
- Formfehler 260
- Fristen 256
- Fristüberschreitung 257
- Heizkostenverordnung 251
- Inhaltsfehler 260
- Kostenverteilung 248
- Mindestangaben 247
- Nachzahlung 258
- Rückzahlung 258
- Steuererklärung 264
- Verjährung 258
- Verteilerschlüssel 249

Betriebskostenpauschale 221
- Anpassung 222

Betriebskostenspiegel 261

Betriebskostenvorauszahlung 28, 244
- Änderung 245

Betriebskostenverordnung 223

Blumenkasten 151

Bonitätsprüfung 31
- Auskunfteien 35
- Einkommensnachweis 33
- SCHUFA 35
- Selbstauskunft 34
- unzulässige Fragen 32

- Vormieterbescheinigung 34
- zulässige Fragen 31

Briefkasten 150

E

Einbruchschutz 212

E-Mobilität 212

Energieausweis 25
- Bedarfsausweis 26
- Immobilienanzeige 26
- Verbrauchsausweis 27

Energiekosten 24

Entwässerungskosten 227

F

Feuchtigkeitsschäden 161

G

Gartenpflegekosten 231

Gebäudereinigungskosten 230

Glasversicherung 126

H

Hausordnung 113
- Änderung 116
- Verbindlichkeit 115
- wirksame und unwirksame Regelungen 114

Hausratversicherung 123
- versicherte Risiken 123
- Versicherungssumme 124

Hauswartskosten 234

Heizkosten 237

Heizspiegel 261

I

Immobilienanzeige 26

Instandhaltungs- und Instandsetzungskosten 243

Instandhaltungs- und Instandsetzungspflicht 157
- Ankündigungspflicht 164
- Aufwendungsersatz 165
- Duldungspflicht 164
- Einbauten des Vormieters 161
- Feuchtigkeitsschäden 161
- Folgen der Verletzung 166
- Übertragung auf den Mieter 162
- Umfang 163

K

Kabelfernsehkosten 235

Kapitalkosten 244

Kaution 51, 89
- Arten 90
- Barkaution 90
- bei Mietende 405
- Bürgschaft 93
- gemeinsames Sparbuch 93
- Höhe 94
- Sparbuch mit Sperrvermerk 93
- Vermieterwechsel 97
- verpfändetes Sparbuch 92
- Zugriff des Vermieters 96

Kleinreparaturen 49, 52, 98
- unwirksame Klauseln 102
- Voraussetzungen 99

Kündigung
- durch Bevollmächtigten 386
- Form 384
- Inhalt 385
- Rücknahme 387
- Widerruf 387
- Zugang 387

Kündigung des Mieters
- außerordentliche 335
- ordentliche 333
- Sonderkündigungsrecht 339

Kündigung des Vermieters
- Abmahnung 381
- außerordentliche fristlose 371
- Begründung 383
- bei Eigenbedarf 347
- Fristen 361
- Hinderung wirtschaftlicher Verwertung 358
- Kündigungsschutz des Mieters 340

– ordentliche 340
– schuldhafte Vertragsverletzung 343
– schwerwiegende Vertragsverletzung 380
– Störung des Hausfriedens 379
– vertragswidriger Gebrauch 372
– Verzug bei Sicherheitsleistungen 378
– Widerspruch 364
– Zahlungsverzug 374

Kündigungsfrist 361

Kündigungsschutz 340

M

Makler 18
– Bestellerprinzip 20
– Höhe der Provision 21
– Provision 19

Mietaufhebungsvereinbarung 388
– Inhalt 390
– Zustandekommen 389

Miete 69
– Bruttokaltmiete 71
– Bruttowarmmiete 71
– Fälligkeit und Zahlungsort 85
– Höhe 72
– Indexmiete 83
– Mietpreisbremse 76
– Mietpreisüberhöhung 73
– Mietwucher 76
Nettokaltmiete 71
– Rückforderungsrecht 75
– Staffelmiete 80
– Teilinklusivmiete 72
– Verjährung 87
– Zusammensetzung 70

Mieterhöhung 267
– Absender 285
– Adressat 286
– Begründung 275
– bei Indexmiete 291
– bei Modernisierung 293
– bei Staffelmiete 291
– Form 283
– Fristen 272
– Inhalt 284
– Kappungsgrenze 273
– Klagefrist 287
– ortsübliche Vergleichsmiete 267, 269
– Reaktionsmöglichkeiten 288
– Voraussetzung 267
– Zustimmungsfrist 287

Mietminderung 301
– Alternativen 324
– Ausschluss des Minderungsrechts 306
– beeinträchtigter Raum 309
– Beeinträchtigungsgrad 308
– Berechnungsgrundlage 310
– Durchführung 323
– gerichtliche Urteile 311
– Hamburger Tabelle 309
– Höhe 307
– Minderungstabelle 311
– selbst verschuldeter Mangel 306
– unerhebliche Beeinträchtigung 302
– vorübergehender Ausschluss 307

Mietsicherheit 89

Mietvertrag 37
– Ausschluss der Kündigungsfrist 50
– Ausschluss des Minderungsrechts 52
– befristet 47, 50, 64
– Befristungsdauer 66
– Befristungsgründe 64
– Betriebskosten 48, 51
– Dauer des Mietverhältnisses 63
– Form 37
– Formularmietvertrag 39
– Garage und Stellplatz 59
– Garten 58
– Gegenstand des Mietverhältnisses 57
– Gemeinschaftseinrichtungen 57
– Haftungsausschluss 48
– Hausordnung 113
– Individualvereinbarung 42
– Kaution 51, 89
– Kleinreparaturen 49, 52, 98
– Kündigungsfrist 53
– Kündigungsverzicht 47, 68
– Miete 69
– Mieterhöhung 48
– Mietfälligkeit 51

– Mietsicherheit 48, 89
– mündlicher Vertrag 38
– Rauchverbot 53
– schlüssiger Vertragsabschluss 38
– Schönheitsreparaturen 49, 52, 102
– schriftlicher Vertrag 38
– Tierhaltung 53
– unbefristet 64
– Untervermietung 53
– unwirksame Regelungen 49
– vermieterfreundliche Regelungen 47
– Vertragspartner 54
– Vertrags- und Bearbeitungsgebühren 45
– Vollmachtsklausel 54
– Wohnfläche 60
– Wohnflächenangaben 51
– Zeitmietvertrag 64
– Zusammensetzung der Miete 48

Modernisierungsvereinbarung 217

Müllbeseitigungskosten 229

Musik 149

N

Nebenkosten
– Betriebskostenvorauszahlung 28

O

Obhutspflicht 151, 152

Ortsübliche Vergleichsmiete 269

P

Privathaftpflichtversicherung 125
– Deckungssumme 126
– Rechtsschutz 126
– versicherte Risiken 125

R

Rauchen 145
– auf dem Balkon 146
– in der Wohnung 145
– in Gemeinschaftsräumen 147

Räum- und Streupflicht
– Übertragung auf den Mieter 168

Rückbaupflicht 216

Rückgabe der Mietsache 391
– Betriebskostenabrechnung 404
– Kaution 405

S

Schlüssel 117
– abgebrochener 118
– Anzahl 117
– Besitz des Vermieters 118
– Verlust 119

Schlussrenovierung 396

Schönheitsreparaturen 49, 52, 102
– Definition 103
– Übertragung auf Mieter 106
– Zeitpunkt 107
– zulässige und unzulässige Klauseln 108
– Zuständigkeit 105

Schornsteinreinigungskosten 233

Straßenreinigungskosten 228

T

Tierhaltung 53, 134
– unerlaubte 138

U

Umzugskosten
– beruflich veranlasster Umzug 129
– privat veranlasster Umzug 130
– steuerliche Absetzbarkeit 129

Ungezieferbekämpfungskosten 231

Untermieter 138
– Untermietzuschlag 143
– Untervermietung ohne Erlaubnis 144

Untervermietung 53, 139
– berechtigtes Interesse des Mieters 140
– Sonderkündigungsrecht 142
– Unzumutbarkeit für den Vermieter 141

V

Verkehrssicherungspflicht 166
- Räum- und Streupflicht 168
- Übertragung auf den Mieter 168
- Umfang 166

Vermieter
- Checkliste Fragerecht 36
- Fragerecht 29
- unzulässige Fragen 30
- zulässige Fragen 30

Versicherung 123
- Glasversicherung 126
- Hausratversicherung 123
- Privathaftpflicht 125

Versicherungskosten 233

Verwaltungskosten 243

W

Warmwasserkosten 241

Wäschepflegekosten 236

Wasserversorgungskosten 226

Wohnfläche 51, 60
- Abweichung 63
- Berechnungsmethode 61

Wohnungsbesichtigung 22
- Checkliste 22
- Energieausweis 25
- Energiekosten 24

Wohnungsgeberbestätigung 122

Wohnungsmangel 295
- Anzeigepflicht des Mieters 299
- Aufwandsentschädigung 327
- bekannter Mangel 303
- Beweislast 299
- fehlerhafte Beschreibung im Vertrag 298
- Haftung 299
- Kündigung 331
- Mängelbeseitigung durch Mieter 326
- Mietminderung 301
- Rechtsmangel 297
- Sachmangel 295
- Schadensersatz 328
- selbst verschuldeter Mangel 306
- Zurückbehaltungsrecht 324

Wohnungsnutzung 131
- Antennen 148
- bauliche Veränderungen 148
- Blumenkasten 151
- Briefkasten 150
- gewerbliche Nutzung 131
- Musik 149
- Obhuts- und Anzeigepflicht 151
- Rauchen 145
- Tierhaltung 134
- Überlassung an Dritte 138
- Untermieter 138

Wohnungssuche 15
- Anforderungen 15
- Internet 17
- Makler 18
- Zeitung 17

Wohnungsübergabe 117
- Protokoll 120
- Rückgabe der Wohnung 391
- Schlüssel 117
- Schlüsselbesitz des Vermieters 118
- Wohnungsgeberbestätigung 122

Wohnungsübergabeprotokoll 120
- Inhalt 121
- Sinn und Zweck 120